## 权威·前沿·原创

皮书系列为
"十二五""十三五"国家重点图书出版规划项目

江苏蓝皮书
BLUE BOOK OF JIANGSU

# 2017年
# 江苏社会发展分析与展望

ANALYSIS AND PROSPECT ON SOCIAL DEVELOPMENT OF
JIANGSU (2017)

主　编／王庆五　刘旺洪

社会科学文献出版社
SOCIAL SCIENCES ACADEMIC PRESS (CHINA)

图书在版编目(CIP)数据

2017年江苏社会发展分析与展望/王庆五,刘旺洪主编.--北京:社会科学文献出版社,2017.8
(江苏蓝皮书)
ISBN 978-7-5201-0630-6

Ⅰ.①2… Ⅱ.①王… ②刘… Ⅲ.①社会发展-研究报告-江苏-2017 Ⅳ.①D675.3

中国版本图书馆CIP数据核字(2017)第070774号

江苏蓝皮书
## 2017年江苏社会发展分析与展望

主　　编/王庆五　刘旺洪

出 版 人/谢寿光
项目统筹/任文武
责任编辑/连凌云

出　　版/社会科学文献出版社·区域与发展出版中心(010)59367143
　　　　　地址:北京市北三环中路甲29号院华龙大厦　邮编:100029
　　　　　网址:www.ssap.com.cn
发　　行/市场营销中心(010)59367081　59367018
印　　装/北京季蜂印刷有限公司
规　　格/开本:787mm×1092mm　1/16
　　　　　印张:26.5　字数:400千字
版　　次/2017年8月第1版　2017年8月第1次印刷
书　　号/ISBN 978-7-5201-0630-6
定　　价/128.00元

皮书序列号/PSN B-2017-637-2/3

本书如有印装质量问题,请与读者服务中心(010-59367028)联系

版权所有 翻印必究

# 本书编委会

**主　　任**　王庆五

**副 主 任**　刘旺洪

**委　　员**（以姓氏笔画为序）
　　　　　　丁　宏　方　明　孙肖远　张　卫　徐　琴

**主　　编**　王庆五　刘旺洪

# 主要编撰者简介

**王庆五** 2017年3月起任江苏省人民政府参事室主任,曾任江苏省社会科学院党委书记、院长,教授。兼任中国科学社会主义学会常务理事、中国政治学会理事、江苏省科学社会主义学会会长、江苏省政治学会副会长。江苏省有突出贡献中青年专家,享受国务院特殊津贴。国家行政学院兼职教授,江苏省委政策研究室特约研究员,江苏省马克思主义中国化研究中心特聘研究员。主要研究方向为当代中国社会主义理论及发展、全球化条件下的社会主义理论及实践等。

迄今主持完成国家级课题1项、省部级课题10余项;出版专著10余部,在《求是》、《当代世界与社会主义》、《马克思主义研究》、《江海学刊》等发表论文100余篇,数十篇论文被《新华文摘》、《高等学校文科学术文摘》、人大复印资料等全文转载;获省部级一等奖3项、二等奖3项、三等奖1项。

**刘旺洪** 现任江苏省社会科学院党委委员、副院长、机关党委书记、区域现代化研究院院长、中国特色社会主义理论体系研究中心主任,江苏省中国特色社会主义理论体系研究中心特约研究员,苏北发展研究院院长,江苏省政协委员。兼任中国法学会法理学研究会理事、中国法学会宪法学研究会常务理事,全国青联社会科学工作者联谊会常务理事等。主要研究领域为法理学、宪法和行政法学。

先后主持国家社科基金项目3项、省部级项目10余项;先后获江苏省哲学社科优秀成果二等奖2项、三等奖2项,江苏省人文社科优秀成果二等奖2项,江苏省优秀二类课程1项,江苏省优秀教学成果三等奖1项,江苏省精品教材1项。出版个人专著3部，主编和合作出版学术著作、教材20余部，在《法学研究》、《中国法学》等学术刊物发表学术论文140余篇；决策咨询报告20余篇，6篇获江苏省委、省政府领导肯定性批示，在主流宣传媒体发表理论宣传文章20多篇。

# 摘 要

《江苏经济社会形势分析与展望》蓝皮书是江苏省社会科学院组织编写的江苏年度发展报告，从1997年起开始编写，一直延续到现在。为深化对新常态下江苏的经济、社会、文化问题的研究，从2015年开始，江苏省社会科学院决定将《江苏经济社会形势分析与展望》蓝皮书分为经济、社会、文化3卷本，并于2016年开始出版3卷本。

作为江苏社会发展分析与展望的蓝皮书，旨在分析当年江苏社会发展情况，展望下一年度的江苏社会形势与问题，并提出相应的对策、思路与建议。本书就是对2016年即"十三五"开局之年江苏社会发展的分析和对2017年江苏社会发展的展望和政策建议。2017年，江苏将把中共江苏省第十三次党代会上提出的"聚力创新，聚焦富民，高水平全面建成小康社会"落在实处，本书多篇文章突出了这个主题。本书共有36篇研究报告，分为5个部分。第一部分即总报告，是对江苏社会发展的总体研究，突出民生共享、社会治理、社会事业发展与生态环境整治4个方面；第二、三、四部分为专题报告，分别对民生共享、社会治理、法治建设做了分析研究；第五部分是分市报告。

# 目 录

## Ⅰ 总报告

**B.1** 2016~2017年江苏社会发展状况分析与展望
　　　　　　　　　　……………… 张　卫　张春龙　鲍　磊　后梦婷 / 001
　　一　2016年江苏社会发展的举措及成效…………………… / 002
　　二　江苏社会运行面临的挑战和困难……………………… / 006
　　三　2017年促进江苏社会全面发展的对策建议…………… / 010

## Ⅱ 专题一　民生共享

**B.2** 江苏健康城市建设的历程、现状评价与促进对策
　　　　　　　　　　………………………………… 徐　琴　苗　国 / 015
**B.3** 江苏提高户籍城镇化水平的问题与对策研究　………… 何　雨 / 025
**B.4** 江苏城乡一体化融合发展的对策研究　………………… 孟　静 / 036
**B.5** 江苏基本公共服务标准化现状及对策研究
　　　　　　　　　　………………………………… 张春龙　鲍　磊 / 045
**B.6** 江苏养老产业发展的现状、问题与对策研究　………… 韩海浪 / 054
**B.7** 江苏"医养结合"新进展与对策研究　………………… 马　岚 / 064
**B.8** 江苏促进教育公平的新进展及对策建议　……………… 韩海浪 / 075

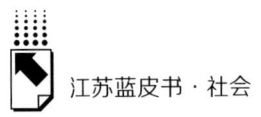

B.9 江苏出入境游发展状况及其促进对策 ……… 徐 琴 陈光裕 / 083
B.10 建设社会文明程度高的新江苏 …………………… 孟 静 / 097
B.11 江苏城乡居民基本养老保险均等化水平及其政策启示
　　　　……………………………………………… 胡平峰 / 107
B.12 江苏现代慈善事业发展现状、问题及创新对策 ……… 毕素华 / 116

## Ⅲ 专题二 社会治理

B.13 江苏社会组织发展现状、问题与对策研究
　　　　………………………………………… 张 卫 王 晔 / 129
B.14 江苏县域社会治理能力建设状况及提升建议 ………… 丁 宏 / 139
B.15 江苏残疾人就业现状及对策研究 …………………… 鲍 雨 / 147
B.16 江苏街道和社区体制改革的进展、问题与对策 ……… 樊佩佩 / 155
B.17 江苏新社会阶层青年群体思想状态的现状与对策 …… 岳少华 / 167
B.18 江苏绿色生活行动的新进展研究 …………………… 李宁宁 / 177
B.19 促进江苏绿色建筑发展的对策研究 ………………… 郭玉燕 / 186
B.20 江苏省推进社会信用体系建设的实践与思考 ………… 成 婧 / 199
B.21 江苏加强城市社区党建工作的现状与对策 …………… 孙肖远 / 207
B.22 江苏加强非公经济党建工作的现状与对策 …………… 孙肖远 / 217
B.23 江苏省推进地方政府治理创新的现状与趋势 ………… 陈 朋 / 227
B.24 江苏提高农村基层政府治理能力的新举措与新挑战
　　　　………………………………………………… 黄 科 / 238
B.25 江苏机关绩效管理的经验总结与完善路径 …………… 王 婷 / 245

## Ⅳ 专题三 法治建设

B.26 对《法治江苏建设指标体系》的实施评价及完善建议
　　　　………………………………………………… 方 明 / 254

B.27 江苏深化行政审批制度改革的实践路径和对策措施
………………………………………………………… 钱宁峰 / 267
B.28 江苏实现基本建成法治政府目标的突出问题和对策思路
………………………………… 刘旺洪　钱宁峰　邹成勇 / 275
B.29 江苏司法推进刑事诉讼认罪认罚从宽制度试点
工作的重点难点问题 …………………………… 刘　伟 / 284
B.30 江苏地方立法的实践经验与推进对策 ………… 王　峰 / 293
B.31 江苏推进政府法律顾问制度的现状、问题及对策 …… 李小红 / 302
B.32 江苏推进社会治理法治化的地方实践与思考 ……… 徐　静 / 314
B.33 推进社会主义核心价值观融入法治江苏建设的对策建议
………………………………………………………… 林　海 / 324

## Ⅴ 分市报告

B.34 2016~2017年泰州市社会发展分析、预测与展望
………………………………………………………… 朱启戎 / 337
B.35 2016~2017年连云港市社会发展分析、预测与展望
………………………………………………………… 刘增涛 / 347
B.36 2016~2017年镇江市社会发展分析、预测与展望
………………………………………………………… 徐　强 / 364

Abstract ……………………………………………………… / 381
Contents ……………………………………………………… / 382

# 总 报 告

General Report

# 2016~2017年江苏社会发展
# 状况分析与展望

张卫 张春龙 鲍磊 后梦婷*

**摘 要：** 2016年，江苏省经济保持"总体平稳、稳中有进、结构向好"的态势，社会发展取得显著进展。基本公共服务水平明显提高，覆盖城乡的社会保障体系基本建成，城镇新增就业超过百万人，人民生活水平持续提高。民主法治有序推进，社会治理向精细化推进。社会事业全面进步，县域义务教育基本均衡实现全覆盖，居民主要健康指标明显提升，"健康江苏"建设步伐加快。生态环境得到进一步改善，空气质量明显提高。

---

\* 张卫，江苏省社会科学院社会学研究所所长、研究员；张春龙，江苏省社会科学院社会学研究所副所长、研究员；鲍磊，江苏省社会科学院社会学研究所副研究员；后梦婷，江苏省社会科学院社会学研究所助理研究员。

2017年，促进江苏社会全面发展的对策建议：（1）加大力度促进城乡居民收入增长。（2）进一步提升社会事业整体发展水平。（3）加快基本公共服务体系建设步伐。（4）依托信息化进一步提升社会治理精细化、法治化水平。（5）建立健全现代化的应急治理体系。（6）深入推进江苏生产生活方式绿色化。

关键词： 社会发展　社会治理　民生建设　江苏省

2016年，面对较为严峻的经济形势和多重叠加的改革需要，全省上下深入贯彻习近平总书记系列重要讲话特别是视察江苏重要讲话精神，牢牢把握"四个全面"战略布局，主动适应经济发展新常态，自觉践行新发展理念，扎实推进供给侧结构性改革，深入实施"八项工程"，统筹做好各项工作。在全省经济保持"总体平稳、稳中有进、结构向好"的态势下，江苏社会发展也取得显著进展。江苏基本公共服务水平明显提高，覆盖城乡的社会保障体系基本建成，城镇新增就业人口超过百万人，人民生活水平持续提高。民主法治有序推进，社会治理向精细化推进。社会事业全面进步，县域义务教育基本均衡实现全覆盖，居民主要健康指标明显提升，"健康江苏"建设步伐加快。生态环境得到进一步改善，空气质量明显提高。

# 一　2016年江苏社会发展的举措及成效

党的十八大以来，江苏各级党委、政府以解决民生、发展社会事业为重点，在全民就业、收入分配、社会保障、教育、医疗卫生服务、住房保障等一系列关系群众切身利益的公共服务问题上采取新举措，取得了良好的成效，群众满意度不断提高。

## （一）民生共享水平逐步提高

2016年，江苏全省上下紧紧围绕习近平总书记寄望江苏"五个迈上新台阶"，在推动民生迈上新台阶方面提出的"七个更"目标，深入实施民生幸福工程，加快建立覆盖城乡、普惠均衡的基本公共服务体系，民生建设取得显著成效，人民群众的获得感和满意度不断提升。在教育方面，教育现代化水平不断提高。县（市、区）全部通过义务教育发展基本均衡国家督导认定，成为全国首个实现县域义务教育发展基本均衡全覆盖省份。所有学段教育经费保障机制和生均财政拨款标准实现全覆盖。在就业方面，就业优先战略深入实施，城镇新增就业人口连续10年超百万人，城镇登记失业率从2010年的3.16%下降至3%。高校毕业生年末总体就业率稳定在96%左右，农村劳动力转移总量达1875万人，城镇零就业家庭和农村零转移家庭持续保持动态为零。在收入方面，突出富民优先，全面提高城乡居民的工资性收入、经营性收入、财产性收入和转移性收入。全省城乡居民人均可支配收入分别达到37173元和16257元，年均分别增长10.8%和12.4%。在社会保障方面，更加公平、可持续的社会保障制度加快建成。城镇职工基本养老、基本医疗、失业、工伤和生育保险参保率均保持在95%以上。在医疗卫生方面，城乡居民主要健康指标总体达到中高收入国家水平。建成覆盖城乡的15分钟健康生活服务圈。在住房保障方面，着力推进以棚户区（危旧房）改造为重点的保障性住房安居工程，多方筹集提供安置住房，全省住房保障体系健全率达91%，20%的城镇家庭实现保障性住房覆盖，城镇各类住房困难群体实现全覆盖。

## （二）社会治理向精细化发展

坚持系统治理、依法治理、综合治理、源头治理，全面提升社会治理效能，建设平安中国示范区。2016年3月，全省创新社区治理工作推进会在无锡召开。时任副省长许津荣在讲话中强调了社区治理工作在推进国家治理体系和治理能力现代化过程中的重要地位和作用。江苏省南通市推行的

"一综多专"大调解机制入选2016年全国创新社会治理最佳案例及优秀案例名单。南京市评出2016年度十大优秀社会建设案例。江苏全力推进大数据建设,以此来推动政府治理和公共服务能力现代化,促进经济社会转型升级。在出台的《江苏省大数据发展行动计划》(以下简称《行动计划》)中"社会治理"(信用、食品药品、环境保护、国土资源、舆情分析、警务反恐等大数据)成为其中3个重要领域之一。《行动计划》要求政府加快数据共享开放,提升政府治理能力。计划2020年底前,要逐步、安全、规范地推动社会治理相关领域的政府数据向社会开放,打通政府部门、企事业单位之间的数据壁垒,基于数据共享和部门协同全面提升各级政府治理和公共服务能力。同时,现代科技给社会治安综合治理提供了新途径、新手段。目前,全省部分县(市、区)通过"互联网+社会治理"新模式整合资源,实现了社会面监控、三级平台、远程视频接访系统、政法维稳指挥系统、综治信息系统等互联互通。南京市浦口区推行的"大联勤"社会治理新模式,以探索建立区、街道、社区(村)三级联动工作平台和区街两级联勤指挥工作体系为重点,以整合资源为抓手,以信息化手段为支撑,使"条"上管理主体和社会相关资源在"块"上有效融合,推动社会治理重心下沉,促使社会治理工作进一步规范化、科学化、常态化、现代化,走出了一条符合该区实际的道路。

（三）社会事业稳步向前推进

在人民生活水平持续提高的情况下,江苏的社会事业全面进步,县域义务教育基本均衡实现全覆盖,居民主要健康指标明显提升,体育、青少年、妇女儿童、老龄、残疾人等事业加快发展。文化建设成果丰富。中国特色社会主义和中国梦宣传教育广泛开展,社会主义核心价值观建设扎实推进,新时期江苏精神得到大力弘扬,群众性精神文明创建富有成效。文化体制改革不断深化,文化事业产业加快发展,文艺创作更加繁荣,文化整体实力和竞争力持续增强。与此同时,江苏的改革开放不断深化。全面深化改革布局有序展开,以经济体制改革为主轴,重点领域和关键环节改革取得重要进展,供给侧结构性改革取得初步成效,行政管理体制、司法体制等改革力度加大。积极参与"一带一路"建设,开放型经济发展取得新成果,企业、城市、人才国际化进程加快,开放水平和层次实现新的提升。2016年,江苏全面从严治党有力推进。全省"两学一做"学习教育取得实实在在的成效。市、县、乡三级党委换届圆满完成。理论武装持续加强,民主法治有序推进。人大和政协充分发挥职能作用,地方立法工作有效加强,协商民主建设有序推进,爱国统一战线发展壮大,工会、共青团、妇联等群团组织作用积极发挥。"法治江苏""平安江苏"建设水平不断提高,社会大局保持和谐稳定。国防动员、双拥共建活动扎实开展,军民融合深入发展。从严管理干部不断深化,"四风"顽症得到有效遏制,反腐败斗争强力推进,风清气正的政治生态进一步形成。2016年11月,江苏省第十三次党代会召开,会议提出今后要聚力创新,聚焦富民,把江苏建成一个贯彻新发展理念、体现"强富美高"要求、惠及全省人民的小康社会。

### (四)生态环境整治成效显著

江苏作为我国综合发展水平最高的省份,在人均GDP、综合竞争力、地区发展与民生指数等多项指标上均居全国各省份首位。截至2016年9月,江苏全省地区生产总值为5.53万亿元,同比增长8.1%,第三产业增长率更是达到了9.5%。然而,日益高强度的人类经济社会活动,过高的能源消耗和污染排放给江苏带来了巨大的环境压力。在目前公布的江苏环境状况公报中,2016年上半年,全省环境质量总体保持稳定,部分指标有所改善,环境保护工作取得积极进展。一是立足产业转型升级,降低主要污染物总量排放。江苏积极推动经济绿色转型,产业结构实现了"三二一"的标志性转变,战略性新兴产业和高新技术产业规模和占比加速扩大,与2010年相比,2015年江苏单位GDP能耗下降22%,单位GDP建设用地规模下降33%。二是加强生态空间管控,推动环境综合整治。江苏省被环保部列为国家首批生态红线管控试点省份,率先启动省级生态红线区域优化调整。三是加大重点区域污染防治,严格落实空气质量改善目标。在多项措施的推动

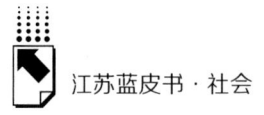

下，2016年上半年，全省环境空气质量总体保持稳定，空气质量达标率较2015年同期上升3.0个百分点。PM2.5平均浓度同比下降6.3%。全省地表水环境质量总体稳定。

## 二 江苏社会运行面临的挑战和困难

应该客观地认识到，对照民生建设迈上新台阶的目标、人民群众过上美好生活的期盼，目前群众富裕程度、公共服务供给水平、生态环境质量、公民文明素养和社会文明程度都还存在较大差距，面临较多困难和挑战。

### （一）民生工作面临的新形势与新挑战

首先是经济结构深度调整，对民生支出水平和保障力度带来新的压力。新常态经济增速换挡，财政增收难度加大，民生投入保障面临较大压力，需要积极调整财政支出结构，更加注重保障基本民生、关注低收入群众生活、创造公平的社会环境。其次是需求结构升级，对公共产品和公共服务供给带来新需求。这就要求进一步推进供给方式创新，提供多样化个性化的产品，满足群众不断增长的公共服务需求。再次是资源要素趋紧，对人口结构和劳动力素质提出新要求。经济增长更加注重质量和效益，新型城镇化加速推进，"未富先老"的人口老龄化问题更加严峻，迫切要求提升人力资本质量和劳动力技能，提升社会事业发展质量。最后是利益格局进一步调整，给社会治理能力和水平带来新挑战。"三期叠加"新形势下利益诉求更趋多元，可能引发更多社会风险，同时互联网等信息技术飞速发展，这些都给社会生活带来深刻影响，需要更加注重公平正义，加快提升社会治理能力和水平。

### （二）民生共建共享机制尚未建立

居民收入持续增长的机制尚未完全形成，作为收入主体的工资性收入增长后劲不足，转移性收入增长空间收窄，财产性收入增加缺乏强劲支撑。基本公共服务体系均等化长效机制有待建立，供给不足、服务不均、效率不高、机制不活等问题仍然较为突出。与浙江、山东、广东等其他沿海省份相比，全省人均卫生资源总体水平偏低，苏北不少地方还远低于全国水平。养老服务床位供求缺口大、结构不合理的问题并存。在保障和改善民生推进工作方面，党委政府组织领导、相关部门协同推进、社会各界广泛参与、人民群众共建共享的工作机制尚未真正形成。一些地区受到诸如重视程度不够、工作基础不深、经济条件较差等因素影响，推进成效不显著，需要进一步加大工作力度。

（三）基层社会治理机制亟待进一步健全

基层社会治理体制的变化，需要重建把问题化解在基层的新机制。社会治理的基础，过去比较依赖于工作"单位"，"单位组织"也是过去把问题解决在基层的机制。现在，绝大多数城镇从业人员从"单位人"变成"社会人"。在这种情况下，政府往往要直接面对分散的个人，治理的摩擦成本大量增加，自上而下社会事务的贯彻和落实，自下而上社会问题的调解和解决，都受到阻碍。基层发生的一些社会纠纷和社会矛盾，现在尚不能做到"解决在基层"。对老百姓来说，"打官司"成本太高，而且相当一部分群众"信访不信法"，而找基层政府反映诉求，现在又强调政企分开、政社分开，所以越级上访、赴京上访的现象越来越突出，群众上访和地方政府拦截上访形成尖锐冲突。在一些地方，有些社会问题由于多年积累形成普遍民怨，很容易因意外情况造成群体性事件。因此，如何降低社会治理的成本，形成有效地把问题化解在基层的社会机制，是社会治理体制需要探索的新问题。

（四）社会组织尚未成为社会治理的重要力量

社会组织和公众是社会治理的重要力量。然而，在社会治理实践中全省社会组织的功能没有得到充分发挥，主要受以下原因的制约：一是社会组织法律法规还不够健全。江苏省现有的一些管理条例和规范性文件数量不足、层次不高，针对性和可操作性不强，导致社会组织及行业自律的优良环境尚未形成，规范发展社会组织的长期动力不足。二是社会组织监管力量严重不足，尤其是缺乏必要的技术手段进行有效的监管，特别是基层各县管理力量尤为薄弱。三是社会组织队伍人才储备缺乏。近年来江苏社会组织数量呈爆发性增长，但是社会团体人才队伍建设存在不少问题，年龄结构呈现老龄化趋势，知识结构呈现非专业化态势，依法办会、依法接受监督的意识薄弱。四是社会组织内部治理水平不高。相当一部分社会组织法人治理结构不健全，民主管理机制不完善，独立性、自主性不强，日常行为不够规范，不少社会组织不能正常开展活动，难以承担应有的社会治理和公共服务职责。同时，公众参与意识也比较低。基层社会管理实践中公众参与的程度和水平总体上较低，存在大量的"象征性"公众参与。

## （五）突发性群体性事件带来一定的社会稳定风险

近年来，群体性事件问题在群众中引起较大反响。尽管造成这些问题的原因是多方面的，但绝大多数上访和群体性事件，反映的是民生和经济利益方面的诉求，如要求提高劳动福利和待遇、提高征地拆迁补偿标准、抗争企业环境污染、追究医疗事故责任，等等。这些事件，有的属于侵害职工和群众利益造成的"直接利益冲突的群体性事件"，也有的属于社会普遍不满情绪宣泄造成的"无直接利益冲突的群体性事件"。特别是"无直接利益冲突的群体性事件"，具有难以预测、扩散迅速、容易引起大规模混乱的现代风险的特点，值得特别关注。另外，近年来频繁发生的一些食品安全和环境安全事件，也多具有难以预测和容易引起民众恐慌的现代风险特点，需要高度重视。同时，我们的应急治理体系中仍然存在依靠主体单一、志愿者参与有限的问题。历史发展逐步形成的政府包揽和举国救灾体制的突发事件应急模式始终存在着对政府的高度依赖。强调政府单方权威和垄断性社会管理主体地位，忽视了民众个体及社会组织在突发事件应对过程中应有的地位、能力和资源调配作用。与此同时，社会参与层次较低，社会参与的专业协作度和连续性低，直接导致在应急突发事件中，社会力量整合层次低，社会参与管理乏力，甚至导致出现混乱无序的局面。这种模式既使政府面临巨大的压力，也浪费了大量可用的社会民间资源和力量，直接影响了现代化应急治理体系的构建和形成。不仅如此，面对各种突发事件，特别是一些突发性社会事件，应急治理的很多环节以及方式、方法、手段等显得明显不足。

### （六）区域生态环境问题仍然较为突出

尽管江苏省的环境保护水平在全国位居前列，但江苏经济社会快速发展与资源环境承载能力之间的矛盾依然突出，一些结构性、区域性环境问题未得到根本解决，环境风险较大。一是工业污染物排放总量仍居高位，区域环境压力依然很大。虽然江苏已经严控高污染、高耗能产业发展，但废水排放总量仍远远超过环境容量，水环境污染压力仍然很大。二是环境治理缺乏多方协同创新，社会力量的参与明显不足。目前，江苏在生态文明建设方面还应有更大合作空间。实际环境治理中，虽然各部门条块都有项目合作，但技术和工程衔接却缺乏协作创新。环境保护工作复杂长久，仅仅依靠政府部门推动见效缓慢，而需要多方主体联合参与。目前江苏整体社会力量对环境治理的参与明显不足，环保几乎成为政府自己的事，群众成为看客，在调动群众积极性方面还有值得改进的地方。三是行政化思维阻碍环境治理制度的统一，环境问题跨区域化效应明显。江苏处于长三角经济一体化区域内，由于区域经济的产业规模效应，环境污染有加重的可能，而行政分割和地区保护现象可能助推环境污染的跨区域化效应。各地在环保法规，环境基础设施建设，污染物及源头防控，污染事故通报、处罚，环境治理规划及部署等方面不同步现象严重。这使得单一的环境政策和环境技术在很大程度上不能解决江苏实际的环境问题。四是缺乏环境科技研发引进，产业结构因素的负面作用依然存在。目前，江苏经济增长促进环境改善的机制尚不明确，产业结构因素仍然是影响环境治理效率的主要负面因素。尽管江苏初步形成了以第三产业为主的产业格局，但优势不明显。部分重点行业以及少数支柱产业成为环境污染物的主要来源，其运行惯性导致产业结构调整与转型发展举步维艰。此外，江苏在一些生态环境治理重大技术方面缺少技术支撑而无法根治，能源利用效率低的现象极为严重。

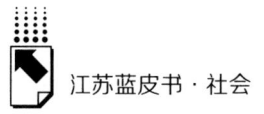

## 三 2017年促进江苏社会全面发展的对策建议

经济与社会协调发展是现代化建设的基本理念和目标。江苏在全面建设小康社会和基本实现现代化的进程中仍然面临一系列的社会问题。必须从战略上高度重视社会发展,全面推进各项社会事业,促进社会公平与社会和谐,努力提高人民生活质量、生态环境质量和社会文明程度,实现经济、社会与人口、资源、环境的相互协调和可持续发展。

### (一)加大力度促进城乡居民收入增长

增加收入,合理分配,是改善民生、实现发展成果由人民共享最直接、最有效的方式。加紧建立居民收入持续增长机制,尽最大努力提前实现中央提出的到2020年城乡居民人均收入比2010年翻一番的目标。稳住工资性收入主体地位。着重保护劳动所得,健全工资决定和正常增长机制,努力实现劳动报酬增长和劳动生产率提高同步,特别是要通过提升城乡居民职业技能提高适应产业转型升级的能力,在提升就业层次基础上提高人均工资水平。拉长财产性收入"短板"。积极开发理财产品,完善资本市场体系,壮大股份合作经济,发展村级集体经济,使城乡居民有财可理、有渠道投资,尽可能多地拥有财产性收入,形成增收新增长点。提升经营性收入弹性空间。贯彻落实"双创"部署要求,结合行政审批制度改革,进一步降低创业门槛,优化创业服务,打造创业平台载体,最大限度激发群众创业热情,发挥创业带动就业的乘数效应,让更多有条件、有能力的人通过创业增加收入。强化转移性收入济困托底。贯彻中央扶贫开发会议精神,以低收入农户、经济薄弱村、集中连片地区为重点,继续加大扶贫攻坚力度,完善社会救助体系,提升救助帮扶实效,增强自我发展能力,帮助困难群体和经济薄弱地区居民实现增收。

### (二)进一步提升社会事业整体发展水平

一是突出问题导向。在教育方面,更加注重促进公平、提高质量,优化调整教育资源配置,深入推进义务教育均衡发展,大力促进职业教育与产业转型深度融合,提升教育的公平度和贡献度。在卫生方面,坚持医疗、医药、医保"三医联动",加快构建分工明确的分级治疗新格局,尽快推动公立医院破除"以药补医",有效缓解"看病难、看病贵"的矛盾。在养老方面,更加注重发挥市场力量,鼓励社会资本通过多种形式进入养老领域,满足广大老年人多层次、多样化养老服务需求。在文化方面,进一步强化文化为民导向,促进文化惠民项目与群众文化需求有效对接,着力解决公共文化服务"最后一公里"问题。二是注重强化基层。坚持硬件、软件同步提升,推动工作重心下移、优质资源下沉,提升基层社会事业和公共服务水平。着力突破基层人才瓶颈,坚持科学配置、健全机制、绩效管理、合理待遇,创新育才、引才、留才、用才机制,缓解农村基层的卫生、教育、养老等人才总量不足、层次不高、结构不合理问题,为群众提供更多更优的公共服务。三是统筹资源布局。把普惠可及、效率提高、服务完善作为目标,以人口规模结构分布和流动趋势为依据,在城镇选址方便群众的区域,在乡镇考虑服务半径,在村级整合利用现有公共服务资源,严格控制增量,优化调整存量,促进不同部门、不同层级服务设施的综合利用,有效避免重复建设和设施闲置。

### (三)加快基本公共服务体系建设步伐

"十二五"时期,江苏省编制了《基本公共服务体系规划》,通过规划的深入实施,推动公共资源向农村、贫困地区和社会弱势群体倾斜,缩小城乡、区域、群体间的基本公共服务差距。"十三五"时期,要按照普惠性、均等化、全覆盖、可持续的要求,突出重点领域,加大投入力度,加快完善基本公共服务体系。综合考虑经济社会发展水平和公众需求,对服务领域进行横向拓展和纵向延伸。在"十二五"基础上,适应提高小康社会建设质量的需要,持续提升基本公共服务统筹层次,建立各领域公共服务标准体系,做到动态调整,逐步均衡。从供给角度研究社会事业各领域城乡、区域和群体间的发展差距,从需求角度找准人民群众最关心最直接

最现实的民生短板，研究落实对策措施。在财政保障趋紧的情况下，进一步细化并落实政府在公共服务上的职责，保障人民群众基本的生存和发展需要。

### （四）依托信息化进一步提升社会治理精细化、法治化水平

社会治理精细化是国家治理现代化的内在要求和必然逻辑，而信息化是当今世界的大趋势，其最显著的特征是数据的快速流转和广泛共享。社会治理精细化与信息化建设密不可分，以信息化建设引领社会治理精细化实现创新应是下一阶段江苏省的重点工作内容之一。江苏应该实现社会信息化向信息化社会转变，充分发挥大数据在社会治理精细化中的作用，通过信息化建设推动、倒逼甚至引领社会治理精细化创新。各级政府在社会治理中积累了数以亿计的公共服务大数据，对这些数据进行有效的处理分析，可以提高社会治理的精确度和靶向性，促进社会治理精细化的实现。当前，部门之间、条块之间普遍存在信息分割、相互掣肘的情况，没有很好地发挥信息化在社会治理精细化中的作用，尚未形成社会治理的有效合力。为此，必须破除各种利益的藩篱，大力推进部门数据共享，做好公共数据库建设。同时，政府应搭建统一的公共信息服务平台，优化工作流程，推动公共服务由"多头服务""坐等服务""定时服务"向"综合服务""上门服务""实时服务"转变。对江苏省来说，推进社会治理精细化应在以下几方面着力。一是"粗放式"治理思维转换。克服"官本位"思想所造成的对上负责而对下不负责的弊端，塑造服务理念，重视人文关怀，以实现"人"的需求作为公共政策制定和社会管理的出发点和最终归宿。二是管理服务细节化。要求把社会治理做"细"、做"小"，紧紧围绕着人，就是围绕人的生活、人的生活质量做文章。"做细"，就是社会治理从人们的日常生活做起；"做小"，就是社会治理着眼于小问题，就是从小事情做起，比如社区养老、社区治安和社区环境。三是执行框架标准化。这是政府社会治理精细化的关键，有了标准才能使有关工作明确化，并落实到实践层面，促进治理成效的不断更新。实现社会治理法治化，最根本的是切实发挥法治在规范主体行为、维护

社会秩序、化解社会冲突、保障公平正义中的作用,以法治凝聚改革共识、激发社会活力,最大限度实现社会规则治理。

### (五)建立健全现代化的应急治理体系

完善、成熟、系统的应急治理体系是社会现代化的重要标志。我们需要参考发达国家比较成熟、完善的应急治理体系,比如美国、日本、澳大利亚和加拿大等国的应急治理体系和具体做法,形成具有中国特色的、符合江苏省情的现代应急治理体系。一是要发挥政府的主导作用。要提高政府在突发事件来临时的响应能力,应急处置能力和资源调度、综合协调能力,有效地动员企业及社会蕴藏的人力、物力和财力,形成应对突发事件的合力。二是要努力扩展参与主体。要合理划分政府和社会的边界,为社会力量创造更多的发展空间,促使更多的志愿者、社会组织乃至企业参与到应急治理体系中。三是要突出风险的源头治理。要遵循预防为主的方针,着力解决影响公共安全的源头性、根本性、基础性问题,最大限度减少各类突发事件的发生。四是要信息公开,引导舆论。要及时了解社会舆情,了解社会公众的所思、所想、所愿、所行,对社会舆情进行有效的监控和引导。五是要不断完善体制和机制。要逐步健全分类管理、分级负责、属地为主的应急治理体系,构建统一指挥、反应灵敏、协调有序、运转高效的应急治理机制,建设突发事件预警预报信息系统和专业化、社会化相结合的应急治理保障体系。

### (六)深入推进江苏生产生活方式绿色化

"十三五"期间,江苏应积极探索建立新时期、新常态下环境保护长效治理体系,以环境承载力为基础统筹经济社会发展,贯彻并强化绿色发展理念,推动形成绿色发展方式和生活方式,建设美丽宜居新江苏。一要积极改变经济增长方式,优化产业结构。在经济总量增长的过程中,实现产业结构由资源消耗型、污染密集型等高污染产业向知识密集型和环境友好型产业转换,通过引入产业政策,通过对特定产业的扶持、保护来调整产业结构,促进经济发展,推动生产的集中和专业化,提高资源利用效率。二要加大环境

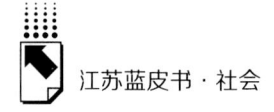

治理资金投入，加快生态环境治理技术的研发创新。应明确规定各级财政用于环境治理资金投入量占本地区 GDP 的比重，及时向社会公布资金开支与审计信息。三要积极平衡各地发展，适当留存环境治理的弹性空间。注重各市之间的差异，分清各地实际情况做区别对待。在资源配置，资金、政策支持上适当向污染严重地区倾斜，同时积极推广先进地区的治理经验、技术或特色做法等。四要发挥政府、市场、社会三方联动的积极效应，建立合作制度。江苏应当利用区域内的相互共通之处逐步破除行政障碍，在有效沟通及互相信任的基础上尽快制定具有真正意义的环境治理合作制度。环境治理上要逐步由行政化向市场化、社会化过渡，运用市场手段合理配置环境治理资源，同时积极调动小微企业、个人、社会组织的环保意识，发挥其在环境治理中的积极作用，在环境监督、政策制定等方面献计献策，实现全省生产生活方式绿色化。

# 专题一 民生共享

Topic 1 Livelihood Sharing

## B.2 江苏健康城市建设的历程、现状评价与促进对策

徐琴 苗国*

**摘 要：** 本文利用统计局最新数据和国家相关部门发布的指标体系，对江苏34个市健康城市建设情况进行客观评价与分析，在此基础上，对目前江苏健康城市建设过程中存在的突出问题与矛盾加以总结，并提出若干对策建议。

**关键词：** 健康城市 健康服务 江苏省

---

\* 徐琴，江苏省社会科学院区域现代化研究院副院长、研究员；苗国，江苏省社会科学院区域现代化研究院助理研究员。

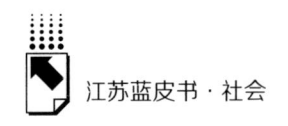

健康是人全面发展的基础，关系千家万户的幸福，关系经济发展与社会和谐。习近平总书记深刻指出，没有全民健康，就没有全面小康。习近平总书记在全国卫生与健康大会上的重要讲话，从战略和全局高度深刻阐述了推进"健康中国"建设的重大意义，明确了卫生与健康工作的方针目标和战略举措，也是指导新形势下我国卫生与健康事业发展的纲领性文件。近期，在上海召开的第九届全球健康促进大会上，有来自126个国家和地区、19个国际组织的专家学者围绕"人人享有健康，一切为了健康"的主题，分享"健康共治、健康城市与健康素养"，国务院总理李克强出席并做主旨演讲，指出"当今世界，人类健康水平的提高绝不仅限于医疗卫生领域，而是贯穿环境、食品、医疗、教育等几乎所有政府部门，健康促进是人类的共同事业，各国应增强命运共同体意识，以实际行动携手合作，使其扩展到更深层面、更多领域"。中国社会科学院城市发展与环境研究所最新发布的《城市蓝皮书：中国城市发展报告》指出，目前全国288个地级市中只有28个城市处于健康城市状态，亚健康城市占九成以上。全国健康城市主要有深圳、上海、佛山、苏州等，北京未入选，原因是其环境健康指数相对较差。

## 一 从"创卫"先锋到打造"健康江苏"新高地

我国曾有非常成功的"爱国卫生运动"，采取的是"政府主导、部门协作、社会参与"的原则。江苏是中国健康城市建设的第一方阵，从创建国家卫生城市到健康城市打造始终给予高度重视，取得了不俗的成绩。

### （一）起步早

早在2003年，苏州市当选为健康城市联盟5个理事城市之一。2004年，苏州市成立健康城市领导小组，制定《苏州市健康城市指标体系（试行）2004~2005》。2007年，全国确定第一批健康城市10个试点城市（区、镇）：上海，杭州，苏州，张家港，大连，克拉玛依，北京市东城区、西城区，上海市闵行区七宝镇、金山区张堰镇。苏州市从20世纪90年代末积极引入健康城市的概念，到2007年被列为全国首批健康城市试点市，再次被国家确定为全国健康城市健康村镇试点。苏州借鉴国内外健康城市工作理念和方法，以普及健康生活、优化健康服务、营造健康环境、构建健康社会等为重点，以培育健康人群为目标，取得了重要进展和成效。在这样一种引领示范带动作用下，无锡、常州、扬州、镇江等地区在全国卫生城市创建以及健康城市评比中，都取得了令人瞩目的成就，江苏城市形象与品位在系列创建过程中有了极大提升。

（二）起点高

江苏省的国家卫生城市数量全国第一。1990年国家首创卫生城市评比，江苏省在1994年就首获殊荣，国家卫计委近期提出，到2020年，国家卫生城市数量提高到40%，江苏也能提前达标，苏州、无锡市近年来城市健康发展指数综合排名一直保持在前10位。苏州市被世界卫生组织西太区、世界健康城市联盟授予"杰出健康城市奖"和"健康城市建设先驱奖"，累计获得30项世界卫生组织西太区和健康城市联盟颁发的健康城市奖项。

（三）亮点多

江苏卫生城市建设的城乡一体化水平高（无论是环境硬件还是服务软件都达到较高水平），其中，苏南100%的区域供水，健康细胞活跃，城乡社保医保覆盖率高等都走在全国前列。国家卫生计生委确定在南京、常州两市开展国家大数据中心试点示范建设，江苏将以此为契机，让好医生更"多"、好医院更"大"，让优质医疗惠及更多患者。而无锡市实施的"十五分钟健康服务圈"项目获得世界健康城市联盟大会创新发展奖，"家庭医生签约服务"项目被评为江苏省2015年度"优秀医改项目"，家庭医生制度"淮阴模式"叫响全国，"1+3"安全监控工作体系被国务院向全国推广，透明安全餐饮体系获"2015年中国十大社会治理创新奖"。

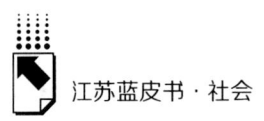

## 二 问题与反思

第九届全球健康促进大会期间,江苏省正在召开第十三次党代会,会议明确要把人民健康放在优先发展的战略地位,"健康中国"的江苏实践再度吹响了冲锋号。江苏将继续攻坚克难、率先突破,使江苏成为制度创新的高地、百姓健康的福地,为建设"健康中国"做出更大的贡献。对此,利用健康城市建设评估体系[①],对江苏34个市进行了初步排名,结果如图1。

从图1可以看到,苏南、苏中地区指标相对靠前,特别是"小而美"的常州市与扬州市排名甚至超过了苏州、无锡等传统经济强市,这一方面与后者因为较多的外来人口稀释各项指标这一重要因素有关,另一方面也可以看到经济发展水平与健康城市之间的联系并非简单的线性关系。大型城市特别是人口特大型城市,较高的生活工作压力、较为拥堵的环境以及人口高度积聚带来的城市病现象非常明显。因此,从居住舒适度与群众幸福满意指数上,常州以及扬州反而在全省具有较高的排名,这也反映在各种慢性疾病的发病率上,人口规模较大的城市有着明显的短板。如图1指标所显示的那样,整体来看,苏中、苏南与苏北之间的差异并不是很大(最高分89分,最低分78分),而从纵向比较来看,苏北的宿迁以及徐州近年来城市环境有较大程度的改观,但苏北仍有一些城市目前尚未能"创卫"成功,实际调研的感受也符合指标反映的情况,非卫生城市与卫生城市之间的差距明显。苏中与苏南地区已经有非常良好的基础,尽管指标排名相对落后的地区依然集中在苏北,但是苏北地区在健康环境等方面依然有自己的优势,而苏

---

[①] 健康城市是卫生城市的升级版,国家卫生部为此出台了新的评价指标体系,这一指标体系涵盖健康环境、构建健康社会、优化健康服务、培育健康人群、健康文化与组织保障五大板块,课题组采用了统一量纲的标准化方法对江苏34个市进行打分。具体权重,本研究将按照四个板块来整合分析。在权重赋值方面采用专家系统进行评判,从初步统计结果来看,健康环境、健康社会以及健康人群等主要指标板块的权重要比最后的健康组织与文化更为凸显。当然,这种权重设计是否完全科学合理,可进行相应的探讨。

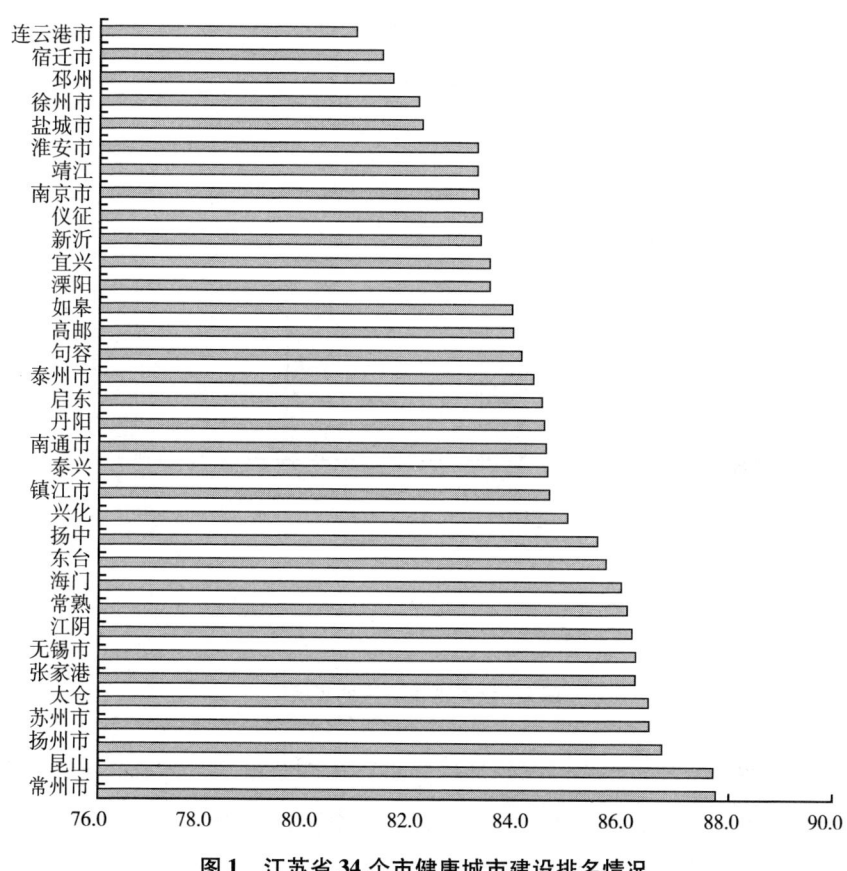

**图 1　江苏省 34 个市健康城市建设排名情况**

南地区的工作重心,则是进一步全面推开"健康城市"工程建设,苏州、无锡等城市已经走在全省前列,常州、扬州的创建则富有当地特色。

"健康中国2030"规划纲要中指出:"把人民健康放在优先发展的战略地位,以普及健康生活、优化健康服务、完善健康保障、建设健康环境、发展健康产业为重点,加快推进健康中国建设,努力全方位、全周期保障人民健康。"通过利用聚类分析,发现无论是苏南还是苏北、苏中,江苏省各个城市都面临一些类似短板,如图2所示,存在共同的弱项指标,如社会体育指导员人数比例、经常参加体育锻炼人口比例、居民健康素养水平等指标不尽如人意,整体均值全省都处在较低水平,而这部分短板的补齐,一方面需要相关政府部门推动，更多的要靠居民自我健康意识的提升和自觉，再辅以更多的促进与激励机制。

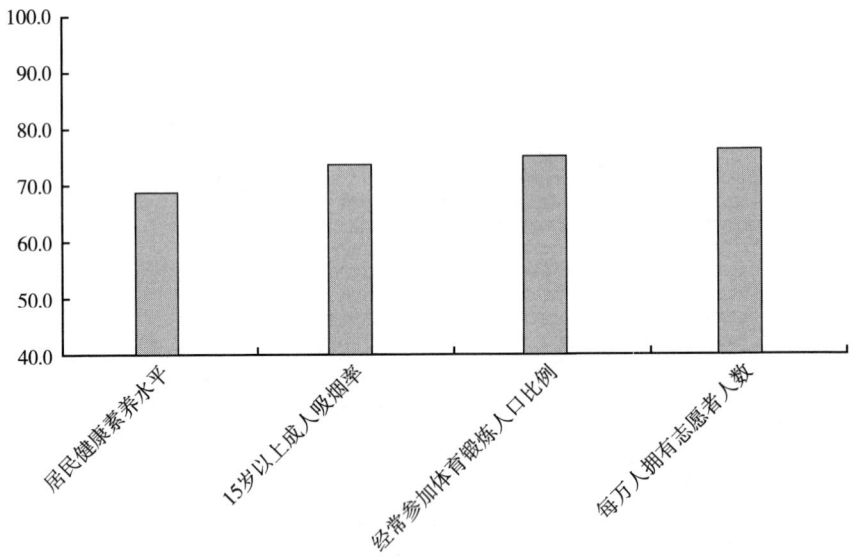

图2 健康城市建设的短板

简而言之，针对这些城市的数据分析，我们发现一个普遍的规律就是，江苏在健康城市创建方面硬件非常过硬，在全国评比中依然有较强的优势，但在软件方面则有不小差距，共同的弱项指标需要更多的软件提升，而诸如人均绿地建设面积以及城市人均体育设施面积等硬件指标，一些城市是因为高昂的土地成本与较高的城市人口密度，推进这方面的建设还需要地方政府更多的"让利"举措，这方面南京市、苏州市即便很难向扬州、常州学习把大量城市资源用于公园、城市绿地以及健身场馆建设，但在土地节约使用模式下，一些城市"见缝插针"的优化调整与整合资源举措，值得各地各部门学习与交流借鉴。

## 三 对策与行动

加快江苏健康城市建设，是推进以人为核心的新型城镇化的重要目标，是推进健康中国建设、全面建成小康社会的重要内容。而从以上分析我们可以看到，近年来江苏认真贯彻党中央、国务院决策部署，着眼于建设"健康江苏"，深化医药卫生体制改革，扎实推进基本医疗卫生体系建设，同时在强化医养结合、全民健身等方面采取一系列措施，着力解决影响健康的突出问题，城乡居民健康状况得到有效改善，主要健康指标位居全国前列。但也要清醒地看到，随着经济社会发展和人民生活水平的提高，群众的健康需求日益增长；工业化、城镇化、人口老龄化、疾病普遍化和生活方式的改变，对保障城乡居民健康带来了新挑战。建设经济强、百姓富、环境美、社会文明程度高的新江苏，必须把保护和增进人民健康摆在更加重要的位置，采取更加有力的措施，不断增进群众的健康福祉。

（一）借鉴国际健康城市做法，打造富有特色的江苏健康城市群

"健康城市"这一概念形成于20世纪80年代，是在"新公共卫生运动"、《渥太华宪章》和"人人享有健康"战略思想的基础上产生的，也是世界卫生组织（WHO）为面对21世纪城市化给人类健康带来的挑战而倡导的行动战略。1984年，在加拿大多伦多召开的国际会议上，"健康城市"的理念首次被提出。1986年，WHO欧洲区域办公室决定启动城市健康促进计划，实施区域的"健康城市项目"（Healthy Cities Project，HCP）。加拿大多伦多市首先响应，通过制定健康城市规划、制定相应的卫生管理法规、采取反污染措施、组织全体市民参与城市卫生建设等，取得了可喜的成效。随后，活跃的健康城市运动便从加拿大传入美国、欧洲，而后在日本、新加坡、新西兰和澳大利亚等国家掀起了热潮，逐渐形成全球各城市的国际性运动。深入推进"健康江苏"建设，一定要围绕提高人民健康水平这个目标定位，明确任务措施，加强协调配合，有力有序推进，把全省健康城市评比与各地专项规划推出与落地尽快提上议事日程，通过科学评估找准问题症结，通过规划执行落实目标责任，做好任务分解，把健康城市创建视为卫生城市创建的"二次创业"，各地各部门一旦重视起来，相关工作的开展就能高效兑现。

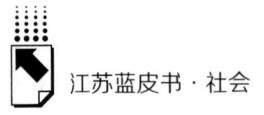

## （二）因地制宜，大力推进健康小镇建设

将卫生城、镇、村创建作为提高城乡卫生治理水平的有效载体，科学确立创建目标，发挥典型示范作用，加快卫生基础设施建设，健全卫生管理长效机制，促进城乡人居环境质量的整体提升。加强对卫生创建的技术指导和监督管理，改进评价标准和办法，完善退出机制，对卫生创建实行动态管理。结合推进新型城镇化建设，积极开展健康城镇建设，建立符合江苏省实际的健康城镇建设指标和评价体系，打造卫生城镇升级版。根据城市发展实际，编制健康城市发展规划，围绕营造健康环境、构建健康社会、培育健康人群等重点，将健康政策相关内容融入城市规划、建设、管理等各项公共政策并保障落实。紧密结合深化医改，优化健康服务，推进基本公共卫生服务均等化，促进卫生服务模式从疾病管理向健康管理转变。积极开展健康村、健康社区、健康单位、健康场所建设，推动健康城市理念进社区、进学校、进企业、进机关、进营院，提高社会参与程度。到2020年，力争国家卫生城市创建实现全覆盖，省级以上卫生镇比例苏南、苏中、苏北分别达95%、65%、30%以上；全省已创建成为国家卫生城市的地区达到健康城市标准的占30%以上，已创建成为国家卫生镇的地区达到健康镇标准的占20%以上，省卫生村中达到健康村标准的占10%以上，全省社区中达到健康社区标准的占10%以上。

## （三）健康政策多维融入全面推进，形成全民动员、全民参与、全民监督的良好氛围

《2030可持续发展中的健康促进上海宣言》从认识健康对可持续发展的重要性、加强城市与社区健康治理、加强社会动员和广泛参与等多个方面提出倡议，强调要将健康作为政府政策的一条主线，加快各项可持续发展目标的协同推进，李克强总理对推进卫生与健康事业改革发展、建设健康中国提出了明确要求。在江苏省第十三次党代会上，李强书记在报告中着重强调：没有全民健康就没有全面小康，要把人民健康摆在优先发展的战略地位，推

进"健康江苏"建设，健全现代医疗卫生体系，完善基本医疗卫生制度，坚持中西医并重，努力为人民群众提供全方位、全周期的卫生和健康服务。推动全民健身与全民健康深度融合，倡导健康生活方式。对此，各地各部门再接再厉，进一步提高城乡居民健康水平，坚持把"健康政策"融入各部门工作发展理念中，卫生、交通、食品药品监管、环境等各个部门共同采取行动，使其纳入系统、综合的公共政策中，而不是简单的条线单兵作战，设立若干重点突破领域与突破地区，把各项短板切实补齐，强化政府对健康城市建设的组织领导，完善多部门协作机制，鼓励、组织和支持社区、机关、企事业单位、家庭和个人参与健康城市建设活动，形成全民动员、全民参与、全民监督的良好氛围，提高全社会对健康的重视和对相关活动的参与度。

### （四）"三医"联动，促进基本公共卫生服务均等化

深入推进省级综合医改试点，加快构建体现公益性、调动积极性、保障可持续的医疗卫生运行新机制，针对影响城乡居民健康的主要问题，制定切实可行的健康策略和干预措施，预防为主、防治结合，让人民群众享有更高水平的医疗卫生服务和更可靠的医疗保障。坚持保基本、强基层、建机制，落实医疗、医保、医药"三医"联动，促进基本公共卫生服务均等化，强化"15分钟健康服务圈"建设，提升全民医保制度运行质量和水平，让人民群众少得病、看得上病、看得起病、看病更方便。大幅度缩小医疗卫生资源配置的城乡与地区差异，为健康江苏事业的普惠共享目标提供更好、更精准的财力支持。

### （五）改革创新，扩大供给，最大限度激发活力

强化各级政府对保障人民健康的相关基本公共服务投入，建立健全多元化健康投入机制，鼓励社会和个人加大健康投入。通过创新政策措施，充分发挥市场机制作用，丰富健康产品和服务。要加快发展健康服务业。大力推进社会办医，积极发展多样化健康服务，培育壮大健康产业，努力满足人民

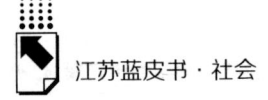

群众多层次、多样化的健康服务需求。特别是要借助市场力量，用新技术、新产业助推健康江苏事业发展。例如无锡结合本市核心发展产业——物联网，通过打造"医疗健康物联网体验馆"，以体验互动为主，突出应用案例和观众个人体验，围绕人的全生命周期，展示智慧医疗、智慧急救、智慧社区与居家慢病管理、公共卫生、计生药具发放等实际应用场景，既体现前沿性，又与人们的健康生活密切相关，让参与者强烈地感受到医疗健康物联网就在身边。只有大力鼓励市场化的创新、创业，健康江苏事业的辉煌才有坚实的基础。

# B.3 江苏提高户籍城镇化水平的问题与对策研究

何 雨*

**摘　要：** 降低城市户籍准入门槛、让农业转移人口便利地转为城镇户籍，以实现"同城同权"，一直被视作户籍改革的重点与难点。作为国家新型城镇化综合试点省份之一，江苏提高户籍城镇化水平面临新的困难与挑战，主要表现在：一是农业转移人口落户进城的意愿趋向消极；二是户籍城镇化成本分担机制尚未理顺；三是部分地市新版落户政策设计存在瑕疵。提高户籍城镇化率的对策建议有：一是推动基本公共服务甚至非基本公共服务的扩面增效，以减轻潜在落户居民对城市生活风险的不安与恐惧。二是要建立与户籍城镇化相匹配的财政投入机制，允许地方政府在投融资、土地使用等方面进行适度创新。三是地方政府在设计落户政策时应立足当前、着眼长远，把国家给予的上位战略用好用足。

**关键词：** 城镇化　户籍改革　落户政策　江苏省

多年来，降低城市户籍准入门槛、让农业转移人口便利地转为城镇户籍，以实现"同城同权"，一直被视作户籍改革的重点与难点。2016年3月

---

\* 何雨，江苏省社会科学院区域现代化研究院助理研究员，博士。

召开的全国两会上，国务院总理李克强在阐述"十三五"时期党和国家主要目标任务和重大举措时指出，要实现1亿左右农业转移人口和其他常住人口在城镇落户。到2020年，常住人口城镇化率达到60%、户籍人口城镇化率达到45%。国家发展和改革委员会组织编写的《国家新型城镇化报告2015》显示，2014年我国城镇化率已经达到了56.1%，但户籍人口城镇化率仅为39.9%，两者之间存在着16.2个百分点的差距。从全国层面上看，提高户籍城镇化水平，主要指向这部分已经离开农村进入城市但还没有获得城市户籍的、具有较高流动性的农业转移人口。具体来说，要想实现2020年户籍人口城镇化率达到45%的目标，"十三五"期间，年均转户人口要在1300万人以上。

## 一 "十三五"期间江苏户籍城镇化的目标与任务

"十三五"期间，江苏户籍城镇化的国定目标有两个：（1）实现常住人口城镇化率达到60%、户籍人口城镇化率达到45%；（2）户籍人口城镇化率与常住人口城镇化率差距比2013年缩小2个百分点以上。随着2015年获批成为国家新型城镇化综合试点省，"十三五"期间，江苏户籍城镇化的目标更为丰富。按照国家发改委要求，试点单位要"充分发挥改革试点的先遣队作用，大胆探索、试点先行、寻找规律、凝聚共识，为全国提供可复制、可推广的经验和模式"。根据试点工作时间表，对于江苏来说，"到2017年各试点任务取得阶段性成果，形成可复制、可推广的经验；2018年至2020年，逐步在全国范围内推广试点地区的成功经验"。

来自省委农工办的数据显示，全省共有2600万农村劳动力，到2015年年底，已累计转移农村劳动力1857.2万人，转移比重达到71.43%。"十二五"期间，江苏共转移农村劳动力125万人，而"十三五"期间，约800万农村劳动力进城转户，意味着江苏省农村劳动力的彻底、充分转移将大大提速。[①]

---

[①] 数据来源：江苏省统计局网站http://www.jssb.gov.cn/。

为此,江苏拟定了"十三五"期间户籍城镇化的总体目标是:紧紧围绕人的城镇化,加快推进农业转移人口市民化进程。到 2017 年,全省常住人口城镇化率达 68% 左右,户籍人口城镇化率达 62% 左右;城镇落户农业转移人口新增 400 万人,实现全省农业转移人口规模、分布、来源清晰化,常住人口公共服务均等化和农业转移人口家庭城镇落户成本明细化,各级政府、接纳主体和个人成本分担责任明晰化,相关的制度和配套政策规范化。到 2020 年,常住人口城镇化率达 72%,户籍人口城镇化率达 67% 左右,城镇落户农业转移人口新增 800 万人,成为我国新型城镇化和城乡发展一体化先导区、示范区(以 2013 年底的城镇化率为基数)。

## 二 江苏提高户籍城镇化率的困难与挑战

全面放开中小城镇,限制大城市的户口准入,实行逐步、稳妥、有序的"梯度城市化",是国家层面在进城落户上的政策建议。据此,江苏省曾于 2014 年提出"全面放开建制镇和小城市落户限制,有序放开中等城市落户限制,严格控制大城市落户条件"的户籍制度改革意见。[①] 在流动人口户籍的转入上,依然面临着城市落户制度环境的非均衡供给,即不同规模、不同等级、外来人口规模不同的城市,采用差异极大的外来人口落户政策。解决 800 万人的城镇落户问题,核心就是要在 2015～2020 年将 800 万农业转移人口的户口迁入其实际常住地。尽管 2015 年初,江苏省委一号文件明确提出,进一步放宽户口迁移政策,包括三方面内容:实行省辖市范围内本地居民户口通迁制度;全面实施居住证制度;在城市综合承载压力巨大的地方,积极推行积分落户制度。但是,随着人口老龄化进程加剧、中西部地区人口回流、国家区域再平衡发展战略对中西部地区的扶持、农村户籍含金量不断提升,以及城乡间公共服务水平差距的不断缩小,提高户籍城镇化水平面临

---

① 详见江苏省人民政府文件《江苏省政府关于进一步推进户籍制度改革的意见》(苏政发〔2014〕138 号),2014 年 12 月 29 日。

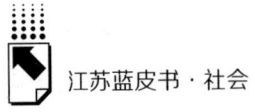

新的困难与挑战，主要表现如下。

一是农业转移人口落户进城的意愿趋向消极。多方面评估都显示，有落户意愿的农业转移人口仅占不到30%。根据江苏省社科院课题组于2014年7~12月在江苏各个地级市和县城所进行的"农业转移人口市民化"的问卷调查①，其中83.8%的被访者的户籍为保留原籍、尚未转为城市户籍的非农就业群体，共计688个样本。调查发现，在当前持农业户籍的受访者中，想过要拿本地城镇户口的样本占36.8%，自认为具备拿户口条件的占20.1%，如果具备条件且愿意迁户的有34.9%。这表明，传统的驱动人口由乡村向城市、由中西部地区向东部地区流动的"推拉理论"中的动力机制已经大幅弱化。同时，国家在设置提高户籍城镇化率总体目标的同时，还特别强调，推动农民进城落户，不能搞强制，而要"尊重农民意愿"。

当前除了南京、苏州、昆山等城市，省内多个城市实际执行的入户条件相当宽松。常州市实施了新的户籍准入政策：将外来就业人员的学历要求从本科降低到技（职）校，技术职称由高级降低到中级；将有学历、有技术的外来就业人员社会保险参保时间由3年降低为2年，其他就业人员参保时间由10年降低为5年；除技（职）校和其他参保人员外，其他外来就业人员均无合法稳定住所限制。其主要目的除了吸引年轻劳动力进入城市、改善人口结构，还有增加房地产刚需、拉动市场消费、推动服务业发展等。尽管如此，外来就业人员入户常州的也不普遍，从2014年7月到2015年10月间，仅有440多人入户。与此同时，购房入户常州的居民数量达到21000多人。这一现象表明，有能力在常州购房者，对常州户籍尚有一定需求，而没有购房的非户籍人口，即使符合入户条件，也可能由于自身的高流动性以及未来的不确定性，对落户常州尚无切实需求。

二是户籍城镇化成本分担机制尚未理顺。与常住人口城镇化不同的是，户籍城镇化，意味着"同城同权"，即落户新市民要享受与此前老市民相同

---

① 本次问卷调查采用多阶段整群随机抽样的方法抽取18岁以上的城市非农就业者，共获得829份有效问卷。

的各项基本公共服务。这一"赋权"的背后,是巨大的资金投入,并且随着经济社会的发展,城市人民总体生活水平的提高,基本公共服务范畴的扩大和质量的改善,户籍城镇化的成本也将随之提高。基于"同城同权"原则,户籍城镇化带来的可见和不可见的成本大致包括下述几个方面:基本社会保障成本;教育培训成本;安居成本;私人增加的生活成本;城市基础设施增加成本。我们根据相关资料,对江苏户籍城镇化的成本进行了测算。

(1)基本社会保障成本。这是农业转移人口市民化后享有在城镇的基本养老、医疗、失业、工伤等社会保险而必然投入的最低资金。按照2015年江苏统计年鉴公布的数据,把城镇企业职工缴纳的基本养老保险基金支出、基本医疗保险基金支出、失业保险基金支出、工伤保险基金支出、生育保险基金支出分别除以当年度相应的参保人数,然后累加各项人均支出,可以测算出江苏省农业转移人口市民化年社会保障成本大约为人均11563.4元,按照缴满15年方可领取社会养老金计算,得出江苏省农业转移人口市民化每人需要的社会保障成本为173451元。

表1 江苏省农业转移人口市民化社会保障成本(2014年)

| 项目 | | 人均(元) |
| --- | --- | --- |
| 城镇企业职工基本养老保险基金支出(亿元) | 1406.70 | 7146.92 |
| 城镇企业职工基本养老保险参保人数(万人) | 1968.37 | |
| 城镇职工基本医疗保险支出(亿元) | 586.60 | 3286.53 |
| 城镇职工基本医疗保险参保人数(万人) | 1784.86 | |
| 失业保险支出(亿元) | 70.16 | 484.69 |
| 失业保险参保人数(万人) | 1441.56 | |
| 工伤保险支出(亿元) | 61.08 | 396.6 |
| 工伤保险参保人数(万人) | 1540.11 | |
| 生育保险支出(亿元) | 34.18 | 248.66 |
| 生育保险参保人数(万人) | 1374.56 | |
| 合 计 | | 11563.4 |

(2)教育培训成本。既包括农业转移人口提高自身素质的教育培训成本,又包括其随迁子女的义务教育成本。但是,由于统计年鉴资料无法直接

获得教育培训成本数据，因此以"教育文化娱乐服务"支出为替代。根据江苏统计年鉴，2014年城镇居民家庭该项支出为2960元，农村居民家庭该项支出为1210元，差值为1750元，这应该属于农业转移人口市民化后增加的教育相关类支出。

（3）安居成本。这是保证农业转移人口市民化后能在城镇安居而必须进行的最低资金投入。这一成本可由城市人均住房面积乘以当年各城市平均住房价格获得。参照江苏省保障性住房建设标准，公共租赁房套型建筑面积以45～60平方米为宜，以三口之家计算，农业转移人口市民化的城镇住房人均建筑面积可调整为15平方米。由于住宅竣工面积具有迟滞性，本研究选择2013年的住宅投资额与2014年的住宅竣工面积予以匹配。根据江苏省统计年鉴，可以发现，2013年江苏省住宅投资额为5171.50亿元，2014年住宅竣工面积为7259.11万平方米。可以测算出按照2013年价格水平，每平方米住宅成本大致为7124.15元；按照人均15平方米的标准计算，安居成本大致为106862.25元。

（4）私人生活成本。这是农业转移人口市民化后的正常开支，包括城镇生活的人均水、电、气、交通、通信、食物开支等方面的支出，但不包括城镇住房支出，同时要扣除农业转移人口目前在城镇的年人均消费性支出。按照2015年江苏统计年鉴公布的数据，2014年城镇常住居民人均生活消费支出为23476元，农村常住居民人均生活消费支出为11820元，两者差值为11656元。再扣除居住类支出5101元后，测算出农业转移人口市民化的增量年均消费性支出为6555元。

（5）城市基础设施增加成本。农业转移人口市民化必然会带来城市功能设施、社会设施以及基础设施的增加，因此需要相应的资金投入，这些投入可以简称为城市基础设施增加成本。而城市基础设施增加的人均成本又可简化为由除住房外的城镇固定资产投资与各城市城镇人口的比值来推算。根据2015年江苏统计年鉴，2014年全省市区固定资产投资为25024.23亿元，年末全省市区户籍总人口为3361.11万人，可以测算出当年人均固定资产投资为74452.28元。

基于2014年的数据，综上主要成本项目，江苏户籍城镇化的人均成本为：社会保障成本173451元＋教育培训成本1750元＋安居成本106862.25元＋私人生活成本6555元＋城市基础设施增加成本74452.28元，合计为363070.53元。需要指出的是，这一成本，既包括政府围绕户籍城镇化增量所要提供的公共财政资金，也包括落户市民本身的落户支出部分。

三是部分地市新版落户政策设计存在很大缺陷。以南京为例，2016年9月22日，作为户籍管理主要职能部门的南京市公安局，在单位网站上公示了两份文件——《南京市户籍准入管理办法》和《南京市积分落户实施办法》，向全社会公开征求意见。南京落户新政的核心是从严从紧的积分落户。这一落户新政总体框架参照的是北京、上海和深圳的落户政策版本。诚然，在积分落户上，主要城市存在共性问题，但是对于具体城市来说，必须在与其他城市的对比中，准确定位自身的特殊性，才能有针对性地提出适用于当时当地的政策举措。与北京、上海、深圳相比，南京的特殊性在于如下方面。

（1）面对的问题不同。京、沪、深是全国层面的一线城市，其问题是在有限的资源空间里，如何解决持续的人口流入压力。只有从紧的人口政策，才能强制性地缓解人口大规模流入压力。对于南京来说，几乎不存在这样的问题，或者说几乎享受不到这样的红利。所以，采取从紧人口政策，只能是南橘北枳。

（2）所处发展阶段不同。京、沪、深基本已经完成了工业化阶段，开始向后工业化阶段转向。但是，南京正处于工业与城市双重转型升级的攻坚冲刺阶段。当前，南京经济社会发展势头良好，已经超越无锡，并正在向苏州的省内经济地位努力。考虑到近年来南京GDP增速对苏州有明显优势，因此，这一前景不是不可能实现的。南京的人口政策应当也必须服从服务于整个城市的发展目标。

（3）人口现状不同。一方面受人口老龄化影响，总体劳动力人口呈下降趋势；另一方面国家区域再平衡发展战略也让大量外来人口回流。其结果就是南京城市人口的流入性增长几乎陷入停滞。近年来，年均人口净增长也

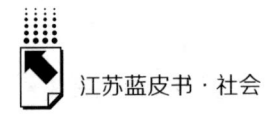

就在数万人左右。在落户政策放宽的背景下尚且如此，如果采取从紧落户政策，结果恐怕更难乐观。

(4) 面临的机遇不同。在新一轮长三角城市规划中，国家明确定位南京为特大型城市，与杭州、苏州、合肥相比，明显高出半级。这一信号意味着国家对南京的功能定位是要高于其他城市的。当前，在大众话语中，常常把南京、杭州、合肥等称为二线城市。其实，从新一轮的国家城市定位看，在国家层面上，南京应该是"1.5 线"城市。所以，南京应该充分利用国家赋予特大型城市的机遇，推动城市发展再上新台阶。特大型城市需要特大规模人口来建设。南京城市建设的总体框架已经形成，值此紧要关头，更是需要积极的人口政策来吸引天下英才，才能共创共建美好南京。

(5) 现实需求不同。建设国家级江北新区，既是南京转型升级的重中之重，也是江苏全省极力推进的重大事项，还是国家层面的战略部署。根据规划，未来 5 年，江北新区年均需要增加人口 20 万人。江北新区对人口的需求空前强烈，但却正在面临人口供给不足的困境。

## 三 江苏提高户籍城镇化率的对策建议

提高农业转移人口进城落户的意愿，巩固其进城落户的基础，扩大其进城落户的规模，是江苏如期实现"十三五"期间户籍城镇化目标的关键。具体来说，可采取的对策如下。

### (一) 推动基本公共服务甚至非基本公共服务的扩面增效，以减轻潜在落户居民对城市生活风险的不安与恐惧

提高户籍城镇化率的实质是公共服务和社会权利均等化的过程，大致包括"转移就业（职业身份转换）→均享服务（共享城镇公共服务）→取得户籍资格（社会身份转换）→心理和文化完全融入城镇（成为真正市民）"四个阶段。当前江苏省正处于人口市民化的第三阶段。国际经验表明，人均 GDP 达到 3000 美元是推进基本公共服务均等化的基础条件，人均 GDP 达到

7000～10000 美元是落实基本公共服务均等化的较好时机。当前江苏人均 GDP 已经超过 1 万美元，达到了中高等收入国家水平。这也为提高户籍城镇化水平所需要的公共服务体系建设提供了物质基础，包括：切实保障进城人口随迁子女受教育权利；提高农业转移人口的公共卫生和医疗服务水平；积极开展农业转移人口技能培训、职业教育与劳动权益保护；做好农业转移人口社会保障工作；提升农业转移人口的住房保障水平。

（二）建立与户籍城镇化相匹配的财政投入机制，允许地方政府在投融资、土地使用等方面进行适度创新

要给予农业转移人口与城镇原居民均等的公共服务，需要推进基础设施扩容建设，提高城镇的综合承载能力。基础设施具有很强的公益性和社会性，属于公共物品的范畴，这就决定了基础设施建设投资必然以政府为主。因此，快速成规模地提高户籍城镇化率，势必要加大城镇基础设施建设投资。虽然这些成本不需要一次性支付，但是负担依然比较沉重。在融资方面，除了政府财政投资，还可以依法赋予地方政府适度举债的权限，赋予其通过发行市政债为基础设施融资的权力，通过发行城市建设债券筹集资金，完善和健全现行的地方政府债券制度，并逐渐规范地方政府发债的方式和程序，探索一般债券与专项债券相结合的地方政府举债融资办法。建立健全地方债券发行管理制度和评级制度，同时健全地方政府债务管理机制，保障债务资金使用的公开和债务偿付资金来源的稳定。还应高度重视市场力量，将建设投资大、回收期长的城镇基础设施建设交给市场运作，充分发挥社会资本在城市建设中的作用，吸引更多的社会资本通过 BOT、BOO、BTO 等方式参与城镇化建设。

在人地挂钩方面，对建设用地指标分配机制进行改革，建立城镇建设用地增加规模除了与经济总量和重大项目建设相关，还与吸纳农业转移人口落户数量挂钩机制，并根据各城市实现户籍城镇化水平，给予建设用地指标倾斜，坚持以人定地、地随人走的原则，将一部分流出地政府收储的农民转让出的宅基地指标分给流入地政府，用于解决农业转移人口市民化过程中的住

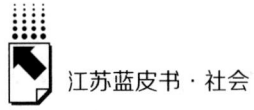

房、基础设施、公共服务设施的用地,实行城镇建设用地增加规模与吸纳户籍城镇化规模挂钩,以此形成地方政府分担农业转移人口市民化成本的激励机制。

(三)地方政府在落户政策设计时应立足当前、着眼长远,把国家给予的上位战略用好用足

以南京"922落户新政"为例,这一新政的核心是"积分制"与"直通车"构成的双轨制,但通观其文本内容可以发现,相关政策设计严重背离了国家赋予南京在区位发展中的重大使命、上位国家战略提供的历史机遇,亟须进行调整,才能更好地符合南京发展之实际需要,同时为江苏提高户籍城镇化率做出贡献。南京在落户政策上进行的调整应集中在以下方面。

1. 改变"控规模""调结构"的指导思想

"控规模"不仅违背了南京正在加速现代化的好势头,也会严重损害国家给予南京特大型城市定位带来的机遇,更是与大力建设江北新区相冲突。在人口净流入近乎停滞,而南京迈向特大型城市需要大规模人口之时,"控规模"毫无意义,反而有害。"调结构"要以规模为前提。没有规模,也就难有结构。且在"调结构"中,学历因素影响过重,无法反映当前人才多元化、多样化的实际。

2. 正确处理人才与资本的关系

在"调结构"方案中,重学历固然有其合理性,但是过于单调。高学历,其背后更多的是假定的高素质及其可能的高技术。但是,城市发展除了需要技术人才,还需要商业人才。每一个人的背后,沉淀的都是其一生努力的成果。这种成果,既有技术,还应该有资本。城市发展也不仅需要技术,同样需要资本。把购房落户从直通车模式调整到积分排队模式,实质上是对基于市场能力的非学历成功者的轻视。每一个能够在南京买得起房子的人,都已经在市场的竞争中证明了自己。他们不仅是商业人才,能够为南京发展做贡献,而且其背后蕴含的资本同样是南京城市发展所急需的。所以,不要盲目照抄京、沪、深落户版本,要把购房落户纳入直通车模式,为周边居民

参与南京迈向特大型城市建设提供机会。

**3. 降低积分落户标准、提高积分落户总量规模**

从京、沪、深等城市的实践来看，积分落户都进行总量控制。这些一线大城市具有强大的吸引力，能够吸引人才源源不断地涌入，积分落户可以让它们遴选出最优秀的人才。南京作为一个二线城市，不能与之相提并论，更为实际的是采取次优战略。为此，应降低积分落户标准、提高积分落户总量规模。

# B.4
# 江苏城乡一体化融合发展的对策研究

孟 静*

**摘 要：** 城乡一体化是在尊重城乡特色的基础上，将城乡作为整体，统筹规划，促进城乡产业发展互补、生活水平相当，现代文明生活方式由城市向乡村扩散，最终实现城乡融合的过程。本文明确指出江苏已进入城乡一体化发展的新阶段，总结了近年来江苏城乡一体化的进展和成绩，指出江苏要实现城乡融合发展仍面临不少问题。解决这些问题需要发挥政府主导作用、推动城乡经济发展的双向互动、妥善处理城乡空间关系、建立城乡平等的社会制度。

**关键词：** 城乡一体化 融合发展 江苏省

## 一 江苏城乡一体化发展的进展和成绩

### （一）江苏已进入城乡一体化发展的新阶段

江苏经济发展水平较高，2015年全年实现地区生产总值70116.4亿元，比上年增长8.5%，人均GDP为87995元，处于钱纳里标准模式的工业化后期阶段：第一、二产业协调发展的同时，第三产业开始持续高速增长，缩减城乡差距、实现共同发展的经济基础已基本具备。从城镇化发展

---

\* 孟静，江苏省社会科学院区域现代化研究院助理研究员。

阶段看，2015年底江苏城镇化率达66.5%，比上年提高1.3个百分点，处于城市化加速阶段，根据发达国家经验，该阶段城市对农村的辐射、带动作用逐步增强，郊区化现象开始出现，城乡差距逐渐缩小，城乡空间将由对立走向平等发展。经济总体水平提升的同时，江苏农村经济获得了迅速发展，2015年农村居民人均可支配收入达16257元，远高于全国平均水平，同时农村工业迅速崛起，农村经济结构实现了由单一向多元的转变，农业现代化水平不断提高，高标准农田比重超过50%，农业科技进步贡献率达65%。总之，江苏农村迅速发展的外部条件和内生动力均已具备，缩减城乡差距的经济基础已基本具备，城乡二元结构将逐步向复合结构转变。

## （二）通过制度创新构建城乡一体化发展的宏观环境

江苏坚持城乡一体化发展的"市场自为"与"政府自觉"两大机制，即以市场为导向，以城乡要素自由流转为条件，以工业化、城市化为基础的集聚扩散机制，和以政府为主导、以城乡均衡发展为目标、以规划政策制度为手段的统筹协调机制。第一，规划先行，编制了《江苏省新型城镇化与城乡发展一体化规划（2014～2020年）》《江苏省城镇体系规划（2015～2030)》等，初步形成了以区域整体规划为主导，以基础设施专项规划为补充，以城镇总体规划和农村建设规划为主体，以城乡发展、基础设施建设、生态环境保护为主要内容的城乡规划体系。规划理念实现了从部门编制到整合协调、从技术方案编制到配套政策研究、从重加速到重协调、从重城市到重均衡、从集中配置到全面保障、从布局土地资源到协调土地资本、从关注市民利益到关注全民利益的转变，突破行政界限合理划分主体功能区，打破了部门分割和城乡分割。第二，大力发展中小城市和小城镇，试点扩权强镇，赋予乡镇与事权相匹配的财权。对一些规模较大、城镇化水平较高的乡镇撤镇建县或整合设立市辖区，对与县级政府驻地联系紧密的乡镇探索"区镇合一""区镇互补"模式，对具备一定人口规模和经济实力但不宜作区划调整的中心镇，赋予部分县级经济社会管理权限。第三，

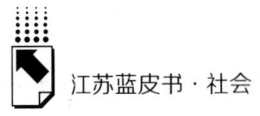

完善公共财政体系，创新财政支农方式，由主要支持"老板"转为主要支持村集体，由主要扶持农民转为扶持村集体与扶持农民相结合，以壮大农村集体经济。

### （三）探索"三个集中""三个置换""三大合作"的城乡一体化模式

坚持"把空间让给城市，把利益留给农民"理念，通过"三个集中""三个置换"等促进土地制度改革，鼓励农村土地流转和适度规模经营，推动土地资源"资产化"。

第一，开展"三个集中"。即居住向社区集中，对被拆迁农户建设与城镇建筑风格相融合的新型社区，对地处农业发展区、生态保护区的农户建设具有江南水乡特色的新型村庄；企业向园区集中，农村新办工业一律进入工业规划区，通过投资、税收、财政奖补等优惠措施，鼓励不符合土地利用规划和镇村建设规划的原工业企业向工业规划区集中；农业用地向规模经营集中，通过出台财政扶持政策、规范承包管理和农村土地流转市场等，引导土地向种养能手有序流转。

第二，开展"三个置换"。即集体资产所有权置换股份合作社股权，农户凭股权获得分红；土地承包经营权置换城镇社会保障，与"征地年薪制"同时实施；宅基地及住房置换城镇住房，建立城乡居民住宅产权同质化为基础的住宅产权登记和交易流转管理制度，坚持农民自愿、先建后拆、先拆后得的原则，宅基地置换新增的建设用地指标，由各县市区统一调配使用。

第三，发展"三大合作"。即社区股份合作，将农村集体资产折股量化给农民，实行民主管理、按股分红，把原村级经济合作社改革为村级股份合作社；土地股份合作，农民自愿将土地承包经营权入股，由合作社开展适度规模经营，民主管理和按股分红；农民专业合作，包括在农产品生产经营、农业和农村服务等方面组建的合作社以及投资于房屋出租、物流服务业等方面的富民合作社等。

## （四）推进城乡基本公共服务均等化和基础设施一体化

第一，基础设施对接。加快了交通、通信干线向农村延伸，完善了农村道路网络，实现行政村村村通公路，加快供排水、能源设施向农村拓展，完善农村水利设施，加强农村文化设施建设，建设村级服务中心、五保家园等，农村生产生活条件显著改善。第二，公共服务对接。建立了城乡义务教育均衡发展机制，优秀师资配备向农村倾斜；建立城乡居民方便共享的公共卫生和基本医疗服务体系，鼓励医务人员向农村流动。第三，社会保障对接。建立城乡一体的社会保障制度，将被征地农民和农村劳动力、农民工纳入城镇企业职工基本养老保险，将农村居民逐步纳入城镇养老保险；加快完成新型农村合作医疗保险制度与社会基本医疗保险制度的衔接，实现了覆盖范围、保障项目、待遇标准、医疗救助和管理制度在城乡的"五统一"；建立了城乡一体的社会救助体系，农村低保已达到应保尽保；建立城乡统一的社会就业失业登记制度、失业保险制度。

## 二 江苏城乡融合发展需要解决的主要问题

第一，城乡之间和城市内部双重二元结构的问题。江苏正处于城市化加速发展阶段，将有大量农村劳动力向城镇转移，城乡融合发展不仅要解决缩小城乡差距的问题，还要解决拓宽城镇就业渠道、实现农民市民化的问题，需要同时加强对农村居民及失地农民和进城农民的关注。城市农民工的问题需要特别关注，要确保他们在职业转变的基础上，公平享受城镇公共资源和社会福利；获得与城镇户籍居民一致的权利，全面参与城市的政治、经济、社会和文化生活。城镇化过程中的"两栖人"现象也需要引起关注，许多农民进城打工后，在城市购置了房子，既享受城市公共服务资源，又作为集体经济组织的成员在农村享受股份、股权分红，客观上存在有限资源的闲置浪费。

第二，城乡关系区域差异大，苏中、苏北城乡二元结构更为突出。江苏

城乡居民在生活水平、社会保障、文化教育水平等方面均存在差距，这一点在苏北和苏中地区较为明显。城乡一体化本质上是城乡"高层次平衡发展"，城乡二元结构突出既是发展不协调的表现，又是发展的首要制约因素，苏北、苏中城市经济实力和带动能力有限，城乡一体化水平整体上仍落后于苏南地区。

第三，农业基础薄弱。相比于工业，江苏的农业生产率仍较低、社会化服务体系不健全、科技创新能力不足、政府对三农的支持力度不够。每个农业工人生产的粮食美国可养活59人、德国45人、日本44人，而江苏不足10人，且农产品附加值较低，农业在国际竞争中处于不利地位。农村文化教育落后又进一步制约了生产主体的能动性，农村义务教育师资水平不高、数量不足，农民专业技术培训和职业技能教育覆盖范围窄。

第四，农村金融服务支持相对滞后。农村基础设施、种植业、养殖业以及农村集体经济和私营经济中的小型企业金融服务，尤其是信贷服务难以满足需求。农村信贷担保机制不完善，农村担保公司不足，土地种植收益、农村养殖业预期收益等难以进行抵押担保贷款。

第五，城乡建设无序，空间格局散乱。城镇空间的迅速拓展给土地资源带来了极大压力，城镇化在地域上的推进导致城镇建设用地迅速增加，乡镇企业的迅猛发展导致农村非农用地迅速扩大，耕地总量和人均占有量出现大幅度降低，土地资源日益紧张。受开发建设过快及规划管理薄弱等因素影响，空间发展出现了部分城市空间无序蔓延、城市边缘与小城镇发展滞后等新问题，不少城郊接合部成了"三不管"地带，土地资源浪费严重。

## 三　江苏城乡融合发展的对策建议

城乡一体化的实现体现在城乡经济、社会、文化乃至空间等各个方面，并通过一定的外在形式和内部组织结构表现出来，形成新的城乡形态特征。现代城乡形态是生产力发展到一定阶段的历史性趋势，是城乡之间通过要素和资源的自由流动、相互协作、优势互补，实现城市与乡村在经济、社会、文化、环境等方面协调发展的过程，最终构建一个现代化的城市与现代化的农村和谐相融的新型网络式空间结构。

（一）充分发挥政府在城乡融合发展中的主导作用

一是完善法规政策支撑体系。针对土地流动、农业合作组织、农用物资、农产品流通、农村财政、涉农金融、农业技术保护、食品安全等多个方面都要有明确的政策安排，以保持农村组织的稳定性和农业政策的连续性。

二是编制实施科学的一体化规划。全省的土地按照开发的成熟程度可以分成"人口过密地区"、"整备地区"和"开发地区"，采取不同的政策；各个城市的建设规划都要包括城乡两大主体，城市功能的设置不再限定于城市内，城市商业和娱乐业的空间设置和建设规模必须按照辐射圈的大小确定。

三是采取多种方式加大政府对三农的投资，包括价格支持、投入补贴、转移支付等。

（二）推动城乡经济发展的双向互动

经济一体化是城乡一体化的核心动力，要以实现城乡共同繁荣为目的，采取发展农村工业、推进农业现代化、集约化、规模化和产业化，加强城市的辐射作用、促进城市工业扩散，建立城乡统一的要素市场和经济活动网络等措施。

第一，坚持城乡共生思想。政府必须从区域发展、城乡融合发展价值最大化的高度，整体规划产业的空间布局、产业链的构建、产业的梯度体系，统一安排水土资源和基础设施、公共设施建设，形成城乡产业空间的互融机制和城乡产业互动、均衡、绿色发展的新路径，实现城乡共生模式由非对称互惠向对称互惠的转变。

第二，根据城市、城镇和农村的不同特质和比较优势，在三个区域布局和培育不同的产业集群，并形成产业链。鼓励城市涉农企业将加工环节延伸

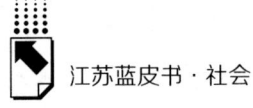

到小城镇和农村，并以产业的合理布局与协作推进不同类型人才的有序流动和相互交流。

### （三）建立城乡平等的社会制度

要尊重人民尤其是农民的利益，放弃以城市建设理论指导农村发展的思想，按照当地居民的愿望，引导和帮助他们主动改善居住地的生活环境，重视城乡社会系统、人际关系系统和文脉特征的保护。

第一，建立一元化的经济社会制度，包括人口自由流动的户籍制度，城乡平等的教育体系，城乡基本统一的社会保障体系，合理的农地流转制度，同等的政治参与制度等。

第二，构建公平合作的城乡关系。地位对等应建立在市场机制基础上，不同行政主体应借助市场手段，通过发挥自身的资源、劳动力、资金或技术等比较优势获取相对利益，通过中心城市产业升级实现经济利益互补，通过协商对话实现横向合作，削弱城乡等级差异在竞争中的影响。

第三，强化乡村政府的财权和事权，赋予乡村政府相对稳定的财源和预决算权，并且通过增加转移支付的比重等，增加乡村政府的自主财源。

第四，建立农业协同组织，提升农民的政治博弈能力，畅通农民的剩余资金进入农协的合作信用系统的渠道，农民的生产资料和消费资料在自愿基础上可以通过农协系统统一采购，形成与城市金融资本和商业资本博弈的能力。

### （四）提供城乡基本一致的社会保障和公共服务体系

社会一体化是城乡一体化的本质，它以营造和谐、安定的社会环境，实现人的全面、平等发展为目的，主要采取均衡保障、加强教育、改变乡村歧视思想、提高农民素质、实现城乡价值观念和生活方式的一体化，促使城乡文化相互渗透等措施。

一是建立城乡一体化的教育体系。政府优先投资偏僻、贫穷地区的教育，确保义务教育师资队伍向农村倾斜，重视农村职业技术教育，在各地建立职业训练机构,对希望外出务工的农民进行职业培训,同时鼓励企业、社会团体开展岗前培训。

二是确保农民可以享受与市民基本相同的社会保障服务,包括医疗保险和养老保险等社会保险、社会救助、社会福利等。社会保障应归口一个部门管理,整合项目的业务管理流程,建立一体化的信息平台。

三是在文化上实现城乡均衡发展。兴建村民会馆,用来召开各种会议、举办各种农业技术培训班和交流会、展示本村发展计划和蓝图,确保城乡在物质文明和精神文明上差别不大。

## (五)拓展乡村建设融资途径

在乡村建设融资方面,要加大政府财政投入,同时探索多渠道融资途径。一是保持省、市各级财政支持"三农"的资金总量、增量、增幅和占总支出的比重都有所增加。明确农村社会保障支出占 GDP 的比例;大型农业基础设施由省、市政府兴建,中小农业设施由农民联合投资,政府给予补助;实行种粮补贴、农产品价格补贴、农业机械化补贴和农业生态化补贴;对农民工及其后代进行教育培训,推进流动儿童教育计划,政府根据所拨生均教育经费以一定数额的证券形式发给学生家长以助其选择学校,实现教育机会均等。二是创新财政支农方式,由主要支持"老板"转为主要支持村集体,由主要扶持农民转为扶持村集体与扶持村民相结合,以壮大农村集体经济。三是加强农村金融创新,发展村镇银行、农村资金互助社、农业担保公司、小额贷款公司等新型金融机构。

## (六)处理好大城市与中小城市、小城镇和乡村的关系

在追求高度城市化和大城市带发展时应配合小城镇的发展,可以采取城市群发展模式、郊区化发展模式、组团发展模式、卫星城发展模式、中心镇发展模式等。

第一,通过郊区化和大都市连绵区的发展,实现城乡空间一体化。江苏第三产业的崛起、产业活动及就业活动的郊区化导致经济活动和人口不断由

城市中心向外围、由大城市向中小城市迁移，郊区人口在总人口中的比重越来越大。以大城市、特大城市为核心，以中等城市和小城镇为纽带，以农村为腹地，形成大都市连绵区，区域内城市辐射能力强、城市文明普及范围广，要率先实现城乡协调发展。

第二，在更新城市的同时，促进小城镇发展。与"城市更新"和城市产业升级相伴，在广大的农村区域，围绕大城市进行系统的住宅区规划建设，形成一系列相对独立的小城市或小城镇，配套完善的交通系统、购物中心、学校、文化中心、博物馆等设施，成为联结城乡的纽带。

第三，在物质环境方面，以为城乡要素流动提供通畅的平台为目的，加强城乡交通、通信和信息等基础设施建设，立足区域整体统一安排电力、电信、给排水等工程设施，立足区域整体进行生态环境保护和绿地景观系统规划。

# B.5 江苏基本公共服务标准化现状及对策研究

张春龙 鲍磊*

**摘 要:** 目前,江苏基本公共服务体系的基本建立、国家层面部分标准化的确立以及部分行业标准化的实践为江苏基本公共服务标准化的推进奠定了良好的基础。但从总体来看,江苏基本公共服务标准化建设还存在标准碎片化、缺乏科学性等问题。进一步推进基本公共服务标准化,重点是制定系统完整的基本公共服务标准体系,确定"十三五"基本公共服务规划和标准,创建城乡统一的基本公共服务供给制度,确立多元化的参与主体及服务供给方式,保障基本公共服务标准化的资金投入。推进的措施包括专业的顶层设计和发展规划,在统一规范的基础上多层推进,通过试点的方法逐步推动,注重共同参与和联创共建,注重宣传和实施相结合,将标准化建设和电子政务建设相结合。

**关键词:** 公共服务 标准化建设 江苏省

基本公共服务标准化,从静态内容来看,是指各类资源配置和各项服务保障在各领域和各地区的标准水平逐步衔接、趋于统一;从动态过程来

---

\* 张春龙,江苏省社会科学院社会学研究所副所长、研究员;鲍磊,江苏省社会科学院社会学研究所副研究员。

看，是将标准化原则和方法运用到基本公共服务领域，通过对服务标准的制定和实施，以达到服务要素配置均等化、服务质量目标化、服务方法规范化、服务提供程序化的目的。伴随江苏经济实力的显著提高以及基本公共服务体系建设的逐步完善，加快基本公共服务标准化建设愈加迫切。2013年，江苏在《国家基本公共服务"十二五"规划》的基础上，颁布了《江苏省"十二五"基本公共服务体系规划》，提出了江苏"设施标准化"的目标要求，制定了基本公共教育、公共卫生医疗、就业服务、养老服务、社会保险、社会服务等基本公共服务的江苏标准。"十二五"期间，江苏在基本公共服务体系建设方面取得了显著成绩，但在基本公共服务标准化建设方面仍然存在明显的不足，亟待从省级层面进一步推进基本公共服务标准化建设，整体推进全省基本公共服务体系的完善和均等化的实现。

## 一 江苏基本公共服务标准化的条件和基础

"十二五"期间，江苏坚持系统化设计、制度化安排、规范化建设、长效化推进，初步建立起了覆盖城乡、普惠均衡的基本公共服务体系，部分行业、地区在基本公共服务标准化建设方面进行了有效的探索。再加上国家层面的推动，江苏省基本公共服务标准化的条件已经成熟。

（一）基本公共服务体系的基本建立为标准化实施提供了基础

目前，江苏的基本公共服务已经达到了一个较高的水平。2015年，全省义务教育巩固率已经达到100%，已经建成覆盖城乡的"15分钟健康服务圈"，基本公共卫生服务实现全覆盖，城镇登记失业率控制在3.3%以内，城乡基本社会保险覆盖率达到97%以上。以居家为基础、社区为依托、机构为补充的多层次养老服务体系不断健全，公共文化服务设施覆盖率达到90%以上，在全国率先建设公共体育服务体系示范区。普惠、安全、便捷、经济、可靠的城乡一体化基本公共交通服务体系基本建成。

## （二）基本公共服务均等化的要求倒逼基本公共服务标准化

满足基本公共服务需要，需要减少不公平感和相对剥夺感。政府通过基本公共服务标准化，能使城乡居民在最基本的公共服务如义务教育、公共卫生、社会保障等方面享受到同等待遇，体现社会公平性，逐步消除城乡居民的不公平感，减少社会矛盾，维护社会稳定。通过基本公共服务标准化，可以使居民从切身利益变化中感受到政府逐步缩小公共服务差距的努力，提高对政府公共政策的满意度和参与度。此外，基本公共服务具有刚性和不可逆性，根据经济社会发展水平，制定切实可行的基本公共服务标准，能够得到城乡居民的理解和支持，增强标准实施的效果。

## （三）部分基本公共服务领域标准化的实施提供了先期经验

江苏省农村综合改革领导小组办公室与省质监局于2013年联合推进农村公共服务标准化试点工作，目前，在三个试点县（市）继续试运行，计划成熟后在全省发布实施，推动江苏省农村公共服务运行维护走上标准化、长效化轨道。在基本公共文化方面，2015年，《江苏省基本公共文化服务保障标准（2015~2020年)》颁布，重点强调江苏省基本公共文化服务保障标准到2020年全省达到或超过省级标准。与此同时，其他行业、领域如行政服务中心、基层镇村便民服务点、旅游景点等的标准化为基本公共服务标准化提供了横向参照。这些经验可以促进江苏全省的标准化工作向深度和广度推进。

## （四）国家级标准成为全省基本公共服务标准化的重要动力

自2008年起，国家就已经开始了建设公共服务标准化示范区、以典型经验和标杆实践促进各地公共服务标准化工作。与此同时，与公共服务标准化相关领域的改革措施也开始深化，如审批制度改革、权力清单和负面清单制度建设等。2012年，国家基本公共服务"十二五"规划就主要公共服务项目设定了标准。同年，国家标准委、国家发改委等27部委联合发布社会管理和公共服务标准化行动纲要，明确了国家基本公共服务标准化的战略方

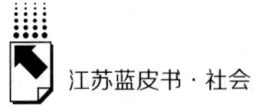

向、重点领域、实施进度、方法技术等。作为经济发达省份，江苏在贯彻执行这些国家标准和示范区建设方面应该走在全国的前列。

## 二 江苏基本公共服务标准化存在的问题

就江苏基本公共服务标准化建设的进展看，目前还处于初级阶段和试点阶段，作为重要的专项规划，省"十二五"基本公共服务体系迟至2013年8月才出台。不仅如此，江苏基本公共服务标准化还没有进入实质性的操作阶段，缺乏推进的动力机制。

### （一）各种标准分割并碎片化

目前，江苏基本公共服务还在部分领域、部分地区（市、县）进行，缺乏整体性、系统性的考量与设计。这种碎片化与基本公共服务政出多门、多头管理的行政管理制度是密切相关的。目前，基本公共服务建设的牵头部门在发改系统，但其推进还是主要依托相关厅局，而后者的重视程度也决定了相关领域公共服务标准化的进展。省"十二五"基本公共服务体系规划中10个重点领域虽然都设定了相关服务项目的标准，但仍然是分割性的。比如，在江苏省"两个率先""八项工程"指标体系中，城乡统筹区域供水覆盖率指标内涵模糊、标准分割，本意是自来水到村入户而实际是口径上到乡镇，造成人民群众缺乏认同感，主要原因就是农村自来水供应分割在城建部门、水利部门。

### （二）现有标准不够科学合理

在江苏省"十二五"基本公共服务体系规划中，有些服务项目在服务对象、保障标准、支出责任、覆盖水平等基本标准要素的表述上还不很清晰。大多数服务项目的覆盖水平表述为"目标人群覆盖率100%"，然而"目标人群"如何定量不准确，导致很难衡量和把握工作进展。考虑到区域性发展差异，不少服务标准设定较低。一些目标性指标虽然提出来了，但在实施中却不适用。一些领域缺乏评估性指标，难以进行统计衡量与比较。另外，服务项目没有明确相关的责任主体。

（三）标准的制定忽略了差异性

虽然目前的标准制定考虑到了苏南、苏中、苏北的经济差异，但仍主要以苏北为基础，标准是特定值而不是范围值，这无疑会影响苏南和苏中在基本公共服务标准化水平提高上的努力。在人群方面，现有服务标准主要面向户籍人口，随着城乡发展一体化的推进，常住人口应当享有哪些公共服务，标准如何，缺乏明确界定。在城乡方面，现有农村基本公共服务标准仍然基于户籍人口建设，而实际上不少农村居民已经在城镇居住，造成农村不少基本公共服务设施的浪费。

（四）缺乏切实有效的推进工具

在欧美发达国家，普遍应用标准化管理工具促进提升公共服务质量，如ISO9000、卓越绩效标准、CAF框架、项目管理等。但就江苏乃至全国来看，基本公共服务的标准主要还是依据法律、法规和政策制定，注重（财政）资金的投入和硬件（设施）的建设，缺乏应用有效的工具对实际进行评估。

## 三　江苏推进基本公共服务标准化建设的重点

基本公共服务作为关系基本民生的重要内容，其标准化的推进需要坚持公正公平、分阶段实施、可行性的原则。

（一）制定系统完整的基本公共服务标准体系

制定一套系统、完整、城乡统一的基本公共服务标准体系是推进标准化建设的基础性工作。服务标准体系是一个有其内在联系的有机整体，需要运用系统科学的理论与方法，对制定出的各类服务标准进行简化、统一、协调和选优，形成一个确保满足公民服务需求的完整标准系统。要将服务标准按

其内在联系排列起来，用服务标准体系结构图和服务标准明细表的形式予以直观的展示，并配以服务标准统计表和编制说明，作为对制定标准、编制修订计划和完善现有标准体系的指导性文件。要以这套标准体系为标杆来比较、检验和提升服务的质量与水平。

### （二）确定"十三五"基本公共服务规划和标准

基本公共服务标准是建立标准体系的前提和基础，服务的标准要求具有公正性、科学性、前导性、适用性和可行性。江苏需要在科学评估"十二五"基本公共服务标准达标实施和完成情况的基础上，结合十八大以来的中央精神以及江苏"十三五"规划要求，制订《江苏"十三五"基本公共服务体系规划》。这一规划需要在范围和标准上更有利于改善城乡发展差距和保持城乡可持续发展。江苏的标准要明显高于全国的平均标准，而江苏各级地方政府也需根据这一规划标准制定符合本地实际但不低于规划标准的本地服务标准，要注意各级政府、各区域政府标准间的协调。

### （三）创建城乡统一的基本公共服务供给制度

基本公共服务标准化的瓶颈是现有的城乡二元基本公共服务供给制度。苏南地区在城乡发展一体化方面已经取得了明显的成效，在城乡统一的基本公共服务供给制度建设方面也有很好的探索。全省应该在借鉴苏南经验的基础上，进一步深化行政体制改革，在清晰界定各级政府基本公共服务职能的基础上，逐步建立地方政府为主、统一与分级相结合的城乡一体化服务管理体制和供给制度。江苏作为经济发达地区，应该探索并制定基本公共服务方面的法律法规，对基本公共服务的主体、标准、提供方式、资金保障、责任机制等进行详细界定，尽快完善标准化的法制体系，为可持续地推进服务标准化提供法制依据。

### （四）确立多元化的参与主体及服务供给方式

多元社会需要发挥公民社会的力量建立多元治理主体，建立政府主导、社会参与和公办民办并举的多元服务供给模式,充分发挥标准化各参与主体的优势与作用。政府是标准化的核心主体,要由各级标准化行政主管部门和承担基本公共服务职责的各级政府部门来完成标准化过程中的具体工作。公民是标准化最直接的影响者和受益者,应赋予其对服务需求的表达与反馈权利,以及对服务供给决策与实施的知情权、参与权和监督权。对于政府效率较低的服务项目,可通过招标采购、特许经营、政府参股、补助、凭单等形式,交由企业来承担。非政府组织以项目的形式建立与政府的合作伙伴关系,提升服务供给的效率。社区是服务的接受者和使用者,能够更好地满足本社区居民的服务需求,提高服务的可及性和均等化水平。

(五)保障基本公共服务标准化的资金投入

在标准化资金紧缺和现有财政紧张的情况下,需要加快以城乡一体化为导向的财政体制改革,建立与经济发展和标准化相适应的财政支出增长机制:一是合理划分各级政府标准化的事权与财权。综合考虑法律规定、受益范围、成本效率、基层优先等因素,合理界定省级政府与地方各级政府之间标准化事权和财权,逐步明确各级政府的事权和支出责任,并通过法律形式予以明确。二是改革公共财政支出结构。采取有效措施降低不必要的一般公共服务支出,资金的重点要放在基本民生建设方面。三是明确基本公共服务支出比例并形成稳定的增长机制,各级政府必须保证基本公共服务标准化所需要的财政投入。

## 四 江苏推进基本公共服务标准化的对策

江苏基本公共服务标准化的推进,一方面要按照标准化发展的一般规律循序渐进,另一方面要坚持"政府主导、社会参与、突出公益、专业导向"原则,构建与江苏基本公共服务均等化相适应的标准体系,以标准化促进基本公共服务向规范化、高水平发展。

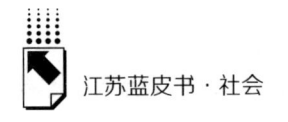

## （一）在专业指导下进行顶层设计并制订规划

基本公共服务标准化是跨部门的系统工程。要吸纳相关领域的专家、学者，成立省级基本公共服务标准化技术委员会，为基本公共服务标准体系的构建和完善提供技术支持。结合中央政策精神与江苏发展实际，总结地方和行业发展经验，省级行业主管部门要联合其他相关部门制订基本公共服务相应职能领域的专项标准化发展和工作规划。与标准体系相衔接，建立涵盖省、市、县三级基本公共服务标准体系，以省级地方标准解决全省共性问题，以市县级服务规范解决个性问题，以团体标准解决市场创新和特定问题，增强标准的有效供给。

## （二）通过强力协调来统一规范并多层推进

为充分发挥标准在基本公共服务中的引领和规范作用，建议成立江苏省（基本）公共服务建设领导小组及专门的标准化推进机构，对有关标准化及其基本公共服务发展过程中存在的问题，及时沟通协调，适时对推进基本公共服务均等化的相关成果予以转化固化，制定出台各类标准，并加以推广实施，从而解决"多龙治水"的问题。从横向的不同行业及纵向的各级政府两个层面，大力推进基本公共服务标准化的制定和实践工作。

## （三）通过抓好试点和突出重点来推动工作

基本公共服务的标准化应落实到社区、村以及每一位居民，才能使标准化得以更好地推广实施。通过在各行各业及市、县（市、区）、街道（乡镇）开展标准化试点，发挥好以点带面的示范引领作用，有效推进基本公共服务的均等化。同时，基本公共服务领域涉及内容多，应围绕中心工作和重点领域，以问题和需求为导向，循序渐进，明确阶段性标准化工作重点，加强调研、分析和验证等活动，科学制定或修订标准，提高标准的水平和质量。

## （四）联创共建，促进多方参与并整合资源

目前，有些部门和市县开展了标准化建设活动，为基本公共服务均等化奠定了扎实的基础。但这还不够，要动员各部门共同参与。可以发挥质监部门在技术规划、技术指导、资源整合等方面的关键作用，形成由行政首长参与协调、动员各政府职能部门共同参与，公共部门联动的标准化工作机制。同时应统筹协调，整合资源，重新梳理构建统一的考核验收标准，联手共建，减少重复交叉。

## （五）通过广泛宣传推动标准化的实施

标准化是一项长期持续性的基础工作。要通过宣传唤起社会各界对公共服务标准化的重视，营造良好的环境和氛围。要分区域、分对象全面开展对标准的解读宣贯培训，提高全员的标准化意识，制定落实标准推广实施的工作计划，明确分工和责任，并加强标准实施信息反馈、实施绩效评估和持续改进等过程控制，使标准化符合动态发展实际需求，形成螺旋式上升的局面，确保标准有效供给。

## （六）通过电子政务与标准化建设有效结合来提高绩效

注意将电子政务与标准化建设有效结合，提高管理绩效及管理的标准化。通过全面覆盖、资源共享、功能齐全的网络信息平台建设，使居民了解服务项目、服务流程，更方便地享受基本服务并获得他们的认可，提高他们的参与积极性。同时可以促进公共服务的公平公正、提高公共服务的效度和信度，减少因信息不对称、信息不完备而引发的服务失范。

# B.6
# 江苏养老产业发展的现状、问题与对策研究

韩海浪[*]

| 摘　要： | 江苏是全国最早重视养老产业发展并出台支持政策的省份，多年来在制订养老产业规划、优化产业发展环境等方面一直走在全国前列。近两年，全省养老产业发展提速，国资、民营、外资企业纷纷进入，养老模式不断创新。但江苏养老产业仍处于起步阶段，还存在着市场需求不旺、企业赢利困难、发展环境有待完善、产业人才紧缺等诸多问题。为此，建议政府相关部门：一要完善政策，及时应对。重点在认识、政策双到位，事业、产业两分明，用地、融资都顺畅三个方面着力。二要聚焦重点，科学应对。大力发展小型养老机构，解决城区养老"一床难求"问题；建设虚拟医院，破解"医养融合"难题；学历教育和职业培训并重，缓解养老产业的人才瓶颈。三要多方发力，综合应对。经济政策之外，还要从倡导"幸福老年"、弘扬"孝敬文化"、强化权益保障等多方面着力。 |
|---|---|
| 关键词： | 养老产业　养老模式创新　江苏省 |

---

[*] 韩海浪，江苏省社会科学院社会学研究所副研究员。

江苏是全国最早进入人口老龄化的省份，目前已经迈入深度老龄化阶段。其老龄化进程表现出人口基数大、增速快、高龄多、空巢和失能比例高等特点。2015年，全省60岁以上老年人口达1648.29万人，占户籍总人口的21.36%。老龄化比例高于全国5个百分点，位于全国各省份之首；65岁以上老年人口1115万人，占户籍人口的14.46%，亦高出全国4个百分点。

为了应对快速老龄化，江苏在大力发展养老事业的同时，也高度重视养老产业的发展。全省养老产业的发展进程总体上呈现出政府重视早、投资热情高、产业规模大、市场定位准等鲜明特点。

## 一 江苏养老产业发展现状

江苏是全国最早重视养老产业发展的省份，虽然目前全省养老产业仍处于起步阶段，但政府对养老产业的政策支持、养老产业的发展速度以及取得的成效等，都走在了全国前列。

### （一）政策应对及时

江苏省很早即重视养老产业发展。早在2009年出台的《关于加快江苏省老龄事业发展的意见》中，就包含"大力发展老年服务产业"的内容，这在全国是率先之举。《国务院关于加快发展养老服务业的若干意见》（国发〔2013〕35号）颁发后，省政府于2014年4月出台《关于加快发展养老服务业完善养老服务体系实施意见》（苏政发〔2014〕39号），在养老服务用地指标、补助标准、产业发展优惠政策等方面都有重大突破。2015年初颁布《关于加快养老服务产业发展的若干意见》，将养老服务产业列入省现代服务业重点支持方向，并要求培育壮大健康产品专业化生产研发基地，形成养老产业制造业集群。财政资金采取多种办法，让更多信贷和社会资金投向养老服务产业。2016年3月，江苏开始实施《江苏省养老服务条例》。该条例规定：鼓励发展品牌化、连锁化养老机构和养老服务组织，建设养老服务业集聚区和养老服务特色产业基地。对于采取先进技术、创新能力强的养

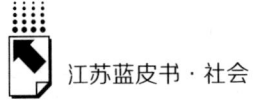

老服务组织给予奖励。2016年9月发布的《江苏省"十三五"养老服务业发展规划》更是将"全面推进养老服务产业发展"列为今后五年养老服务业主要任务之一,并确立了具体的奋斗目标。

### (二)政府主导有力

**1. 政策支持与产业规划方面**

2009年出台的《关于加快江苏省老龄事业发展的意见》中,就已经鲜明提出"搞好老年服务产业规划"和"培育老年消费市场"政策。之后,在出台的各项养老服务政策中,产业规划及产业扶持政策得到不断完善,其中有许多还是在全国首次提出,如2015年出台《关于加强对外合作交流鼓励外资参与养老服务业发展的意见》,鼓励支持境外投资者在江苏省独资或合资、合作举办营利性养老机构,并明确规定:在国家政策允许范围内,给予土地政策、税收优惠、财政支持等方面与省内营利性养老机构享有同等待遇。这就在全国率先提出了外资和内资同等待遇,打破了养老服务业公办民办的界限。

**2. 财政支持方面**

近几年,江苏各级政府对养老事业与产业的投入逐年递增。2012~2014年,省级财政分别下拨4亿元、4.3亿元和6.2亿元,用于养老设施建设。2015年,省级财政对社会养老服务体系建设投入7.2亿元,投资力度逐年加大。省财政厅和上市公司金陵饭店集团出资20亿元,成立江苏省养老产业投资基金,重点投资于面向老年人的医疗护理、康复保健、文化教育、休闲娱乐、养老住区及各类老年产品的研发生产等领域。

截至2016年6月,在财政支持下,全省社区居家养老服务中心实现全覆盖,各类养老机构床位数60.5万张,其中社会力量举办或经营床位数占比53%,护理型床位占养老机构床位数比例也达到34%。

此外,江苏自2012年以来,还免费培训养老护理员及养老机构负责人超过3万名。2016年还成立了江苏省老龄产业协会。

## （三）资本投入踊跃

因为老龄化来得早、发展速度快，江苏各地除财政投入外，社会资本也很早就进入养老服务领域。前者如苏州市姑苏区（原沧浪区）的虚拟养老院，后者如南京市鼓楼区的心贴心老年服务中心，它们在进行养老公益服务、承接政府购买养老服务的同时，也进行低偿、有偿的养老服务。养老产业就此萌芽。特别是社会资本形成的社会组织或养老企业，进行公益服务或承接政府购买养老服务，虽属不赢利的养老事业服务，却也由此打出了自己的品牌，为养老产业的发展奠定了良好的基础。

据江苏省老龄产业协会介绍，近几年，来自金融、保险、地产、医疗等行业的国资、民营、外资企业纷纷跨界投资江苏养老产业，掀起了养老产业的投资热潮。据不完全统计，仅 2014 年全国就有八十多家企业进军江苏各地养老地产，近 40 家上市公司进军江苏老龄产业。目前全省有 3 家养老服务企业在证交所挂牌，5 个投资 20 亿元以上的养老服务项目在建或开业。一批外国养老企业也进入江苏发展，如欧洲最大的养老康复企业法国欧葆庭集团，在南京投资 4.2 亿元，建设全护理家园。除了这些大型养老企业，江苏也产生了一大批像苏州夕阳红、常州鼎武等便捷可复制的中小项目。

## （四）产业模式创新

"创新"是目前江苏养老产业发展表现出来的最鲜明的特色，娱乐养老、虚拟养老、学院式养老、智慧养老等诸多创新实践都在全国叫响，成为江苏养老产业发展水平走在全国前列的重要标志。如南京贝杉国际 2004 年首个提出"娱乐养老"，希望让每位老人都能在社区优雅地老去；苏州原沧浪区在 2007 年开创的"虚拟养老院"模式，更是成为全国各地交流养老服务经验的范本。这种虚拟养老院与一般中介性质的呼叫平台具有本质上的区别，它属于服务主导型平台，提供服务不需老人打电话，而是经过需求调查形成数据库，有一支专门的专业队伍按约定时间上门服务，服务员也基本固定，老人都熟悉。并且在上门之前，还会电话提醒确认，因而深受老人欢迎

和信赖；2011年，南京钟山学院在全国率先创办"学院养老"，老人可以在老年大学上课，既能从中陶冶情操，又能学到"老有所为"的新本领；智慧养老方面，目前全省已建成"虚拟养老院""一键通"等社区居家养老服务信息平台95个，14家养老服务组织和机构被确定为国家智慧养老服务试点。

## 二 江苏养老产业发展中的主要问题

由以上所述可知，江苏在养老产业发展方面基本做到了及时应对，全省养老产业也取得了不错的进展。但受到种种主客观因素的制约，目前全省的养老产业仍处于起步阶段，其发展进程中还存在着诸多障碍。

### （一）养老产业仍处于起步阶段

总体来看，目前江苏养老产业还处于起步阶段，市场需求不旺，企业赢利困难。

**1. 养老市场需求不旺**

首先，老年人整体收入水平还不高。2015年，中国8000万名企业退休人员人均月基本养老金2200多元，最好的北京市和上海市分别为3355元和3283元。江苏为2460元，全省最高的南京市为2659元。这也是当前老年群体最真实的收入水平。其次，当前的这一老年群体是从战乱和贫困中走过来的，又深受中国传统养老文化的影响，消费观念较为保守，既爱为子孙着想，又怕老来生病花钱，秉持重子女、重积蓄、轻消费的养老观念。另外，近年来有关国家养老金紧缺、部分省份养老金已经收不抵支等负面小道消息不断出现，使得老年群体在消费方面更加谨小慎微。这一切导致老年群体的消费主要集中在基本的物质和生存方面，享受性、发展性的消费还很少。调查还表明，这样的消费观预计要到20世纪60年代中后期出生的人进入老年后才会有所改变。也就是说，大约十年后江苏养老产业才有可能进入快速发展甚至繁荣期。

**2. 养老企业赢利困难**

养老市场"叫好不叫座",除了少数高端养老院外,民营养老企业普遍赢利困难,这是目前我国养老企业的基本生态,江苏也不例外。

中国老龄科学研究中心2015年7月发布的《中国养老机构发展研究报告》显示,全国有利润盈余的养老机构比例为19.4%,32.5%的亏损,48.1%的基本持平。在江苏,访谈数据表明,约四成养老院亏损、四成略有盈利,两成高端养老院利润可观。有六七成中小型养老机构如果离开政府的扶持都将亏本。南京市2014年的调查结果是:全市民办养老机构有一半都是亏损的;苏州市2015年6月的调查也发现:全市100张床位以下的民办养老院大都亏损。这也是江苏养老企业虽经多年发展仍处于起步阶段的主要原因。

**(二)产业发展的政策环境仍需优化**

目前,养老事业政策和养老产业政策相互干扰的现象时有发生,多数情况下不利于养老产业的顺利发展。养老事业方面,政府目前主要关注"五类老人",即由政府托底的城镇"三无"老人和农村"五保"老人,由政府给予养老服务补贴的低保及低保边缘的老人,经济困难的失能、半失能老人,70周岁及以上的计生特扶老人以及百岁老人。但这些都限制在户籍人口之内,常住人口、外来人口中的老人都不在其中。还有,因大病、失能需要长期护理而自己及家庭又负担不起护理费的老人等,也还没能纳入养老事业范围内。养老产业方面,根据苏政发〔2014〕39号文件要求,到2020年全省养老床位总数要达到每千名老年人40张。2015年已达到35.2张,因此这一目标很容易达到。但即使达到了,养老机构床位结构失衡,供需脱节的矛盾可能依然解决不了。比如:一方面是城区养老机构"一床难求",难以满足老年人需求,另一方面是偏远郊区、农村的养老机构床位空置率奇高;一方面是公办养老机构费用极低、条件很好,另一方面是普通民办养老机构费用很高、条件很差。另外,老年用品市场监管缺位也严重影响到养老产业的健康发展。目前,老龄用品市场虽然比较繁荣,但由于缺乏产品标准

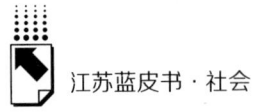

和必要的监管,产品质量良莠不齐。更有甚者,各种坑蒙拐骗伎俩层出不穷,老年人屡屡上当受骗,严重破坏市场秩序,削弱老年人消费信心,进而影响到老龄市场的健康发展。

### (三)养老产业人才紧缺

人才缺乏且短期内看不到基本解决的希望,是江苏养老产业发展中的一大瓶颈。根据2015年10月的调查数据,2014年南京市民办养老机构职工的人均收入是38418元/年,月均收入为3202元/人,低于南京市城镇职工人均年收入42567元(月均3547元)。这样的低收入职业,不要说大中专学生不感兴趣,就是对本地"4050"再就业人员吸引力也不算很大。这一状况导致目前老龄产业发展中,即使是普通的家政、生活类服务人员也素质不高、数量不够,专业性较强的康复护理、健康管理等满足老年人刚性需求的服务和产品就更是严重滞后。

## 三 推进江苏养老产业发展的对策建议

养老既是经济问题,更是社会问题。发展养老产业不仅仅是单纯地培育新的经济增长点的问题,它还关系到满足数量庞大的老年人多方面需求、妥善解决人口快速老龄化带来的诸多社会问题。因此,推进养老产业发展,首先需要高瞻远瞩,贯彻习近平总书记2016年2月23日对加强老龄工作的重要指示精神和5月27日在中央政治局第三十二次集体学习时的讲话精神,立足当前、着眼长远,加强顶层设计,坚持"三个结合"(坚持党委领导、政府主导、社会参与、全民行动相结合;坚持应对人口老龄化和促进经济社会发展相结合;坚持满足老年人需求和解决人口老龄化问题相结合),做到及时应对、科学应对、综合应对。

### (一)完善政策,及时应对

一是认识、政策双到位。政府相关部门既要认识到目前老年市场的实际状况，也要明白老年市场的潜力及十年左右即将繁荣的趋势；既要重视民政部门的重要作用，也要明白全由民政主导并不可行。要根据社会发展形势及时出台或完善养老政策，既要实现既定目标，更要满足老年人需求。如养老床位的目标与需求、公办养老机构福利政策向托底政策的回归等。

二是事业、产业两分明。要规范事业政策，优化产业发展环境。目前实行的对"五类老人"的托底和补贴政策，可以继续完善，并扩大范围（如将非户籍但符合一定条件的老人也纳入其中）。也可以向上海学习，用更为科学的评估制度完善养老事业政策，从而为养老产业发展提供更为公平的发展环境。

三是用地、融资都顺畅。深化改革，完善养老企业用地政策。建议学习浙江经验，明确单列养老机构用地指标。对营利性养老机构建设用地，采取租赁、招标拍卖挂牌出让方式供地。通过招拍挂出让方式有偿取得的民办养老机构用地，可在一定条件限制下办理抵押贷款。此外，还要发挥工商及省老龄产业协会的作用，进一步加强行业监管，净化老年产业市场环境。

（二）聚焦重点，科学应对

城区养老机构床位紧张、医养融合以及人才瓶颈等，是养老事业和产业发展中的重点和难点。

一是大力发展小型养老机构，解决城区养老"一床难求"问题。在城市社区，特别是大城市的老城区，养老机构"一床难求"是普遍现象，也将是长期现象。建设正规或大型养老机构显然不可能，社区老年服务中心或老年日间照料中心等也无能为力。解决这一供需矛盾，唯一的路径便是大力发展社区小型养老机构，包括小型养老院（10~30张床位）和小型托老所（5~9张床位），并对不同类别的养老机构，给予不同标准的床位补贴和运营补贴。这样的养老机构规模较小，设施相对简陋，服务的专业性也不高，服务内容一般也仅限于日常生活照料。必要的康复训练和医疗护理服务，一般由社区卫生服务中心（站）依据契约提供；文娱教育、心理慰藉等，一般由社区老年服务中心提供。

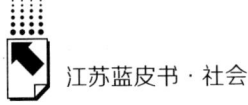

农村敬老院（养老服务中心）要在养老事业发展的基础上培育养老产业。现阶段有必要将工作重心下沉到农村基层社区，加大村级养老服务中心建设，为下一步对农村老人提供公共服务和有偿服务打好基础。

二是建设虚拟医院，破解"医养融合"难题。在互联网、物联网技术高度发达的今天，要按照国务院推进"互联网＋"行动的指导意见，充分学习、借鉴诸如浙江乌镇智慧养老院等的成功经验，把互联网的创新成果与养老产业深度融合。建议只在大型、高端养老院内建设医院，在普通中等规模养老院内建设虚拟医院（或者叫网上医院），由养老院提供房屋和硬件设施，由合作医院提供医生，借助互联网等高新技术，为入住老人提供远程治疗服务，重点解决小病门诊和老年慢性病定期检查，还有开药、取药及医保报销问题。需要进一步诊疗或生病确需住院治疗的老人，则安排去医院。如小型养老机构建医院或虚拟医院都不现实，只能与社区卫生服务中心签约合作，由服务中心提供医护服务或虚拟医院服务。

三是学历教育和职业培训并重，缓解养老产业的人才瓶颈。首先，需要重视高等院校的养老专业建设，培养有志于从事养老产业的高级人才。其次，继续免费培训养老产业一线职工，且在重视岗前培训之外，再将培训点和培训师资尽量推进到街道甚至社区，以便解决再培训人员的工训矛盾。就目前的客观实际来说，下岗再就业职工和进城务工人员仍然是普通养老护理员的主要培训对象，必须予以高度重视。对于居家养老服务中心负责人的培训也应加强，以便提高其管理运营能力。同时，也要持续提倡低龄老年人为高龄老年人服务的互助志愿服务。再次，进一步发展养老服务志愿者队伍，扩大社会服务力量。有计划地培养医疗保健、精神慰藉、文化教育等方面专业化的志愿者。

（三）多方发力，综合应对

推进养老产业发展的政策措施不能仅仅局限在经济方面，需要经济、社会、文化等政策共同发力，协同配合。

一是倡导"幸福老年"。要大力宣传"幸福""安享"等老年生活观，培育"养老靠子女，更要靠自己"的生活理念，防止老人为了子女而过分降低自己的生活质量。

二是弘扬"孝敬文化"。按照2014年全国老龄委、中宣部、教育部、民政部等十部门联合发布的《关于培育和践行社会主义核心价值观加强老龄宣传教育工作的通知》要求，把弘扬孝亲敬老纳入社会主义核心价值观宣传教育，充分利用春节、重阳节等传统节日建设孝亲敬老文化，让老年人的亲朋好友、为老服务组织及成员等也成为老年用品及养老服务的购买者，以此提高老年群体消费水平。

三是强化权益保障。大力宣传《老年人权益保障法》，倡导"子女有责，家庭为主，政府主导，社会服务"的养老原则，明确家庭养老责任和支持政策。因为老年人生活的物质供给和精神依赖也主要来自家庭，子女对老人的赡养和亲情关爱也无可替代。所以，养老政策上应该鼓励和弘扬孝道这一中华民族的优良传统和社会美德，强化"让老人安享晚年是每一个子女义不容辞的责任"这一价值观念。

# B.7
# 江苏"医养结合"新进展与对策研究

马 岚*

**摘　要：** 近年来，江苏省委、省政府立足省情，全面推进"医养结合"发展，取得了显著的实效：构建起了多维度、全方位的医养融合的制度体系，引导形成了多元化的资金投入机制，积极推动医疗卫生资源和养老服务资源的双向融合，成立了医养协作联合体以提供组织保障。同时，管理归口混乱、缺乏长效的筹资模式、定位模糊、社区居家养老医养融合难以及专业人才缺乏等原因制约了"医养结合"的发展速度和发展水平。今后要着力理顺"医养结合"管理机制，探索建立长期护理保障体系，推动依托社区居家的延伸服务，明确供给主体定位，加强人才队伍建设，以推动江苏"医养结合"更好更快地发展。

**关键词：** 医养结合　长期护理险　双向融合　江苏省

"医养结合"是近几年我国逐渐兴起的一种新型养老模式，其将现代医疗服务技术与养老服务有效结合，实现了"有病治病、无病疗养"的养老保障模式创新，并成为"十三五"时期重点培育和发展的养老服务新方向。为推进"医养结合"养老服务的发展，2013年9月国务院出台的《关于加快发展养老服务业的若干意见》中，提出了"积极推进医疗卫生与养老服

---

\* 马岚，江苏省社会科学院社会学研究所副研究员，博士。

务相结合",探索医疗机构与养老机构合作新模式。2015年11月,国务院相关部委联合发布《关于推进医疗卫生与养老服务相结合的指导意见》,全面部署进一步推进医疗卫生与养老服务相结合,满足人民群众多层次、多样化的健康养老服务需求。

在中央的部署之下,近年来江苏省委、省政府立足省情,着力优化养老服务供给,围绕解决失能、半失能老年人的养老、医疗服务需求,全面推进"医养结合"发展。目前,全省共有护理院92家,数量居全国前列;共有护理型养老机构床位15万张,占养老机构床位总数的34%;基本建成"15分钟健康圈",基层医疗卫生机构采取多种方式向城乡社区和各类养老服务组织延伸;养老护理保险破冰试水,南通市在全省率先建立了长期护理保险制度。2015年10月下旬,中央电视台新闻频道对江苏医养融合发展进行了系列报道。

## 一 江苏"医养结合"的实践及成效

### (一)构建多维度、全方位的医养结合制度体系

从开始推进"医养结合"以来,江苏省委、省政府就高度重视,通过法规引领、规划先行、政策保障发挥了不可替代的主导作用,推动了江苏省"医养结合"的不断发展。

**1. 法规引领**

2011年1月出台的《江苏省老年人权益保障条例》、2015年12月出台的《江苏省养老服务条例》均明确了医养融合发展过程中的政府支持、部门义务、机构责任、运行标准等,将医养融合服务纳入法制化、规范化的发展轨道。《江苏省老年人权益保障条例》主要从"医"的维度——包括医疗保险、医疗机构两方面提出了初步的医养融合要求;《江苏省养老服务条例》的出台,对医疗机构和养老机构都提出了更加具体、更具有操作性的要求,真正体现了"融合"的思想。此外,《无锡市养老机构条例》鼓励养

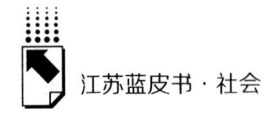

老机构采取多种方式增强医疗服务能力,《苏州市居家养老服务条例》要求相关部门引导医疗机构为居家老年人提供必要的医疗、护理服务。

**2. 规划先行**

省级编制了《江苏省养老服务业发展"十三五"规划》,提出采取推动医疗卫生资源向社区、家庭流动延伸,强化基层医疗卫生机构的医疗康复功能,提高养老机构的医疗服务能力等措施,深入推进医养融合发展。部分地区也编制了本地区养老服务设施布点规划,围绕老年人医养服务需求,就近就便设置医疗、养老服务设施,实现养老资源与医疗服务的优势互补。

**3. 政策保障**

"十二五"期间,江苏省政府出台了《关于加快构建社会养老服务体系的实施意见》和《关于加快发展养老服务业完善养老服务体系的实施意见》,分别提出了到 2015 年、2020 年医养融合的目标任务,要求到"十三五"末,实现养老和医疗康复资源共享、服务便捷,医养融合模式更加成熟,护理型机构床位数占养老机构床位总数的 50% 以上。2014 年,省民政厅会同相关部门,在全国率先出台了《关于全面推进医养融合发展的意见》,制定了相关政策,鼓励养老服务组织签约医疗机构、养老机构内设医疗机构、医疗机构拓展养老服务、医保支持养老机构发展、探索养老护理保险。

### (二)以加大财政投入引导形成多元化的资金投入机制

**1. 加大医养结合的财政投入**

早在 2012 年,江苏即规定床位建设补贴范围限于护理型床位,且当时补助标准为全国最高。2013~2016 年,仅省级财政就分别安排养老服务体系建设资金 4.3 亿元、6.2 亿元、7.2 亿元和 8 亿元,全省福彩公益金的 50% 以上用于养老服务体系建设,重点支持护理型床位建设和改造。2015 年,全省各级财政投向养老服务业的资金总额超过 39 亿元。江苏还在全国率先统一了公办、民办护理型养老床位的建设补贴标准,对符合条件的以自建产权用房开办的养老机构及以租赁用房开办且租期五年以上的养老机构,每张护理型床位分别给予不低于 1 万元、5000 元的一次性建设补助。全省大部分地区还对护理型养老机构发放运营补贴,鼓励专业力量开办、运营护理型养老机构。

**2. 构建多元化的资金引导投入机制**

江苏各级财政通过加大投入,引导和撬动了大批社会资本进入医养融合服务领域。仅 2015 年,全省社会资本投入健康养老产业超过 100 亿元,社会力量开办或经营的护理型床位占护理型床位总数的一半以上,医养融合的服务效率和专业化水平得到进一步提升。南京市 70% 的护理型床位由社会力量负责运营,苏州市 90% 的护理院由社会资本举办或运营。一批大型国有企业、上市公司纷纷布局医养融合服务产业,投资建设医养联合体、适老住区等医养类项目。

**3. 借力金融支持养老服务业发展**

联合省金融办等部门在全国率先出台了金融支持养老服务业发展政策。江苏省财政厅和金陵饭店集团联合成立了养老产业投资基金,首期规模 20 亿元,重点投向老年人医疗护理、康复保健等领域,提升了医养融合大型项目的投融资能力。同时,积极对接国家开发性金融服务,截至 2016 年 6 月底,国开行江苏分行发放养老服务业政策性贷款 6.6 亿元,支持南京、徐州、淮安等地 12 个大型养老项目。省内中国银行、江苏银行等大型国有银行介入医养融合类融资项目,南通市 2015 年度商业银行为养老服务类项目提供融资超过 8000 万元。

## (三)积极推动医疗卫生资源和养老服务资源的双向融合

**1. 以"医"为核心,推动医疗卫生资源向家庭、社区、养老机构流动延伸**

一是医养签约服务。推动基层卫生服务机构与养老机构签约服务,没有医疗设施的养老服务机构、社区居家养老服务中心普遍与社区卫生服务中心签订医疗契约服务协议,建立应急通道。全省 2200 余家养老机构中,80% 左右的机构与邻近医疗卫生服务机构签订了医疗契约服务协议。南京市 137 家社区卫生服务中心(卫生院)组建全科团队 717 个,与 258 家养老机构、

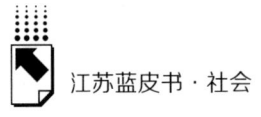

446家社区居家养老服务中心签订了医养融合协议。

二是健康管理服务。强化社区卫生服务中心、乡镇卫生院（村卫生室）的医疗康复功能，为小型养老服务组织和社区老年人提供基本医疗康复服务。进一步发挥家庭医生制度和健康管理团队的服务优势，为60周岁以上老年人建立健康档案，并每年为65周岁以上老年人提供一次包括生活方式和健康状况评估、体格检查、健康教育指导在内的健康管理服务。常州市建立由社区卫生服务机构与社区居家养老服务中心对接的服务机制，针对健康老人、失能半失能老人、慢性病（高血压、糖尿病）老人分别制定服务套餐。

**2. 以养老机构为依托，加强医疗设施的配备和医疗机构的设置**

鼓励养老机构按《养老机构医务室基本标准（试行）》和《养老机构护理站基本标准（试行）》等的要求，设立卫生室、医务室、护理站等卫生设施，有条件的设立护理院、老年病院、康复医院等医疗机构，配备具有职业资格的医师、护士，为机构住养老人提供实时医疗服务。对于养老机构设置的医疗机构，符合条件的可按规定纳入基本医疗保险定点范围。

**3. 医养双向延伸**

充分利用现有医疗资源转型开展多种形式的养老服务。鼓励闲置的医院转型为护理院，开展为老康复护理服务。鼓励医疗卫生机构直接运营养老机构，打通医养之间的隔阂阻碍。各级民政部门按照养老机构设立许可的有关规定，对符合条件的医院转型的老年护理院及时办理养老机构设立许可证，并发放建设和运营补贴。盐城市将闲置或医疗资源利用不足的镇卫生院、城市社区医院联办成养老护理院。睢宁、沭阳、赣榆等10多个县（市、区）中医院发挥医疗专业优势，托管运营县社会福利院，成为医养融合机构。

### （四）成立医养协作联合体，提供组织保障

2016年10月29日，江苏省医养协作联合体在南京成立，旨在加快推进医养结合的步伐。江苏省医养协作联合体由江苏省老年医院（江苏省省级机关医院）联合江苏老年医疗、养老相关机构以及各有关院校、行业学

会（协会）和涉老企事业单位组成，涵盖省内13个设区市80余家各级各类养老机构，在全国尚属首家。成立联合体有利于最大限度发挥医疗资源在养老机构之间的配置，更好地解决养老机构医疗资源稀缺问题，同时也有利于医院整合、优化医疗资源，提高床位周转率，为老年、康复医疗机构的建设和发展带来契机。目前，由于"养与医"在管理机制上脱节，医疗机构和养老机构间缺乏有效衔接，没有形成完善的服务体系，老年人就医和转诊的规范化流程还未建立，成立联合体有利于实现老年人在机构养老和医院医疗的顺利转诊。联合体还将建立养老护理人才培训基地，加强具备慢性病管理、康复、护理专业知识的人才队伍培养，为养老机构、社区培养和输送人才。

## 二 当前江苏"医养结合"存在的制约因素

### （一）管理归口混乱

管理归口混乱是目前"医养结合"型养老机构面临的一个突出问题。在当前的制度框架内，普通养老机构归民政部门审批和管理，社区居家养老服务由老龄办组织实施，医疗卫生机构归卫生部门认定和管理，医保报销由社保部门管理。在普通养老机构的审批和管理方面，各部门之间基本能够协调分工，互不交叉。但对于"医养结合"型养老机构来说，在日常运行中，涉及卫生、民政、人社、公安等多个部门的管理，制度、行业差异、行政划分和财务分割等因素极易造成政策执行不统一、扶持政策落实难等问题的产生。这种由"多头管理"而产生的问题严重制约了"医养结合"型养老机构的健康发展。

### （二）缺乏长效的筹资机制

养老机构的投资主体有公办机构、民办机构、企事业单位、社会团体等，当前社会福利虽不断增加，但缺乏合理的筹措机制，养老机构仅依靠政

府资金、财政补贴等方式将难以长远发展。同时，对于需要中长期专业医疗服务的老年人来讲，诊疗疾病需要大量的费用支出，而老年人自身的支付能力又往往很有限，因而提高收费标准的筹资模式不可取。当前，失能、半失能老人选择入住护理院，其医疗护理费用应当纳入医保支出范围。但在具体操作时，卫生部门审核护理院资质后，人社部门不一定将其纳入医保范围。就江苏而言，南京、无锡、苏州等苏南地区政策执行较好，多数护理院在满足运营期限等要求并完善相关手续后，都能被纳入医保定点支付范围；而苏北大部分地区医保资金较为紧张，医保支付主要满足公立医院的基本医疗保障，对护理院支持力度较弱。以徐州市为例，全市尚无一家护理院被纳入医保定点范围。在这种情况下，如果不采取有效措施建立长效的筹资机制，医养结合机构就会逐渐面临设施老化、配套服务落后的局面。长此以往，医养结合机构将不可持续。

### （三）定位模糊阻碍发展

作为一种养老模式的创新探索，准确定位是"医养结合"健康、快速发展的重要保障。就目前江苏各地实践所表现出的突出问题来看，具备公立、民营大型、专业化较高等特点的养老或医疗机构基于自身已有基础，能够顺利增设"医+养"业务，并且拥有良好的市场发展前景，而民营、小型、基层的养老或医疗机构受自身基础条件制约，难以拓展"医+养"业务，任由这一现象发展必然会加速不同级别医疗、养老机构之间的分化，使有限的"医+养"资源过于集中，不利于医疗、养老公共服务均等化的实现。同时，不少已经开展"医养结合"服务的机构定位偏误，盲目定位高端市场、瞄准高端人群，没有很好地契合本地区的经济发展水平、消费水平、人口结构等实际养老需求，影响入住率。

### （四）社区居家养老医养融合难

体质偏弱、行动不便以及失能、半失能的居家老年人对打针、输液、换药等一些简单的医疗上门服务需求最为迫切。而我国现行的医疗规范要求医疗人员要在一定的医疗环境中开展执业行为，医护人员的诊疗活动必须在医疗机构内进行，医疗护理人员不愿冒着风险前往老年人家中开展巡诊服务。同时，失能、半失能老人急需的社区嵌入式照料机构发展较慢，主要原因是部分老旧小区养老服务用房紧缺，制约了机构建设空间；养老服务行业具有微利性特点，社会力量投资、运营意愿不强；环境保护、消防安全、卫生防疫等要求较高，部分嵌入式机构无法满足审批条件；部分社区居民对设立在小区内的养老院存在抵制情绪。

（五）医养融合服务专业人才短缺

目前养老机构均存在护理人员不足的问题，特别是在低端养老机构中，护理人员大多数是没有专业护理知识的中老年妇女。由于工作量大、工作环境差、工资低，护理人员流动率畸高，养老机构经常处于护理人员短缺的状态。可以说，目前各类养老机构护理人员短缺、经验不足、态度恶劣、年龄较大等问题是"医养结合"型养老机构发展的重要掣肘因素。特别是具有老年医学和老年护理专业学习教育经历的医生和护士的缺乏使得养老医护功能比较滞后，"医养结合"无法在操作上落到实处。当前江苏失能、半失能老年人总数已超过100万人，而目前全省经过专业化培训的持证养老护理员仅为3.2万人，如果按照护理人员和失能、半失能老人1∶10的比例配备专业化护理人员，缺口接近7万名。

## 三 江苏进一步推进"医养结合"的对策建议

（一）打破条块分割，理顺"医养结合"管理机制

"医养结合"是我国在推进实现健康老龄化进程中的一项重要制度创新，也是健康和养老两个领域的跨界合作和深度融合，它的实施需要明确政府责任，发挥政府在计划、规制、筹资等方面的决定性作用，建立多部门协调合作机制，推进该服务模式的顺利发展。"多龙治水"的交叉管理格局、

模糊的部门职责界限，是目前阻碍"医养结合"养老模式发展的主要障碍。理顺"医养结合"养老模式的管理机制，首先应打破体制、机制障碍，理顺、规范、明确民政、人社以及各级卫计委等部门在"医养结合"业务上的职责范围，避免部门间条块分割以及权责交叉、重复，杜绝医养结合养老服务资源的无端浪费。其次，应打破相关主管部门间的壁垒，加强部门协同合作，在严格规范管理的前提下，改进"医养结合"机构资质审批管理方式，加快行政许可和审批速度，提高审批效率。第三，要完善医养结合服务的规划，充分考虑已有的养老和医疗卫生服务体系格局与发展现状，整合和利用存量资源，合理布局。在完善医养结合服务网络建设的同时，应结合江苏的区域特色，进一步统筹规划、突出重点、整合产业链资源，将医养结合产业发展与区域发展有机结合。

### （二）探索建立长期护理保障体系，完善医养结合筹资机制

老年人的支付能力直接决定了老年人所能获得的服务类型、服务质量以及医养结合型的养老机构的可持续发展。现行的医保制度只能解决医养结合实践中的短暂护理问题，不能满足患有慢性病的老年人所需要的医养结合式长期护理需求，也不能为医养结合型养老机构提供稳定、长期的资金来源。而国际上医养结合养老服务模式大多以长期护理保险制度为依托。在国家层面加强老年人长期护理保障制度框架的顶层设计的同时，应鼓励地方政府先行先试，尤其是已具备社会经济基础的地区积极开展长期护理保险试点探索。江苏是我国经济社会发展的排头兵，同时养老服务业的发展规模和发展水平也处于领先地位，完全具备长期护理险的试点要求。当前苏州、南通两市已被人社部定为长期护理保险制度试点城市。"十三五"期间，要总结推广南通长期护理保险试点经验，积极探索建立政府、社会、单位和个人多方筹资相结合，符合地方实际的长期护理保险制度，着力解决失能、半失能的老年人护理支付难题。各地还应配套开展老年人能力评估和服务需求评估工作，并按照收支平衡、可持续发展的要求，建立长期护理需求等级评估标准和使用规范。此外，建立长期护理保险，必须慎重选择缴费标准，过低会造

成商业保险公司运转不可持续，过高则会降低家庭生活质量。可以在试点运营中分级建立缴费标准，在逐渐完善中形成示范效应，推动长期护理保险有序、健康发展。

### （三）拓宽"医养结合"供给渠道，明确供给主体定位

"医养结合"养老模式的主要目的是提供"医＋养"的综合性服务，因此拓宽"医养结合"服务供给渠道的前提是多元化的参与主体结合自身的软、硬件条件，针对面向人群的服务需求，结合自身实际准确定位，充分整合医养资源。首先，鼓励经营状况不良的一、二级医院，校办、厂办医院等基层医疗单位发挥专业技术优势，向"医养结合"型养老服务机构转型。其次，鼓励实力较强的三级医院，在满足现有医疗资源供给的基础上，结合自身优势拓宽业务范围，设立养老服务机构。再次，鼓励规模较大、老年服务需求缺口较大的养老机构通过委托经营、联合经营等方式，吸纳有经营资质的医疗机构参与运营管理，开展医养结合服务。最后，发挥城市社区卫生服务机构的作用，针对社区老年群体开展家庭出诊、家庭护理、特需服务等延伸性医疗服务，并与大型医院建立定点双向转诊机制，发挥基层卫生服务机构的分级诊疗功能，推进医养结合服务的全覆盖。

### （四）推动依托社区、居家的延伸服务，有效满足居家老年人医养需求

考虑到我国国情与传统文化习俗等因素，以居家为主、依托社区的医养结合服务会成为老年人的重要养老模式之一。因此，未来要特别重视并且充分发挥社区卫生服务中心或乡镇卫生院等基层医疗卫生机构的作用，加强基层医养结合服务体系建设。一是继续大力推进家庭医生签约服务，以基层医疗卫生机构为平台，通过签约方式与老年人家庭建立长期、稳定的契约服务关系，为签约老年人提供基本医疗、公共卫生及健康管理服务。优先保障重点老人（高龄、空巢、失能）家庭医生签约服务全覆盖。二是制定家庭医疗护理服务规范，明确家庭病床及其服务内容、诊疗标准，让医疗护理服务

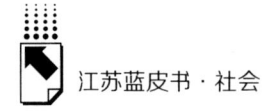

进家庭按章操作。同时采取包干费用、清单结算等方式，探索通过医保渠道支付家庭医疗护理费用。三是大力发展社区居家嵌入式机构。2017年在全省建设100个街道老年人日间照料中心，"十三五"期间建设400个街道老年人日间照料中心。鼓励社会资本运营连锁化的社区嵌入式机构品牌，提升机构自身影响和赢利能力，满足老年人家门口的医疗养老服务需求。

（五）加强医养融合人才队伍建设，为医养结合的长期发展储备人力资本

一是促进人才有序流动。鼓励执业医师到养老机构设置的医疗机构多点执业，完善薪酬、职称评定等激励机制。支持有相关专业特长的医师及专业人员在养老机构规范开展疾病预防、营养、中医调理养生等非诊疗行为的健康服务。二是加大专业人才培养力度。支持高校发展老年医疗卫生服务专业学科，通过在职业技术院校实施全程就业指导、定向培养、与实际部门建立"医养结合"实训基地等方式，加强老年医学、康复、护理、营养等专业人才的培养，研究制定相关补贴政策，形成一支训练有素的专业技能队伍。三是强化护理人才培训工作。"十三五"期间继续在全省开展养老护理员培训工程，提高养老护理员队伍的职业化、专业化水平；进一步完善养老护理员奖补政策，提升行业吸引力，使队伍更加稳定。最后，建立以一、二级医院及社区医疗服务中心等基层医疗单位全科医生为主，其他卫技人员辅助的医养护一体化服务团队，加大绩效考核评估力度，通过激励机制稳定队伍、留住人才。

# B.8
# 江苏促进教育公平的新进展及对策建议

韩海浪[*]

| 摘　要： | 近两年，江苏在推动教育均衡发展、促进教育公平方面进步很快，但还存在一些难点问题和薄弱环节，其中，统计监测标准与人民满意标准之间存在差距，投入不足导致教育资源供给不足不均，地区、城乡以及学校之间发展不均衡，隐形教育不公平日趋严重等问题尤为突出。为此，建议"十三五"期间，首先必须了解群众心目中的公平标准，并以此完善相关工作目标和监测指标。其次要补欠账、补短板，在至少确保法定教育投入的基础上，将资金向贫困农村和偏远地区的薄弱学校倾斜、向提高教育质量倾斜。再次，要大力发展民办教育，以民办和公办学校的均衡发展来促进高质量的教育公平。同时，对于隐形教育不公平也要给予高度重视并及时消解。 |
|---|---|
| 关键词： | 教育公平　教育均衡发展　江苏省 |

教育是最大的民生，教育公平是群众最为关注的社会公平。近几年，我国对教育公平越来越重视。国家通过不断加大对西部、农村和老少边穷岛等

[*] 韩海浪，江苏省社会科学院社会学研究所副研究员。

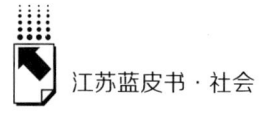

地区教育的扶持力度,力求通过推动教育的均衡发展达到促进教育公平的目的。2016年6月,新修订的《中华人民共和国教育法》专门增加"国家采取措施促进教育公平,推动教育均衡发展"这一条款,表明教育公平已经从政治责任升格为一种法律要求。

江苏是教育大省,历来重视通过教育的均衡发展促进教育公平。2007年江苏就在义务教育阶段提出均衡发展任务,2010年又在全国率先提出"优质均衡"目标。到2015年6月,江苏成为全国第一个所辖县(市、区)全部通过义务教育基本均衡发展国家督导认定的省份。

## 一 江苏促进教育公平的新进展及主要问题

目前,江苏全省教育正处于"基本均衡"向"优质均衡"迈进的进程中。各级各类学校办学硬件总体均衡,各校师资之间的差距大幅缩小,留守儿童、外来务工人员随迁子女以及残疾儿童等特殊困难群体的义务教育也备受重视。

2016年8月公布的江苏教育现代化建设监测结果表明,2015年度全省"教育公平度"实现程度增幅明显,从2013年的46%猛增至2015年的89.1%。其二级指标"机会均等"实现程度从2013年的22.5%猛增至2015年的79%;"资源配置"实现程度从2014年的56.9%猛增至2015年的97.7%。体现城乡、学校间条件均衡化的指标"小学办学条件校际均衡差异系数≤0.55"和"初中办学条件校际均衡差异系数≤0.50"全部达成。"义务教育教师合理流动比例"达到16.8%,也超过了15%的目标值。

特殊群体受教育状况是衡量教育公平程度的重要标志。各类特殊群体中,"外来务工人员随迁子女与户籍学生享受同等待遇的比例"达93.5%,比上年提升2.6个百分点;"入学残疾儿童少年享受15年免费教育的比例"达93.7%;"家庭经济困难学生受帮扶比例"达到93.7%,较上年提升4.7个百分点;"身心发展困难学生受帮扶比例"达89.9%。

进入"十三五"时期,面对经济社会发展的新形势和国家对教育发展提出的新要求，江苏省委、省政府颁布《关于深入推进教育现代化建设，努力办好人民满意教育的意见》，适时提出了"一达到、两提高"的战略目标（到2020年，教育主要发展指标达到教育现代化水平；人民群众对教育的满意度显著提高，教育对经济社会发展的贡献度显著提高），并修订出台了《江苏教育现代化监测指标》，以替代2013年发布的《江苏教育现代化指标体系》。新的监测指标增加了新内容，在诸多方面也提高了标准。2016年8月颁布的《江苏省"十三五"教育发展规划》也强调今后五年要"以促进公平为重点"。

以《江苏省"十三五"教育发展规划》的要求和省委、省政府让"人民满意"的高标准以及新监测指标的高要求来衡量，"十三五"期间，江苏在推动教育均衡发展、促进教育公平方面还明显存在一些难点问题和薄弱环节。其中，统计监测标准与人民满意标准之间存在差距，投入不足导致教育资源供给不足不均，地区、城乡以及学校之间发展不均衡等问题尤为突出。

（一）教育公平统计标准与群众满意的标准之间存在差距

目前江苏省衡量教育公平的标准主要是《江苏教育现代化监测指标》中的"教育公平度"，包括"机会均等"和"资源配置均衡"两大方面。而衡量教育公平，群众心中也有标准。达不到该标准，群众自然也就不会满意。调查表明，目前这两个标准之间还有差距，如：在全省高等教育已经跨入普及化阶段、在2016年高校招生人数已经远多于报考人数的形势下，监测指标仍然将60%的高等教育毛入学率作为教育现代化目标，就很难让群众满意；在群众眼中农村中小学（教学点）软硬件、教学质量等都还明显不如城市中小学，城市热点和非热点中小学师资力量还很悬殊的背景下，我们的教育公平度统计数据却得出了"义务教育城乡、学校间条件均衡化比例已经达到教育现代化要求"这样的结论，群众也很不满意。

（二）投入不足导致教育资源供给长期处于短缺状态

财政教育投入的法定增长和生均拨款难以按规定要求落实到位。监测显示，全省"教育投入"指标实现程度2013年、2014年两年都是42.9%，2015年为57.14%。其中，"财政教育支出决算增长比例高于公共财政决算支出增长比例"方面，2014年有7个市、45个县（市、区）未达到，2015年有7个市、32个县（市、区）未能实现；"政府教育财政拨款的增长比例高于财政经常性收入的增长比例"方面，2014年有6个市和43个县（市、区）未能实现，2015年有3个市和20个县（市、区）未能实现；生均拨款方面，2014年学前、中职生均预算内教育经费相对偏低，在全国省份排名分别为第10位、第6位，没能达到"全国排名前三"的要求。

正是投入不足，欠账太多，导致全省优质教育资源供给与人民群众的需求、与省定教育现代化标准相比，差距较大。首先，"省优质幼儿园比例"和"义务教育学校达省定办学标准比例"2014年分别为51.0%和53.4%，2015年分别为51.1%和59.2%，与90%的目标值相比差距较大。其次，全省教育布局与结构滞后于民众的教育需求，普遍存在的"大班额"就是这一问题的集中体现。2015年全省"中等以下学校达到适度班额的比例"实现程度为54.0%，与85%的目标值相差较大。苏南部分市和县（市、区）由于外来务工人员随迁子女的急剧增加，大班额的情况更呈渐趋扩大的态势。

### （三）城乡、区域、学校之间差距较大

城乡差距方面。虽然经过多年持续建设，全省农村中小学硬件设施得到彻底改观，但与城市中小学相比，差距依然存在，尤其是那些边远地区农村薄弱学校（教学点），至今连基本的办学条件还"欠账"很多。在与教学相关的图书、电脑、实验器材等配套设施方面，虽然许多地区城乡差异较小，但农村中小学有而不用、有而不会用、懒得用等是普遍现象。这还不是主要的，城乡中小学在师资方面的差距才是最为突出的问题。城市中小学纷纷扩招，吸引了大量优秀的农村学生进城就学，也使大量优秀的农村教师被抽调进城。这样，农村中小学无论是在生源数量、质量方面，还是在教师的素质

方面，都面临着比较严峻的局面。"支教工程""万名大学生支援农村工程""农村教师素质提高工程"等，虽然有助于缓解农村师资紧缺的现状，但难以解决根本性问题。

区域差距方面。根据《江苏统计年鉴2015》，2015年苏南五市普通高中220所，苏北五市普通高中223所，苏北比苏南仅多3所。而苏北五市普通高中在校生49.6万人，苏南五市仅为30.9万人，苏北比苏南多出18.7万人，占比分别为53.9%和33.6%。再看优质高中。当年在校生少的苏南五市四星级高中却有118所，在校生比苏南多18.7万人的苏北五市仅有66所，占比分别为51.1%和28.6%。区域反差特别明显。

学校差距方面。目前，城区热点中小学与普通中小学的普遍存在，表明城区学校之间还存在着优质师资分布不均衡问题。这一问题的集中表现便是"择校热"。2014年2月，在教育部专门发文督察的情况下，全省城区中小学的"择校热"有所降温，但问题实际上只是暂时被压制，并未得到解决，因为优质师资不均衡这一主要症结依然还在。比如，严管择校的政策背景下，原来就"热度"很高的学区房上演了更加疯狂的"房价热"。从本质上看，这实际上是一种更为严重的"择校热"。

（四）隐形教育不公平渐趋严重

隐形教育不公平是指那些看不见甚至是无意识的，或者暂时还未引起社会注意的教育方面的不公平，如：教师对成绩好的学生的过分关爱、对"差生"的冷漠或者不闻不问，学校人为地划分快、慢班等。这些不公平没有制度的规定，没有文件的记载，是看不见甚至是无意识的，但它们对学生成长产生的负面影响却是不容忽视的，有时甚至是更直接、更严重的。这里仅举两个例子加以说明：一是隐形择校。近两年，显性"择校热"被遏制的同时，隐性择校风随之兴起。调查发现，普通高中A校（高中入学分数线较低，群众心目中教学质量相对较差）的学生几十、上百人地在重点高中B校（高中入学分数线较高，群众心目中教学质量相对较好）上课，且与A校学生混合在一起，难以分别。有的甚至连学生

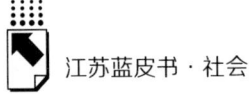

本人都不知道自己是 A 校的。这样，A 校提升了教学质量，家长也满意，B 校得到了经济利益，唯独 B 校学生受到了一定的不公平对待。二是隐形择班。虽然我国《义务教育法》明确规定不得设立任何形式的重点学校和重点班，但在学校内部变相设立重点班的现象还是比比皆是。近两年，越来越多的家长认识到了"择班比择校更重要"，导致"择班热"不断升温。

## 二 江苏进一步促进教育公平的政策建议

以均衡发展促进人民满意的教育公平，首先必须了解群众心目中的公平标准，并以此完善相关工作目标和监测指标。其次要补欠账、补短板，在至少确保法定教育投入的基础上，将资金向贫困农村和偏远地区的薄弱学校倾斜、向提高教育质量倾斜。再次，要大力发展民办教育，以民办和公办学校的均衡发展来促进高质量的教育公平。

### （一）充分吸纳群众意见，完善教育公平监测指标

"十三五"期间，江苏教育公平要实现让"人民满意"的目标，就必须充分吸纳群众意见，不断完善监测指标。义务教育要以优质师资资源的均衡和教学质量的均衡来降低"择校热"，四星级普通高中要全面落实 70% 以上的招生指标均衡分配到所有初中的政策，同时，所有公办初中招收的择校生毕业时不再纳入四星级及以上普通高中指标生范围。职业教育要以传承技术技能、促进就业创业为主要职责，高等教育要以考试招生制度改革为契机，促进与教育大省地位相符的、与群众目标基本一致的教育公平。

### （二）弥补欠账，注重质量，扩大教育资源供给

江苏是教育大省，更是经济强省，可教育投入却欠账较多。"十三五"期间，理应不断加大对教育的投入，最起码应该确保法定教育投入的足额到位。若确因客观因素一时难以做到，亦应有详细说明。只有这样，才能让人

民满意；有质量的公平才是真正的公平，因此，在投入不足的情形下，有限的经费应首先用于城乡相对薄弱学校的建设，首先保证教学质量的不断提高。就区域而言，应向苏北地区特别是财政困难乡镇、偏远农村地区倾斜。就单一学校而言，应首先投向师生和教学改革以提升教育质量，其次才是硬件建设。另外，多渠道吸引社会资本发展教育也是推动全省教育均衡发展、促进教育公平不可或缺的措施，尤其是在目前全省民办教育投入明显下降的情势下。

### （三）切合实际，多法并举，补齐农村师资短板

继续执行并不断完善城区教师到农村中小学帮扶支教政策，鼓励优秀大学毕业生到农村学校任教。深入贯彻落实《江苏省乡村教师支持计划实施办法（2015~2020年）》，将政策措施、工作进展及成绩纳入政府工作考核指标体系，各级财政更需加大制度性投入。严格执行2016年4月出台的《关于深入推进教育现代化建设，努力办好人民满意教育的意见》，建设城乡统一、重在农村的教育经费保障机制，加大对经济薄弱地区的财政支持力度。在教师待遇上，可给予这些地区的农村教师以足具吸引力的职称评定制度和津贴补助制度。

客观地说，城乡师资力量的均衡需要一个长期的过程，短时间内难以实现。目前需充分利用现代信息技术和远程教育资源，配合教师辅导，弥补师资不足的缺憾，提高教育质量。

### （四）大力发展民办教育，促进高质量的教育公平

教育有其自身的发展规律，部分学校在发展进程中逐渐形成良好学风、集聚优质师资，从而成为"热点学校"，这是很自然的。以基础教育为例，热点学校的产生不可避免，只是在公办中小学，特别是在义务教育阶段，优质师资过分集中于热点学校容易产生"择校热"，不利于教育公平，必须消除。毕竟，公共财政没有任何理由造就或助推"热点学校"。解决这一矛盾的唯一办法便是：出台切实可行的扶持政策，大力发展民办教育。只有当数

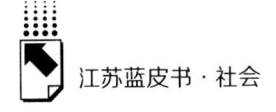

量相当的民办中小学成为热点学校时，均衡发展才不会降低教育质量，消除公办中小学的"热点学校"才会真正成功，公办中小学的"择校热"也才会真正消除。

(五)及时消解隐形教育不公平

教师对"好生"与"差生"的不同态度及行为是隐形教育不公平的重要表现，应该给予高度重视并及时、经常性地对教师予以提醒；对隐性择校行为应该尽快开展督察，及时予以制止，否则，治理"择校热"的成果必将前功尽弃；对隐性择班行为，可以学习山东省济南市的经验，利用电脑随机派位，当场公开，班主任及任课老师现场抽签公示，媒体、社区民警以及家长代表等全程监督，使分班过程一气呵成，杜绝托关系、递条子等不正之风。当然，男女生比例及残疾学生等特殊情况应该提前予以考虑。

# B.9 江苏出入境游发展状况及其促进对策

徐琴 陈光裕*

**摘　要：** 随着经济社会发展和居民收入的不断提高，江苏出境游近年来呈井喷态势，相比之下入境游市场却持续低迷：不仅入境游人数增加缓慢，增长率也不断降低；入境游创汇能力逐年下降；在全国入境游的排名中逐步后退。这一现象的出现，除了归因于各大旅行社对入境游业务冷淡，政府重视不够、缺乏针对性措施也是主因，以及产品老化、基础设施不完善等客观因素。对此，江苏需要以更高的高度和更广阔的全球化视角看待入境游问题，调整扶持政策，择优奖励和定向培育若干专业入境游旅行社，积极开发跨界融合的新型旅游产品，以全域旅游为导向，努力重振江苏的入境游市场，把旅游业培育成江苏经济的战略性支柱产业。

**关键词：** 出境游　入境游　旅游业　江苏省

随着经济社会发展和居民收入的不断提高，江苏出境游近年来呈井喷态势，相比之下入境游市场低迷。江苏的入境游，曾经一度是全国的样板，但近年来已经风光不再。目前，江苏入境游与全国入境游的走势基本相似：入境游人数虽然还在增长，但增长率难以提升；入境游创汇收入总额也在增

---

\* 徐琴，江苏省社会科学院区域现代化研究院副院长、研究员；陈光裕，河海大学公共管理学院博士研究生。

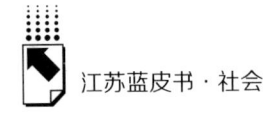

长，但增长率却快速下降；江苏在全国的排名逐步后退，已经被周边兄弟省份大幅度超越；省内各大景区景点，境外游客到访量明显减少，入境游市场明显低迷。对江苏而言，规范井喷式增长的出境游、促进趋冷的入境游，都是促进江苏旅游业发展面临的重要任务。

## 一 江苏出境游发展的现状

### （一）呈爆发式增长的出境游

江苏省出境游人数近年来急速增长，平均增长率绝大多数年份高于全国平均增长率。自1992有统计数据的6005人次起，至2012年的79.53万人次，20年间增长了130多倍，年均增长6倍多，发展极为迅速。近几年更是呈爆发式增长。目前，虽然年均出境游人数在全国总的出境游人数中所占比例并不是特别高，但增长率高于全国水平。2015年，全省出境游总人数已经达到241.2万人次，比上年增长了51.32%；出境游人数占全国出境游人数的比重也节节攀升至2%以上，增速明显比全国快。

### （二）日韩成为占绝对优势的目的地

从出境目的地来看，2015年江苏省出境游人数最多的前十名依次为：韩国46.39万人次，泰国46.37万人次，日本43.67万人次，香港25.35万人次，台湾23.25万人次，澳门19.3万人次，新加坡6.75万人次，印尼4.43万人次，法国4.09万人次，马来西亚3.88万人次。

从2013年起，出境游韩日市场发展较快，赴韩人数从2013年的15.5万人次增长至2015年的46.4万人次，赴日人数从2013年的5.4万人次增长至2015年的43.7万人次，而与此同时，赴港澳台的旅游人数都出现不同程度的下滑。

总体上看，江苏出境游半径还是呈越近人数越多、越远人数越少的规律。

## 二 江苏入境游发展的现状

江苏不仅是传统的旅游业大省,也曾长期是入境游的大省和强省。但近年来地位下降明显:一是在全国各省份中排名下降,2000年以前,江苏入境游曾经是全国的样板省份,是兄弟省份取经学习的对象。但自2003年以来,在全国的排名逐步后退,已经被兄弟省份超越。二是与入境游和国内游相比,份额几乎可以忽略不计。

### (一)江苏入境游人数缓慢增加,增长率呈波浪式下降态势

从人数看,江苏入境游人数依然在增加;但如果从入境游人数的增长率看,江苏入境游进入了下降通道,逐年走低。

从2000年开始,江苏入境游人数稳定增长,至2012年已从2000年的169.95万人次增长至791.53万人次,12年间增长了近4.7倍。从增长率情况看,除了个别年份低于两位数,其他年份均保持10%以上的增长速度。与全国情况相比,大多数情况下均高于全国的入境游人数增长率。

从2013年起,江苏严格执行国家旅游局的新统计口径,所以入境游人数在数据上明显缩减。2013年江苏接待过夜入境游客288万人次,2014年接待297万人次,增长3.1%,2015年接待305万人次,增长2.7%。2016年1~9月,已累计接待入境游客237.78万人次,估计全年总人次比2015年略有增加,但增幅可能难以突破2015年。

从更长的周期看,从2003年起,江苏的入境游人数的增长率就呈波浪式下降的态势,目前状况基本上是持续低迷。

### (二)景区到访的境外游客量逐年下降

如果说入境游人数可能因为统计口径的关系,省份之间的比较不一定合适;但景区境外游客到访量的下降则很明显。

作为传统的入境游大省强省,南京、苏州和无锡等主要景区,都曾经接

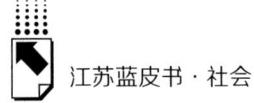

待大量的入境游客人。虽然从统计数据上看，入境游人数还在增加，但江苏主要景区，境外游客到访量都在下降。2013年以前，已经在逐年减少；2013年以来，入境游客到访量则在加速减少，连苏州等地主要景区的境外游客到访量都在明显减少，拙政园、三塘街每年都在以15%的速度下滑。10多年前，在南京的重要景区景点，经常看到成群结队的外国游客，现在已经很少看到国外游客的身影。

### （三）旅游创汇能力近年来也在弱化

2000~2012年，尽管每年情况不同，但江苏省旅游外汇收入是逐年增长的，并且在入境游最为困难的2003年和2008年，也均保持正增长。就增长率而言，江苏省旅游外汇收入每年增长率均远高于全国平均增长率。2000年，江苏旅游外汇收入仅为7.24亿美元，2012年增长为62.99亿美元。但2015年约为40.34亿美元，比2012年下降了三成多。

目前，旅游创汇收入在江苏GDP中的占比几乎微不足道。2015年，江苏人均GDP为70116.4元人民币，如果按照1∶6.7的汇率计算，旅游创汇收入仅占GDP的0.34%。

### （四）江苏入境游在全国地位下降

就全国而言，入境游整体上呈下滑态势。国家旅游局统计数据显示，自2012年以来，我国入境游人数已连续出现季度数据负增长，2016年第一季度外国人入境游人数仅为561.31万人次，同比下降3.9%。年度数据方面，根据中国旅游研究院资料，2015年，全国接待入境游人数为1.33亿人次，同比增长4%，是自2012年以来的首次正增长。

在此背景下，江苏情况略好于全国总体水平，但与周边省份相比，地位明显下降。江苏的入境游人数，曾经多年位居全国第四，2014年已经退居到第七位，不仅居于广东、上海和北京之后，甚至被浙江、福建和山东反超。

相比之下，浙江省近年来入境游市场的逆势攀升令人瞩目。在全国入境游市场持续低迷的情况下,浙江省的入境游增长率大大超过全国平均水平,也明显超过江苏水平,近两年尤为突出。2014年,浙江入境游市场开始企稳回升,全年累计接待入境游客930万人次,同比增长7.5%,实现国际旅游(外汇)收入57.5亿美元,同比增长6.7%。2015年,浙江全年入境游客1012万人次,同比增长8.8%,实现国际旅游(外汇)收入67.9亿美元,同比增长18.1%。

## 三 江苏入境游市场陷入低迷的原因分析

江苏入境游市场近年来陷入低迷,既有国际金融危机、人民币升值、食品安全、环境污染以及境外对中国负面宣传的扩大等外部因素,也有江苏自身的原因,特别是业界出于比较利益的考虑,基本上放弃了入境游市场;政府也缺少必要的重视、引导和支持。入境游成为业界和政府都不着力经营和积极支持的行业。此外,产品老化、特色匮乏、配套支持不足也使江苏对境外游客吸引力下降。

### (一)各大旅行社纷纷放弃入境游业务

从各大旅行社的业务情况看,旅行社接待的入境游客量,近年来绝对量都在大幅度下降。很多旅行社已经完全放弃了入境游业务,特别是几大传统的入境游业务强社,例如中旅、国旅、中青旅等,多数已经不再经营入境游业务,个别处于艰难维持状态。苏州市中旅曾经是知名的入境游强社,2013年全年入境游规模为28万人次/天,5000万元营业额;2014年,下降到24万人次/天,4500万元营业额;2015年勉强维持2014年的水平;2016年继续滑坡。

其背后的重要原因是,出境游市场日益火爆,且经营出境游业务的难度相对小、成本低、赢利周期短、利润大;反观入境游,业务要求高、经营难度大、先期投入巨大、赢利周期长、利润薄。出境游业务的比较利益优势突出,旅行社作为追求利益最大化的市场主体,主动放弃入境游市场

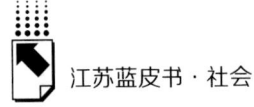

在所难免。

目前,能够较为顺利地开展入境游业务的旅行社已属凤毛麟角,全省仅万象旅行社、苏州文化国际旅行社等少数几家民营旅行社还在较为正常地开展入境游业务。

### (二)政府重视不够,缺乏针对性强的促进措施

江苏曾经是入境游大省,入境游也一度由于创汇贡献大,得到地方政府的重视。但在目前的旅游市场结构中,入境游对地方经济发展的直接贡献已经微不足道,江苏各级政府对入境游的关注和支持非常有限,与周边省份特别是与浙江相差悬殊。

一是旅游管理和运营体制缺乏创新。江苏目前的旅游主管部门依然是"旅游局",其权限和职能不足以引领新型旅游业的发展;在企业层面,江苏又缺少旗舰级的省级综合旅游集团,依然是旅行社、酒店、景区景点、旅游运输各自为政,这些企业虽然与旅游相关,但资源稀缺,业务单纯,缺乏活动组织、产品开发、项目建设、资本运作的能力和组织载体。而目前国内入境游业务发展较快的省份,一般都有两大体制创新:一是将旅游局改为多部门协调的"旅游委";二是组建省级旅游综合集团。江苏在体制创新方面明显滞后。

二是江苏对外形象宣传不力,入境游推介方式陈旧。国际旅交会是宣传各地形象、推介旅游产品的主要方式,但至今其内容和形式依然是行政色彩浓厚,专业性严重不足。能够吸引游客的产品推介稀少,难以赢得目标客户。对来自境外的各种夸大的负面宣传,缺乏应对措施。景区景点和旅行社也难以从此类推介中增加客源和业务量,以致很多景区景点和旅行社已经没有动力参加旅游主管部门组织的各种旅交会。

三是没有及时出台导向明确、针对性强的扶持政策,没有主动应对旅游市场格局和业态的最新变化。对企业缺乏明确的规范、引导、扶持和奖励政策;对国际航线的开发和维护力度不够;对旅游基础设施和服务的建设和质量提升进度不够;对一些新产品开发的扶持力度不足或根本没有扶持,

等等。

相比之下，在入境游业务发展的外部环境同样不利的条件下，与江苏旅游资源禀赋类似的浙江省，条件甚至不如江苏的山东省和福建省，都在逆势加快发展；省内比较，旅游资源极为稀缺的常州，近年来入境游发展迅速，这与当地政府的积极支持密切相关。

### （三）产品老化、特色匮乏

江苏传统的旅游产品线品质优良，在国际国内的市场认可度非常高。但在游客群体、旅游目的、出行方式、旅游业态迅速更迭的今天，江苏的旅游产品依然以观光类产品线为主体，明显老化，对境外新一代游客的吸引力明显不足。

### （四）基础设施不尽完善

在旅游基础设施方面，江苏总体上优势明显，但也有突出短板。目前，最大的优势是高速公路发达，路网密度和道路质量都位居全国第一；高铁也很便利，发车密度高、直达城市多。主要旅游城市，内部的公共交通条件也在不断改善。

但江苏最大的短板是国际直航航线和航点太少，近年来发展迟缓。2003年之前，南京和杭州的国际航班数量相差无几，都是每天30多架次；但近年来，杭州国际航班扩展非常迅速，南京几乎没有明显的进展。

## 四　改进出境游的主要对策建议

近年来，和全国一样，江苏出境游呈井喷态势，并且成绩更为突出，2015年全年出境游人数为241.2万人次，同比增长51.32%，2016年预计也将维持较高的增长率。但是，出境游市场的繁荣，也带来一系列问题，比如游客行为不文明、境外安全缺乏保障、旅行社服务质量有待提高等。对此，需要我们做出以下改进。

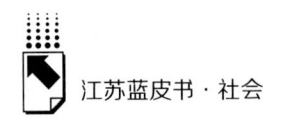

### （一）提高服务质量，改善游客体验

从 20 世纪 80 年代刚刚改革开放，到 2014 年稳居世界第一出境游市场"王座"，中国游客出境游的目的和心态已经发生转变。上个世纪末，出境旅游还是一种奢侈的出行方式，主要的消费群体是"率先富裕"的人群，以及政府的公务考察或学术交流人员。2004 年以后，出境旅游逐步由走马观花、增长见识的"观光游"开始向休闲游转变，出境旅游变得越来越"平民化"，工薪阶层、退休人员、学生等普通收入人群也开始出境旅游。到 2011 年中国人均 GDP 突破 5000 美元后，出境旅游更是呈现爆发式增长，观光游、休闲游已经远不能满足广大中国游客的"胃口"，深度游、自由行等新型的旅游方式开始备受人们青睐。

与此相对，国内不少旅行社虽然也"随行就市"，迅速把经营重心调整到了出境游项目上，但服务观念和管理意识仍然相对滞后。不少旅行社仍然把出境游客的心态定义为"长见识"，一方面忽略了中国经济飞速发展后，生活水平与国外"发达国家"的差距在极速缩小，"眼界"在迅速扩展；另一方面也忽略了互联网、信息爆炸年代人们对于国外情况的了解，因此不少游客在"踩点赶场"式的旅游后往往会感触道："还不如中国。"对于旅行体验并不满意。同时，出境游人数的增多，也导致旅行社在选择线路上往往重叠并且缺乏新意，大量中国游客在国外"知名景区"中"扎堆拥挤"的现象时有发生，大大降低了旅行体验效果。对此，国内的旅行社应当迅速更新理念，增强服务意识，提高服务质量，不断完善并推出旅游新产品，把提升游客满意度作为首要目标。

### （二）规范价格行为，杜绝不合理低价团

20 世纪末，我国经营出境旅游业务的旅行社还不到 10 家，而到 2015 年，全国大大小小的旅行社几乎都有出境游业务，市场的扩大带来竞争的加剧，出境游价格和费用也一路走低。以日本旅游为例，在 2000 年时日本五日游的价格大多在 1.5 万~2 万元，而近年来这个价格大多在八九千元。这

其中固然有人民币汇率上升等客观因素,但旅行社为了抢夺市场,争相降价是主要的原因。

为了维持自身的利润,旅行社往往会把主意打到"购物回扣"上,而我国大众旅游者的购物能力又相对突出,使得低价团之类的不良经营模式有机可乘。近年来,低价团、零价团、购物团等现象在出境游市场中十分常见,不少旅行社"引导"游客在外购物的手段也越来越"激烈":过去是诱导为主、强迫为辅,近年来开始呈现强迫为主、诱导为辅的态势,"擅自增加自费项目和购物次数"是不断增长的出境游投诉中的主要问题之一,中国游客在国外被国内旅行社"坑害"的报道时有发生,"同室操戈"既损害了游客的利益,又大大破坏了中国的形象。

对此,政府作为监管人,不仅要做好"国内"的功课,针对入境游市场做好对旅行社的监督,针对出境游市场,同样也需要加强监管。相对于国内游市场而言,打击出境游低价团、零负团费等恶意竞争行为的工作任务更艰巨,困难更大,需要政府拿出切实的行动,避免入境游市场的乱象重现。

### (三)培训出境游客,引导文明安全出游

出境游客的不文明行为已经成为中国人遭人诟病的最大痛点,江苏游客也有类似情况。在中央文明办公布的精细准则中,我国民众旅游有七大"不文明行为",即不修边幅、不讲卫生、不懂礼仪、不守秩序、不尊法规、不爱护环境和公共设施、喧哗吵闹。在出境旅游中,中国公民常见的不文明行为主要为:(1)随地丢垃圾和吐痰;(2)公共场合吸烟、大声喧哗;(3)乘坐公共交通工具时争抢拥挤插队加塞;(4)在教堂寺庙等宗教场所嬉戏;(5)大庭广众脱袜去鞋、衣着不端庄;(6)购物时喜欢讨价还价;(7)强拉路人合影拍照。

这些不文明的行为,既有文化差异因素,也有国人道德素养不足的因素。比如在国内,长期对"顾客是上帝"的不完全解读,就让中国的消费者普遍存在蔑视、不尊重服务人员的心态,反映到旅游中,则是侮辱旅游服务人员、对旅游服务人员提出不合理要求的现象时有发生,"有钱消费就是

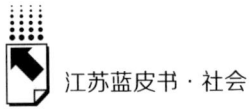

爷"的不良心态在出境旅游的人员中比较普遍,在这种心态支配下,游客自然容易忽略社会规则和规范,在境外造成恶劣的社会影响,有时甚至危及游客自身和他人的人身安全。

因此,江苏应当对出境组团社要求新增一个流程:对出境游客进行统一的"行前培训"。旅行社可能缺乏足够的"动力"来推动这项工作,因此政府必须大力督促旅行社做好出境旅游的行前教育,普及规范意识。同时,政府应当辅以配套的宣传工作,帮助游客了解国家形象与个人行为之间不可分割的关系,"顾及民族形象,做事三思后行",建构文明出行、安全出游的健康市场氛围。

## 五 重振江苏入境游市场的主要思路

2016年9月底,江苏省委、省政府召开了全省旅游业发展大会。会议明确江苏旅游业发展的目标定位和工作重点是:加快把江苏建设成国内领先的旅游强省、国际著名的旅游目的地,把旅游业培育成江苏经济的战略性支柱产业。无疑,这次会议是一个重要的契机,将引领江苏旅游业迈进新阶段,再上新台阶。要达成上述目标,从旅游大省跃升为国内领先的旅游大省、国际著名的旅游目的地,江苏旅游业面临一系列新任务,其中重振江苏入境游业务应成为主要突破口。

鉴于影响入境游发展的因素极为复杂,重振江苏入境游市场也需要多管齐下、综合施策。

### (一)重新认识入境游对于江苏发展不可替代的意义

入境游的意义,过去一直局限于回笼货币、创收外汇、平衡国际收支等纯粹的经济层面,将其单纯理解为一个服务贸易的顺逆差问题;所以,随着创汇压力的减缓,以及入境游的营收在全省以及各地的GDP总额中贡献极小,几乎可以忽略不计,各级政府的重视程度明显下降,这可能与江苏的制造业"立省"理念有极大的关系。对于市场主体而言,比较利益的悬殊,使其不同程度地放弃了入境游业务。所以，如果纯粹任由市场选择，入境游有可能还将进一步走低。

然而，应从更高的高度和更广阔的全球化视角看待入境游问题。江苏作为深度参与国际经济大循环和文化大交流的东部发达省份，在当今的国际和地区竞争中，入境游的意义已经远远超出了经济层面，也远远超越纯粹的市场层面。入境游已经成为塑造国家和地区正面形象、扩大文化交流和文化影响、消除误解和敌对、培育各国人民间友好情感的重要途径，入境游所具备的民间外交功能是无可替代的。

江苏是中国文化的重要展示地、是中国人精致生活的最佳体验地，吸引境外游客来江苏旅游，充分领略江苏的自然山水、都市繁华；深入体验江苏的风土人情、百姓生活，使每一个来江苏旅游的外国人，都成为江苏的义务宣传员。大力发展入境游，更是传播江苏文化、提升江苏美誉度和国际影响力的有效途径。这是江苏积极发展入境游的重要意义所在。

（二）加快组织体制创新，组建旅游委和省级旅游集团

多省经验表明，组建具有更强行政职能和协作能力的"旅游委"，是政府重视并支持旅游业发展的有效措施。旅游委是一个资源整合能力更强、权责更为明确的行政部门，以此统筹旅游发展，势在必行。因此，为有效扩大宣传、开展活动、改善环境、提升服务，应加快组建跨系统、跨部门的旅游委员会。

同时，组建省级综合性的旗舰型旅游企业。这样的企业，在宣传推介、市场调研、旅游营销、活动实施、资本运作、产品开发、景区建设等各个方面，能够进行一家一户旅行社无法实施的综合性旅游业务的开展；并且经过一段时间的实践探索，还可以考虑将其上市融资，建立"大旅游、大市场"的江苏旅游新格局。

省属旗舰级的旅游集团，首先可以从开发一些特定的、需要进行资源整合的旅游产品入手，例如大型实景演艺节目的开发。当下，这类节目已经成为旅游目的地最为重要的晚间观赏产品，近年来备受境内外游客欢迎。但一

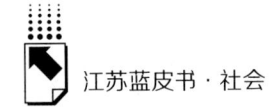

向以品质至上的江苏各旅游目的地，2016年10月才刚刚推出一台"报恩盛典"，这台节目是不是能够成为拿得出、叫得响、记得住的江苏品牌节目，还有待市场检验。因此，旗舰级旅游集团可以整合资源、开发精品。

### （三）调整扶持政策，择优奖励和定向培育若干专业入境游旅行社

重振入境游，必须有效激发旅行社积极开拓入境游业务的积极性，这需要政府大力定向培育部分专业入境游旅行社。其中，对于旅行社的奖励方式，需要进行改革，将目前的按人头奖补改为择优奖励，主要是用于对从事入境游业务并达到一定规模的旅行社进行奖励，并且奖励应用于其构建营销网络、进行促销揽客活动方面的支出，以激发有条件的旅行社积极主动发展入境游业务。奖励方式应主要采用定向奖优法，即对"入境游先进"旅行社进行重点奖励。该项奖励的力度要大但面要小，以期能切实激发相关的旅行社深度开发并持续经营入境游业务，并逐步培育一批精心从事入境游的专业旅行社。

### （四）适应旅游新业态，积极开发跨界融合的新型旅游产品

旅游业已经进入新业态时代，远程市场的国际游客更是不太愿意选择传统的观光游。因此，要有全新的资源整合模式和全新的产品线。

当前正在蓬勃兴起的旅游产品线，主要是在全面整合"商、养、学、闲、情、奇"六大新要素的基础上的各种组合产品。其核心是度假休闲、参与体验以及生活互动。因此，要将度假、运动、研学、健康养生、文化、生活、农趣不同主题进行融合，构筑新的度假景区和跨界复合型旅游产品线。

**1. 应加快建设一批主题鲜明的高品质特色度假小镇或小岛，大力发展度假休闲游**

度假小镇可以根据不同特色，建设成为丰富多样的特色主题小镇；可以整合江苏极为发达的传统工艺和精致丰富的百姓生活，提供参与型和体验型的休闲活动，提供丰富多样的富有江苏特色的苏绣、编织、扎染、剪纸、风

筝、盆景、花灯、陶艺、采茶炒茶传统工艺制作的学习和体验活动。

**2. 系统打造一批"畅游江苏、体验江苏、品味江苏、康乐江苏"的新型跨界旅游产品线**

一是大运河的跨界旅游精品线。大运河是江苏具有国际影响力的历史文化资源。运用全域旅游理念,将大运河沿线打造成集运河文化、运动休闲(自驾露营、骑行、垂钓、健身长跑)、养生保健于一体的新型旅游线路。

二是沿太湖的跨界旅游精品线。利用太湖水体适宜多项水上运动的有利条件,选择部分太湖周边以及湖中岛屿建成若干度假小镇。进一步做好并扩大"锡马"品牌的影响力。

三是江南水乡小镇旅游精品线。江南水乡小镇是江苏的重要特色旅游项目,但目前产品老化严重,需融合各种跨界元素进行重新整合,使其成为观光、度假、生活体验相融合的新型旅游度假目的地。

四是苏北沿海的生态与运动跨界旅游精品线。苏北沿海地域广阔,既适合度假,也适合各种体验型的海边生活,还能够提供各种运动场所,应当得到更好的旅游开发。盐城的麋鹿和丹顶鹤湿地保护区,生态条件和交通便利性完全可以媲美美国佛罗里达州的"大沼泽地国家公园",应尽快规划建设"盐城大滩涂国家公园"。

总之,应适应时代变迁,融合当代元素,构建主次结合、内容丰富、形式多样的"畅游江苏、体验江苏、品味江苏、康乐江苏"的新型旅游产品体系。

## (五)构建全域旅游目的地

构建全域旅游目的地,是旅游发展的新趋势,这就要求江苏的旅游业发展尽快实现以下转变。第一,从单一的景点景区建设和管理,转化为综合目的地的统筹规划、建设和系统管理;第二,从门票经济转向产业经济;第三,尽早从粗放单调的观光游转向精细丰富的旅游;第四,加速旅游业与其他相关产业的融合以及跨部门的合作;第五,公共设施和公共服务的功能要与全域旅游的需求相适应,既要服务于当地居民的日常生活和就业

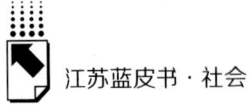

学习,保障当地一切活动的运转,又要方便境外游客在江苏的自助旅行和度假生活。

总之,江苏具有宜人的自然风光、精致的百姓生活和丰富的历史文化积淀,旅游资源丰富,业界口碑良好。只要各级政府、各地区旅游职能部门给予高度重视,方向明确、措施得力,江苏的入境游市场完全有条件重振。

# B.10
# 建设社会文明程度高的新江苏

孟 静*

**摘 要：** 社会文明程度高是全面建成高水平小康社会的内在要求。人类的社会实践不仅创造着物质文明、政治文明和精神文明，也创造着生态文明和人的文明，这些文明子系统相互影响、相互促进，使人类文明呈现整体性的发展态势，从而形成整体文明。本文从先进文化与精神文明建设、民主法治与政治文明建设、社会关系与生活文明建设等方面，分析了江苏社会文明建设取得的主要成绩、面临的主要问题，并提出了对策建议。

**关键词：** 社会文明 精神文明建设 社会生活规范体系 江苏省

## 一 江苏社会文明建设的主要成绩

江苏在创新社会管理、建设和谐社会方面起到先行者、示范区的作用，2015年，江苏省文明委建立全省社会文明程度测评指数年度检测和发布制度，围绕公共秩序、道德建设、文明风尚等内容，采取实地考察、问卷调查的形式进行测评，2015年江苏省社会文明程度测评指数为86.25。

### （一）精神文明建设稳步推进

随着生活水平的提高，人们的价值理念发生了重大变化：平等、法治意

---

* 孟静，江苏省社会科学院区域现代化研究院助理研究员。

识不断增强,对精神层面的追求更为重视,共享改革成果的愿望更加强烈,对公共服务的需求增多,人们的需求正由谋求生存向追求幸福转变,需求日趋多样化。江苏中等收入群体、"80后"新生代农民工、外籍人士和港澳台人士不断增多,他们参与社会管理的意愿更强烈。与这些需求相适应,江苏在社会主义核心价值体系建设,约束和监督追求个人利益的行为规范系统建设,社会道德秩序、诚信体系和行为规范建设方面做了大量工作。2015年3月,江苏省政府发布《江苏省社会信用体系建设规划纲要(2015~2020年)》,这是江苏省第一部关于社会信用体系建设的专项规划,江苏省已经建成自然人信用信息数据库,还将制定全省统一的社会信用代码等。2015年,江苏省文明委制定《构筑道德风尚建设高地行动方案(2015~2020年)》,明确提出经过五年的探索,把江苏建设成有温度的人文之地、有显示度的文明之地、有感受度的精神家园。

### (二)文化科教事业蓬勃发展

1. "十二五"时期,江苏教育现代化建设成效显著。学前教育全面普及,在全国率先实现县域义务教育基本均衡全覆盖,高中阶段毛入学率达99.1%,高等教育毛入学率达52.3%,高等教育主要发展指标居全国前列,职业教育创新发展持续推进,终身教育体系进一步完善。

2. "十二五"期末,江苏公共文化服务设施覆盖率达95%,文化产业增加值比重超过5%。2015年末,全省共有文化馆、群众艺术馆287个,公共图书馆114个,博物馆301个,美术馆23个,综合档案馆118个,向社会开放档案43.1万件,广播综合人口覆盖率和电视综合人口覆盖率均为100%。

3. 区域创新能力连续七年保持全国第一。2015年,全社会研究与发展(R&D)活动经费1788亿元,占地区生产总值比重为2.55%,比上年提高0.05%;全省从事科技活动人员120.3万人,其中研究与发展(R&D)人员74.6万人。全省科技进步贡献率达60%,比上年提高1%。

## （三）社会保障和公共服务水平大幅度提升

1. 把保障和改善民生作为创新社会管理的出发点和落脚点，主要险种参保率保持在95%以上，城乡居民基本养老保险制度全面建立，大病保险制度实现全覆盖；46%的涉农县（市、区）实现城乡低保标准并轨；社会救助标准动态调整机制不断健全；社会养老服务体系初步建立。

2. 卫生医疗保障水平不断提升，健康养老产业迅速发展。2015年1月，江苏550万名企业退休人员基本养老金再次上调，985万名城乡老年居民月最低基础养老金"四连涨"，全省城乡居民基本养老保险基础养老金最低标准从每人每月90元提高到105元；新型农村合作医疗人均财政补助提高到380元，基本公共卫生服务免费项目增加到12类45项，医疗卫生服务能力明显增强。

3. 初步建成实有人口服务体系。积极推动人口管理从以户籍人口为对象向以实有人口为对象转变，普遍建立了居住证制度，实现了从"外来人口"到"新市民"、从"管理"到"寓管理于服务"的转变；大多数农民工子女解决了随迁入学问题，75%以上在公办学校就读。

## （四）法治社会建设稳步推进，社会治理水平不断提高

1. 法治建设保持全国领先水平，社会治安综合治理工作绩效连续五年位居全国前列。紧紧围绕"六个位居全国领先行列"目标，大力推进科学立法、严格执法、公正司法、全民守法，积极推动中国特色社会主义法治体系建设和社会主义法治国家建设在江苏的实践探索。具体推行了政府部门权力清单和责任清单制度、建立重大决策终身责任追究制度及责任倒查机制、推行政府法律顾问制度、建立执法全过程记录制度、完善司法人员分类管理制度等。

2. 社会矛盾化解能力得到提升。普遍建立了重大事项社会风险分析和评估机制、矛盾纠纷排查调处机制、重大事件应急处置机制、社会治安防控机制、网络舆情发现引导机制，并且明确部门责任、加强统筹协调，形成矛

盾纠纷联调、应急管理联勤、社会治安联防、突出问题联治、重点对象联管、平安建设联创"六联互动"的综治工作体系，对医患、劳资、环保、征地拆迁、交通事故、消费价格、食品安全等重点领域进行了重点监控，社会治安及社会稳定局势明显趋于好转。

3. 基层社会管理服务得到加强。以社区服务管理中心建设为抓手，推行网格化管理服务，把社区划分为若干网格，实行分片包干、责任到人、设岗定责、服务到户，推动社区服务走向专业化、社会化、多元化，矛盾调解、治安联防、民主自治、公共服务等职能在社区层面得到有效落实。城市和农村社区"一委一居一站一办"覆盖率分别达到50%和35%以上，约96%的矛盾纠纷可以在基层得到成功化解。

## 二 江苏社会文明建设需要解决的问题

江苏的社会建设取得了巨大成绩，但也存在一些问题，主要表现为：重经济建设、轻社会管理和服务的现象还存在；政府、社会与市场的治理边界界定不清晰、不合理；社会关系松弛化、人情冷漠、社会安全感和归属感下降等问题。社会问题的存在，也凸显了社会文明建设的重要性。

### （一）社会道德规制力有所下降

在社会转型大背景下，江苏社会结构发生了一系列深刻变化，组织形式、就业方式、利益格局、分配方式日趋多样化，使得社会文明建设面临一系列重大挑战。一方面，利益主体日益多元化，产业链从国际分工最高端延伸到最低端，收入分配出现较大差距，加上传统的城乡差距、行业差距、地区差距等，使得社会群体间的差距扩大、利益关系更加复杂，农民、农民工、下岗职工成为典型的弱势群体。另一方面，从"单位人"到"社会人"，作为传统管理体制基础的"单位组织"解决社会问题的能力弱化，长期习惯于以行政手段进行管理却使社会无法有效地发挥功能，难以承接职能的转移，导致社会整合缺失。历史上长期积累的社会问题和新的社会问题相互交织，使得社会道德规制力日趋下降，表现为人情冷漠、社会关系松弛、社会凝聚力下降、社会安全感和归属感缺失等社会文明问题。

### （二）社会建设和社会管理发展不平衡

苏南、苏中、苏北之间发展差距较大，社会建设与社会管理的水平也不在同一起跑线上，存在很大差距。公共服务的提供与各个城市自身的财力、物力、人力有很大关系，各城市基本公共服务投入数量和发展质量存在巨大差异。总体上看，南京、苏州、无锡、常州等城市社会事业和社会服务发展水平较高，宿迁、淮安、徐州、盐城、连云港等城市则较低，这与各地经济发展水平一致。此外，还存在城乡之间、城市中心区和城郊接合部之间社会管理与社会服务的差距。

### （三）社会组织的作用未能充分发挥

政府承担了过多的社会管理和服务压力，社会组织未发育成熟，公众参与社会管理的路径需要拓宽。发达国家人口与社会组织数的比例一般为140:1，江苏这一比例是1163:1，社会组织不仅数量少，而且在社会事务中的作用和地位较弱，给社会管理运行机制的创新带来重大挑战。对社会组织的管理制度可以概括为双重管理体制、分级管理原则、非竞争性原则和限制分支原则四大规范，严格管控的体制、缺乏法律保护的情况，限制了社会领域的组织创新能力，限制了社会组织作用的整体发挥与扩大。许多社会组织实际是自上而下建立和发展的，削弱了社会组织的自主性和相对于政府部门的优势。

### （四）信息技术发展对社会管理的挑战

互联网、手机、微博、微信等的发展，对社会管理是一把"双刃剑"。一方面，信息技术的进步和运用，为社会管理创新提供了利器；另一方面，互联网已成为维护社会稳定的重要场域，信息安全、信息污染、网络犯罪等各类新型网络问题日益增多，给社会管理带来了新的挑战。网络时代的来

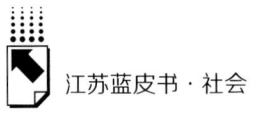

临，特别是社会信息传递方式和社会交往的深刻变化，给社会管理的技术手段创新提出了新的挑战。频繁发生的网络舆情事件，对社会稳定构成较大的潜在风险，特别是网络的放大效应给社会管理带来严峻挑战。

## 三 提高江苏社会文明程度的对策建议

### （一）坚持以人为本，充分发挥人的能动性

社会发展的最终目的是营造适宜生存和发展的理想家园，提高居民生活质量。首先，社会发展是人有目的的理性追求，要满足人的利益需求，包括满足人的生产先进、生活舒适、社会文明等需求。社会发展的理想结果应该是广大居民利益的更多满足，但实践中发展表现为每个个体的利益追求，必须符合人的利己属性，在个人利益追求基础上通过利益协调与平衡实现整体的社会利益。第二，社会文明建设是以人为主体的行为，人的作用主要表现为制约发展的活动和行为，包括规划的制订、设施和环境的建设、秩序的管理等，社会建设的成功与失败都跟人有密切的关系，应该从人身上寻找原因和答案。第三，居民需求是社会治理的出发点和落脚点，成功的社会治理要确保居民利益的公正实现，要深入探讨经济社会利益关系，促进经济发展、增加居民收入，强化政府对公共产品和公共服务的供给，营造良好的社会环境、人际关系和精神生活氛围。社会的发展需要培育具有远见卓识的领导人、务实肯干的居民，要强化民众的话语权。

### （二）加强精神文明建设，形成社会生活规范体系

#### 1. 民主、科学、公平的观念培育和社会行动载体建设

伴随着市场经济的发展，民主和法制已成为不可缺少的制度保障，制度需要内化到每一个社会成员的道德观念和意识之中，才能通过其自觉行为真正达到文明的社会生活。要建立公民个人基本信息制度、个人信用管理制度等社会基础制度，对居民行为进行规范，对违反社会共同行为准则的，要有

相应的惩戒制度。在重大政策的制定中进行道德风险评估，建立以社会主义核心价值观为导向的道德影响评估指标体系，每一项重大公共政策和重大建设项目出台前，应当组织相关专家、社会代表和政府部门代表对可能产生的道德影响，以及是否与公序良俗相冲突等问题开展评估，对于高风险的政策应当进行适当调整。

**2. 建立社会行为规范**

社会行为规范强调通过道德规范等，确定共同的行为准则，以自律、互律、他律等方式，指导和规范人的行为，维护社会秩序，主要表现为遵守社会礼仪规范。社会行为规范很少具有统一或明确权威等级的制度文本载体，其落实过程往往缺乏刚性的组织执行支持，而更多地依靠儿童教育、观念灌输等制度社会化形式以及具有客观现象特征的社会关系压力。宣传文化工作重心要下移，健全宣传思想文化服务群众制度，健全联系群众制度，建立社情民意反映制度，使广大群众的呼声能在第一时间迅速反映到决策层。

**3. 提高应对文化冲突的能力**

提高化解文化冲突的能力需要处理好以下关系：文化冲突与文化融合的关系、主导文化与多元文化的关系、文化创新与文化积累的关系。可以从发展文化认同、建立危机应对机制等方面入手，将文化冲突造成的损失减到最少。对本地文化进行积累、创新，并吸收外来文化中的精华对本地文化进行有益的补充，形成有特色的文化氛围，进而促进经济健康、全面发展。

## （三）加强社会文化事业建设，促进文化产业发展

全面推进文化发展理念、体制、手段的改革创新，是增强文化引领力、吸引力和感染力的必由之路。必须积极探索有利于解放和发展文化生产力的新举措、新办法和新载体、新途径，加快文化机制、内容、业态、形式等各方面的创新步伐，引领时代潮流和社会风气。

**1. 建成现代公共文化服务体系**

一方面要建设公共文化服务设施网络，另一方面要创建公共文化服务体

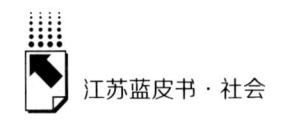

系示范区，使全省公共文化服务标准化和均等化程度达到85%以上。

**2. 加快新闻出版广播影视改革发展**

聚焦培育和弘扬社会主义核心价值观，着力推出一批举精神旗帜、立精神支柱、建精神家园的精品力作。实施阅读文化培育、阅读精品引领、阅读阵地提升、阅读分众服务、阅读活动示范、阅读推广参与"六大工程"，深入开展书香城市、书香乡村（社区）、书香家庭等系列建设活动，加快构建现代公共阅读服务体系。

## （四）坚持依法行政，创新社会治理模式

良好的社会治理能有效地促进社会各阶层的和谐有序，预防和化解社会矛盾，实现公平正义，保障人的基本权利，而法治化是提升社会治理水平的重要手段。

**1. 法治建设是社会治理创新的基础保障**

要在法治的框架内妥善处理各种矛盾和改革，寻求法治之下的最大社会共识。推进依法行政，重要性在于形成广泛的法治共识，营造深厚的法治社会基础，把法治精神、法治观念内化到人们的思想意识、落实于日常行为中，最终形成尊法守法的社会氛围。要及时把社会治理创新的成功经验上升为制度和地方性法规规章，以法律为社会利益调节的最高权威，提高政府依法决策、依法行政的能力。

**2. 推动社会管理向社会治理转变**

社会治理理论强调治理主体由原来的一元政府向多元主体转变，由原来政府自上而下的单一的控制型管理方式向更有弹性的治理方式转变，通过政府与社会中各种组织和团体的联合实现对社会事务的治理。第一，政府在社会治理中发挥主导功能，负责制订规则、创设发展环境、提供服务和福利、协调社会利益等，要科学界定各部门在社会管理和公共服务中的职责，建立与此相应的责任机制、考核机制和奖惩机制，实现部门间的合理分工与整体协作。第二，公民依法、理性、有序参与社会治理，在社会治理中发挥主体作用，完善重大事项调查研究和集体决策制度，健全公民权益的反映机

制、沟通机制、协调机制和响应机制，重大政策和法规出台前，要通过公示、听证会或网络征求意见等方式多渠道征询意见。第三，发挥各类社会组织在社会事业发展和社会公共服务提供中的作用。要发挥社会组织自我管理的能力，避免出现行政化、赢利化和集权化等不良倾向；采取政府购买服务、项目招标、项目外包等方式加大财政扶持力度，落实和拓宽税收优惠政策。

**3. 强化社会治理的源头治理**

源头治理强调，使社会治理和社会风险化解的关口前移，促进管理重心从治标向治本、从事后救急向事前防范转变，促进管理手段从重行政向法律规范、经济调节、道德约束、心理疏导、舆论引导等并用转变。要加强基层社会管理，强化社区服务功能，把问题解决在基层、把矛盾化解在萌芽状态。要进行社会稳定风险评估和矛盾排查预警，健全突发事件应急处置机制。对容易引发社会矛盾的重点领域、重大政策和重大工程项目全面实施社会稳定风险评估，做到"应评尽评"，形成较为完善的"稳评"长效机制，完善规范评估程序、推进评估专业化、建立督察问责机制，降低政府决策风险；健全、完善矛盾排查预警机制，大力推行网格化排查模式，建立矛盾纠纷分级预警报告制度，进行定期分析研判，做到第一时间发现问题、第一时间报告信息、第一时间妥善处置。

**（五）加强虚拟社会管理**

加强虚拟社会管理和社会管理中信息化手段的运用，有效防止和依法打击虚假、有害信息传播，加大正面宣传力度，培育健康向上的信息网络文化。第一，拓宽社会管理领域，把社会管理延伸到虚拟社会，构建网上网下结合的管理体系。网络虚拟社会是现实社会空间的扩展，要提高对互联网的认识，注重研究互联网的内在规律和规则，充分运用法律、行政、经济等手段规范互联网上的经济、社会和文化活动，依法保证互联网健康有序发展。第二，加强社会管理信息化建设，建立全覆盖、联通共享、功能齐全、动态跟踪的社会管理服务综合信息平台，提升社会管理的科技含量，借以提高管

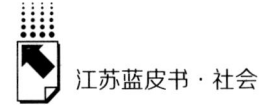

理工作的灵敏性、快捷性和服务工作的便捷性、高效性。第三，完善网上舆情引导机制，加强网络舆情的收集、分析和研究，第一时间回应社会关切，健全政府信息网络发布机制，及时化解网上的负面情绪，维护健康文明的网络环境。第四，建立对新媒体的定期阅评制度。对于散布虚假信息的新媒体，误导精神文明建设的新媒体、自媒体，情节严重的要依法进行处理。要建立和完善媒体从业人员准入制度。

# B.11
# 江苏城乡居民基本养老保险均等化水平及其政策启示

胡平峰 *

**摘　要：** 江苏省各市经济发展水平不均衡，城乡居民养老保险也以不同的政策呈现出来，各市在基础养老金、个人缴费档次、政府补贴档次、长缴多得奖励等方面都有所不同。这种政策的开放性是解决我国城乡居民基本养老保险区域、城乡差异的有效手段，但是也导致地区间养老金水平非均等化的问题。利用埃斯平·安德森的养老金去商品化指标，本文构建了以基础养老金替代率、标准养老金替代率、低中高档次缴费个人贡献率和政府补贴占个人缴费比率四个指标为核心的比较模型，计算出江苏省各市养老金均等化水平得分，提出以加大上级财政转移支付力度，科学设置缴费档次、基础养老金和政府补贴差额等措施来促进城乡居民基本养老保险均等化发展。

**关键词：** 城乡居民基本养老保险　均等化水平　江苏省

党的十八届五中全会强调了六个"必须坚持"，摆在首位的就是坚持人民主体地位。坚持人民主体地位，树立共享发展理念，使得发展的价值指向更加明确。发展不是为了发展而发展，而是为了改善广大人民群众的生活，

---

\* 胡平峰，江苏省社会科学院助理研究员。

通过共享发展最终实现共同富裕。为全民建立基本养老保险制度就是践行共享发展理念的重要一环。2009年和2011年，国务院先后发文建立了新型农村社会养老保险和城镇居民养老保险制度。江苏省在2013年发布《江苏省城乡居民社会养老保险办法》（苏政发〔2013〕144号），率先将城市居民社会养老保险和农村居民社会养老保险统一起来。在2014年国务院发布《国务院关于建立统一的城乡居民基本养老保险制度的意见》（国发〔2014〕8号）之后，江苏省又制定了《进一步完善城乡居民基本养老保险制度的意见》（苏政办发〔2014〕104号）和国家政策进行对接。随后，各市也陆续出台了进一步完善城乡居民基本养老保险制度（以下简称"城乡居保"）的意见，江苏省城乡居保制度实现了全覆盖。

## 一 江苏省城乡居保制度现状

城乡居保制度脱胎于新型农村社会养老保险和城镇居民社会养老保险，执行的仍然是社会统筹与个人账户相结合的制度模式，采取个人缴费、集体补助、政府补贴相结合的资金筹集渠道，基础养老金和个人账户养老金相结合的待遇支付政策，强化长缴多得、多缴多得等制度化激励机制。即：个人按一定档次缴费，集体可以给予补助，政府按照个人缴费予以一定的补贴，这些资金均纳入个人账户；居民养老金包括基础养老金和个人账户养老金，基础养老金最低标准由中央确定，并随经济发展和物价变动等情况正常调整，个人账户养老金则是个人账户全部储存额除以139。

2014年发布的《进一步完善城乡居民基本养老保险制度的意见》（以下简称《意见》）按照中央要求，把"江苏省城乡居民社会养老保险"更名为"江苏省城乡居民基本养老保险"，"基本"两个字的变动体现了国家已经把城乡居保制度和城镇职工基本养老保险等同，建立成一项基本的国家制度，具有更高的稳定性和政治高度。在缴费档次设置上，《意见》保留了国家的12个档次设计，但是取消了200元档次，增加了2500元档次，即分为每年100元、300元、400元、500元、600元、700元、800元、900元、1000

元、1500元、2000元、2500元12个档次，并且规定一般居民只能选择300元为最低缴费档次，100元档次原则上只适合低保户、重度残疾人等困难群体；在政府补贴方面则完全保留了国家的二段式规定，即最低档次缴费补贴不低于每人每年30元，对于选择500元及以上标准的，补贴标准不低于每人每年60元；在长缴多得方面，延续了《江苏省城乡居民社会养老保险办法》（以下简称《办法》）的做法，明确规定了"对于连续缴费超过15年的参保人员，每超过1年，基础养老金可增发1%"；在最低基础养老金方面，从2013年《办法》规定的80元涨到了2016年的115元。并且在缴费档次、政府补贴、长缴补贴和基础养老金等各方面都允许地方政府根据各自情况自主设置。可见，《意见》对国家政策的修订主要是提高了城乡居保的缴费水平和待遇水平，让保险的保障能力更符合江苏省的经济社会发展水平，同时兼顾苏北等经济能力稍弱的地区，充分发挥地方政府的自由裁量权。截至2015年底，江苏省城乡居保参保人员达2342.35万人，占江苏省常住人口的近30%，其中领取待遇人员1024.56万人。城乡居民基本养老保险基金总收入274.78亿元，其中个人缴费65.32亿元；基金总支出213.51亿元。仅2015年全省城乡居保基础养老金财政补助资金达到104.66亿元，其中中央财政补助29.66亿元，省级财政补助15.4亿元，地方财政配套补助59.6亿元。2016年全省基础养老金财政专项补助资金预计达145.71亿元，其中中央财政补助42.89亿元，省级财政补助27.84亿元，地方财政配套补助74.98亿元。

从各市情况来看，在缴费档次设置上，只有宿迁市沿用了省级规定，其他市或多或少都有改变：有6个市的最低档超过300元/年，其中苏州市市区只设置了4档，但其最低档1200元/年却是所有13个市里最高的；有7个市的最高档超过了2500元/年，其中扬州、泰州市区的最高档更是达到了6000元/年。在政府补贴上，几乎所有的市都把多缴多得具体化了：最高的南通市3000元/年档次政府补贴甚至达到了1000元；苏州市把补贴和年龄挂钩，而非同其他市一样和缴费档次挂钩；在长缴多得的设置上，绝大部分市沿用了省规定，只有南通市提高到了每一年2%、泰州市提高到了每一年

5元；在基础养老金的设置上，有6个市按照省级最低基础养老金的规定执行，其他市都有所提高，其中苏州、无锡、南京位列前三名，都超过了300元/月，另外还有南京和常州等市按缴费年限增设年限养老金，实际上给有缴费记录的居民提高了养老金标准。

## 二　城乡居保均等化问题的由来

城乡居保制度同其他基本养老制度相比最大的特点是其灵活性。考虑到我国地区经济社会发展差距和城乡差距，中央在制定养老保险制度时只是规定了一些基本原则，搭建起制度的基本框架，具体实施方案都交由地方自主制定。例如在缴费标准上，中央虽然设了100～2000元12个基本缴费档次，但又规定"省（区、市）人民政府可以根据实际情况增设缴费档次"；在鼓励"多缴多得"方面，只规定了2个最低政府补贴标准；在鼓励"长缴多得"方面，更是只规定了"可适当加发基础养老金，具体办法由省（区、市）人民政府规定"；在基础养老金上也是只规定了最低标准，"地方人民政府可以根据实际情况适当提高基础养老金标准"。在这种开放性政策的鼓励下，各省之间甚至各市（县）之间的城乡居保制度都存在较大的差异。这种差异性解决了平均化的问题，但带来了制度的均等化问题。城乡居保制度的均等化属于基本公共服务均等化的范畴，指的是虽然存在经济社会差异，但公民都应享受与经济社会发展水平相适应的基本养老制度。由于经济、社会、历史等原因，各市（县）提供的政府补贴和奖励都不同步，部分市（县）提供的补贴可能会比其他县市丰厚。非均等化使"福利低洼"向"福利高地"的人口迁移可能带来额外的红利，造成市（县）之间的人口非正常迁移。为了防止这种迁移，市（县）之间无法像北欧等高福利国家那样制定严格的国籍准入制度，只能采取刚性的户籍年限要求，差别化新老居民的养老金。如苏州就规定"本市市区户籍不满20年且城乡居保缴费年限不足15年的，每人每月290元"，而其他居民是430元/月，南京市也有类似的门槛政策。这种政策虽然能够阻止非正常迁移，但也可能伤害正常迁移的那部分人的利益，不利于居民的正常流动。

城乡居保均等化的理想状态应该是各市（县）之间居民首先能够从政府那里获得保障老年人基本养老需求的养老福利，同时在分担个人和政府责任时也达到同等水平。前者是基础，不能满足老年人的基本养老需求，均等化就毫无意义；后者是内涵，均等化不是平均化，而是指承担相同的责任水平。责任和能力相对，不同市（县）的经济发展水平、财政能力不一致，但是可以在政府责任上达到相同水准；个体之间也是如此。

## 三 江苏省城乡居保均等化水平的度量

在比较不同地区社会保障之间水平差异的方法论上许多学者提出了自己的观点，但影响最为深远的莫过于埃斯平·安德森在《福利资本主义的三个世界》中用的比较方法——去商品化程度，即个人不依赖市场交易而获得的社会福利权利的程度。简单地说，养老金的去商品化程度就是指个人能从政府获得的养老金程度。他把养老金的一系列指标，包括：（1）一个赚取平均工资的标准生产性劳工的最低年金支付替代率；（2）一个正常劳工的标准年金支付替代率；（3）缴费期间，以满足标准年金支付申领资格所需的缴纳保费（或就业）的年限；（4）年金财务中个人分担的比例，按照离平均数一个标准差的方式分成三类，各代表低度、中度和高度去商品化，分别得1分、2分、3分，把这四个指标得分累加，再按照政策覆盖人口的百分比或者实发占应发人口的百分比进行加权，就得出这个地区的去商品化程度，从而方便不同地区不同养老金政策之间进行比较。由于在本文中我们只需要比较不同市之间的养老金水平，我们可以把这几个指标进行异化，以去商品化水平来衡量均等化水平：（1）最低基础养老金占农村人均可支配收入的替代率，城镇居民在城乡居保中占比较少，并且收入也不易统计，因此我们用农村人均可支配收入来代表城乡居民的收入水平，替代率越高得分越高；（2）正常居民按最低档次缴费15年所能得到的养老金占农村人均可支配收入的替代率，调查数据显示，目前最低档次缴费的居民占绝对比例，而该政策从2009年试点起，尚未有缴费超15年者，因此最低档次缴费15年能获得的养老金可视为"正常劳工的标准年金支付"；（3）分别按低、中、高三个档次缴费15年后个人资金对养老金的贡献率，贡献率越低，此时投保的利润率最高，得分也就越高；（4）低、中、高三个缴费档次上政府补贴和个人缴费之比，这点是从政府对社会保障的慷慨程度出发，政府补贴占比越大，得分就越高。由于关于缴费年限的规定是全国统一的，在此可不作比较，城乡居保的养老金发放率在99%以上，可视为全部兑现，因此也不需加权。这样，指标（1）和指标（2）是度量养老金水平的相对水平，指标（3）和指标（4）是度量个人的投保收益率和政府的补贴力度。

根据江苏省各地区最新的城乡居保政策及相关规定，计算出各市城乡居保均等化水平得分如表1。

表1 各市城乡居保均等化水平得分

| 地 区 | 指标1 | 指标2 | 指标3-低 | 指标3-中 | 指标3-高 | 指标4-低 | 指标4-中 | 指标4-高 | 累计得分 |
|---|---|---|---|---|---|---|---|---|---|
| 南京市 | 3(.19) | 3(.37) | 2(.20) | 3(.29) | 3(.41) | 2(.14) | 2(.09) | 2(.06) | 20 |
| 无锡市 | 3(.18) | 2(.22) | 3(.15) | 3(.31) | 3(.45) | 2(.18) | 2(.13) | 3(.09) | 21 |
| 徐州市 | 2(.10) | 2(.14) | 2(.25) | 1(.53) | 2(.74) | 2(.13) | 2(.07) | 2(.07) | 15 |
| 常州市 | 2(.12) | 3(.25) | 1(.28) | 2(.41) | 2(.51) | 1(.06) | 1(.04) | 2(.02) | 14 |
| 苏州市 | 3(.20) | 3(.30) | 2(.25) | 2(.38) | 3(.41) | 3(.30) | 3(.17) | 3(.14) | 22 |
| 南通市 | 2(.13) | 2(.20) | 2(.23) | 2(.42) | 2(.56) | 3(.70) | 3(.53) | 3(.33) | 19 |
| 连云港市 | 2(.11) | 2(.15) | 2(.24) | 2(.47) | 2(.76) | 3(.23) | 3(.21) | 2(.07) | 18 |
| 淮安市 | 2(.11) | 2(.15) | 2(.25) | 2(.50) | 2(.78) | 2(.10) | 2(.07) | 2(.03) | 16 |
| 盐城市 | 2(.09) | 1(.12) | 2(.25) | 1(.52) | 2(.76) | 2(.13) | 2(.08) | 2(.03) | 14 |

续表

| 地 区 | 指标1 | 指标2 | 指标3-低 | 指标3-中 | 指标3-高 | 指标4-低 | 指标4-中 | 指标4-高 | 累计得分 |
|---|---|---|---|---|---|---|---|---|---|
| 扬州市 | 2(.08) | 1(.11) | 2(.25) | 2(.50) | 1(.87) | 2(.10) | 2(.07) | 1(.01) | 13 |
| 镇江市 | 2(.10) | 1(.12) | 2(.20) | 2(.45) | 2(.65) | 2(.10) | 2(.10) | 2(.06) | 15 |
| 泰州市 | 2(.09) | 1(.12) | 2(.24) | 2(.38) | 1(.86) | 2(.10) | 2(.10) | 1(.01) | 13 |
| 宿迁市 | 2(.19) | 2(.15) | 2(.25) | 2(.47) | 2(.73) | 2(.13) | 2(.08) | 2(.03) | 16 |
| 均值 | .12 | .19 | .23 | .43 | .65 | .14 | .10 | .05 | — |
| 标准差 | .04 | .06 | .03 | .08 | .17 | .07 | .05 | .04 | — |

注：(1) 本表数据均统计自各地政策文件，如市级政策无具体规定则参照该地区市区政策；
(2) 在计算中档次缴费时，如缴费档次N为偶数则以第N/2+1为中档次缴费，第N/2+1档次政府补贴和最高档一致而第N/2-1档次不一致时取后者；
(3) 个人账户利率以2006～2015年一年期银行存款平均利率2.866%计算，鉴于基础养老金和政府补贴均会随经济社会发展以及物价等情况变动，未考虑通货膨胀因素；
(4) 在计算标准差时将个别偏差较大数据作了剔除处理；
(5) 括号中数值为占比。

从各地区最终得分来看，江苏省的城乡居保水平可以分成三个档次，苏州市、南京市、无锡市处于较高水平，扬州市、泰州市处于较低水平，其他八市处于中等水平，这和江苏省各地区财政收入的情况基本一致。值得注意的是，江苏省城乡居保省财政补助标准按照《江苏省市县财政保障能力分类分档办法》划分的档次和省定基础养老金最低标准的70%、60%、50%、40%、30%、20%计算确定，处于省经济发展平均线以下的地区不仅提高了最低基础养老金，还获得了更多的财政转移支付，宿迁、连云港、镇江等财政收入水平排名末位的地区城乡居保水平反而较高；从最低基础养老金来看，由于省级作出了统一规定，因此各市差距并不大，只有南京、无锡、苏州处于比较突出的水平，可见，统一规定较高的最低基础养老金缩小了各地区的差距；从标准养老金占农民人均可支配收入比重来看，仍然是南京、常州、苏州名列前茅，由于徐州、连云港等市农民人均可支配收入较低，虽然政策和盐城、泰州几乎一样，但是这些地区居民的真实标准养老金水平会高于盐城、泰州这些人均可支配收入较高地区的居民；从个人贡献率来看，在最低缴费档次中差距还不算大，大部分地区水平相当，但越到高档次差距就越大，个人贡献率也越来越高，表明个人在高档次缴费中需要负担更多的责任，高档次缴费更倾向于强制性养老需求高、更富有的人群，苏州、南京、无锡三市的个人贡献率始终在50%以下，意味着在这些地区政府承担的养老保险责任大于个人，福利特征更加显著；从政府补贴占个人缴费比例来看，各市在低级政府补贴的差距设置上较小，中档占比有所降低，但差距变化不大，在最高档次上有些地区由于上限很高，但政府补贴没有同步跟上，差距有所扩大，绝对水平也降幅明显，政府以补贴引导居民缴费的意图并不明显。

综上所析，可以得出以下结论。

结论一：江苏省城乡居保养老金水平差距较大，这个差距和经济发展差距基本一致，经济发展水平决定了养老金水平；

结论二：得到上级转移支付后，经济发展状况最差的几个地区养老金水平提高较多，财政转移支付对改善落后地区的养老金水平效果显著；

结论三：城乡居保的个人责任随缴费档次提升而提高，这是导致缴费档次偏低的重要原因。

## 四 城乡居保均等化的政策启示

从国家制定的"全覆盖、保基本、有弹性、可持续"的方针来看，"全覆盖"在江苏省城乡居保制度上已经实现了；虽然最低基础养老金的替代率仅在10%左右，但是标准养老金的替代率已经达到了20%左右，最高的南京市甚至达到了37%，缴满15年的基本养老金达到了460元/月，和江苏省2015年农村低保标准基本持平，应该说"保基本"目标也基本达成；2015年全省城乡居保支出占一般公共预算支出的1%左右，社会保障总支出占一般公共预算支出的8.7%左右，都表明江苏省城乡居保还具有可持续性。因此，江苏省城乡居保发展的重点还在于增强公平性和适应流动性上。

城乡居保的均等化不仅意味着地区之间的公平性，也意味着能够降低流动的障碍。增强城乡居保的均等化，可以从以下几个方面着手。

## （一）加大财政支持力度，尤其是对苏北、苏中地区的财政支持力度

财政是制约养老金水平提高的关键因素，提高财政转移支付力度能够有效提高落后地区的城乡居保水平。首先是要继续提高最低基础养老金，城乡居保的基础养老金本来就和其他群体的基础养老金存在很大差距，由于制度实行较晚，众多在改革前已年满60周岁人员，他们只能领取基础养老金，提高最低基础养老金无疑能普遍提高这部分人群的收入，尤其是人均可支配收入比较低的地区，能够显著降低他们与高收入地区居民的差距；其次是提高高档次补贴，目前仍有地区实行简单化的补贴方式，比如按单一标准补贴、按年龄补贴等，既不利于引导居民提高缴费档次，也阻碍了人口流动。

## （二）科学设置缴费档次，规范缴费档次设置同基础养老金的关联

目前绝大多数居民都是选择最低档次缴费，高档次缴费形同虚设，这里面有人为、环境、历史等复杂原因，但缴费档次设置不合理是重要原因。有些地区最低缴费档次很高，基础养老金没有同步跟上，居民只能被迫选择最低档次缴费；有些地区基础养老金很高，但最低缴费档次偏低，居民也倾向于选择收益率最高的最低档。这样不仅缴费档次上不去，养老保障水平难以提高，地区间的差距也被扩大了。因此，在设置缴费档次时，要进行全省范围内统筹，按照设定的替代率目标进行缴费档次和基础养老金的设置，提高设置的科学性。

## （三）合理设置政府补贴档次

由于省级只按照中央规定设置了二段式补贴档次，各地区在设置补贴档次时各行其是，既造成了地区间的非均等化，也造成了不同缴费档次间的非均等化。省级应出台更为详细的补贴政策，指导各市按照大致相同的比例区间设置补贴档次，减少居民的参保收益率差，降低地区间流动的阻碍，为今后提高城乡居保的统筹层次打好基础。

# B.12
# 江苏现代慈善事业发展现状、问题及创新对策

毕素华[*]

**摘　要：** 江苏慈善组织数量居全国各省份前列，慈善资源募集总量也逐年保持增长，多元化社会捐赠体系、立体化慈善宣传体系、政府购买服务项目体系等不断推进和建设，但也面临品牌建设滞后、筹资渠道变窄等困境，需要在转变慈善理念、加强制度建设、提高募资能力和品牌建设方面采取措施。

**关键词：** 慈善事业　慈善资源募集　江苏省

2016年3月公布并于2016年9月实施的《中华人民共和国慈善法》（以下简称《慈善法》）是我国慈善领域的一部基础性、综合性法律，标志着中国特色慈善事业的法律主体框架基本形成，对促进我国慈善事业的健康发展具有重要的里程碑式的意义。2016年既是国家"十三五"规划的开局之年，也是江苏省"十三五"规划的开局之年，在经济转型与社会转型相互交织，法律法规和国家政策局部调整，经济下行压力加大的新常态下，江苏省慈善事业的发展面临诸多机遇和挑战。2016年《江苏省国民经济和社会发展第十三个五年规划纲要》里提出要"健全社会救助优抚体系"，"发挥红十字会、慈善会、基金会等示范作用，促进慈善事业与社会救助功能互

---
[*] 毕素华，江苏省社会科学院《学海》编辑部研究员。

补"。江苏省民政厅在制订《江苏省民政标准化"十三五"发展规划》中提出要重点研究制定慈善事业管理服务标准。

对公开数据整理后发现，截至2016年6月30日，全国社会组织有67万多个，其中社会团体32.9万个，民办非企业33.6万个，基金会5038个。江苏省社会组织有7.79万多个，位列全国第一，其中社会团体3.31万个，民办非企业4.43万个，基金会567个。如表1所示。

表1 中国社会组织发展情况（截至2016年6月30日）

| 类型 | 全国 | 密度（个/百万人） | 江苏 | 密度（个/百万人） |
| --- | --- | --- | --- | --- |
| 社会团体 | 32.9万个 | 239.34 | 3.31万个 | 414.98 |
| 民办非企业 | 33.6万个 | 244.43 | 4.43万个 | 555.40 |
| 基金会 | 5038个 | 3.67 | 567个 | 7.11 |
| 合计 | 67.0万个 | 487.44 | 7.80万个 | 977.49 |

从基金会发展情况来看，截至2016年6月30日，全国共有基金会5038个，江苏省共有基金会567个，数量位居全国第二（第一为广东省，共有739个）。"十二五"期间，江苏省各级各类慈善组织在慈善事业的发展上取得了可喜的成就，江苏慈善基金总量从2011年底的140.97亿元增长到2015年底的221.21亿元，年均增长16亿多元，实现了慈善基金资金总量的较快增长。而江苏省基金会数量在"十二五"期间也逐年增长，如表2所示。

表2 2010~2015年全国及江苏基金会数量

| 年度 | 全国 基金会（个） | 总人口（万人） | 密度（个/百万人） | 江苏 基金会（个） | 总人口（万人） | 密度（个/百万人） | 占全国百分比 |
| --- | --- | --- | --- | --- | --- | --- | --- |
| 2010 | 2168 | 134091 | 1.62 | 310 | 7869.34 | 3.94 | 14.30 |
| 2011 | 2614 | 134735 | 1.94 | 376 | 7898.80 | 4.76 | 14.38 |
| 2012 | 3029 | 135404 | 2.24 | 415 | 7919.98 | 5.24 | 13.70 |
| 2013 | 3549 | 136072 | 2.61 | 444 | 7939.49 | 5.59 | 12.51 |
| 2014 | 4117 | 136782 | 3.01 | 483 | 7960.06 | 6.07 | 11.73 |
| 2015 | 4784 | 137462 | 3.48 | 543 | 7976.30 | 6.81 | 11.35 |

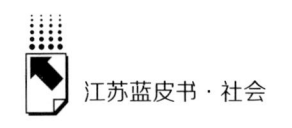

## 一 江苏现代慈善事业发展的基本状况

近年来,江苏现代慈善事业在江苏省委、省政府和地方政府出台的一系列政策文件的大力推动和支持下,在冠名基金会建设、基层慈善组织建设、慈善项目化运作和品牌化建设、慈善资金的募集等方面取得了可喜的成绩。

（一）深度宣传贯彻《慈善法》是2016年各地各类慈善组织的共同和主要工作内容

《慈善法》的颁布是我国慈善制度建设的重要成果,对引领、规范、促进我国慈善事业的健康发展起着极其重要的作用。大力宣传贯彻《慈善法》是江苏省各类各级慈善组织2016年慈善工作的重要内容。南京市慈善总会专门举办了学习研讨会,组织干部职工就《慈善法》开展专题学习,同时还到地方开展专题调研,研究贯彻落实《慈善法》相关工作。连云港市在《慈善法》实施及"中华慈善日"活动中,组织举行"慈善书画联展"活动及慈善文章歌曲书画作品征集活动,积极促进《慈善法》的宣传。南通市举办了为期三天的学习贯彻实施《慈善法》培训班,使全市各县（市）区慈善会获得培训学习的机会,同时会同市人大、政协、教育、司法、民政等部门通过召开专题座谈、组织专题学习、发放《慈善法》解读资料等方式展开学习活动。苏州市慈善总会借召开三届四次理事（会员）会议的机会,就学习贯彻《慈善法》进行总动员,并就此做了整体部署。

（二）多元化社会捐赠体系建设稳步推进

**1. 深度挖掘"慈善一日捐"传统固定募捐项目**

"慈善一日捐"活动是各级各类慈善组织的固定募捐活动项目,已在全社会形成较高的知名度,拥有良好的群众基础,已成为全社会各界人士参与慈善捐赠的一种有效形式。2015年11月,南京市慈善总会在栖霞区举办了2015年"慈善一日捐"启动仪式,在前期的宣传中,南京慈善总会还公布了往年所募善款的用途明细,极大地激发了干部群众参与慈善捐赠的热情。连云港市在 2015 年 11 月 6 日召开"慈善一日捐"暨慈善项目推介新闻发布会,这是连云港市首次以"慈善一日捐"为主题召开新闻发布会,有利于社会更好地了解慈善、支持慈善,进一步增强社会对慈善组织公信力的认同感。镇江市鼓励部门单位大力节省办公费、接待费、会议费,由市财政部门统筹集中,支持扩大慈善资金。2016 年 11 月 22 日,南京市慈善总会"慈善一日捐"活动启动,通过文艺汇演和书画拍卖的方式现场共募得善款 700 余万元。

**2. 企业冠名基金建设不断取得新突破**

企业冠名基金是各级慈善组织总会近年重点打造的精细化服务项目,按照企业的愿望"定制"慈善项目,能使企业深度参与到慈善项目运作的各个环节,也能让企业及时全面了解基金运行情况,增强慈善项目实施救助的针对性。据统计,2015 年南京市共接受大企业冠名基金捐款 1297.9 万元。镇江市对十多家重点认捐企事业单位进行走访,通报慈善工作成果,了解企业生产经营状况,赠送慈善突出贡献纪念杯,形成继续履行认捐协议共识,对个别生产经营出现严重困难的认捐企业,实事求是作出履约调整。苏州市着重向政府行业主管部门、行业协会、爱心企业推介冠名基金,初步建立了部门、行业、协会、企业等领域和个人的冠名基金网络。2014 年全年,苏州市慈善总会(基金会)新增冠名基金 15 个,到账资金 393.4 万元,原有冠名基金增资 363.3 万元。南通市 2016 年上半年新增冠名基金 5 个,募集善款 29.51 万元。

**3. 借助优势平台创新日常捐赠途径和方式**

"互联网+"为运用现代科技手段和途径助推慈善事业创造了一个全新的空间和平台。其革命性意义是让慈善资金筹募变得简单便捷,让慈善组织的行为变得公开透明,各地各类慈善组织结合"互联网+"等途径的优势,建立了网络捐赠、手机 App 公募平台等募捐渠道。南京市慈善总会与媒体合作建设"码上公益"网络捐助平台,大大激发了普通市民特别是年轻人参与慈善捐赠的热情。在此基础上,打造"南京慈善"微信公众号,打通支付宝、微信捐赠通道,"互联网+"慈善运作模式日益成熟。苏州市慈善总会在用好"苏州慈善网"在线捐赠的基础上,新开通了苏州慈善微博和微信等新媒体工具,以个案求助事例拓展日常捐赠,把微信平台建成集宣传、项目介绍、快速捐赠和信息公示于一体的多功能平台,并委托专业组织运营,既让社会随时了解慈善,也培养"指尖上的爱"。

### (三)立体化慈善宣传体系搭建持续推进

**1. 充分利用传统媒体加强宣传**

各级各类慈善组织继续注重同传统媒体的合作,充分利用传统媒体加强宣传。南京慈善总会进一步加大与南京日报社、南京电台、南京电视台等新闻媒体的合作,通过在报纸开设慈善专刊、在电台开展专项慈善节目、在网络进行报道等途径,对慈善动态给予及时宣传和关注。苏州市慈善总会在《苏州日报》组织专版集中宣传苏州慈善救助项目或典型事例,在苏州电视台一套"新闻夜班车"栏目搭建了"慈善、福彩苏州情"爱心救助平台,每月专访报道2户困难家庭,弘扬慈善扶弱助困的理念;苏州市慈善总会还与《姑苏晚报》联合举办"点燃希望"慈善助学,有利于凝聚社会各界力量,共同推动慈善事业发展。

**2. 创新运用现代自媒体平台**

各地慈善总会和各种慈善组织积极充分利用现代多种自媒体平台,通过网络自媒体平台的建设,实时推送和播报慈善项目的进展。通过建立网站、微博、微信等新媒体慈善宣传网络平台,吸引社会关注慈善、分享慈善、积极行善。南京慈善总会牵头创办《南京慈善》杂志,基本每期都是对各地慈善活动的宣传报道,在南京慈善网站发布新闻动态,图文并茂地对慈善活动进行报道。苏州慈善总会微信公众号"苏州慈善"早在2014年关注者数量就已突破1万人,并获得了民政部《慈善公益报》的关注和报道。

### (四)品牌化项目救助措施不断继承创新

**1. 传统品牌项目继续得以有序精心实施**

积极推进慈善项目需求化、规范化工作,各地各类慈善组织创新开展了一些符合不同困难群体需求的慈善品牌救助项目，在传统助老、助学、助医、助困等方向上积极拓展创新救助项目。南京市慈善总会继承传统继续举办第17届"情暖金陵"春节慈善慰问活动，它已成为南京慈善总会重要的品牌项目，此外在助老、助困等方面创立实施救助项目50多个，形成了多个有广泛社会影响力的救助项目品牌。苏州市慈善总会连续十几年开展慈善助学活动，受助对象涵盖小学到大学各个阶段的学生。南通市慈善总会2016年上半年继续在"情暖江海"助困项目、"情系夕阳"助老项目、"生命·阳光"助医项目、"希望之光"助学项目、"共享蓝天"助残项目、"牵手孤儿"助孤项目等项目上开展慈善活动。

**2. 联合救助日益成为慈善组织发展的重要途径**

各地慈善组织积极加强与其他社会组织的合作，联合开展慈善项目的运作，创新项目救助方式。"开门办慈善"是官办型慈善组织近年来着重践行的慈善理念，有利于各类社会组织发挥各自特长，进一步提升慈善项目运作的专业化水平。南京市慈善总会积极与服务型慈善组织合作，为这类组织开展具体服务项目提供资金帮扶。苏州市近年来在"大慈善"理念指引下一个重要的举措是整合各部门、各行业及社会慈善资源，建成"慈善项目库"，为公益慈善组织、爱心企业和人士搭建慈善救助信息平台，提供高效的慈善资源对接服务。

### （五）公开化慈善信息进一步规范透明

各地各类慈善组织更加重视健全完善信息披露、财务管理和项目实施监督体系的建设，信息公开化成为慈善组织持续发展的共识。南京市慈善总会着力打造透明慈善，通过自身平台、公众媒体、慈善信息平台等多渠道积极主动地进行信息公开并接受监督，建立了理事会监督、政府监督、审计监督与社会监督四位一体的监督体系。南通市慈善总会坚持每年向理事会报告工作和财务收支情况，接受理事和监事的内部监督，坚持主动邀请第三方对总会财务收支状况进行审计，接受审计监督，坚持将每一笔捐赠及时在南通慈善网站公开，向社会公示，接受社会监督。

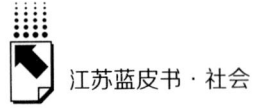

## （六）慈善组织建设进一步健全完善

### 1. 基层慈善组织建设基本实现全覆盖

据江苏省慈善总会公布的数据，截至2015年底，全省共有街道（乡镇）慈善分会965个，村（居）工作站9031个，比2013年增长了6.7倍。镇江市在全省率先实现了基层慈善组织全覆盖。其他如盐城市、宿迁市、宜兴市、张家港市、涟水县等地，也于2015年基本实现了基层组织的全覆盖。在推动基层慈善组织建设全覆盖的过程中，各地有很多特色措施。南京市慈善总会积极推动全市建立市、区、县三级联动的慈善组织网络，联合开展慈善募捐与救助工作，联动实施慈善项目；同时还积极与企事业单位合作，在企事业单位设立慈善分会。苏州市慈善总会努力打造以市、区（市）慈善总会一级法人，镇（街道）慈善分会二级管理，村（居）慈善工作站三级运作的慈善工作网络，为健全基层社会救助体系，实现慈善事业长期持续稳定发展创造新平台。南通市2016年各县（市）区已建乡镇（街道）慈善分会107个，村（居）慈善工作站1024个，占村（居）总数的53.2%，已募集村级慈善基金8331.2万元，初步建成了县（市）区、乡镇（街道）、村（居）三级慈善组织网络，形成了上下联动募善款、施救助、抓宣传的工作机制。

### 2. 内部制度建设进一步加强

近年来，江苏省各级慈善组织加强慈善组织健康发展的重要举措是实现内部管理的制度化建设，通过内部制度建设，提高慈善组织自身运作的规范化、专业化水平，各地各类慈善组织逐步完善了以章程为核心的内部管理制度体系。南京市慈善总会不断完善以章程为核心的内部管理制度，建立了包括《慈善资金管理办法》《募捐管理办法》《救助管理办法》《物资采购管理办法》等在内的一整套管理制度体系。南通市完善以章程为核心的内部管理制度，建立包括慈善资金物资管理使用办法、救助管理办法、财务管理制度等一整套内部控制制度，通过救助资金跟踪反馈机制，确保每一笔资金用到实处。

## （七）初步建立起政府购买社会组织服务体系

2015年，江苏省民政厅、财政厅联合出台了《关于推进政府向社会组织购买公共服务的实施意见》及具体的实施办法、资金管理办法、绩效评价办法，基本形成了较为完善的政府购买服务政策体系。各级民政部门带头落实政府购买服务政策，购买社会组织服务力度较大。2015年，江苏全省各级财政共投入2.1亿元用于公益创投和购买服务，支持社会组织开展公益活动。2016年江苏省民政厅面向社会发布总额达2.44亿元的23个购买服务项目。

以南京市为例，南京市每年拿出3000多个社区服务项目向社会组织购买服务，涉及为老、为小、为困、为新市民等公共服务，总资金达1.5亿元。南京市购买服务实现了部门联动，政法委、卫计委、司法局、妇联等多个单位通过合作购买服务方式，在调解治理、医养融合、留守关爱等领域专项培育扶持一批专业类社会组织。2014年5月，政法委拿出200多万元调解治理类购买服务清单，吸引了23家社会组织参与竞标。2015年6月，南京市财政局公布的6大类280项政府购买服务目录中，涉及社区、社会组织的服务项目占到项目总数的22%。

## 二 当前江苏现代慈善事业发展存在的主要问题

### （一）经济新常态下，慈善资源募集方式有待进一步拓展

在经济下行和结构转型的双重压力下，尤其在企业成为慈善资源供给主力的前提下，企业经营利润的下滑成为慈善资源供给不足的主要原因。另外，大多数企业多出于争取政府资源与政策支持而参与公益活动，属于非自觉参与。仅有极少数企业是出于对公益精神的真正理解而主动自觉参与公益活动。在公募资金的渠道相对单一的现实情形下，有必要对公募资金的拓展开展卓有成效的工作。同时募集方法的单一也是制约江苏乃至全国慈善事业

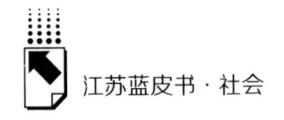

发展的重要因素。企业冠名基金虽然数量在不断增多，但单个企业的捐赠总量仍相对较小。同时实施市场化运作的慈善项目仍有较大提升空间，捐赠知识产权收益、技术、股权、有价证券等新型捐赠方式和慈善信托仍没有取得实质性进展，金融支持慈善事业的业务产品和服务方式仍相对单一，网络慈善募集模式的制度规范和具体操作办法仍没有有效制定和实施。

### （二）社会公众慈善意识和能力有待进一步提升

社会公众慈善意识的水平是决定社会慈善事业发展的根本性因素。受困于传统慈善模式和社会治理体制的弊端，当前社会公众现代慈善意识仍有待进一步培育和提升。自2011年持续不断的慈善丑闻曝光后，公益组织随即陷入信任危机，至今仍未摆脱公众信任危机的阴影。公众对公益事业与专业性公益组织认识不足或缺少基本的了解，如在公益专业性要求与捐赠管理费等问题上存在许多认识上的误区，而公益组织本身暴露出来的一些严重问题，以及危机应对失当更加深了公众对公益组织的不信任。江苏省是全国经济大省、强省，人民生活水平较高，社会公众的慈善意识和捐赠水平有待进一步提升。2015年底，全省各级慈善组织累计募集款物20.1亿元，据《2015年江苏省国民经济和社会发展统计公报》，到2015年末，江苏省常住人口总量达到7976.3万人，平均每人慈善捐赠款物不足25元。此外很多机关企事业单位参加"慈善一日捐"活动基本上是强制本单位员工捐赠，往往也会规定最低捐赠数额，不利于社会公众自发的捐赠行为和慈善意识的培育。

### （三）慈善项目品牌建设水平和内涵有待进一步提升

近年来，江苏现代慈善事业发展的一个重要方向是实现慈善项目品牌化运作，通过项目带动品牌化建设。但在实施过程中，常常出现对项目品牌的内涵理解不深，项目品牌和组织品牌不能有效地实现联动，甚至简单地认为搞好活动就是品牌建设，或者认为一项活动长期搞就能搞出品牌效应，这是对慈善项目品牌过于简单化的认识。同时品牌定位缺乏创意，服务对象叠加现象严重，无明显的差异化的竞争优势。另外品牌保护意识不强，品牌商标注册的法律保护意识不强，缺乏专门配套资金和人才对品牌项目进行专业化运作。

### （四）公益资源配置尚需进一步优化

公益资源总量严重不足，公民参与度不高。随着江苏经济快速发展与国际环境变化，境外公益资金来源减少，以往开展的一些项目因境外资金减少，国内资金又严重不足而难以为继。与此同时，公益资源配置不合理，官办机构垄断资源，致使民间资源严重不足，社会捐赠倒流政府财政现象较为严重。同时政府在公益事业发展中的定位不准，政府责任与公益定位不清，作为范围不明。最典型的是错把政府的"公共事业"视作"公益事业"，而没有视作政府的责任和义务，出现了缺位（如法规不完善，政府监管不到位等）、错位（直接参与）与越位（大政府）并存的局面。

### （五）媒体公益宣传信度仍需进一步提升

公益伦理功能的舆论宣传存在误区，如"慈善明星""冠名慈善""慈善榜单"等过于功利化，有违公益本义，甚至会带来公益风险，反而会产生伦理副作用（王银春，2011）。鉴于媒体在现代传播中的重要性，媒体介入公益事业，对于促进公益事业的公开透明、引导公众参与推动公益事业发展作用巨大。但媒体直接募捐或开办公益组织，属于不务正业，扮演了监督者与参与者的双重角色，不仅丧失了媒体的社会公器作用，而且也使自身陷入角色错乱与角色冲突之中，还违反了公益事业发展必须走组织化、专业化与职业化道路的原则，更给大众以误导（有资料显示，47.02%的网友更加认可"对受助者直接现金捐赠"）。此外，媒体对部分公益事件的片面与不实报道本身也对公益事业发展带来极大伤害。因此，媒体对公益事业发展可谓推进与误导并存。从传统媒体的宣传来看，尤其是江苏主流媒体对江苏慈善事业的宣传报道大多是对正面案例的褒扬，较少对慈善存在的问题进行深度剖析。而在网络媒体中，则会出现对慈善组织的负面报道，网络媒体与传统主流媒体在一定程度上对慈善组织的大众传播存在差异。

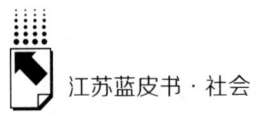

## 三 促进江苏现代慈善事业发展的创新对策

实现江苏现代慈善事业的发展从根本上不仅需要在政府政策上进行调整，还需要政府在政府职能和政府公益事业理念上进行转变，当然也需要慈善组织本身在品牌建设、加强同捐助者沟通交流等方面做出努力。

### （一）抓住传统慈善向现代公益慈善事业转型的关键节点，实现公益慈善使命与市场的协调

传统慈善与现代公益的最大区别有二：一是现代公益更强调平等与关爱；二是现代公益更强调组织化、专业化与职业化运作。2011年慈善丑闻频频曝光与陈光标高调行善本身，折射出公益制度建设与公益理念的滞后。因此，对社会公众也存在一个公益知识普及、公益理念培育与公益行为引导问题。增强公众对公益的真正理解，并自觉规范自己的公益行为，是公益事业发展要关注并努力解决的问题之一。

在市场主导与福利多元化时代，不仅公益组织之间存在着竞争，而且公益组织更面临市场组织的竞争，以争夺"政府的订单"。但公益组织的影响力不及政府，执行力不如市场，公益组织在现代社会面临着政府与市场的双重压力，如何破局是公益组织发展中已经或将要面临的严峻挑战。人们常说"政府失灵"与"市场失灵"，实际上还存在一个"社会失灵"的问题。而这一点在中国的公益领域表现得更为明显。公益组织怎样在市场经济中生存，在保持公益性质的同时，又能够有效率和能力、有生命力地生存下去，这需要更多的努力。公益与市场不应该是完全对立的，不运用市场规则，公益组织也难以生存。但是在运用市场机制的同时，如何保持公益更大的感召力是我们必须面对的问题（潘屹，2007）。

### （二）在社会保障制度日益完善的同时，公益组织需要在活动领域等方面进一步拓展

普遍性社会问题要靠制度解决，公益仅仅是制度不足时的某种必要的补

充。传统社会民众的衣食住行、生老病死主要靠家庭与个人解决,在家庭与个人无力解决这些基本问题时,政府临时性施救与社会慈善才发挥相应的作用。由此可见,慈善在传统社会的社会救助中发挥着较大的作用。

然而伴随着现代意义上的社会保障制度的建立与日臻完善,公众在衣食住行与生老病死方面得到了越来越多的制度性保障,人们在生存甚至发展方面遭遇问题的可能性大大下降,即便是遭遇困难甚至不测,制度也扮演了主要施救者的角色。由此可见,制度越完善,给公益领域预留的有待解决的社会救助问题就越少,公益在传统的社会救助领域的发展空间也就越小。因而伴随着以现代社会保障为主要内容的制度建设与完善,公益在传统的社会救助领域的重要性大大下降,公益内容向环境保护等领域的拓展也就显得日益迫切。

(三)在现代公益慈善发展不充足的前提下,积极有效地多渠道募集资源是各慈善组织的当务之急

在当前经济新常态下,企业经济利润下滑的大环境使慈善组织募集资金受到冲击。在此,可以借鉴国外"联合劝募"的模式,在一个慈善组织的牵头组织下,实现慈善资源的统一募集和分配使用,既可以减轻企业的压力,也能最大限度地保障慈善组织所需的资金。同时还应在"合同认捐"的效果上多下功夫,提高"合同认捐"资金到位的效率,也可以采取措施调整优化"合同认捐"的资金到位结构、方式和期限,以提高企业"合同认捐"的履约率。在网络信息化时代,"互联网+"概念可以移植到慈善领域,慈善组织要善于运用网络、微信、微博平台慈善资源募集的优势,拓宽慈善组织资金募集的空间。此外,政府还应不断加大购买公共服务的力度,慈善组织应不断优化公共服务项目和方案,加强创意策划,积极主动对接政府救助所需的服务项目,提升自身赢利能力。

(四)公益慈善组织在加强自身品牌建设的同时,也要进一步加强自我形象宣传

良好的品牌建设有助于增强社会公众对慈善组织的信任,同时还有助于

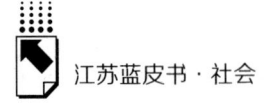

捐助者更好地理解慈善活动的内涵，能较好地实现慈善组织的目标，也是慈善组织高效募资的重要工具。在加强项目品牌化建设过程中，首先要制定清晰的慈善项目品牌定位和战略分析，明确服务对象，打造差异化的服务理念，实现专业专注的品牌项目运作。其次要注重品牌项目的日常管理，品牌项目运作成熟后要积极进行商标注册，注重品牌知识产权的保护，增强品牌项目运作的透明程度，提升社会公众对品牌项目的认知程度，进一步提升品牌项目的社会公信力。同时还要搭建多层次多渠道的品牌传播渠道，注重与主流媒体合作，通过获得主流媒体的支持和帮助实现慈善品牌项目的广泛传播；慈善组织自身在开展活动时还需要积极构建自媒体传播平台和渠道，通过网站、社交软件等实现慈善项目的无地域传播。另外一个有效途径是注重加强同已有知名品牌的合作，通过已有知名品牌带动自身慈善品牌的联动和联合发展。

# 专题二 社会治理

Topic 2  Social Governance

## B.13
## 江苏社会组织发展现状、问题与对策研究

张 卫 王 晔*

**摘　要：** 江苏省社会组织的发展一直走在全国前列，各级民政部门高度重视社会组织的健康发展，在管理制度、发展环境、综合监管体系等方面不断完善，在对社会组织的发展培育给予充分空间的同时，也对社会组织严格依法管理。但从目前的状况来看，江苏社会组织的发展仍存在一些问题，主要表现在社会组织发展的规范化制度环境不佳、社会组织承接政府职能的作用有限、对社会组织的扶持力度不足、执法监督管理力量薄弱等方面，需要政府和社会各界的关注与支持。

**关键词：** 社会组织　公共服务　江苏省

---

\* 张卫，江苏省社会科学院社会学研究所研究员；王晔，江苏省民政厅社会组织管理局主任科员。

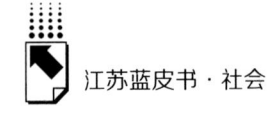

2016年，《中华人民共和国慈善法》正式颁布实施，就慈善组织开展公开募捐、慈善信托、慈善服务等活动作出规范。中共中央办公厅、国务院办公厅颁布了《关于改革社会组织管理制度促进社会组织健康有序发展的意见》（中办发〔2016〕46号）（以下简称《意见》），《意见》的出台是社会组织改革发展进程中里程碑式的大事，充分肯定了社会组织在我国经济社会发展过程中的积极作用与重要地位，同时，《意见》还详细解释了推动社会组织改革发展的指导思想、基本原则以及总体目标，明确了当前和今后我国社会组织改革发展的重要任务。《意见》是党和国家在十八大以后对我国社会组织改革发展做出的重要部署，是指导我国社会组织发展极其重要的纲领性文件。

## 一 江苏社会组织发展的基本状况

为贯彻落实《中华人民共和国慈善法》以及中办46号《意见》精神，依法规范和引导社会组织健康发展、发挥其社会服务职能，有助于政府职能的转变和社会治理体制的改革创新，有助于保护市场经济体制的竞争性，避免政府在公共物品的提供以及社会事务处理等方面的"失灵"，全省各级民政部门以"加快形成政社分开、权责明确、依法自治的现代社会组织体制"为总目标，坚持一手抓积极引导发展，一手抓严格依法管理，采取了一系列措施促进社会组织依法健康有序发展。

### （一）社会组织管理制度改革不断深化

**1. 进一步完善直接登记制度**

根据十八届三中全会精神以及《国务院机构改革和职能转变方案》中关于改革社会组织管理制度的要求，早在2014年，江苏省民政厅就制定出台了《江苏省四类社会组织直接登记管理暂行办法》（苏民规〔2014〕1号），积极稳妥推进行业协会商会类、科技类、公益慈善类、城乡社区服务类等四类社会组织在民政部门直接登记的工作，规范了直接登记的权限、程序和条件。特别是从优化成长环境、重点发展基层社会组织等方面入手，打破原有的阻碍，明确提出了放宽登记条件、降低登记门槛的九项具体措施，有效促进了重点领域尤其是基层社会组织的快速增长。截至2016年三季度末，全省各级民政部门直接登记的社会组织达20183个，占全省社会组织登记总量的25.1%。在直接登记的社会组织中，行业协会商会类占4.3%，科技类占0.4%，公益慈善类占9.9%，城乡社区服务类占85.3%，充分体现了鼓励基层社区社会组织发展的政策导向。

**2. 加快推进政社分开与脱钩改革**

"限期实现行业协会商会与行政机关真正脱钩"是党和国家文件明确的一项重要改革任务，其目的是改变行业协会商会行政化倾向严重、政社不分、管办一体的现状，厘清政府与社会组织的关系，强化行业协会商会自治自律，促使其能够成为反映诉求、提供服务、规范行为的主体。根据中央办公厅、国务院办公厅《行业协会商会与行政机关脱钩总体方案》精神，2016年，江苏出台了《江苏省行业协会商会与行政机关脱钩实施方案》，建立了省脱钩领导小组，有序推进全省行业协会商会与行政机关脱钩改革工作。省民政厅研究制定了《江苏省行业协会商会与行政机关脱钩第一批试点方案》，负责牵头开展第一批61家全省性行业协会商会脱钩试点工作。省编办、省委组织部、省民政厅、省财政厅、省级机关事务管理局、省外办等部门相继制定出台了行业协会商会脱钩后有关机构编制、党建、负责人、资产管理、购买服务、经费支持、办公用房管理、外事管理等配套文件。目前，全省各级正在按照规定的时间步骤，同步有序推进各级行业协会商会与行政机关脱钩工作。

## （二）社会组织培育发展环境不断完善

**1. 进一步健全孵化培育网络**

针对社会组织在初创期普遍遇到的各方面困难，江苏省自2010年起推动各地广泛建立社会组织孵化培育基地，以"政府支持、社会兴办、专业管理"为创建模式，对社会组织特别是起步阶段的基层社会组织提供资金、项目、场所等多元化的扶持。全省共建社会组织孵化培育基地341个，其中市级20个、县级92个、街道级140个、社区级89个，覆盖100%的设区市和90%的县（市、区），共培育各类社会组织7000多个。各级、各类孵化培育基地不断拓展服务内涵和服务方式，依托当地高校和科研机构提升专业化水平，探索形成了符合当地实际的培育模式，积极承担政府有关部门委托的社会组织服务事项，包括等级评估、项目督导、公益创投以及能力培训等，逐步向培育社会组织、整合社会资源、提供专业服务、承接管理职能的综合性平台转型。

**2. 进一步推进政府向社会组织购买公共服务**

推行政府向社会组织购买服务是优化公共资源配置体系、实现公共服务均等化、拓展社会组织发展空间的重要途径，有利于在深化社会领域改革中，推动政府职能转变，整合利用社会资源，激发经济社会活力，提高公共服务水平和效率，提高公众参与意识。根据2013年国务院办公厅《关于政府向社会力量购买服务的指导意见》（国办发〔2013〕96号）精神，省政府办公厅出台了《关于推进政府购买公共服务工作的指导意见》（苏政办发〔2013〕175号），对江苏省推动政府向社会力量购买服务工作进行了部署。2014年，省民政厅、省财政厅联合出台了《关于推进政府向社会组织购买公共服务的实施意见》（苏社管〔2014〕5号），2015年，两部门又联合制定出台了《政府向社会组织购买服务实施办法》（苏财购〔2015〕32号）、《政府向社会组织购买服务资金管理办法》（苏财购〔2015〕25号）、《政府向社会组织购买服务绩效评价办法》（苏财购〔2015〕27号）等三个规范性文件，基本形成了政府向社会组织购买服务的制度体系，为全省各级国家机关、事业单位和群团组织有序开展向社会组织购买服务工作提供了依据。全省各级民政部门树立"主动瘦身、开门放权"的理念，带头进行职能转变，推进政策落实。2016年，省民政厅向社会发布一揽子购买公共服务清单，其中包括社区养老服务、退役士兵培训、社会救助、社工服务、社区治理、社会组织管理、收养评估等23个购买服务项目，购买总额达2.44亿元，促进社会组织在民生服务和社会治理领域发挥积极作用。全省各设区市民政部门也相继制定出台了政府向社会组织购买服务的政策文件，全省有

12个设区市安排财政资金或福彩公益金,通过购买服务、公益创投、公益采购、支持孵化基地建设等多种方式支持社会组织发展,2016年各市投入资金总额达1亿元。

### (三)社会组织综合监管体系不断健全

**1. 社会组织能力建设得到进一步加强**

2012～2016年,省民政厅依托中央财政资金,每年举办3～4期全省性社会组织负责人培训班,有针对性地面向不同类型社会组织进行业务能力、政策法规、专业知识等相关内容的培训,引导社会组织加强自身行为规范,积极参与市场化竞争,提升战略管理、资金筹集、项目运营、人才引进、品牌发展等各方面能力。各级有序推进社会组织等级评估,以评估为抓手,引导社会组织加强规范化建设。省民政厅修订出台了10类评估评分标准,健全了第三方评估机制,并将评估率相关指标纳入现代民政示范县(市、区)建设指标体系,指导各地有序推进第三方评估,全省已有2.6万家社会组织参加了等级评估,评估率达62%,其中5A级社会组织共249家。

**2. 信息化和信用体系建设得到进一步加强**

2014年,省民政厅设计开发了覆盖省、市、县三级的全省社会组织管理信息系统,依托信息系统探索建立社会组织信息公开、信用信息公示、行政许可以及行政处罚信息公示等一系列制度,力求实现组织信息共享应用,推动公众对社会组织的广泛监督,督促社会组织加强自律,提升公信力。2016年3月,依托信息系统在全省范围有序实施社会组织统一社会信用代码制度,推动社会组织法人登记证、组织机构代码证、税务登记证"三证合一",并建立了统一代码的核查、共享机制。2016年7月,省民政厅、省信用办共同出台《江苏省社会组织信用信息管理办法(试行)》(苏社管〔2016〕14号),对全省社会组织信用信息的记录、归集、处理、公开、应用等活动予以规范,并同步开发省信用管理应用项目——"江苏省社会组织信用信息公示系统",向社会发布全省社会组织的基本信息、绩效信息、荣誉信息和失信信息,建立信用信息的查询、共享和应用机制,通过信用信

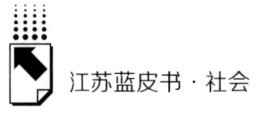

息公示，切实加大了社会监督的力度，为进一步推进社会组织信用体系建设打下了坚实基础。

## 二 当前江苏社会组织发展中存在的主要问题

虽然近年来江苏省社会组织发展迅速，但数量背后依然存在着一些内生性问题，这些问题多是由法制顶层设计缺陷带来的"内涵不足""效率低下""执行力欠缺"等挑战。如社会组织在全省分布不均衡；社会组织的社会资源动员能力不强，专业化运作水平较低，一些社会组织的社会服务层次不高、服务方式单一。

### （一）引导社会组织发展的规范化制度环境亟待完善

目前，"有法不依""执法不严""不作为与乱作为"是法治视域下江苏省社会组织发展的根本桎梏。法律的实施和遵守必须依靠"接地气"的工作抓手和与之相配合的激励机制。应该说，目前江苏省的社会组织发展缺乏一些能够长期或周期性进行引导和规范的规划战略，法律之下的"执行力真空"才是问题的关键所在。任何一项法律或顶层设计不能真正"落地"，激发社会组织发挥的力量就只能是"纸上谈兵"。换言之，如何建立健全一系列引导社会组织自我成长、规范发展的内在激励机制，是江苏省未来社会治理的重点之一。

江苏省一些地方政府和部门对发展社会组织仍存在一些认识上的偏差，对新形势下大力发展社会组织的意义、功能认识不到位，并未将社会组织作为与政府、市场平等的社会主体纳入经济社会发展的总体布局中进行部署。同时，社会组织数量增长以后，争抢市场、加入竞争的机构也会增加，这就需要政府在营造公平、规范的竞争环境上有更多的作为。这种观念上的障碍与制度上的匮乏共同导致了各级政府缺乏实际规范引导社会组织发展的工作抓手。如何通过有效的制度执行保证一个相对独立公平的社会环境，是江苏省未来依法引导和规范社会组织健康发展的重要方面。

## （二）社会组织承接政府职能的作用没有充分发挥

客观来看，江苏各类社会组织仍处于初级发展阶段，自身力量薄弱，服务能力不足。一些地方尚未认识到唯有将社会组织的数量做大，才能形成竞争局面，而是抱有"求稳求全"的态度，一开始就要求发展初期的社会组织非常专业、高效地开展各种工作。目前还有一些地方政府存在集中资源大力展示个别亮点工程的现象，这阻碍了社会组织生态系统的长期健康发展，也没有使社会组织为政府分忧的政策作用得到充分发挥，更未能起到激发社会活力的作用。

## （三）对社会组织的扶持发展力度尚显不足

一是财政扶持有待加强。省级财政尚未建立社会组织发展专项资金，难以大规模、常态化地开展能力培训、专业指导和扶持奖励。全省各级政府向社会组织职能转移和购买服务工作尚处于起步阶段，很多职能部门还处于观望状态，实施进程较为缓慢。二是税收优惠政策有待健全。社会组织税收优惠范围有待拓展，尤其是社会服务机构领域尚未制定税收优惠政策，影响了社会力量举办公益事业的积极性，相关的票据管理制度也不健全。三是人才保障政策亟待健全。社会组织从业人员的薪酬标准、福利待遇、职业规范、职称评级、培训晋升等一系列保障政策尚未建立，大部分社会组织兼职人员多、专职人员少，工作人员待遇不高、流动性强，难以吸引人才、留住人才。

## （四）执法监督管理力量薄弱

一是综合监管体制尚不健全完善。社会组织业务主管单位、登记管理机关、行业管理部门和相关职能部门还没有形成各司其职、协调配合的综合监管体制，部门联动效率不高。二是监管力量严重不足。江苏社会组织登记总量位居全国第一，但省级社会组织管理人员仅8人，与民政部及兄弟省市相比有很大差距（民政部社会组织管理局80多人，北京50人，上海63人，

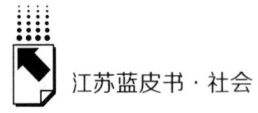

安徽16人，山东16人），市、县管理人员逐级递减，省和绝大多数地方没有专门的执法队伍，而加强社会组织事中、事后监管的要求不断提升，各级民政部门面临的监管压力很大。

## 三 进一步推进社会组织改革发展的对策

目前，江苏省社会组织的改革发展步伐不断加大，中办、国办《意见》的出台使得社会组织改革发展的方向更加明确，路径更加清晰，作为社会治理的重要主体，社会组织走到了社会体制改革的前沿，迎来了难得的黄金发展期。在这一背景下，江苏省规范社会组织健康发展的目标应坚持"培育发展与监督管理"并重的方针，改变"单极管理"的方式，建立社会组织"多维规范"体系，依法全面履行社会组织的社会事务参与职能，推进社会组织机构、职能、权限、程序、责任的法定化，全面推进社会组织发展的决策公开、执行公开、管理公开、服务公开、结果公开。

### （一）加快推进社会组织健康发展的政策制度环境建设

今后一段时间江苏社会组织发展的重点依然是大力培育、优势发展，逐步建立江苏社会组织有重点、有层次、有特色的长效发展机制，保证社会组织有一个健康有效的政策制度环境。一是突出培育发展的重点社会组织。要大力发展行业协会商会类、公益慈善类、科技类、城乡社区服务类等重点领域社会组织，允许同类型、同行业、同地域的社会组织成立自律性联合组织，进行自律管理和自我服务。二是进一步推动政府向社会组织购买服务，尽快出台政府职能转移目录。完善政策制度体系，落实相关部门职责，鼓励有条件的社会组织积极参与竞争。制定民政部门能向社会组织购买的服务事项目录，带头开展向社会组织购买服务工作。三是健全财政资金扶持政策。推动各级财政设立社会组织发展专项资金，建立与经济社会发展相适应的社会组织投入增长机制。完善社会组织税收优惠政策，积极争取扩大社会组织税收优惠范围。四是完善社会组织人才保障政策。推动完善社会组织劳动合同、人才选拔、流动配置、社会保障等政策,提高社会组织专职从业人员的社会保障水平,培养专业化、职业化的社会组织人才队伍。

（二）支持与发展社会组织自律联盟

社会组织自律联盟是保证社会组织长期法治化发展的有效手段之一。这在经济与社会比较发达的国家已经有成熟经验,而我国也早在2001年就开始了实践探索。这些早期探索为进一步完善我国社会组织自律机制提供了经验。江苏省今后可以在此基础上,进一步完善与发展社会组织自律联盟,形成社会组织之间相互监督、诚信自律的法治化机制,通过多种方式提升社会组织的自我规范能力,这些方式包括通过倡导、声誉、标准来自我规范。一方面,鼓励同类型社会组织出台联合自律章程,即社会组织之间相互约定、共同发布申明,缔结共同发展、相互监督、彼此制衡的规范制度。参与自律联盟的社会组织共同接受规范的引导和管理,成为社会组织独立自治,相互合作的新形式。另一方面,政府应当支持属性类型相似的社会组织共同建立同业同行的科学评估体系和专业评估机构,减少政府直接介入社会组织的声誉评估,评估结果向社会公开;在运作方式上可以参考民办公助的模式,将社会组织力量作为声誉评估机构的主体,确保评估机构的独立性与客观性;政府可通过在这类机构发展初期购买评估组织的服务来帮助其成长,并向社会广泛推广声誉评估机构,提升评估机构的社会影响力,推动评估机构的可持续发展。

（三）进一步强化社会组织的自身建设

《关于改革社会组织管理制度促进社会组织健康有序发展的意见》中明确要求"加强社会组织自身建设"。省民政厅2015年制定出台《关于加强社会组织自身建设的意见》（苏民规〔2015〕1号）。加强社会组织党的建设、诚信自律建设和反腐倡廉建设,积极探索社会组织协商民主,促进社会组织依法自治,发挥社会组织在促进经济发展、提供公共服务管理社会事务中的作用,应是今后江苏省加快发展社会组织的重点任务之一。具体可在健

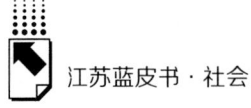

全社会组织法人治理结构、民主决策机制、落实《江苏省行业协会商会与行政机关脱钩实施办法》和推进政社分开等方面着力。

### （四）不断加强社会组织监督和管理

加快形成政府监管、社会监督、社会组织自律有机结合的综合监督体系。建立健全社会组织负责人任职、约谈、从业禁止等管理制度，加强对社会组织负责人的管理；建立年度工作报告制度、重大事项报告制度，加强社会组织活动管理；推行社会组织抽查审计、法定代表人离任审计制度，加强对社会组织资金的监管；建立健全第三方评估机制，推进社会组织等级评估工作；建立健全社会组织信息公开机制，公开社会组织"异常名录"和"黑名单"，施行常态化的事中、事后监管。加强社会组织执法队伍建设，建立形成联合执法机制，对违法违规行为严厉查处；对未经登记的非法社会组织进行依法取缔。

# B.14
# 江苏县域社会治理能力建设状况及提升建议

丁 宏*

**摘　要：** 在我们国家政权结构和党的组织结构中，县域处在承上启下的关键环节，是中央领导和基层治理的连接点，是发展经济、保障民生、维护稳定、促进国家长治久安的坚实基础，也是新时期社会治理创新的重点和难点所在。不断加强和创新社会治理，实现江苏省县域社会治理现代化，既是推进法治江苏建设，实现全民共建共享新格局，建设"强富美高"新江苏的重要基石，是发挥江苏县域经济优势，切实满足群众需求，创造社会治理新亮点新格局的有效途径，也是构建新型政社关系，激发社会发展活力，推动全面深化改革的重要切入点。

**关键词：** 社会治理　县域发展　治理创新　江苏省

党的十八届三中全会提出了"推进国家治理体系和治理能力的现代化"的重大任务，十八届五中全会又提出了"推进社会治理精细化，构建全民共建共享的社会治理格局"的新要求。江苏县域人口众多，县域经济发达，截至2016年，江苏共有42个县（其中含21个县级市）；在工信部发布的

---

\* 丁宏，江苏省社会科学院科研处副处长、研究员。

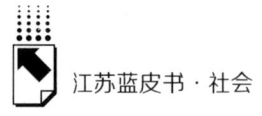

"2016年县域经济100强"中，江苏有17个县入围，其中昆山、江阴、张家港、常熟、太仓、宜兴等6县市进入前10强。依托雄厚的经济基础，江苏的县域社会治理也一直走在全国的前列，涌现出如南通"大调解"、吴江"政社互动"、昆山"县域法治化"等治理创新优秀典范。

## 一 江苏县域社会治理能力建设提升的形势需求

### （一）全民共建共享新格局对江苏县域社会治理能力提升提出新要求

全民共建共享体现了社会治理的本质属性，社会是全体人民的社会，共建共享就是"人人参与、人人尽力、人人享有"。全民是社会治理的基础；共建是社会治理的核心；而共享是社会治理的保障和目标。当前我国在"十三五"期间全面建成小康社会的任务艰巨，改革进入攻坚期和深水区，利益格局深刻调整，社会关系错综复杂，群众诉求日益多样，社会治理的要求高、难度大。在此背景下，加强社会治理创新，提升社会治理法治化、精细化、现代化水平，既是贯彻落实"四个全面"战略布局，切实提升社会和谐程度，实现"两个一百年"奋斗目标和中国梦的必然要求；也是推进法治江苏建设，促进政府治理和社会调节、居民自治良性互动，让人民群众在改革发展中拥有更多的获得感，以实际行动把习近平总书记为江苏勾画的"强富美高"建设蓝图变为美好现实的重要基石。

### （二）县域经济社会发展为江苏社会治理能力提升奠定新基础

"郡县治，天下安。"在我们国家政权结构和党的组织结构中，县域处在承上启下的关键环节，是中央领导和基层治理的连接点，是发展经济、保障民生、维护稳定、促进国家长治久安的坚实基础。同时，县域社会也是我国政府权力的神经末梢，处于容易引发社会问题的敏感区域，是新时期社会治理创新的重点和难点所在。在新时期进一步推进江苏省县域社会治理现代化，以群众满意为衡量工作的标准，根据现实状况、工作基础和百姓诉求，坚持特色发展，放大自身优势，办好群众最需要办的大事小事，创造出更多更好的社会治理新亮点和示范经验，是夯实社会发展基础，促进江苏省县域经济社会可持续发展的有效途径。

（三）构建新型政社关系，为江苏县域社会治理能力提升指引新方向

习近平总书记指出，"加强和创新社会治理，关键在体制创新，核心是人，只有人与人和谐相处，社会才会安定有序"。在社会治理创新过程中，观念改革是基础，政府必须改变原来控制和管理社会的观念，以人为本实现治理重心下移，培育社会的独立性、自主性和自治性，逐步实现政府、市场与社会的合作共治。进入"十三五"时期，江苏原有赖以高速发展的优势已不复明显，必须寻找新的发展动力，其重要方向就是真正发挥市场在资源配置中的决定性作用，向市场和社会要活力。加快推动县域社会治理现代化，以社会治理创新为切入点和突破口，有利于纵向推动政府转变职能，横向推动经济社会各领域改革，"用政府权力的'减法'换取市场与民间活力的'加法'"，从而有助于构建江苏省新型政社关系，进一步激发市场和社会发展的真正活力，努力在全面深化改革中走在前列。

## 二　江苏县域社会治理能力提升存在的主要问题

（一）社会治理理念仍然滞后

虽然过去江苏省在社会管理方面一直走在全国前列，也取得了许多很好的经验，但是既有的管理理念已难以适应社会发展的需要，迫切需要用社会治理来替代社会管理。然而，经调研发现，现在不少地方由于思维惯性与"路径依赖"，仍然用社会管理的方式来进行社会治理。如在社会治理工作中仍习惯于以管控人为主要目的，不习惯把处理好公共事务作为主要目的；习

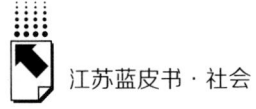

惯于政府包办公共事务，不习惯由多方参与处理公共事务；习惯于用"人治"的方式开展社会治理工作，不习惯用"法治"方式开展社会治理工作；习惯于用行政指令的方式去解决社会公共问题，不习惯由相关各方协商解决问题。

### （二）基层社会治理工作开展困难

这主要表现在：一是缺人才。近年来，江苏省行政区划不断调整，乡（镇）、村（居）规模不断扩大。全省乡镇平均规模已达87.79平方公里，6.06万人；行政村平均5000人左右，万人以上社区也不在少数，而乡（镇）、村（居）从事管理服务的人数却没有增加。二是缺资金。公共服务是基层社会治理的一项重要工作，要做好公共服务就需要资金投入，但目前普遍存在着资金投入不足的问题。以医疗救助为例，2014~2016年，江苏省医疗救助省补资金分别占全省医疗救助总支出的19.2%、13.6%和12.4%，特殊困难残疾救助省补资金分别占全省残疾救助总支出的8.3%、6.9%和5.3%。两者均连年下降，制约了各地特别是经济薄弱地区救助水平的提升和社会治理的展开。

### （三）社会组织功能有待完善

社会组织是社会治理的重要力量，要搞好社会治理就必须充分发挥社会组织的功能。然而，江苏省在社会治理实践中社会组织的功能没有得到充分发挥，主要受以下原因的制约：一是社会组织法律法规还不够健全。江苏省现有的一些管理条例和规范性文件数量不足、层次不高，针对性和可操作性不强，导致社会组织及行业自律的优良环境尚未形成，规范发展社会组织的长期动力不足。二是社会组织监管力量严重不足，尤其是缺乏必要的技术手段进行有效的监管，特别是基层各县管理力量尤为薄弱。三是社会组织队伍人才储备缺乏。近年来，江苏社会组织数量呈爆发性增长，但是社会团体人才队伍建设存在不少问题：年龄结构呈现老龄化趋势，知识结构呈现非专业化态势，依法办会、依法接受监督的意识薄弱。四是社会组织内部治理水平不高。相当一部分社会组织法人治理结构不健全，民主管理机制不完善，独立性、自主性不强，日常行为不够规范，不少社会组织不能正常开展活动，难以承担应有的社会治理和公共服务职责。

### （四）公众参与意识仍需提高

社会治理离不开公众的广泛参与，但是由于公众参与机制不健全，所以多数地方公众参与度不高。研究发现，基层社会管理实践中公众参与的程度和水平总体上较低，存在大量的"象征性"公众参与，容易挫伤公众参与的积极性，不利于"公民素质"的养成；据对江苏省一些市县的调查，发现超过80%的公众不了解社区公共事务，89%的公众没有参加过社区志愿服务。同时，由于缺乏引导和训练，公民参与社会治理的意识薄弱和能力不足，不知道该做什么和怎么做，难以在社会治理中发挥作用。

## 三 加强江苏县域社会治理能力提升的对策建议

### （一）以构建具有时代特征、江苏特色和县域特点的全民共建共享社会治理新格局为目标，提升江苏省县域社会治理能力

全面贯彻落实党的十八大和十八届三中、四中、五中全会精神，深入学习贯彻习近平总书记系列讲话和对江苏工作的重要指示精神，按照"推进国家治理体系和治理能力现代化"的总目标，以促进社会公平正义、增进人民福祉为出发点和落脚点，紧密结合中央精神和江苏实际，积极推进在江苏县域的率先探索和实践创新，不断提升社会治理的法治化、精细化和现代化水平，最大限度增加和谐因素，解放和增强社会活力，逐步构建具有时代特征、江苏特色和县域特点的全民共建共享社会治理新格局，为率先全面建成小康社会，着力建设"强富美高"新江苏提供重要支撑。

### （二）复制推广昆山经验，深入推进县域法治化进程，坚持运用法治思维和法治方式引领江苏省社会治理创新实践

习近平总书记深刻指出，"和谐社会本质上是法治社会"。法治是国家

治理的基本形式，社会治理法治化与社会治理现代化具有同步性，要实现社会治理现代化，必然要求实现社会治理法治化。县域作为国家治理现代化的中间环节，上可推进市域、省域法治建设，下可辐射基层法治建设，在全面依法治国的过程中起到承上启下的纽带作用。昆山作为全国经济最为发达的县域，早在2007年就提出"县域法治化"的理念，在践行法治中国的县域治理新政方面探索和实践成绩斐然。应及时总结并复制推广昆山在县域法治化方面的有益经验，坚持依法治理，深入推进县域社会治理法治化，完善社会治理地方性法规和规章，切实提升县域及基层法治政府建设水平，坚持运用法治思维和法治方式引领江苏省的社会治理创新实践，有效推动法律服务向县域、向基层延伸，充分发挥法治在推进社会治理现代化过程中的保障、服务和促进作用，使法治成为江苏省县域核心竞争力的重要标志。

（三）健全社会治理全民参与机制，加快构建"政社互动"新模式，实现政府治理和社会自我调节、居民自治良性互动

从十八大提出的"党委领导、政府负责、社会协同和公众参与"的社会管理格局到十八届五中全会提出的"党委领导、政府主导、社会协同、公众参与、法治保障"的社会治理格局可见，在中国现阶段，各级党组织和政府在社会治理中领导与主导地位不可动摇，以加强社会参与为手段、以扩大服务供给为目标的"政社互动"模式成为目前社会治理创新的重点。加快构建"政社互动"新模式，一是要进一步理顺政府与社会组织、群众自治组织之间的关系，政府通过制定"权力清单"和"责任清单"，明晰确定自身的社会治理职责，促进政府的自律、权力的约束和基层的减负；社会组织和群众自治组织要增强自身独立性和主观能动性，积极参与社会事务的管理，逐步建立起与政府的"伙伴关系"。二是要进一步打通政府与社会组织、群众自治组织之间的互动渠道，政府通过购买服务向市场和社会组织转移部分公共服务及管理职能，从而提高公共服务供给的质量，改善社会治理结构；通过基层自治和协商民主向社会让渡决策权力，依法保障群众知情权、参与权、决策权和监督权，保证基层组织的自治空间。三是有效提高社

会参与社会治理的能力与质量，通过财政资金、人事教育等资源，增强各类社会主体参与社会服务的能力，提高参与社会治理的质量，做到既"多元治理"又"有效治理"，真正实现政府治理和社会自我调节、居民自治的良性互动。

（四）充分利用"互联网＋"等手段，完善县域城市服务管理网格化体系建设，提升社会治理精细化水平

以加强基层平安建设、服务基层群众、推进基层社会治理创新为目标，进一步推动社会治理重心下移，搭建起县（市、区）、乡镇（街道）、社区（村）三级网格服务管理平台，在县、镇、村、网格四个层面开展网格管理服务，制定实施网格化服务管理测评指标体系，逐步建成"网格全覆盖、工作无缝隙、服务零距离、管理无漏洞"的县域城市服务管理网格化体系。以解决服务群众"最后一公里"为目标，改进基层治理方式，健全"一委一居一站一办"等社区组织架构，强化社区、社会组织和社会工作专业人才"三社联动"效应，统筹协调网格内、网格间各类资源力量，提高服务群众和矛盾调处能力，使问题、矛盾发现和处理的关口前移，基本做到"小事不出村、大事不出镇"。充分发挥信息技术在社会治理中的积极作用，通过"互联网＋社会治理"新模式整合资源，打造社会治理、社会服务的大数据"云服务平台"，通过微信公众号等着力打造线上线下互动模式，使每一个群众都变成网格员，推进网格化管理全覆盖，形成社会治理立体防控体系，提升社会治理的社会化、专业化、精细化程度。

（五）切实增强"四个意识"，提升干部素质能力，充分发挥党的领导在县域社会治理中的核心作用

习近平总书记在会见全国优秀县委书记时指出，"县委是我们党执政兴国的'一线指挥部'，县委书记就是'一线总指挥'，是我们党在县域治国理政的重要骨干力量"。推进国家治理体系和治理能力现代化是一项宏大的系统工程，需要全党全社会的共同努力。对于县域而言，尤其需要以县委书

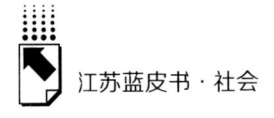

记为代表的党员干部始终牢记全心全意为人民服务的根本宗旨，把实现社会治理现代化、增进人民福祉作为自己重要的政治责任，坚定理想信念，切实增强"四个意识"，持之以恒加强学习，培养过硬能力素质，不断提升乡镇和农村社区党的建设科学化水平和为人民服务能力，让老百姓生活越来越好，真正做到为官一任，造福一方，充分发挥党的领导在县域社会治理中的核心作用。

# B.15 江苏残疾人就业现状及对策研究

鲍 雨*

> **摘 要**： 残疾人就业是保障和改善民生的重要内容，不仅是改善残疾人生活状况的直接途径，对于江苏高水平全面建成小康社会亦具有重要的现实意义。近几年来，江苏坚决贯彻落实中央关于残疾人就业的一系列部署，采取扎实有效的举措，加大投入和扶持力度，拓宽残疾人就业渠道，有效维护残疾人的劳动权利，推动了残疾人就业的健康发展。然而与经济社会发展的要求和广大残疾人的期待相比，这一领域仍然面临着不少亟待解决的问题。要进一步加强引导和监督的力度，创新工作模式，提升残疾人就业服务工作水平，加大农村残疾人脱贫攻坚力度，大力发展残疾人辅助性就业，依法促进有就业能力的残疾人实现充分就业，同时为无就业能力的残疾人提供相应的社会保障。
>
> **关键词**： 残疾人 就业 脱贫 江苏省

就业是残疾人改善生活水平的迫切需求，也是其实现自身价值和社会认同的最好途径，保障残疾人就业权利，做好残疾人就业工作，对于社会稳定发展和实现残疾人全面小康具有十分重要的意义。江苏各级党委、政府历来高度重视残疾人工作，省残联等职能部门认真贯彻落实残疾人保障法、残疾

---

\* 鲍雨，江苏省社会科学院社会学研究所助理研究员。

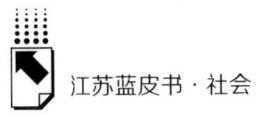

人就业条例，积极采取一系列扎实有效的措施，加大投入和扶持力度，有效维护残疾人的平等劳动权利，广大残疾人的收入水平和生活质量有了明显提升。

## 一 江苏残疾人就业的现状

江苏现有残疾人479.3万人，占全省总人口的6.4%，涉及1400多万名家庭人口，是一个数量多、影响大，需要社会各界关心帮助的特殊社会群体。截至2015年底，持有残疾人证的残疾人约147万人，就业年龄段（男16~59周岁，女16~54周岁）的约76万人，男性有481096人，占63.07%；女性有281701人，占36.93%。农业户籍的残疾人共有586247人，占总数的76.85%；非农业户籍的残疾人有176550人，占总数的23.15%。苏北地区就业年龄段持证残疾人所占比重最大，占44.05%；苏南地区次之，占32.71%；苏中三市最少，占23.24%。13个省辖市中，徐州市以12.27%排在首位；镇江市最少，仅为3.82%。近几年来，江苏出台关于促进残疾人就业的一系列政策，提高用人单位安排残疾人就业的积极性，扩大了残疾人就业的渠道，充分体现了全省上下充分运用税收、补贴、奖励等优惠政策支持残疾人事业发展的关爱之情。

（一）优化残疾人就业的总体规划和体制机制

充分发挥政府主导作用，注重规划引领，着力健全工作机制，将残疾人作为就业重点帮扶对象，加大投入与保障，不断夯实残疾人就业工作基础。一是加强统筹规划。在《江苏省"十二五"残疾人事业发展纲要》（2011年12月）、《江苏省残疾人保障条例》（2012年11月）、《关于加快推进残疾人就业扶贫工作的意见》（2013年11月）、《关于发展残疾人辅助性就业的实施意见》（2016年8月）、《省政府关于加快推进残疾人小康进程的实施意见》（2016年9月）等政策性文件中，都提出了要实施残疾人就业优先、强化保障的明确目标，并制定了安排残疾人就业和开展残疾人职业技能培训的各项具体措施。二是健全保障机制。建立完善残疾人就业工作协调机制,省残联、人力资源和社会保障厅、民政厅等职能部门合力推进残疾人就业工作,加强对残疾人就业形势的分析研判,落实和完善相关政策,协调解决重点难点问题。各级财政加大投入,确定扶持农村残疾人脱贫致富等重点助残实施项目,安排专项资金用于支持残疾人职业培训、创业项目扶持等。将残疾人就业纳入各级政府督察督办、行政执法检查和劳动监察范围,定期对用人单位落实残疾人按比例就业、平等就业和残疾职工参加社会保险等方面情况开展劳动监察。

（二）有效拓宽残疾人创业就业的渠道

通过出台集中就业、按比例就业、自主创业和灵活就业等各方面的扶持政策,大力拓宽残疾人就业渠道。一是强化按比例就业。2013年和2014年,省有关部门分别制定《江苏省用人单位安排残疾人就业补贴和超比例奖励办法》和《关于促进残疾人按比例就业的实施意见》,对安排残疾人就业达到或超过规定比例的用人单位给予补贴和奖励,要求党政机关、事业单位、国有企业实行岗位预留,带头按比例安排残疾人就业。二是促进福利企业发展。为加强对福利企业的服务和监管,先后制定下发《江苏省福利企业资格认定办法》《江苏省福利企业年审办法》等文件,落实税收优惠政策,鼓励和动员社会力量办好福利企业,通过改扩适合残疾人就业的设施设备等,促进福利企业转型升级、提高科技创新能力,稳定和扩大残疾人就业岗位。三是扶持残疾人自主创业。通过建立残疾人创业基地、设立创业扶助基金、购买商铺及贷款贴息等措施,积极扶持残疾人自主创业和灵活就业。"十二五"以来,有关部门通过申领营业执照、资金、场地和税收等方面的优惠政策和直接发放自主创业补贴等方式,共扶持1.1万名残疾人自主创业和灵活就业,扶持建设340家盲人按摩机构,带动2989名盲人实现就业。四是发展残疾人辅助性就业。近年来,全省共兴建公办残疾人托养机构85家,建成日间残疾人托养服务机构1200多个,扶持托养机构发展劳动项目,共扶持1万多名残疾人实现辅助性就业。

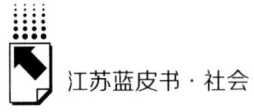

## （三）全面加强残疾人就业服务与管理工作

针对残疾人就业的特殊需求，增加就业服务机构，拓展服务项目，完善服务功能。一是强化就业服务与管理。着力发展残疾人就业服务机构，培养专业化队伍。目前，全省共建立残疾人公共就业服务机构112家，为残疾人就业免费提供政策咨询、岗位信息、职业指导和职业介绍服务。加强残疾人就业服务机构工作人员职业能力建设，开展职业指导师、社会工作师、心理咨询师、手语翻译师等职业资格鉴定培训和综合业务培训。二是加强残疾人职业技能培训。积极探索"职业技能＋学历＋职业资格鉴定"学历制培训模式，提高残疾人培训质量和就业层次。此外，有关部门还将农村残疾人作为重点扶持对象，因地制宜、因人而异制订农村残疾人培训整体规划，在继续开展传统农村实用型技术培训的同时，加大高新农业生产技术培训。目前，全省共有残疾人职业培训基地226家，其中国家级培训基地19家，省级培训基地和示范点33家。建立县以上残疾人扶贫基地380多家，帮扶贫困残疾人近10万人。加强残疾人劳动力转移培训，组织苏北及所辖各县（市）残疾人劳动力转移招聘会400多场次，实现残疾人转移就业4.8万人。

## 二 江苏残疾人就业面临的新情况和新问题

江苏在促进残疾人创业就业方面取得了长足进步，但随着经济发展方式转变，产业结构优化升级，对劳动者素质提出了更高的要求，而残疾人就业竞争能力本身较弱，加之有的部门和地方没有将残疾人就业的各项保障政策落到实处，残疾人就业形势依然严峻。

### （一）残疾人就业率、就业层次和收入水平存在"三低"现象

据调查，全省就业年龄段持证残疾人数为762797人，就业人数为344492人，就业率为45.16%。其中，城镇就业年龄段持证残疾人登记就业

率76.51%，实际就业率60.55%；农村就业年龄段持证残疾人登记转移就业率45.83%，实际转移就业率39.83%。总体就业层次仍然偏低，以工资作为收入来源的比例只占26.18%，按比例就业59702人，仅占残疾人就业总数的17.33%，党政机关、事业单位安排残疾人就业人数偏少。据统计，苏北一些地区正规就业的残疾人平均年收入为1.0573万元，非正规就业的残疾人平均年收入仅为6151元，大大低于健全人的收入水平。

（二）按比例安排残疾人就业仍有较大障碍，主渠道作用未能充分发挥

我国按照国际通行做法，实行按比例安排残疾人就业制度。与投资兴办福利企业集中安置残疾人就业相比，动员全社会力量按比例安排就业，尤其是在国家机关、社会团体和企业事业单位中按照不低于本单位在职职工总数1.5%的比例安排残疾人就业，分布更广、容纳量更大，也更有利于残疾人平等参与社会生活，是残疾人就业的主渠道、主方向，但实践中，这项规定的落实情况并不理想。有的用人单位对残疾人就业存有偏见，把残疾人就业与其他社会成员就业相对立，甚至认为吸纳残疾人就业有损单位形象，宁可缴纳残疾人就业保障金，也不愿安置残疾人就业。在党政机关、事业单位的执行阻力也比较大，面向残疾人专项招录、招聘公务员和事业单位人员进展不大，率先安置残疾人就业的规定得不到有效落实。

（三）福利企业数量逐年萎缩，残疾人集中就业呈现下滑态势

产生于计划经济时代的福利企业，经过市场经济转型和多次政策调整，历经60多年的发展，为残疾人提供了稳定的工作岗位和劳动收入，对缓解和解决残疾人就业困难发挥了重要作用。近年来，随着经济下行压力增大，因产业结构调整、淘汰落后产能以及税收优惠政策调整等多重因素的影响，企业吸收残疾人就业的积极性下降，部分福利企业因设备陈旧、技术落后、市场竞争力差，生产经营面临空前的压力和困难，福利企业数量及安置残疾人职工数量大幅减少并呈现逐年下降的趋势。1996年，江苏有福利企业

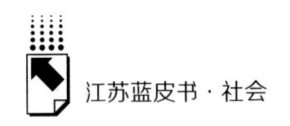

7800多家，安置残疾人就业23万余人，2016年，全省共有福利企业2800多家，集中安置残疾人职工7.8万人。从数量和安置规模上看，福利企业集中安置残疾人就业的作用日渐减弱，残疾人集中就业面临新的困境。为此，自2016年11月起，江苏已取消对福利企业的资格认定，对安置残疾人的单位和个体工商户，实行按纳税人安置残疾人数限额即征即退增值税的办法，以此促进残疾人就业，此项政策的实际效用仍有待观察。

### （四）残疾人职业技能和就业能力偏低，就业培训亟待加强

残疾人受教育程度和整体文化素质普遍偏低，职业技能水平不高，难以适应竞争机制下的就业状况。未接受有效的就业培训，是多数残疾人就业层次不高、收入水平低乃至无法实现就业的重要原因。目前，有些地方的残疾人就业服务机构对残疾人培训工作重视程度不够，培训经费保障不到位，残疾人就业培训覆盖面较小，调查数据显示，仅有不足1/10的残疾人曾接受过职业技能培训，绝大多数未就业残疾人没有接受过培训。同时，现有的残疾人就业培训缺乏针对性，精准度和技术含量不高，对提升残疾人专业技能素质和劳动能力作用有限。目前，针对残疾人的就业培训未能着眼于长期规划和灵活把握培训期限，多局限于短期培训、自主办班，对职业培训市场和社会专业培训机构的利用率不高，缺少与培训相关的服务与指导，且存在培训项目较为固定和单一、内容与市场脱节、实用性不强等问题，因而在就业市场缺乏竞争优势，促进残疾人就业的作用未能有效发挥。此外，各地对在各级残疾人职业技能竞赛中表现优异的残疾人选手的后续扶持、管理也存在不足。

## 三 完善江苏残疾人就业的对策

残疾人的生存、就业和发展状况是经济社会发展和文明程度的直接体现，依法保障残疾人实现充分就业、平等地参与社会生活，是高水平全面建成小康社会的题中应有之义。面对残疾人就业存在的新情况、新问题，如何

有针对性地促进残疾人就业，帮助他们通过就业实现其劳动权益和改善自身生活水平，成为亟待解决的一个问题。为此，我们要进一步加强引导和监督的力度，创新工作模式，依法促进有就业能力的残疾人实现就业，进一步提升残疾人就业服务工作水平，积极拓展残疾人就业创业渠道，加大农村残疾人脱贫攻坚力度，大力发展残疾人辅助性就业，为无就业能力的残疾人提供相应的社会保障。

（一）加强引导、宣传和监督，增强依法促进残疾人就业的自觉性和主动性

党的十八大提出了"健全残疾人社会保障和服务体系，切实保障残疾人权益"的目标任务，《中华人民共和国残疾人保障法》《残疾人就业条例》等法律法规也对统筹规划残疾人就业工作，维护残疾人劳动权利，保障残疾人平等充分参与社会生活、共享物质文化成果做出了明确规定。全省上下要从推动物质文明和精神文明协调发展、坚持共享发展的高度，从加快建设"强富美高"新江苏的层面充分认识残疾人就业的重要意义，加强规划与引导，持续为残疾人就业创业开拓渠道、创造条件、提供服务。要加大宣传力度，进一步营造全社会关心、关爱残疾人的良好氛围，积极整合社会资源，更广泛地动员全社会力量，合力推动残疾人就业工作和残疾人事业发展。针对有些地方对残疾人就业工作重要性认识不够、重视程度不高、贯彻落实法律规定不到位的情况，要加强监督检查，督促有关主体履行法定职责，积极采取有效措施，实现好、维护好残疾人的劳动就业权，保障广大残疾人共享新江苏建设的成果。

（二）将按比例就业的有关规定落到实处，充分发挥就业保障金的制度效用

要通过加强政策引导，强化法律责任，加大奖励和处罚力度，充分调动用人单位吸收、安置残疾人就业的积极性，进一步扩大残疾人按比例就业政策的实施面，充分发挥按比例就业的主渠道作用。推动党政机关、事业单位

落实《关于促进残疾人按比例就业的实施意见》，带头定向招录、安置残疾人就业，在扶残助残工作中率先垂范，树立良好的社会形象。其次，要加大对残疾人就业保障金制度的执行和监督力度。建议由残联、财政、地税、人民银行等部门牵头建立工作联动机制，扩大征缴覆盖面和工作成效。加强对就业保障金征缴的刚性约束，督促有关主体处理好促进经济发展和依法落实残疾人就业政策的关系。同时，要进一步规范保障金的使用与管理，有效发挥就业保障金制度在支持残疾人就业和保障残疾人生活方面的积极作用，促进更多残疾人在各类用人单位实现就业，平等参与社会生活。

### （三）进一步提升残疾人就业服务工作水平

一是要完善残疾人就业服务体系，提升就业服务工作水平。加强残疾人就业服务机构建设，建立健全人才队伍管理长效机制，充分发挥服务机构功能；拓展和丰富服务内容，在加强就业市场建设、扩大残疾人就业服务与指导、提升就业服务工作信息化水平和规范就业信息发布与管理等方面，推出更多有效管用的措施，畅通用人单位用工和残疾人求职的信息渠道，为更多适龄残疾人提供优质高效的就业服务。二是要增强残疾人就业培训实效，切实提高残疾人的职业技能和就业能力。要紧跟市场就业形势需求，完善就业培训工作机制，扩大培训范围，加强培训质量监控，向残疾人提供个性化的信息、咨询与指导服务，切实提升残疾人就业培训工作的实际效果。积极探索政府向社会专业培训机构购买就业培训服务，对具备劳动能力和有就业愿望的残疾人，根据残疾类型与等级、文化程度等，有针对性地分类开展专业化培训，切实提升残疾人的劳动技能和就业竞争力。

# B.16
# 江苏街道和社区体制改革的进展、问题与对策

樊佩佩[*]

**摘　要：** 近年来，江苏各地级市在完善和健全城市管理体制和机制等方面积极探索，在取消经济指标考核、回收行政服务事项、全科政务服务以及权责准入清单等方面已初见成效。同时，在推进改革深化的过程中，江苏各地还面临着顶层设计的缺乏与机制改革的障碍、属地化与部门化的矛盾、条块矛盾与权责失衡、行政化与社区自治的弱化，以及街道办事处功能错位等问题。本文提出如下对策建议：（1）加强街道责权利的均衡配置，建立条块职责清单；（2）成立街道综合执法改革工作领导小组，深化综合执法改革；（3）建立双向考核制度，改进街道工作目标考核；（4）提升购买社会服务的力度与加强社会组织的上层培育；（5）加快社区平台信息的有效整合；（6）建立居委会、业委会和物业"三方联动"机制；（7）提高为民服务专项资金的使用效益。

**关键词：** 街道　社区　机制改革　条块矛盾　权责失衡

近十年来，随着我国的高速城市化，一方面将大量城郊土地划入城市，

---

[*] 樊佩佩，江苏省社会科学院区域现代化研究院助理研究员。

扩大城市的空间范围；另一方面，经济发展与城市化进程中的产业结构调整、市政规划动迁与规模扩张、农业转移人口务工潮以及住房市场化改革等，使得城市更新加速，人口流动性加剧。若按照西方发达国家城镇化人口比重每25年翻一番的规律，中国在2038年前后城市化水平至少要达到85%左右。未来二十多年，中国将全面从传统城乡二元结构向城市社会结构转型。然而，"责任属地化，利益部门化"使得社区面临属地化的条块分割，以及责任和能力的不对称问题，进而导致社区公共服务的供给和递送出现问题，社区治理能力受挫。受制度安排、可获资源及自组织水平与能力等因素的影响，城市社区建设、发展与治理上不平衡状况的出现，使得社区聚合机制失灵而导致社区治理受挫的状况频频出现。为重拾对基层社会的有效整合与管理，政府试图通过社区建设解决市场经济兴起和单位制解体后出现的一系列社会问题，也面临新挑战。本文选取苏南、苏中和苏北的代表性城市，从街道和社区体制改革的举措入手梳理其基本进展，并且对江苏城市社区治理面临的共性问题进行分析，进而提出新型城镇化与社区治理创新的对策建议。

## 一 城市社区治理创新与深化体制改革的基本进展

### （一）南京市推进改革的主要做法

为了把街道从招商引资的重压下解放出来，使街道行政服务中心回归民生关注，南京市近年来在深化社区改革的过程中着力于理顺街道和社区的管理体制，推进"去行政化"和"去机关化"；推进街道经济职能向社会服务职能的转变；创新服务，健全社区公共服务的组织提供方式；以职能下沉与综合执法提升街道办的社会治理主体作用；明晰社区管理权责，加强社区自治功能建设；完善考核评价机制等多项措施，确保了改革的成效。

经过两年多的实践，深化街道和社区体制改革的成效主要集中在以下几个方面：（1）南京主城四区和其他区部分街道取消了经济指标考核；（2）各街道回收由社区承担的27项行政服务事项，并设立了便民服务中心，由全科社工提供"全科政务服务";(3)在基层形成了特色鲜明的社区自治路径;(4)市区财政配套为每一个社区划拨"为民服务专项资金";(5)在全市范围内启动"智慧社区"建设工作。

从改革落实的情况而言,首先街道经济职能正在逐步转变。以前以街道为主体的经济发展责任,已转变为由各区市场监督管理分局承担,街道原经济发展部人员将并入分局,共同承担经济发展责任。对街道的经济考核指标也正在取消,街道经济职能正全面向提供服务和营造环境转变。其次,街道"四部一中心"和"便民服务中心"已全部整合到位。自从街道和社区体制改革实施以后,社区取消了20多项台账,禁止各类评比和创建,撤销了一些社区临时性组织机构,并且建立了"一委一居一站一办"的治理结构,全面推行网格化社会服务,将更多的精力用在便民服务上。在社区推行"全科社工"的模式以后,打破了社区内的条块分割。涉及居民生活的近百个服务事项,全部放到社区服务中心前台进行办理,实行"一口受理,一站办结"式综合服务管理的全覆盖。

## (二)苏州市推进改革的主要做法

改革开放以来,苏州先后抓住农村改革、乡镇企业发展、浦东开发和建设全面小康社会等重大历史机遇,综合实力显著提升,社会建设不断加强,城乡发展更趋协调。基本上形成了政事、政企分开的机构管理体制和"四位一体"的社区管理体制,并积极探索城乡统一的户籍制度,构建社会治安综合治理的"大防控"体系。

苏州的主要做法,首先是完善城市管理体制。健全"建管分开、建管平行"以及"两级政府、三级管理、四级网络"的管理体制。在集中统一的前提下,理顺条块关系,实行城市管理重心下移,强化属地管理功能。依据管理区域的居住人口和面积,向乡镇派驻执法管理机构,配备相应的执法人员和装备,扩大城市管理的覆盖面,从而提高管理效能。

其次是健全依法管理机制。用立法的形式把城市街道和社区的管理要素确定下来,用法律来调整、理顺城市建设和管理中各方面的关系,使得城市

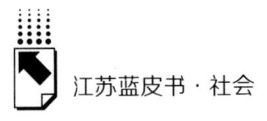

管理条文化、规范化。建立专业执法和综合执法相结合的执法体系，并健全公众参与和社会监督的机制。

第三是创新流动人口管理模式。从社区化管理、人性化管理、信息化管理和自我管理等方面积极探索流动人口管理的有效途径，使流动人口能够真正融入苏州本地生活。

第四是完善社会管理信息平台。把建立城乡一体的社会管理信息平台纳入"智慧苏州"建设的大框架，制定方案并组织实施，尝试建立城乡社会信息资源的管理协调机构，实现城乡社会管理信息资源共享。力争经过几年的努力，逐步把社会管理信息中心建成信息完整、功能齐全的数据中心，全面提升城乡社会管理的信息化水平。

### （三）南通市推进改革的主要做法

南通的主要做法，一是实施社区基础设施提挡工程。充分发挥社区规划的引领作用、资金投入对社区建设的杠杆作用，通过积极争取上级项目扶持资金、协调各级财政设立引导资金、统筹安排福彩公益金支持等方式，推动公共资源向社区下沉，切实加大基础设施投入力度。

二是实施体制机制创新工程。南通市进一步健全以社区党组织为核心、社区自治组织为主导、社区居民为主体、社区社会组织和驻区单位共同参与的社区治理体制机制，充分发挥多元主体在社区治理中的协同作用，推动形成共同参与、和谐善治的社区治理结构。强化社区的平台作用、社会组织的载体作用和社会工作专业人才的支撑作用，完善"三社联动"机制。

三是实施社区减负增效工程。着力解决基层社区（村）反映强烈的"五多"现象（即台账多、创建评比多、机构挂牌多、盖章多、信息系统多），强化社区综合整治，清理不合理的社区工作负担，建立社区依法履职及协助党政部门工作事项的"清单"。凡是需要将组织机构、指标项目、工作任务、创建评比和考核检查等延伸到社区的，均实行准入制度，并且改进社区考核机制，推广建立以居（村）民群众满意度评价意见为主的考核评估体系，在条件成熟的地区引入第三方评估机制。

四是实施社区服务提质工程。加快社区信息化建设，建立综合服务管理信息平台，打造"智慧社区"。深化、细化以政务便民、民政社保、医疗卫生、文化体育等为主要内容的，关系居民切身利益的基本公共服务，推进城乡社区基本公共服务标准化、规范化、人本化。积极探索推进公益服务类社会组织和志愿服务组织参与，社区、志愿者联动的社会工作机制，推进"社区引领志愿者服务、志愿者协助社区服务"的"社区+志愿者（义工）"的模式。

五是实施基层民主自治工程。在社区党组织的统一领导下，开展扩大村（居）民有序参与基层民主实践工程，本着依法、有序、直接的原则，畅通社区村（居）民的利益诉求渠道，推进社区民主选举、民主决策、民主管理和民主监督制度化建设。

### （四）盐城市推进改革的主要做法

从2012年开始，盐城推进城镇化过程中结合城乡建设规划，按照"便于管理、便于服务、便于居民自治"原则，按照"城市社区一般按2000～3000户、农村社区一般按照1000～1500户"的规模要求，确定了社区居委会的管理职责。盐城还切实加强社区专职工作者队伍建设。市区的社区专职社工总体上由现在的平均7人增加到12人，有条件的可配备到18人左右，市里要求各县（市）也要参照市区的标准，结合本地实际执行。在委、居、站、办工作的各类社区工作人员，在社区党组织统一领导下，可适当交叉兼职，做到既分工又协作。社区专职人员的基本工资要达到上年度城镇居民人均可支配收入的标准。

在推进社区管理体制改革的基础上，盐城将着力构建社区公共服务、便民利民服务以及志愿互助服务相衔接的社区服务体系。以社区居民需求为导向，整合社区服务资源，大力发展面向全体社区居民特别是困难群众、优抚对象、老年人、残疾人和未成年人的社区服务，并逐步将进城农民工等群体中的常住人口纳入城市社区的服务范围。

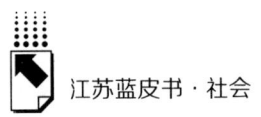
江苏蓝皮书·社会

## 二 江苏城市社区治理创新与深化体制改革的问题分析

虽然各个街道和社区按照各项体制改革的方案进行了贯彻和执行，但在改革措施的落实过程中尚有一些方面执行不力，存在一些街道和社区治理的深层次问题。

### （一）顶层设计的缺乏与机制改革的障碍

街道是城市行政组织架构和行政权力最末端以及最基层的接触面。随着城市改革的深入，街道办事处成为自上而下、以转变职能为核心的行政体制改革和自下而上、以居民自治和社会自治为核心的社区体制改革的交会点。街道成为当前整个城市管理的最前沿和基础性平台。

街道改革创新"全科政务"服务以后，虽然得到了省市相关部门和政府单位的认可和推广，但目前仍处于自我摸索阶段。城市治理的改革需要自上而下的通盘改革思路。市区对街道和社区体制改革需要从全科和大的顶层设计上进行考虑，但目前缺乏统一的标准从而打破部门壁垒。街道、区县、省市等的业务规范并不统一，系统和数据库之间不能相互兼容，居民也不能在户籍地以外的地区享受政务服务。这些都急需顶层设计与基层探索相融合，在顶层设计上应该给予政策支持，比如社工的管理激励问题，以及"全科政务"的顶层设计问题，由于街道做的网络系统平台无法和区里对接，可能产生资金浪费。

### （二）属地化与部门化的矛盾

街道办事处与政府各职能部门以及街道的延伸机构之间工作关系的错位，影响了街道管理的效率，主要体现如下。

第一，街道办事处对各职能部门在辖区内的延伸机构的督促、检查、协调往往流于形式。街道办事处对辖区内的公安派出所、工商管理所、法庭、国土所缺乏必要的约束力，街道的协调功能只能凭面子或关系，社区建设无法形成合力。

第二，市区政府各职能部门都可以向街道布置任务，使街道疲于应付，影响了其自身工作。各职能部门越多，街道越要对应成立机构或配备干部，形成"上面千条线，下面一根针"的局面。而缺少干部编制，使得街道主要干部身兼数职，分散了精力，影响了社区工作的开展。

第三，街道办事处与政府各职能部门在街道延伸机构之间的职责不清晰。凡是社区内社会性的以及与人民群众密切相关的卫生、治安、服务等工作一般均为街道牵头、各部门参与，客观上形成了街道负责实施、承担责任，各部门实际上免责的局面。

第四，由于街道办事处对辖区内的管理机构的督促、检查、协调权缺乏有效保障，同时由于街道办事处本身又缺乏执法督促的检查权、综合协调权以及部分行政处罚权的法律依据，形成了职能部门有权管不着，而街道想管却又无权管的状况，制约了社区建设。

（三）条块矛盾与权责失衡

虽然区委、区政府赋予街道办事处工作职能，同时更加强调属地管理，街道的工作职能和工作任务更加明确和具体。但在实际工作中，许多本该由职能部门完成的工作都交给街道和社区来完成，年终还对街道和社区进行考评，而街道既没有专业管理人员，又没有行政执法权，工作难度大。街道和社区体现出承担的职能和所能调动的资源不匹配的问题。

产生这些问题的根本原因是"街道办"与市、区政府职能部门之间存在的"条块关系"矛盾没有得到根本性缓解：上级要求和下面职能部门的要求不统一，一边是上级要求精减人员，一边又是职能部门要求保留编制。"两级政府、三级管理"的体制虽然初步调整了"条块关系"，但长期沿袭下来的"条条统治"依然是支配城市行政机器运转的主导思维方式。"条条"能指挥"块块"，而"块块"却监督不了"条条"，双重管理实际上并不协调。按照新的制度设计，原本应该是"以块为主、条块结合、条包块管"，但在实际工作中往往是"条管块包"。市、区政府的职能部门经常把

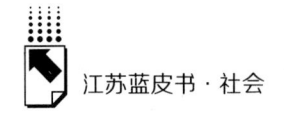

任务推给"街道办",但相应任务并未配套相应的权力和财力。

因此,理顺条块关系是城市综合管理中一项需要长期探索和不断完善的工作,基层变革也在倒逼职能部门转变理念、做出调整。改革后的街道应该定位于各种社会力量参与社区治理的大平台,派驻机构实施城市综合管理的总调度,政府服务群众的大窗口。

### (四)行政化与社区自治的弱化

"两级政府、三级管理"的体制强化了街道办的行政管理职能。强化行政权力在社会管理中的作用,必然挤占社会公共空间,导致本身作为社区群众自治组织的社区居民委员会逐渐走向行政化,社区自治也日益脱离本质属性。不过,居委会或社区行政化的问题不能简单归咎于街道。由于消防、卫生、安全、计生、民政、劳保、环保、外来人口管理、消费者维权等几十项行政工作几乎是上级政府各职能部门直接下派的任务,这也造成一些地方街道和社区在基层管理服务方面的职责重叠和公共资源浪费。

在当前体制下,街道办成了社区管理实质上的唯一主体,而处于街道办行政领导之下的居委会却在很大程度上缺乏自主权。再者,由于街道办的财政拨款是社区服务的主要资金来源,因此居委会的社区服务活动只能以街道办的指示为主,而不能按照居民的自主意愿来布置社会服务。因而,街道办与社区居民之间无法形成良好的互动,社区居民的参与热情不高,现实中的街道办与基层自治组织的关系严重背离法律规范。长此以往,基层自治组织自我管理、自我服务和自我教育的功能终将式微。所以,社区管理权责有待进一步厘清,社区自治主体有待进一步拓展,社区管辖范围有待进一步均衡,社区工作者管理有待进一步规范。

### (五)街道办事处功能错位

街道办事处的工作涉及政治、经济和社会生活的方方面面,既有履行政府职能的行政功能,也有组织经济活动的赢利功能,还有社区的社会服务功能。诸多不同的工作目标集于一身,存在着政社不分、政企不分和政事不分等现象。在实际工作中,许多街道办事处又往往把主要精力放在经济创收上,比如改制脱钩后,要争取尽可能多的税收返还。以南京市为例,街道办事处一年的税收返还,少则几百万元,多则上千万元,这些资金都成了预算外资金,进而就形成了经济指标考核与社会服务之间的冲突。

与此同时,街道办事处的定位挤占了社会自治的空间,影响和束缚了社区自治功能的发挥。随着城市经济和社会结构日益发生深刻变化,群众与居住社区的关系越来越密切,对社区建设的要求也越来越高。但长期以来,街道办事处凭借其对社区居委会人、财、物的控制,将政府职能延伸到社区,导致城市居委会不同程度地存在着行政化的倾向,自治色彩薄弱,居民参与程度不高,凝聚力不强。街道办事处与居委会之间的"指导"与"被指导"的关系,往往只停留在字面上,严重影响和束缚了社区自治功能的培育和发展。

## 三 新型城镇化与社区治理创新的对策建议

### (一)加强街道责权利的均衡配置,建立条块职责清单

建议按照费随事转的原则,相关部门将职责和服务事项下放到街道办理的同时,须将权限、经费等一并下放到街道,将现行由区财政承担的各条线部门分别列支的公共服务专项经费,通过合理划分事权和财权,逐步过渡为由区财政根据各条线部门核定的标准直接核拨给街道,以增强街道办事处的统筹能力。

在条块协商机制方面,建议职能部门在实施事关群众利益的重大项目或重大决策之前,以及在制定社区建设规划和进行公共服务设施布局时,以召开会议的方式听取街道的意见,会议纪要须报相关部门备案。应建立职能部门职责下沉到街道的准入机制,对于未经审核把关而下沉到街道的工作事项,街道有权拒绝。同时,按照"自下而上"的原则,将各职能部门执行条块协商和职责下沉街道的准入机制情况纳入区机关的绩效考核体系,由街道对职能部门做出考核评价。

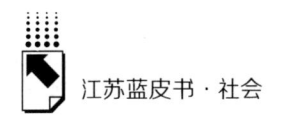

## （二）成立街道综合执法改革工作领导小组，深化综合执法改革

成立街道综合执法改革工作领导小组，建设涵盖城市管理、安全监管、环境保护和市场监督等职能的综合执法队伍，整合城管执法中队、市场监管分局及区局下派人员等执法力量。在人员管理方面，建议参照派出所模式，成立行政执法所，由城管局统一管理，或将执法队人员的编制下到街道，成立行政执法所，便于加强对人员的管理使用，以增强执法队员的归属感和事业心，让执法队员有晋升空间。

同时，建议政府大力推进信息化建设，建立综合执法信息平台，使综合执法的每个案件都有记录可循。在全程留痕的同时，也便于相关部门责任的落实，为以后综合执法工作的推进做好支撑和保障。

## （三）建立双向考核制度，改进街道工作目标考核

建议加强对有关考核指标的培训和指导，确保目标的落实。有必要加强对考核目标中单项工作的指导，如街道在服务企业中如何采集企业诚信建设体系的一些具体指标等。同时，由于街道和社区对上级部门的考核只能是作风建设评议，街道按照职责要求对在工作检查中发现的问题上报给市区有关部门后，有的能得到回应，但大多数都因职责不清等原因没有得到回应。有必要尽快出台相关考核政策，以确保基层反映的问题能得到规范有效的解决，进一步提升政府办事效率和公信力。

## （四）提升购买社会服务的力度与加强社会组织的上层培育

目前政府对群众提供服务大多采取"全包揽"形式，在自己充当管理者的同时，也充当服务者的角色，建议加强政府购买服务力度，采取多元的社会化公共服务提供机制，在创业就业、综合养老、社会福利等领域满足群众多元化的服务需求，逐步形成以政府为主导、社会参与的社会管理和公共服务供给格局，有利于改善公共服务的质量和效率，实现管理重心下移和服务重心前移。

建议在市级层面统筹资本、管理、制度资源,培育涉及经济、文化、城建、城管、环保、卫生这些亟须对接大量公共服务领域的社会组织,街道根据实际需要对接服务,一方面保证工作质量和效率,另一方面避免社会组织职能重复,造成资源浪费。

### (五)加快社区平台信息的有效整合

目前社区的工作平台较多,很多信息的录入都有重复交叉,耗费了有限的社区服务资源。建议整合市、区、街道信息化平台和网络,建立与网格化服务管理相配套的综合式、集成式、共享式服务管理数据功能模块。有关部门延伸到社区的政务网络应统一纳入"智慧社区"平台,建立联动的信息采集、数据共享和服务应用系统,规范社区的电子台账,为社区服务争取时间。随着政府体系内数据资源整合水平的提升,社会治理领域的动态数据将"海量"生成。此时,如何以科学的方法在大数据背景下形成公共管理与服务"精准有效"的常态化机制就变得极为重要。

### (六)建立居委会、业委会和物业"三方联动"的机制

建立"三方联动"机制,是社区服务质量大幅提升的保障。首先,要打造物业公司、居委会、业委会三方紧密配合的链条,把业委会和物业公司纳入居委会的管理体系,要让居委会承担多重角色——业委会和物业公司之间的协调者、业主利益的保障者和物业服务的监督者。

其次,建议在社区推行"交叉任职",可以让社区支部书记与居委会主任一肩挑,物业公司领导任居委会副主任,居委会主任担任物业公司总监,从组织上保障"三方联动"的机制得以实行。由居委会指导,督促物业公司的服务落实到位,业委会向物业公司反馈业主的合理意见和要求,维护全体业主的合法权益并及时向业主反馈意见处理结果。物业公司在居委会和业委会的支持和监督下做好日常服务工作,并及时处理工作中存在的问题。居委会的职责是搭建起桥梁,促进业委会、物业公司之间的相互理解,减少工作分歧。

最后，要建立三方沟通制度，如三方定期召开联席会议制度、定期征询意见制度、定期信息传递制度，以及社区民情民意分析制度等。力求三方工作进入制度化和规范化的轨道。三方应定期进行工作评审——由业委会、居委会对物业服务工作进行评估，除了宣传物业公司管理和服务工作中的亮点和特色，更要注重督促改进日常管理和服务工作中的缺陷及不足。通过评审制度明确三方的责任和权利，实现民主议事和齐抓共管的局面。

### （七）提高为民服务专项资金的使用效益

目前的资金项目多是弥补职能条口的欠账，资金使用额度大，见效小（如老旧围墙、山体围墙、支项道路整修、路灯安装等）。建议一是根据社区规模（人口、面积）以及社区设施陈旧程度设置资金，由街道统筹分配；二是由于街道社区能力和人手都欠缺（也可委托社会组织管理，编制一定的管理经费），建议对社区购买社会组织开展的社区公益服务项目进行打包管理。

# B.17
# 江苏新社会阶层青年群体思想状态的现状与对策

岳少华[*]

**摘　要：** 新社会阶层中的青年群体正处于价值观和人生观的形成和确立期，文化程度较高，接受新生事物快，也容易受到西方文化价值观和社会思潮的影响。本报告在问卷分析的基础上，指出新社会阶层青年群体存在对国家政治体系认同的高度同质性，社会声望的自我认同普遍不高，重视职业的高收入、稳定性，对权力要素期望较低等思想特征。相关部门要针对他们的思想动态特征和成长规律，提出切实有效的措施，把青年群体更加广泛地团结和凝聚在党和政府周围，为高水平建成全面小康社会凝心聚力。

**关键词：** 新社会阶层　青年群体　思想政治工作　江苏省

新的社会阶层人士是改革开放以来，伴随市场经济发展，在非公有制领域的新经济组织、新社会组织中成长起来的自由择业知识分子，主要包括私营企业和外资企业的管理技术人员、中介组织和社会组织从业人员、自由职业人员、新媒体从业人员等4类人群。《中国共产党统一战线工作条例（试行）》将"新的社会阶层人士"单列为统战工作对象，表明新的社会阶层人

---

[*] 岳少华，江苏省社会科学院区域现代化研究院助理研究员。

士统战工作已经成为统战工作新的着力点。当前,江苏正处于聚力创新、聚焦富民的关键时期,建设"强富美高"新江苏,社会各阶层的凝心聚力是重要动力。新社会阶层中的青年群体是祖国的未来、民族的希望,正处于价值观和人生观的形成和确立期,文化程度较高,接受新生事物快,也容易受到西方文化价值观和社会思潮的影响。因此,需要在把握基本状况的基础上,科学分析其思想动态,通过政治引导,把青年群体更加广泛地团结和凝聚在党和政府周围,为中国特色社会主义事业做出更大贡献。

## 一 新社会阶层青年群体的基本状况

2015年7~8月,中国统一战线理论研究会新社会阶层人士江苏研究基地在江苏就"新社会阶层青年群体的政治引领"进行了随机问卷调查。本次调查在全省13个设区市共发放问卷1200份,回收816份,回收率为68%。其中符合18~45岁这一年龄段的样本共696人。从职业群体上来说,新社会阶层中的"70后"、"80后"乃至部分"90后"青年不同于其他的青年群体,他们大多已完成学业进入了社会,是大量存在于各类新经济组织、新社会组织中的自由择业、自主创业职业群体。相对于原生代的新阶层人士大多都由体制内分流出来的情形,新阶层青年群体的成长背景和经历与之明显不同,故而在价值观和财富观上与其父辈存在着显著的差异,使得这一群体具有鲜明的时代特征。

(一)性别、年龄、婚姻状况

问卷调查数据显示,新阶层青年群体中,男性比例较高,达62.6%,女性占37.4%。26~40年龄段的占主体,占78.6%。婚姻状况方面,未婚的占比21.5%,已婚的526人,占比75.8%,离异的19人,占比2.7%。

(二)职业结构

职业结构方面,白手起家的自主创业人员占23.6%,家族企业继承人占13.9%，管理技术人员占24.5%。从父辈职业对子辈职业的影响来看，父辈为企业经营管理人员，子辈成为家族企业继承人的比例为42.8%，而父辈的其他职业则对子辈职业影响没有明显差异。从这个意义上来说，阶层固化的现象在新阶层青年群体身上有所减弱，社会流动性有加大的迹象。

### （三）文化程度

文化程度是影响社会群体代际流动的关键变量，从调查结果来看，新阶层青年群体的文化程度普遍较高。对照江苏省2010年第六次全国人口普查主要数据公报，具有大学（大专及以上）文化程度的比例为10.8%。而2014年"社会阶层结构变迁"课题组在江苏的调查数据显示，18~39岁青年群体具有大学文化程度的比例为44.5%。可见，新阶层青年群体的文化程度要远高于其他青年群体和阶层。为考察影响这一群体文化程度的相关因素，我们将父母的职业、文化程度四个自变量先赋性影响因素的自变量与个人的文化程度建立二元Logistic回归模型。统计结果发现，父辈的先赋性因素功能出现明显分化，父辈的文化程度对子辈的文化程度仍然有显著影响，而父辈的职业则对子辈的文化程度影响不大。

### （四）收入差异

统计数据显示，这个群体年收入5万元以下的占22.3%，5万~10万元的占23.6%，10万~20万元的占25.2%。而年收入20万元以上的高收入人群则占28.9%。2014年"社会阶层结构变迁"课题组在江苏的调查数据显示，18~39岁的青年群体中年收入5万元以下的占26.9%，5万~10万元的占35.7%，10万~20万元的占20.3%，而年收入20万元以上的占17.1%。通过这两组数据的对比可以看出，新阶层青年群体中高收入者的比例要远高于其他阶层的青年群体。此外，新阶层青年群体中，不同职业的收入差异也很明显。5万元以下收入的主要集中在民营科技企业的管理技术人员以及自由职业人员，比例分别为31.8%、35.2%。而高收入青年人群则主要集中在家族企业继承人、自主创业者以及外资企业的管理技术人员中。

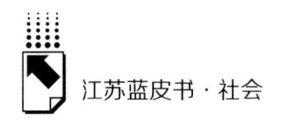

## 二 新社会阶层青年群体的思想动态特征

### （一）对国家政治体系认同的高度同质性

坚持中国共产党的领导是坚持走中国特色社会主义政治发展道路的核心，公民对国家政治体系的认同在现代政党制度下集中表现为对政党制度的认同。增强社会成员对于共产党执政的合法性的认同，对于维护我国政治系统的有效运转具有决定性的意义。问卷数据表明，超过六成的受访者认为目前共产党的执政能力很优秀或比较优秀，有71%的人高度评价了中国建党以来对中国人民和中华民族的重大贡献。从这两项数据可以看出，新阶层青年群体对坚持党的领导以及对党的执政能力有很高的认同度，也就是说，对国家政治体系的认同具有高度同质性。新社会阶层中的青年群体对我国政治制度的认同具有同质性，反映了他们政治认同的总体倾向是正确的，符合他们作为中国特色社会主义建设者和统一战线的重要力量的身份，为他们有序地参与政治生活提供了重要条件。

### （二）社会声望的自我认同普遍不高

与较高的经济地位不同的是，新阶层青年群体对于社会声望的自我认同普遍不高。调查显示，仅有13.4%的人认为自己的社会声望较高，58.5%的人认为社会声望一般，而认为社会声望较低的则占28.1%。并且当被问到"考虑到您的工作能力和工作状况，您认为目前的收入是否合理"这一问题时，仅有2.5%的人表示非常合理，觉得"不合理"以及"非常不合理"的占41.6%。

值得注意的是，私营企业或外资企业的技术人员认为自己处于社会中下层的比例颇高，为37.6%。这部分人拥有较高的文化水平和专业技术，对体制内外人员在社会福利、社会保障等方面的差异感受较为敏感，相对剥夺感较重。中介组织从业人员中，近45%的人认为自己处于社会中下层以及下层。从数字表面看，这可能与人们的直观感受是相反的：律师、注册会计师等中介从业人员有着令人羡慕的社会地位。以律师为例，他们也面临着尴尬的处境。一方面，作为社会主义的法律工作者，他们在政治参与上比其他群体有着天然的优势；另一方面，公权力和不公正执法也给律师执业形成了制约。此外，律师诉讼业务向知名律师、大律师事务所的集中，案件资源分布的不均衡性也是造成部分从业人员感觉社会地位低下的重要原因。

（三）重视职业的高收入、稳定性，对权力要素期望较低

随着市场经济体制改革的深入，越来越多的青年人加入并形成了以知识谋生的职业群体。他们具有较强的进取精神和精神需求，而单纯的财富和权势等功利性因素不是其体现个人价值的首选。在知识与财富的联系越来越密切的背景下，他们对财富的渴望并不亚于其他群体。调查显示，高收入和工作的稳定性等因素依然是体现工作回报的首选，分别有78.7%和50.4%的人认为前两者是最重要的职业回报；社会声望、事业的成功与成就感也颇为重要，认同者并愿意为大众和社会服务。相比较而言，新社会阶层青年群体对权力要素期望较低，仅有6.7%的人认为工作价值的回报体现为较大的职权。并且当被问到"哪项要素对社会财富的增长相对更为重要"这一问题时，仅有12.8%的人选择了"权力"，而选择"资本和创新"的占66.7%。青年群体对资本、创新的重视折射出中国传统知识分子"君子固穷""学而优则仕"等观念也正在发生重大的变化。

（四）崇尚竞争与遵守法制的价值观并存

与传统计划经济体制下的社会群体或阶层以意识形态作为划分认同的核心标准所不同的是，新社会阶层青年群体价值层面的政治认同呈现出多元化的特征。一方面，他们主张通过市场竞争获得利益，而竞争意识是现代社会得以存续、发展的重要心理基础。成功的新阶层人士大都是通过在市场竞争中获得成功的，竞争成为他们奉行的人生和事业法则。课题组对江苏新社会阶层的调查发现，对于现实社会中的竞争，46.8%的被调查对

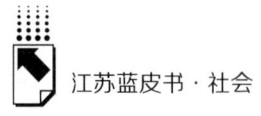

象认同"自由竞争，优胜劣汰（即能者上，不能者下）"的竞争观，31.4%的被调查对象认同对于竞争"可以适当平均分配，协调利益，以实现社会公平"，18.0%的被调查者认为"对待竞争不能一味放纵，需要实行宏观调控"。

另一方面，新社会阶层青年群体具有较强的权利意识和法律意识。在问及"权益受侵时，你如何处理"的问题时，有近49.3的人选择"诉诸法律"，自由职业者群体的比例最高，为59.1%。此外，通过行业协会或社会组织、新闻媒体解决的比例分别为24.6%和32.3%，而试图通过非正式渠道（找私人关系解决）维护权益的占25.3%。这说明，在新社会阶层青年群体中，法律意识、平等意识、合作意识和契约意识等现代观念已深入人心。

（五）政治关注度存在差异，利益诉求多元化

新社会阶层青年群体对政治的关注度存在显著差异。中介组织从业人员的关注度最高，其次为新媒体从业人员，私企和外企的管理技术人员以及自由职业人员相对较低。以新媒体从业人员中的青年群体为例，这一群体在每天不断地采集、整理、加工和发布各类信息的职业活动中已经形成了敏感于国家政治和社会事件的职业习惯。他们高度认同共产党的执政能力和成绩，但是对于政治改革的进度和力度存在着或多或少的急于求成的心态。而技术领域的年轻人对政治的关注度则相对较低，更愿意把精力和时间放在工作上。青年群体也面临着诸如工资收入、职称评聘、衣食住行、子女入学等多方面的利益诉求。

## 三 新社会阶层青年群体思想动态需要引起关注的问题

当前，新社会阶层青年群体的思想动态从主流上看，是积极、健康向上的，对中国特色社会主义的道路、理论、制度和文化充满自信。但也存在一些不容忽视的问题。

## （一）青年群体普遍面临较大的生活压力，一定程度上对社会情绪和心态有负面作用

随着生活节奏的加快以及生活成本的逐年增加，新社会阶层普遍面临着较大的工作和生活压力。数据显示，75%的青年群体感觉承受的压力较大，压力较小的群体仅占5.2%。这其中最大的压力来自购买房产。面对不断上涨的房价，各类群体都有自身的解读，而大多刚需群体则有着更切身的体会。高企的房价，对实体经济和城镇化的影响还有待观察，但对于青年群体的社会心态影响已经显现。尤其是房价背后的社会伦理和政策的博弈（买房离婚）以及政府土地财政的弊端。网上流传的"快速上涨的房价，会令奋斗的价值贬值"等言论，或多或少反映了青年群体的价值观和心态。

## （二）青年群体对政府的认同度逐级降低

政治认同既包括对国家政治体系的认同，也包括对政府具体行政行为的认同，公民在行政行为过程中的满意度决定了这一认同的质量。统计数据显示，新阶层青年群体对政府的认同度随着层级的降低而同步下降，对"中央人民政府""信任或很信任"的比例高达86.8%，对"省级人民政府""信任或很信任"的比例为81.6%。而对乡镇等基层政权"信任或很信任"的比例则为57%。基层政府是党和国家与群众直接接触的行政组织，是将中央政府各项政策细化、执行的单位。对于一个国家来说，良好的执行力是"良政"的关键所在，基层政府如果不作为甚至胡乱作为，不仅会大大降低党和政府的威信，而且会导致百姓产生政治冷漠感，从而对党群关系、干群关系产生负面影响。近些年来，与基层政府密切相关的负面新闻较多地出现，大大减弱了人们对基层政府的政治认同度，基层政府在一定程度上解构了新社会阶层青年群体的政治认同感。

新社会阶层人士作为与市场经济改革同步发展起来的社会群体，在企业创办、税收等诸多环节与基层政府有着紧密的联系。他们在政治身份上基本属于"体制外"人士，对政府依法行政要求极为强烈。这就使得新社会阶

层在行政效能的认同上不再表现为高度的同质性，而是务实性。因此，基层政府的"污名化"对于政治认同的冲击需要引起足够的重视，服务型政府的建设任重而道远。

（三）互联网等新媒体会放大新阶层青年群体的负面效应

当前，随着新媒体的兴起和普及，微博、微信等平台对人们的思想动态影响也不断增强。新媒体等网络平台迎合了青年群体追求个性、追求效率、追求时尚的心理，因此网络与青年的学习、生活紧密地联系在一起。但是，网络信息的真伪难辨等负面因素也给青年人的思想、道德以及政治认知等带来了影响。更为重要的是，网络平台上不同知识结构、生活背景的人群固化会产生网络"意见领袖"。社会转型期，网络"意见领袖"在一定程度上成为民意的代言人，对政府陈情，施加舆论压力，但在重大公共事件中某些事实和观点的"偏差"，也加剧了社会对抗性情绪，提高了舆情处置的难度。

## 四 增强新社会阶层青年群体政治认同的若干建议

作为改革开放以来快速成长起来的社会群体，新社会阶层青年群体既享受着社会进步带来的自身发展，也直接面对着因社会转型产生的多重矛盾和思想激荡，承受着高度竞争带来的巨大压力。由于生活阅历、成长环境、教育背景的差异，青年群体在思想观念、价值取向等方面均具有鲜明的时代特点，也存在相当的多元化和差异性。相关部门要针对他们的思想动态特征和成长规律，提出切实有效的措施，把青年群体更加广泛地团结和凝聚在党和政府周围，为高水平建成全面小康社会凝心聚力。

（一）优化人才发展环境，激发新社会阶层青年群体的创新创业活力

经济新常态下，政府的简政放权，市场要素的合理配置，以及互联网众创、众筹等创业、创新服务平台的搭建，共同催生了"大众创业潮"，新阶层青年群体在其中占了较大比例，例如，白手起家的青年创业者、子承父业

的"创二代"、青年专业技术人员、海归留学人员以及新媒体从业人员等。要进一步通过政策松绑、放权来最大限度地释放青年人才的创新、创造、创业活力,让财富创造者真正成为财富拥有者,着力提高青年群体的财产性收入,使他们在实现自我价值的同时,也为经济发展提供内生性动力。

### (二)建设服务型政府,提高青年群体对行政行为的认同度

以人为本、执政为民是马克思主义政党的生命根基和本质要求。这就要求执政党努力建设服务型政府,提高青年群体对于行政行为的认同度。一方面,深化行政体制改革,实现政府职能向市场监管和公共服务的转移,将原先由政府"越位"或"错位"承担的一部分职能以及大量的微观的、技术性和事务性的职能转移给商会、行业协会等各类社会组织。放宽服务领域的市场准入条件,降低服务成本,增加有效供给。对一些具有公共性质或准公共性质的社会服务,在加大政府投入的同时,要发展社会组织提供多种服务的方式和能力,使之成为协助政府提供社会公共服务的一支新生力量。另一方面,切实强化政府的政策执行力。执行力是政府工作的生命力。要认真抓好既定各项政策的落实,及时对出台的有利于民生建设的各项政策措施落实情况组织"回头看"。切实把有关政策措施用足用活用好。避免陷入出台政策—执行—打折执行—出台新政策补救的怪圈。

### (三)建立和完善分众化思想政治工作机制

当前,各阶层利益不断分化,新阶层青年群体的思想动态也表现出了差异化特征。这就需要我们建立和完善分众化思想政治工作机制,针对新社会阶层中不同类型的青年群体采取相应的工作机制,以提高工作的针对性和有效性。解决民营企业的代际传承问题,实施新生代非公有制经济人士的教育培训工程。组织全省各地具有较大规模和较好发展前景民营企业的接班人选以及新一代自主创业的年轻企业主,有重点地学习中国特色社会主义理论、党的路线方针和现代企业经营管理知识,提高其思想政治素质和企业经营管理能力。

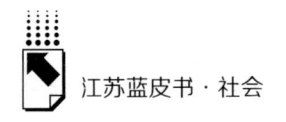

## （四）加强新媒体时代的舆论引导

新媒体网络发展迅猛，打破了原有的新闻传播形态，呈现出舆论主体多元、传播渠道丰富、内容鲜活生动的新局面。然而新媒体也存在传播泛化、内容混杂、信息虚假等问题。社会成员间的沟通交流逐步分众化、扁平化，价值观念多元多样多变、各种社会思潮交流交融交锋，这使得政治引领的任务显得更加迫切而艰巨。青年群体处在价值观形成和确立的时期，思想活跃，且具有相对独立性、选择性、多变性和差异性。青年群体的一些政治观念和价值观发展趋势值得警惕：一是"西方月亮分外圆"的崇洋媚外，二是虚无缥缈的精神缺钙，三是粉饰太平的"过度吸纳"。这就需要加强新媒体时代对青年群体的舆论引导和实时监测，提高网上舆情处置能力，加大正面宣传和正面引导的力度。

# B.18
# 江苏绿色生活行动的新进展研究

李宁宁*

**摘　要：** 江苏对绿色生活方式的推进起步较早，并取得积极的进展：初步建立起了绿色生活行动的教育体系，着手建设绿色生活行动的基础设施与运行网络，绿色生活的制度体系也在探索与构建之中。但江苏绿色生活行动还面临着一些亟待解决的问题：公众参与面不广、绿色产品供给不足、废旧物资资源化处理的产业链还没有形成以及废旧物资资源化处理技术不足、绿色制度储备不足。本研究进一步提出了推进江苏绿色生活行动的对策：对绿色生活行动进行顶层设计；加大宣传教育力度，构建全民参与的绿色行动体系；建立健全法律法规，制定激励政策和扶持措施；规范绿色消费市场；加强绿色技术攻关。

**关键词：** 绿色生活方式　绿色行动体系　绿色消费市场

2015年3月24日在中央政治局会议上首次提出绿色化，这是十八大提出的"新四化"概念的提升——在"新型工业化、城镇化、信息化、农业现代化"之外，又加入了"绿色化"，并且将其定性为"政治任务"，中国经济社会发展目标由"四化"扩展到"五化"。"绿色化"包括生产方式的绿色化、生活方式的绿色化、价值观念的绿色化以及制度的绿色化，其中生

---

\* 李宁宁，江苏省社会科学院社会学研究所研究员。

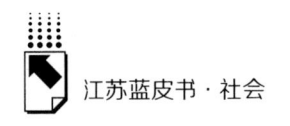

活方式的绿色化，推行绿色生活行动，已被提到越来越重要的地位，2015年世界环境日的主题便是"践行绿色生活"。在环境恶化趋势没有得到根本遏制的今天，践行绿色生活，既是生态文明建设的必然要求，更是实现从人人看到环境问题到人人参与解决环境问题转变的迫切需要。

## 一 江苏绿色生活行动的进展

江苏于2004年和2005年先后出台了《江苏生态省建设规划纲要》《江苏循环经济发展规划》，两个规划无一例外地提到绿色生活，其后的十多年，江苏就推进绿色生活进行了积极的尝试与努力，在宣传与动员群众、普及绿色生活知识、促进群众参与等方面形成了一些有特点的做法，如2004年启动的旨在提高大中小学生环境意识和参与能力的"江苏美境行动"，2015年6月，江苏环保联合会建成全国首个电子废弃物回收处理体系——"e环保·易回收"公益服务平台，2016年正式启动全国首座环保主题地铁车站，等等。江苏对绿色生活的推动从抽象的教育宣传向具体的行为指导与实践延伸，从单纯的群众教育向建立绿色生活配套设施与网络建设延伸。

（一）初步建立起绿色生活行动的教育体系

江苏以学校、社区以及各类展馆、活动中心为载体，搭建起一个个绿色生活行动的宣传教育平台与网络。

强化学生的环境意识教育。通过绿色学校创建活动，普及环境科学知识与环境法律知识，提高学生的环保意识，至2016年1月，全省已有2012所省级绿色学校（幼儿园）；开展"美境行动"，通过讲解、互动、参与、体验等形式开展江苏"美境行动"交流营（室内、室外）和各种培训交流活动，旨在提高大中小学生的环境意识和参与能力。"美境行动"自2004年在江苏开展以来，已成功举办十二届，目前已覆盖全省70%的市、县，参与"美境行动"的大中小学和幼儿园已超过1000多所，直接参与美境行动方案设计和实施的师生达到13万人次，征集美境行动设计方案成果2000多项，环境教育受众面超过300万人次。镇江市实施了"绿芽计划"，在大学中招募大学生讲师，经过三天的系统培训，组成公益讲师团，进入小学课堂，向学生具体讲授低碳、垃圾分类、空气污染等方面的环境知识。

广泛开展社区居民的环境意识教育。2002年江苏开展了"环保进社区"活动，2003年开始进行"绿色社区"创建，以弘扬生态文明理念，倡导绿色消费方式，推进生态文明建设共建共享。至2016年，全省已创建省级绿色社区1126个。这些绿色社区中，有不少社区都开展了环保主题行动，比如绿色办公、绿色出行、社区废品银行、家庭节能减排档案等，呼吁社区居民保护环境，提高环保意识。2015年南京启动了"资源再用"马拉松行动，在多个社区广泛开展家庭厨余垃圾减量推广活动，指导居民利用厨余垃圾堆肥和制作环保酵素。这一环保实践，不仅提高了居民的环保意识与环保实践能力，还减少了生活垃圾的排放，实现了资源再利用。

积极拓展环保教育阵地。充分利用现有的展馆与活动中心进行环保知识的教育与普及，并将一些公共场所作为环保宣传重要阵地。青奥会期间，南京开出了第一列环保地铁——"环保号"，地铁车厢内随处可见"做环保达人，为改变点赞""凝聚为力量，环保微改变"等标语，以及节约用水、用电、垃圾分类、绿色出行等方面的动漫展板，使地铁成为"流动的环保课堂"，传播"为环保·微改变"的绿色生活理念。2016年，南京环保主题地铁站——"绿博园环保车站"在9月22日第十个"世界无车日"正式启用，这是全国首座以环保为主题的地铁站。站内打造了绿色长廊区、知识互动区、环保小课堂、环保情景区、活动展示区、主题展示区以及环保24小时7个环保主题区域，以环境保护为主题，向市民、游客传播"为环保·微改变"的绿色生活理念。

（二）着手建立绿色生活行动的基础设施与运行网络

基础设施与运行网络建设，使人们的绿色生活行动成为可能。在积极培育人们环境意识的基础上，江苏开始着手建立绿色生活行动的基础设施与运行网络，促进人们选择绿色环保的生活方式。

大力发展绿色建筑。将绿色、循环、低碳理念融入建筑，实现资源、能源的节约使用与再利用，不仅给人们带来了绿色居住的积极感觉，而且对改变城乡建设模式和实现产业转型升级，破解能源资源瓶颈约束，提高城乡生态宜居水平，培育节能环保、新能源等战略性新兴产业，具有十分重要的意义和作用。我国于2006年开始推广绿色建筑，并逐步将其上升为国家战略。江苏绿色建筑发展迅速，至2012年底，全省绿色建筑已占到全国绿色建筑总面积的1/4，2013年城镇新建建筑全部达到绿色标准，2015年12月底，江苏省累计获得绿色建筑评价标识的项目达1059项，总建筑面积11132.82万平方米，其中公建项目597项，总建筑面积3825万平方米；住宅项目459项，总建筑面积7295.1万平方米；工业建筑3项，建筑面积12.7万平方米。

建立发达的公共交通体系。大力发展公共交通，建立完善便捷的公共交通体系，促进人们绿色出行，是江苏建设生态文明的重要目标。目前江苏已建立起较为完善的城市公共交通网络，除省会城市南京外，苏州、无锡、常州、徐州、镇江、南通也已拥有地铁，各种交通工具的无缝对接，为人们的绿色出行带来了方便。为解决人们出行的"最后一公里"，江苏还推出了公共自行车租赁，作为公共交通的延伸与补充，江苏是我国最早推行公共自行车租赁系统的省份之一。至2014年底，13个省辖市已全部投用了公共自行车。

探索建立废旧物资回收与利用网络。2014年江苏开始探索建立废旧物资回收网络，建立起以社区为依托、以环保企业为核心、环保志愿者共同参与的废旧物资回收与利用网络。目前全省已在各社区设立了大约10000个废旧衣物回收箱，回收市民闲置的旧衣服、鞋子、包等。其中，八成新的衣物将在消毒后向有需要的市民或外地贫困山区捐赠，不可捐赠的衣物将经由相应企业处理后制成棉纱、无纺布或涤纶原料等，实现资源化再利用。2015年江苏环保联合会还建立了电子废弃物回收处理体系——"e环保·易回收"公益服务平台，人们可以通过微信预约，由拆解厂家上门回收冰箱、彩电、空调、电脑等旧家电，进行无害化与资源化处理。

## （三）构筑绿色生活行动的制度体系

建立绿色建筑标准。制定了《江苏省绿色建筑设计标准》，并于2015年1月1日开始正式实施，从此江苏所有新建建筑必须严格按照标准进行建设，让住宅更舒适节能。新出台的《江苏省绿色建筑设计标准》以国家绿色建筑标准为依据，对建筑的室内外环境、景观设计、水资源利用等各个方面进行绿色设计，共有168条必须执行的强制性条文，并在通风、采光、降噪等方面都有具体规定。由于新的标准更为清晰、明确，因此执行起来无法打折扣。

实行阶梯水价、气价制度。阶梯计价，即用得越多，价格越高，对每户家庭给予一定数额的用水、用气计划，对超计划用水的实行累进加价收费，以鼓励节约用水、用气，提高资源利用效率。作为省会城市的南京，2006年就率先执行阶梯水价，2013年率先执行阶梯气价，至2015年末，全江苏13个省辖市已全部完成了"新国标"下的阶梯水价、阶梯气价改革，全省所有县（市）也将按"新国标"，在2016年完成阶梯水价、阶梯气价改革。

实行公共交通低价政策。为鼓励"优选公交、绿色出行"，全省普遍实行了低票价制度，学生、老年人等特殊群体还享有特殊的票价减免优惠。南京、苏州、镇江等城市先后推出了公交换乘优惠政策，扬州甚至推出一小时内免费换乘。城市毗邻地区的公交换乘优惠也已经纳入计划。目前全省已经拟定宁镇扬、苏锡常、徐连宿、淮盐泰通等四个片区的公交换乘优惠方案。

总体而言，绿色生活行动的宣传教育体系相对成熟，绿色生活的基础设施建设力度较大，资源回收利用以及再资源化网络与途径还处在摸索之中，而相应的法律法规体系建设还跟不上现实的需要。

## 二 江苏绿色生活行动亟待解决的问题

十多年来，江苏倡导绿色生活方式，推进绿色生活行动，进行了积极的努力，取得了明显的成效，但依然面临着一系列亟待解决的问题。

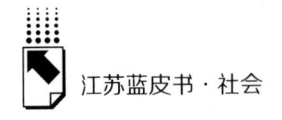

## （一）绿色生活行动的公众参与

公众的环境意识与绿色生活意愿有所提高，但整体来看，由于环境知识有限，参与能力不足。相对于学校，社区环保知识的普及与教育相对薄弱，还未能从试点走向推广；相对于城市，针对农村村民的环保知识的普及与教育相对薄弱，存在不少盲区。值得提出的是，绿色生活行动的倡导与推进主要还是靠政府，相对于我们庞大的人口基数来说，本应在环保宣传方面有着积极作用的民间环保组织过于弱小。此外，保护环境人人有责的环境责任感还没有建立起来，虽然一部分人有了绿色生活的意识，但离转化为绿色行动还有很大差距。面对出现的生态环境问题，公众埋怨的多，从自身找原因的少，绿色生活的社会氛围还未形成。

## （二）绿色产品的供给

绿色产品供给严重不足。一方面，关于绿色产品认证名目繁多，至今没有统一的绿色标准、认证机制，导致绿色产品市场鱼目混珠，难分真假；另一方面，由于缺乏政策支持，生产和市场出售的绿色产品，成本高、价格高，而那些不顾环保、浪费资源的产品，则价格相对较低，绿色产品反而变成了有钱人才能享受的"奢侈品"，缺乏市场竞争力。

## （三）废旧物资资源化处理的产业链与技术

废旧物资资源化处理的产业链还没有形成。江苏在全国较早开始垃圾分类的推广，南京2000年被列入全国垃圾分类八大试点城市之一，但至今难以有效地开展，其重要原因并不在于市民的不配合，而在于垃圾分类收集与处置体系建设的滞后。同样的情况还反映在废电池的处理上。电池随着电子产品的广泛使用，其消耗量上升非常之快，废弃的旧电池对环境有毒有害，虽然具有较高的回收价值，但我们还缺少一整套从收集、运输、分类到处置与回收利用的废电池收集与处置体系，使得电池的回收率极低，大量电池被随意丢弃。在德国，2012年电池回收率为44%，而回收电池的材料利用率达到了100%，废电池的有效处置，给他们带来的不仅是环境效益，更有经济效益。

废旧物资资源化处理技术不足。旧衣服的回收利用正面临着这一尴尬情境。我们对旧衣服的加工起步晚、技术低、成本高，而服装成分复杂，以混纺为主，这也加大了企业提炼的难度，造成旧衣服资源化处理的不经济。国内多数再生加工企业已经放弃提炼再生纤维，制作涤纶短纤等高端产品，转而生产拖把、抹布等低端产品。旧衣服资源化处理需要技术上的突破，欧盟曾斥资千万欧元对"再生纤维的加工利用"进行立项研究。

（四）绿色生活的制度支持

绿色生活行动离不开相应的法律法规建设。针对废电池的收集处置，德国于2009年颁布了《电池法》，以法律形式规定：任何电池生产商、进口商以至最终消费者都有义务回收废旧电池；所有废旧电池，无论何种类型、有害物质含量大小，都不允许进入生活垃圾。禁止生产汞含量超过5ppm及2%的民用电池和纽扣电池。根据这一法律，德国境内出售电池的商户，必须设立电池回收点。德国大小超市内的电池回收箱，即是应《电池法》的要求而放置的。回收箱里的废旧电池必须至少每周清空一次。短短的四年后，德国便建立了完善的电池收集与处置系统，有效地减少了随电池而来的重金属污染，实现了废旧电池的资源化利用。

随着环境污染问题日益突出，防治大气、水、土壤污染的法律法规接连出台，相对而言，与绿色生活相关的法律法规建设较为滞后。如对于过度包装，只是在《清洁生产促进法》中提到，企业对产品的包装应当合理，包装的材质、结构和成本应当与内装产品的质量、规格和成本相适应，减少包装性废物的产生，不得进行过度包装。至于什么是过度包装，企业对过度包装承担怎样的法律责任，缺少详细的解释和规定。对于电子垃圾的回收处理，也缺少相应法律的支持。电子垃圾不同于一般垃圾，不适当的处理将造成环境污染。目前大多数废旧家电通过各类废品回收站进入非正规的小作坊，处理方法简单原始，对环境影响大。

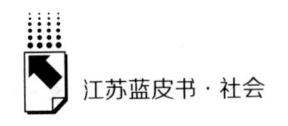

## 三 江苏绿色生活行动的对策建议

推动江苏绿色生活行动，除了要继续强化人们的环保意识与环保责任感，增强其绿色生活行动能力，还要加强对这一行动的整体的规划与设计，建立完善的法律法规体系，规范绿色消费市场，加大绿色技术的开发力度。

### （一）对绿色生活行动进行顶层设计

在省级层面对绿色生活行动进行顶层设计。加强绿色生活行动的系统性研究，合理制订长期规划和年度工作计划，明确分工，规范政府、企业和公众的职责和义务，构建起政府引导、市场响应、公众参与的运行机制，加快推进绿色生活行动。

### （二）加大宣传教育力度，构建全民参与的绿色行动体系

建立生活方式绿色化宣传联动机制，整合各部门、各单位宣传资源，加大宣传力度，开展持续宣传，提高全民生态文明意识。开展绿色生活教育活动，制定公民行为准则，增强道德约束力。编写绿色生活行动小册子，让人们了解什么是绿色生活，如何参与到绿色生活行动中去。同时充分利用现代化手段，发挥新媒体优势，开发面向公众的绿色生活 App，让公众随时可以关注绿色生活指数。

广泛开展绿色家庭、绿色社区、绿色机关、绿色学校等创建活动，引导公众积极践行绿色生活。鼓励和支持社会组织和大学生社团开展各项环保活动。开展绿色产品信息发布，建立便于查询的平台，发布国家认证的有机食品、环境标志产品和绿色装饰材料，置换废旧日用品；曝光有害产品，接受公众举报。

### （三）建立健全法律法规，制定激励政策和扶持措施

绿色生活行动面临着诸多的法律问题，需要建立更为细化的专项立法，

如妥善处理电子垃圾的《电池法》《电子废弃物处理法》，合理利用太阳能的《太阳能法》，防止过度包装的《包装法》，促进再生资源利用的《再生资源利用促进法》等，使绿色生活行动有理有据。

按行业、领域制定符合生态环保要求的标准，对绿色产品的生产企业给予政策扶持和技术支持；开展绿色信贷，对积极采用先进节能技术、有利于绿色消费的项目，给予专项资金补助、税收减免。进一步完善政策，支持新能源汽车发展、支持城市发展公共交通和自行车租赁系统等。

## （四）规范绿色消费市场

积极开发绿色产品，制定统一的绿色认证标准，加强绿色产品的标识管理；加强监管执法力度，强化对绿色产品的监测、监督和管理，维护正常市场秩序；大力推动绿色产品生产和绿色基地建设，扶持绿色产业。同时建立绿色产品营销体系和绿色产品追溯制度，对假冒绿色产品予以严厉打击。

## （五）加强绿色技术攻关

针对绿色生活面临的技术难点，设立重大科技专项，提高绿色技术的创新能力；加大生态科技的 R&D 投入和政策倾斜力度，发挥信贷、税收、补贴等政策手段的作用，积极促进绿色技术和产品的研发、示范、推广；建立官产学研相结合及公私合作伙伴关系的技术开发模式，注意整合相关研究机构、企业及资本市场的力量，采取协调行动，促进企业创新能力和竞争力的提高；强化绿色技术的知识产权保护，探索实施绿色技术的专利制度。

# B.19
# 促进江苏绿色建筑发展的对策研究

郭玉燕[*]

**摘　要：** "绿色建筑"是可持续发展理论在建筑行业中的衍生，是一种"可持续建筑"。发展绿色建筑既是资源、环境压力下的必然结果，也是世界范围内建筑产业的发展潮流。江苏进入工业化后期，"人多地少、资源缺乏、环境容量小"的特殊省情不容忽视，资源和环境问题逐渐成为经济社会发展的"硬约束"，也成为江苏全面实现"两个率先"必须跨越的一道坎。发展绿色建筑是全省经济可持续发展的重要内容，是应对资源环境压力的有效手段，是"培育新的经济增长点、推动产业转型升级"的重要途径，对于江苏在更高层次上提高节能减排水平、克服资源和环境的"硬约束"具有重要意义。

**关键词：** 绿色建筑　资源环境压力　产业转型升级　江苏省

党的十八届五中全会把绿色发展纳入五大发展战略，强调要实现"十三五"时期发展目标，破解发展难题，厚植发展优势，必须牢固树立并切实贯彻创新、协调、绿色、开放、共享的发展理念。

改革开放以来，我国经济取得了迅猛发展。然而在经济迅速发展的背后，却是经济增长方式的落后。目前我国经济增长方式仍然以粗放型为主，

---

[*] 郭玉燕，江苏省社会科学院区域现代化研究院助理研究员。

这类模式普遍具有"高耗能、高污染、高排放"的特点。江苏省自改革开放以来采取的也是"高耗能、高污染、高排放"的粗放型发展模式，再加上"人多地少、资源缺乏、环境容量小"的省情，要谋求更大的发展，势必要妥善解决资源和环境问题。发展绿色建筑既是资源、环境压力下的必然结果，也是世界范围内建筑产业的发展潮流。对江苏来说，发展绿色建筑是全省绿色发展的重要内容，是建设资源节约型和环境友好型社会的必然选择。

## 一　绿色建筑概念的提出

### （一）发展绿色建筑的意义

**1. 建设资源节约型社会的必然选择**

我国目前正处于城镇化快速发展的阶段，城乡建设量大面广，随之而来的是能源资源短缺和生态环境污染。我国每年新增建筑面积达18亿~20亿$m^2$，建筑能耗约占全社会总能耗的1/3。绿色建筑不论是建筑活动本身还是建筑物生命全周期均符合节能、节地、节水、节材料的要求，具有高效利用资源、低限影响环境的特点。因此，发展绿色建筑是我国建设资源节约型和环境友好型社会的必然选择。

**2. 应对全球气候变化的重要措施**

气候变化的影响是全球性的，是全世界经济发展和人类生存面临的共同挑战。建筑是温室气体排放的主要来源之一，对气候变化有不可忽视的影响，绿色建筑符合低能源消耗、低温室气体排放等低碳发展的要求，切合节能减排、保护环境的主题。

**3. 实现建筑业可持续发展的有效途径**

建筑业是我国国民经济的支柱产业，在国民经济中所占比重较大，建筑业的绿色化、节能化对改变我国建筑业技术含量低、产品质量不高、品质低的现状有重要作用。转变建筑业的发展理念，由粗放型发展向节约型发展转变，提升建筑业科技含量、质量和效益，是实现建筑业长期、可持续发展的有效途径。

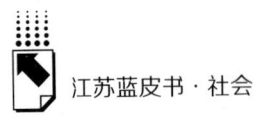

## （二）绿色建筑的概念

当土地资源越来越少，人口越来越多，人地矛盾越来越突出时，建筑师们便致力于探寻新的建筑形式来满足人类的居住需求，正是在这种背景下，保罗·索勒提出了"绿色建筑"的概念，首次将生态与建筑进行融合，试图寻找一种人与自然和谐共存的路径。

从发展的角度看，绿色建筑是可持续发展理论、绿色发展理论在建筑行业中的衍生，是一种"可持续建筑"。绿色建筑以降低环境负荷为理念，强调建筑与环境的融合，力图使建筑在有利于居住者健康的同时，达到节能、节水、减排、保护环境、提高生产率、有益于子孙后代的目的。

随着《绿色建筑评价标准》的出台，我国对绿色建筑概念的认识逐渐趋于统一，普遍将在全寿命期内，最大限度地节约资源（节能、节地、节水、节材）、保护环境、减少污染，为人们提供健康、适用和高效的使用空间，与自然和谐共生的建筑称为绿色建筑。

## 二　江苏建绿色筑发展的现状及特征

江苏是建筑大省，更是绿色建筑大省，近年来绿色建筑蓬勃发展，稳居全国前列。

### （一）江苏绿色建筑发展迅速

根据《绿色建筑评价标识管理办法》《绿色建筑评价标准》和相关评价技术细则，我国住建部从2008年组织开展绿色建筑评价标识项目评价工作。江苏省绿色建筑评价工作2008年起步，2008年和2009年，江苏分别有1个、2个项目通过标识认证；2010年，江苏绿色建筑事业进入初步发展阶段，2010年和2011年分别有19个、64个项目通过标识认证，与其他省份相比发展较快；2012年江苏绿色建筑事业加速发展，通过标识认证的项目共有92个，2013年达到了139个，之后的发展更加迅猛，截至2016年底，江苏省绿色建筑星级标识项目共计325个，居全国前列。

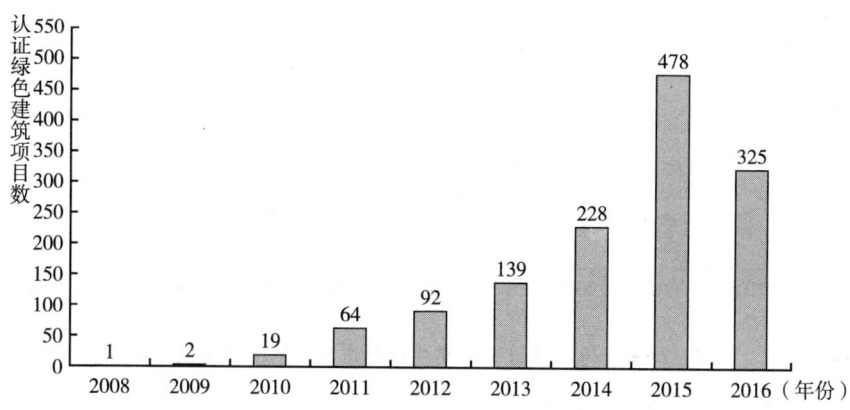

**图1　2008~2016年江苏绿色建筑标识项目变化**

数据来源：江苏省住房和城乡建设厅网站。

### （二）江苏可再生能源建筑和节能建筑比例逐步提高

"十二五"期间，江苏深入推进建筑节能、大力发展绿色建筑，积极实施节约型城乡建设十项重点工程，绿色建设水平不断提高。截至2015年末，江苏全省节能建筑规模达到143790万平方米，占城镇建筑总量的53%，比2010年末提高了20个百分点。绿色建筑标识项目面积达到11003万平方米，超额完成《江苏省绿色建筑行动方案》确定的目标任务。

可再生能源建筑与节能建筑在绿色建筑中的比例逐步提高，如图2、图3所示。通过"十二五"期间坚持不懈的努力，江苏绿色建筑取得了长足发展，不仅实现了节能建筑规模全国最大、绿色建筑数量全国最多，还实现了国家级可再生能源建筑一体化示范项目数量全国最多。

### （三）江苏省绿色建筑星级分布中间大两头小

标识项目性能分布上，分别从星级类型（分为一星级、二星级和三

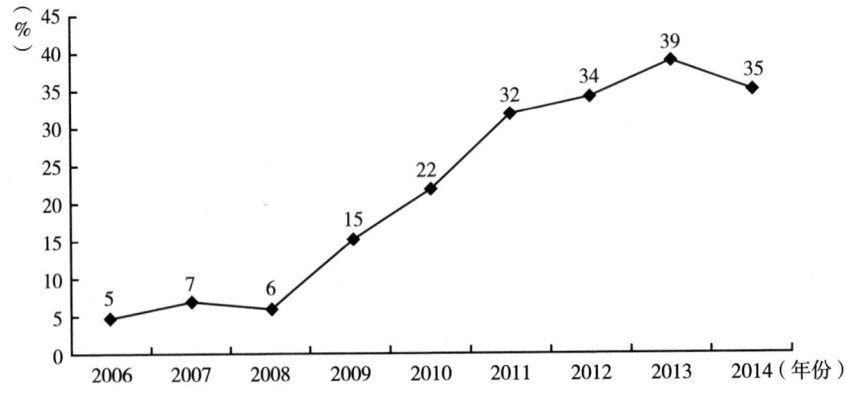

**图 2　2006～2014 年江苏可再生能源建筑应用面积比例变化**

数据来源：《江苏绿色建筑发展与政策解读》。

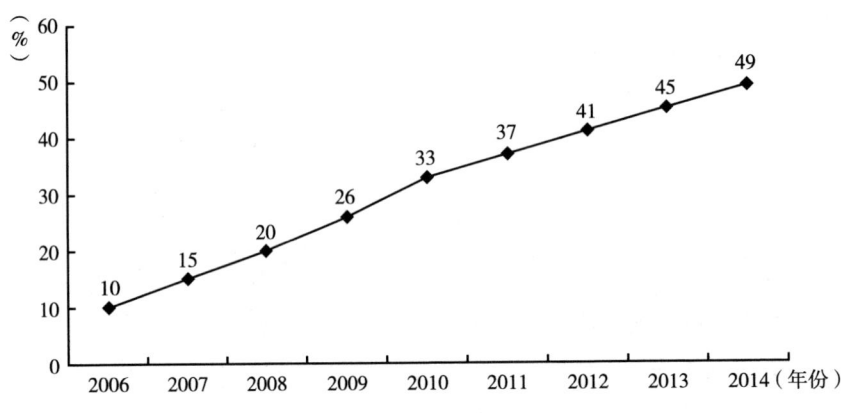

**图 3　2006～2014 年江苏节能建筑面积比例变化**

数据来源：《江苏绿色建筑发展与政策解读》。

星级）、建筑类型（分为工业建筑、住宅建筑和公共建筑）和标识类型（分为设计标识和运行标识）三个方面进行统计分析，结果分别见图 4 和图 5。

（1）从星级类型看，截至 2017 年 7 月底，江苏省"二星级"项目比重最高，有 147 个，占总量的 57%，高于"三星级"项目（15 个，占总量的

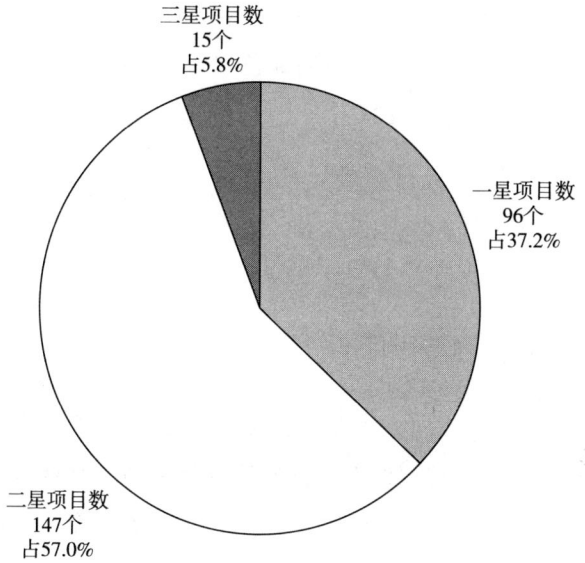

**图4 江苏省绿色建筑性能分布（按星级类型分）**

数据来源：江苏省住房和城乡建设厅网站。

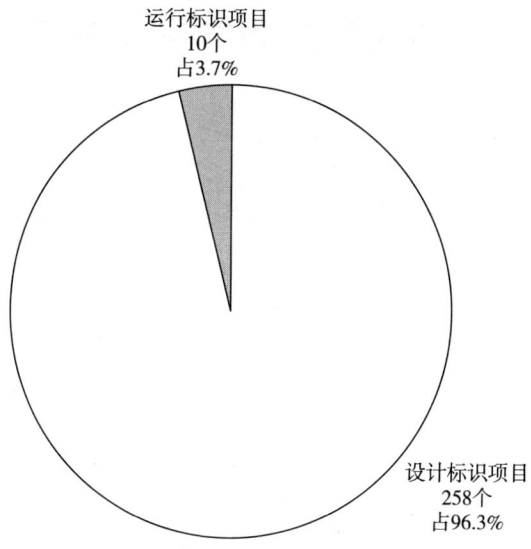

**图5 江苏省绿色建筑性能分布（按标识类型分）**

数据来源：江苏省住房和城乡建设厅网站。

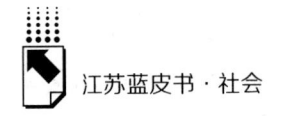

5.8%）和"一星级"项目（96个，占总量的37.2%）。

（2）从建筑类型看，通过标识的绿色建筑中，以住宅建筑和公共建筑数量居多，分别为129个和127个，占总量的比例分别为50%和49.2%。通过标识的绿色建筑中，工业建筑仅有2个。

（3）从标识类型看，以设计标识为主导。共有258个设计标识项目，占总量的96.3%，有10个运行标识项目，占总量的3.7%。

### （四）绿色建筑有法可依

2015年江苏省第十二届人大常委会第十五次会议通过的《江苏省绿色建筑发展条例》，是国内首部促进绿色建筑发展的地方性法规，条例明确规定了建设、购买、运营绿色建筑可以享受6大扶持政策，法规的制定和实施，对提高江苏生态文明、改善人民生活质量、转变经济发展方式，具有重要而深远的意义。

## 三 江苏绿色建筑发展中存在的问题

### （一）绿色建筑区域分布不平衡

从地域分布看，江苏省绿色建筑标识项目分布极其不均。截至2016年底，江苏全省获得绿色建筑星级标识的项目共有325个，标识项目主要集中于苏南和苏中地区，其中，苏州获得绿色建筑星级标识项目106个，占全省总数的1/3。

表1 江苏省绿色建筑标识项目地域分布（2016年）

| 地区 | 项目数量（个） | 项目面积（万 $m^2$） |
|---|---|---|
| 苏 州 | 116 | 1192.6 |
| 无 锡 | 29 | 239.2 |
| 盐 城 | 27 | 282.8 |

续表

| 地区 | 项目数量（个） | 项目面积（万 m²） |
|---|---|---|
| 南　京 | 23 | 342.4 |
| 南　通 | 21 | 243.8 |
| 泰　州 | 17 | 191.3 |
| 常　州 | 16 | 85.1 |
| 镇　江 | 16 | 108.3 |
| 扬　州 | 16 | 156.4 |
| 连云港 | 14 | 144.1 |
| 徐　州 | 13 | 182 |
| 淮　安 | 13 | 182.3 |
| 宿　迁 | 4 | 59 |
| 全　省 | 325 | 3409.3 |

数据来源：江苏省住房和城乡建设厅网站。

## （二）绿色建筑运行标识项目数量少

目前来看，获得设计标识的项目数量较多，真正体现绿色建筑实际效果的运行标识项目太少。截至2016年底，江苏共有258个绿色建筑项目获得设计标识，占总量的96.3%，仅有10个运行标识项目，占总量的3.7%。

## （三）建设绿色建筑的综合能力有待加强

目前，江苏关键技术与设备自给率低，资源能源综合开发利用水平偏低，核心技术掌握程度不足。如大部分热泵压缩机技术、建筑产业现代化技术等关键技术还需要进口。新能源建筑应用仍停留在简单直接运用层面，对太阳能等清洁能源的深度开发应用有待技术层面的突破。

## （四）绿色建筑评价标识管理制度有待完善

现行的绿色建筑评价标识管理制度仅对标识申报程序、备案、公示、公

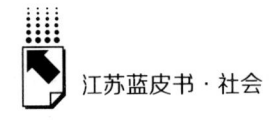

告等环节做了规定，对各级评级机构所评项目的质量缺乏有效监管，对标识项目实施情况及设计图的落实缺乏有效监管。对成功申请设计标识的项目缺乏后续管理和约束，这也是导致获得设计标识的项目数量远高于运行标识项目的原因。

### （五）绿色建筑市场氛围尚未形成

目前，一些大型房地产企业对绿色建筑发展战略执行程度较好，获得绿色建筑标识的项目数量和面积也逐年迅速增加，但大部分企业并未将获得绿色建筑标识作为提升建筑品质的动力，仅将其作为取得财政奖励、提高销售预期的手段。此外，绿色建筑运行案例较少，对实施效果评估不足，综合效益不明显，以消费者为主体的绿色建筑市场环境的形成尚需时日。

### （六）绿色建筑发展面临技术和人才瓶颈

与绿色建筑快速发展相伴生的是绿色人才储备严重不足，需求缺口大，需求与供给之间矛盾尖锐。江苏省绿色建筑专业性人才缺乏，造成绿色建筑行业"人才荒"的背后原因，一是绿色建筑相关职位在中国建筑行业都属于新兴职位；二是各大企业对绿色建筑人才需求旺盛；三是国内各大高校几乎没有相应的对口专业；四是缺乏专业人才的输送渠道。

### （七）绿色建筑信息化管理与大数据分析框架尚未形成

目前，绿色建筑项目信息化水平低，绿色建筑标识项目的申报与评审仍停留在传统的人工阶段，数据采集不及时，涵盖内容不足（仅包含标识项目备案和强制执行项目完成情况的基本信息），统计与分析能力受限，公众查询渠道不畅。绿色建筑发展水平评价体系尚未建立，仅靠数量和面积等基本指标来衡量，科学性不高，难以适应"大数据"和"互联网+"时代。

## 四　推进江苏绿色建筑发展的思路和建议

### （一）江苏省推动绿色建筑发展的整体思路

为进一步落实绿色建筑行动，推动江苏省绿色建筑的发展，江苏省需要改变单纯依靠强制性政策的行政干预模式，靠颁布激励性政策来增强市场的活力，充分发挥市场的基础性作用，让市场机制来调动各方加快绿色建筑发展的积极性。

**1. 提高认识，加强政府对绿色建筑的组织领导**

国外成功经验早已证明，从来没有一个国家能仅靠市场之手成功地推行绿色建筑的发展，由于政府监管不到位、政策不到位、激励不到位、处罚不到位，单靠市场机制来推动绿色建筑的发展很难见到成效，要加大政府的重视。只有各级政府和建设行政主管部门充分认识到绿色建筑应用的重要性，并采取恰当的措施，绿色建筑才能取得成效并逐步推进。

**2. 制定实施细则，推动相关配套政策不断完善**

绿色建筑的推广和应用，关键靠配套政策，特别是约束性、强制性的政策，用以约束企业追求利润最大化的本性。将绿色节能作为一项硬指标纳入土地出让挂牌、招标和协议中；审批过程中，对绿色建筑项目进行备案。政府项目强制执行绿色建筑标准，为绿色建筑的推广做好表率。

**3. 完善刺激性政策，发挥市场机制的主体作用**

从刺激性政策的实践方式来看，主要包括正向激励和负向激励两种。正向激励是采取减免税收、费用，贴息贷款，财政补贴等措施进行鼓励，主要针对超过节能设计标准或采用可再生能源的建筑和绿色建筑；负向激励是采取征收相关赋税、减少相关补贴等方式对达不到节能设计标准的建筑进行限制。通过正向和负向两种激励的同时推动，促进既有居住和公共建筑节能改造，低能耗绿色建筑及可再生能源在新建筑中的应用。在政府完善刺激性政策的同时，还需要平衡不同政府机构的权责，发挥市场中各主体的积极性，

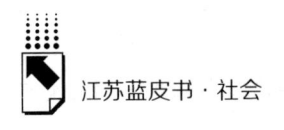

使得各主体形成合力，增强绿色建筑的市场竞争力。

**4. 建立多部门联动机制，促进运营管理能力的提升**

江苏省应该建立完善的联动机制，促进对绿色建筑运营管理能力的提升。从运营管理的模式来看，联动机制应包括三方面内容：一是谈判和协商机制，用于相关各方表达自己的利益和意愿，联合商议绿色建筑发展的成本分摊和利益分享，这类机制的一个基本要求是各方均有表达自己要求的权利和机会。二是分享机制及相关的补偿机制，以实现地方合作中的平等和互惠。三是监督机制和纠纷裁决机制，用于确保联动促进绿色建筑发展行为的可持续性。监督和裁决的最佳方式是相关各方共同授权，上级政府或上一级主管部门监督，亦可采用特邀异地政府或委托第三方机构实施监督的方式。

### （二）江苏推进绿色建筑发展的政策建议

**1. 出台强制推广与激励先进相结合的绿色建筑政策**

一是制订绿色建筑发展规划，出台相关管理办法保障落实。二是出台能耗管理办法，对能耗实施定额和限额管理，促进能源管理和节能改造。三是规范绿色运行标识申报及标识管理制度，促进运行标识的申报。四是出台江苏省合同能源管理的政策细则与管理办法。明确合同能源管理中节能量计算方法、工程监管、争议仲裁等系列重大技术与管理政策。五是建立绿色建筑运行效果的评价机制，以实际节能效果进行建筑绿色效果的评价。六是建立绿色建筑考核制度。将绿色建筑考核纳入国土、规划、建设等相关行政部门的年度考核指标体系之中。七是制定江苏省超低能耗建筑的全面推进计划，并将超低能耗建筑的试点示范工作纳入年度工作目标中。

**2. 形成住建部门与相关部门协同管理的运行机制**

形成领导小组负责协调、各级住房和城乡建设部门具体主管、其他有关部门按照职能分工协同管理的工作机制。推进绿色建筑工作顶层设计，创新工作方法，举多部门之力共同推进建筑节能与绿色建筑。

坚持"多规合一",推进绿色建筑规划、能源规划、水资源利用规划等绿色专项规划与控制性规划相结合,强化有关部门对土地出让、规划审批、设计审查、施工管理、竣工验收等环节的协同管控。

### 3. 创新城市建设与管理机制,促进绿色产业的发展

维护市场在资源配置中的核心地位,改变城市建设模式与管理模式。推进诸如绿色照明、垃圾回收与循环利用等绿色建筑基础设施在城市中的建设与运行。促进管理模式创新,培育与绿色基础设施相适应的市场和投融资机制,推进绿色建筑业及相关服务业发展。建立从业人员资格认证制度和绿色建筑检测、评价认证制度。

### 4. 用技术创新与技术培训为绿色发展提供技术支撑

制定江苏省75%建筑节能标准,超低能耗被动式绿色建筑、绿色生态城市生态建设、可再生能源建筑应用、智慧城市等重大技术标准,围绕技术标准开展技术预研;针对现有工程技术典型共性难题重点组织技术攻关。

提升绿色建筑从业人员建筑节能与绿色建筑的整体技术能力,对技术人员和管理人员进行系统培训,涵盖建筑设计、运行管理、监理、施工、质量监督等方面。在注册建筑师、结构师、设备师、建造师和监理工程师继续教育课程内容里增加建筑节能与绿色建筑的相关知识,为节能建筑、绿色建筑领域培养一批高素质的技术管理人才。

### 5. 加大政府对绿色建筑的财政支持力度

分省、市(县)设立绿色建筑发展专项资金,用于绿色建筑标准制定、技术研发与示范、既有建筑节能改造、可再生能源应用示范、绿色建筑宣传、技术人才和管理人才培训等工作。通过先行先试,积累经验,实现绿色建筑及绿色建筑示范区各项工作以点带面,同时可采用一些扶持政策激发绿色建筑的市场需求,放大财政资金的杠杆效应,如对购买绿色建筑者提供住房公积金贷款优惠、水资源费减免、容积率奖励等。

### 6. 持续加大绿色建筑的宣传力度

通过多种途径开展绿色建筑教育。召开江苏省绿色建筑技术发展论坛。

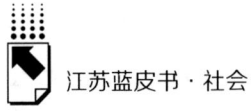

利用移动互联网和江苏省绿色建筑公共技术服务平台普及绿色建筑观念。对外开放可再生能源与绿色建筑示范工程，扩大绿色建筑的影响。通过主流媒体大力宣传绿色生活、绿色建筑理念，深化民众对绿色建筑的认识，为绿色建筑的发展创造良好的社会氛围和群众基础。

B.20
# 江苏省推进社会信用体系建设的实践与思考

成　婧*

**摘　要：** 江苏省社会信用体系建设在全国起步较早，组织与制度保障建设日臻完善，信息平台初步建成，信用信息使用范围不断扩大，各地形成了各具特色的新做法。但同时，在管理主体单一的背景下，仍然存在信息共享度低、使用效率不高等问题。在今后的社会信用体系构建过程中，要强化系统思维、协同思维，在诚信文化的支撑下，形成政府内部的互通互联，同时理顺政府与市场、社会组织之间的关系。

**关键词：** 社会信用体系　信息共享　系统思维　江苏省

加快社会信用体系建设是培育和践行社会主义核心价值观的重要内容，是促进经济转型升级，加强和创新社会治理，改进和提升行政效能的有效措施，是政府职能转变的必然要求。从2004年以来，江苏省社会信用体系建设稳步推进，为企业良性运营、政府决策审批提供了支持。2014年6月，国务院正式颁布实施《社会信用体系建设规划纲要（2014~2020年）》，为全国各地、各部门推进社会信用体系建设工作进一步指明了方向。2015年，江苏省政府出台《江苏省社会信用体系建设规划纲要（2015~2020年）》。

---

\* 成婧，《学海》编辑部编辑，助理研究员。

新形势下，应该按照整顿和规范市场经济秩序，完善社会主义市场经济体制的要求进一步完善诚信江苏建设，强化社会信用体系建设，为建设"经济强、百姓富、环境美、社会文明程度高的新江苏"打下良好的信用基础，提供平台支持。

## 一 江苏省社会信用体系构建基本情况

2015年8月，国家发改委和中国人民银行联合公布首批全国创建社会信用体系建设示范城市11个，江苏省首批三个城市入选。江苏省社会信用体系建设在全国起步较早，取得了一定的经验和成绩，在体制机制等方面形成了一定特色。

### （一）组织与制度保障基本形成

江苏省信用体系建设工作起步较早，2005年4月，成立省社会信用体系建设领导小组及办公室，常务副省长亲自挂帅，并随之设立了省公共信用信息中心；2007年，省委、省政府召开诚信江苏建设工作会议，出台了《关于加快推进诚信江苏建设的意见》，并先后制定了两个社会信用体系建设三年行动计划，确定省、市两级公共信用信息系统建设模式，各市县信用管理机构在政府机构改革中得到加强和完善。2007年以来，省政府陆续出台了企业和个人征信管理办法，社会法人和自然人失信惩戒办法，企业信用管理贯标和示范创建工作实施办法，行政管理中实施信用承诺、信用报告和信用审查等信用管理办法。省、市有关部门先后出台信息归集、系统管理、信用监管等规章制度100多项，有力支撑了社会信用体系建设。2015年省政府出台《江苏省社会信用体系建设规划纲要（2015～2020年）》，使得信用体系建设在省级层面实现了制度化推进。

### （二）省级信用信息平台初步建成

信用信息平台是社会信用体系建设的系统支撑，江苏省规划建设"一网三库一平台"（诚信江苏网、省社会法人信用基础数据库、省自然人信用基础数据库、金融信用信息基础数据库和信用信息服务平台）。当前诚信江苏网站开通运行，省社会法人信用基础数据库和服务平台建成运行，数据质量不断提高。省辖市和县级试点地区加紧建设社会法人或自然人信用基础数据库。金融信用信息基础数据库已建成并发挥较好作用。

## （三）信用信息使用范围逐步增大

当前，信用审查、信用承诺和信用报告在区域和行业逐步得到应用，信用信息共享领域逐步拓宽，信用信息在社会综合治税、证照联动、绿色信贷以及工程建设项目评标等方面得到良好应用。同时，社会信用奖惩联动机制逐步构建，守信激励和失信惩戒逐步开展。重点试点领域主管部门积极探索推进守信激励和失信惩戒，诚信江苏网站有专栏公布社会法人、自然人守信红名单以及社会法人、自然人失信名单。各地、各部门适时公开企业、个人失信信息，提高了失信主体的社会成本，试图营造一种"一处失信，处处受制约"的社会氛围。

## （四）重点领域诚信建设初见成效

政务诚信方面，强化依法行政，坚持将依法行政贯穿于决策、执行、监督、服务的全过程，健全和完善政府决策程序，严格规范行政行为，实现"阳光行政"，增强政府履职的透明度；商务诚信方面，强化重点行业、重点领域信用监管，严厉打击违法经营、扰乱商业秩序等行为；在社会诚信方面，强化重点人群、重点组织的社会信用建设，营造良好的诚信氛围；在司法公信方面，建立了失信被执行人"黑名单"制度，"诚信江苏"公布法院失信被执行人。

## （五）各地、各部门社会信用体系建设各具特色

2015年，全国确定了11个首批创建信用体系建设示范城市，江苏省南京、无锡、宿迁入选。2016年，苏州入选第二批创建信用体系建设示范城

市。现实运作中,各地市根据自身特色,不断推动社会信用体系建设。2016年宿迁市建立机关事业单位工勤人员技术等级考核诚信档案库,针对各类职业考试建立专项诚信档案,并将社会信用体系建设工作纳入全市目标综合考核。南京市制定出台全国首个《旅行社服务质量等级的划分与评定(南京地方)标准》,并于近期公布了《南京市物业服务企业及物业项目负责人信用信息管理办法(征求意见稿)》,建立物业服务企业信用档案。徐州市有33家银行机构制定了绿色信贷制度或相关的授信政策,将银行信贷与企业环保信用结合起来,大力推动环保信用体系建设。

由此可见,江苏省的社会信用体系建设在政府的强力推动下已经做到了有法可依、有章可循,信用平台建设日趋完善,信用宣传活动不断开展,信用人才与信用市场初步形成。

## 二 江苏省社会信用体系构建中存在的问题

江苏省的社会信用体系建设在省政府的推动下取得了一定的成效,但社会信用体系的构建是一个复杂的系统工程,牵涉众多部门,涉及省、市、县三个层次,还需处理政府、市场和社会之间的关系,所以在实际运作中还存在诸多不如意之处。

### (一)不同部门信用信息的资源整合问题

在政府的推动下,各类社会信用数据库正在逐步完善,涉及范围广,信息量大,但分散在金融、工商、税务、食品、医疗、司法等部门的数据库目前都处于"各自为政"的状态。在技术上,数据库的建设包含的项目没有实现整合,所以无法便利地融通,并且对于有些企业和个人,存在信息的重复采集,造成一定的资源浪费;在实际操作中,各部门信息公开程度不高,政府部门控制的公共信用信息、商业银行掌握的信贷信用信息仍然处于相对封闭的状态,系统内部、部门之间还没有实现信用信息的互联共享,部门信息和省级平台也没有实现互通。

## （二）不同层级信用信息的共享互联问题

社会信用体系是一个从国家到省级到市县的系统工程，所以纵向的数据互联就显得特别重要。当下，省级的"一网三平台"建设已经逐步实现，各地市建立了自己的信用信息系统，成为省级平台子系统，但整合程度仍然不高。此外，根据"信用长三角"的要求，江苏、上海、浙江、安徽要实现信用平台建设的互通互联，但目前，各个省市的资源共享程度不高。同时省级平台与国家和外省市的信用信息交流不畅，"信息壁垒"和"信息孤岛"现象依然存在。

## （三）社会信用信息的使用效率问题

目前，江苏省的社会信用信息大部分仍然集中在政府机构和金融机构，在信用信息的使用上，政府和金融机构都具有自身的封闭性，从而导致信用信息的利用率不高，应用范围仍然有限。因此带来的问题还有，信用的守信激励与失信惩戒机制不够完善，各地虽然都有恪守诚信红名单以及失信者黑名单，但是多采取的是名单公示制度，在"诚信江苏"等网站上都可以看到此类信息，但是相关的奖励和惩戒没有与此关联，缺乏市场性、行业性和社会性失信惩戒机制，导致守信鼓励不足、失信成本不高的困境，使得社会信用信息不能充分发挥自身应有的作用。

## （四）信用系统构建中政府、市场、社会之间的关系问题

在信用市场的构建上，江苏采取的是政府驱动模式，政府部门以及各级政府机构是信用体系构建的主体，各种信用资源也主要集中在政府，在信用体系构建初期，政府推动能够实现高效率，但在一定程度上会影响信用市场的构建。现有的信用信息主要由政府部门垄断，设立信用评级机构、信用担保机构、信息征集机构等主要是由政府机关直接负责或者由其下属事业单位负责，信用记录的采集、整理、分析也基本是由政府部门所垄断，而且各政府部门之间的信息并没有形成共享的机制，而信用信息的社会共享机制更无

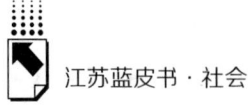

从谈起。以上问题都影响和阻碍了联合征信体系的发展,很难建立真正的信用信息采集和共享体制。同时,在信用体系构建过程中,政府的强势使得高质量的第三方征信服务机构与征信管理咨询机构较少,信用产品相对单一,不能满足不同主体、不同层次的市场化需求。

### (五)诚信文化建设、诚信宣传力度不足

社会信用制度是社会信用体系构建的核心,但它需要作为软约束的文化支撑。目前,社会信用体系建设已经作为一项工作任务在逐渐推进,但是社会信用体系不仅是一个技术性的数据库,更应该构建一种深嵌人心的诚信文化,这是一项涉及全体公民的工作。江苏省在社会信用体系的构建中,重在形成制度化社会信用建设,对诚信文化的建设重视程度不够,诚信宣传力度不足,没有形成鼓励全社会学习诚信事迹、表彰先进的氛围。信用体系建设只存在于操作层面,没有充分发挥电视、广播、报纸、网络的诚信文化宣传作用,从而很难使诚实守信成为一种全社会的自觉追求。

通过对问题的梳理可以发现,目前江苏省社会信用体系构建的主要症结在治理主体的关系上,参考其他省份可以发现,目前有三种典型的社会信用管理模式:一是政府推动下的市场运作典范,市场化程度较高;二是将社会信用作为一种公共产品,由事业性质的单位统一管理;三是"双轨制",对于企业信用实行"行政主导,事业运作",对于个人信用实行完全的市场化运作。江苏省主要采取政府运作模式,但是信用体系是一个庞大的工程,需要政府的力量,同时也需要市场、社会的参与,在信用管理的过程中,只有充分发挥各个治理主体的积极性与能动性,以协同思维处理解决各种问题,才能实现社会信用体系的系统性构建。

## 三 以系统治理思维推进社会信用体系构建

社会信用体系建设是一个综合性、系统性的工程,涵盖面很广,涉及范

围极大，需要中央与地方、不同部门、不同行业之间的协同合作。系统推进信用体系建设的几个维度如下。

## （一）加强体制内协同，实现部门间、区域间、层级间信用联动

在当前阶段，政府是社会信用体系建设的主体，针对信用信息分散的问题，应推进行业征信系统整合。税务、海关、金融、工商、质监、环保、建设、食品药品监督、人保、安全生产等部门要结合工作职责，建立健全一体化的企业信用档案，充实企业信用信息数据，积极推进行业征信系统建设。在这一过程中，第一，要完善立法协调与执法协调机制，力求在法律、政策方面实现协调统一，并建立执法协调、协作机制；第二，要建立全省统一的信用标准体系，消除地方和省级信息平台架构和技术标准的差异，为数据库的整合提供技术标准；第三，强化部门间、层级间协作机制，建立制度化的协作沟通机制，为信息共享提供组织保障；第四，明确信息公开制度，对信用信息进行分级设定，适度公开，从而打破信息壁垒；第五，运用大数据强化信息归集，推动各部门、各层级信用信息互联互通，减少重复建设带来的资源浪费。

## （二）政府、企业、社会组织协同，不断丰富信用产品

当前江苏省信用信息主要分散在政府与金融机构，主要管理机构还是政府，由于政府信息公开的程序相对复杂，从而导致信息壁垒产生，信用信息使用效率不高。从长远来看，结合征信服务性质和效率，企业和个人的信用评级和信息产品生产不能由政府部门来做，应由独立的、专门的第三方机构来制作和出售信用产品，实行市场化运作。信用体系建设要逐步向政府主导，社会、市场参与转变。只有调动政府、市场与社会三方的积极性，并妥善处理三者间的关系，才能真正发挥社会信用体系的作用。这主要包含三个层次：首先，信息收集的协同化。推动公共信用信息数据有序向社会开放，积极培育第三方信用服务机构，在信用信息的收集阶段，加入社会化的信息服务机构，打破政府机构对信用信息的垄断。其次，对于信用信息的使用，

探索信用信息的市场化运营机制，建立完善的信用服务市场管理制度，建立社会化的信用数据挖掘、分析、建模、咨询、评价、评级、信用保险等信用产业链条。简化信用信息查询程序，使信用信息更好地为社会服务。再次，加强信用服务机构管理规范，加强信用人才培育，建立社会化的信用人才培育机制。

（三）强化信用体系建设的系统性，硬件建设与软件建设同步推进

社会信用体系是由一系列法律、规则、方法、机构所组成的支持、辅助和保护信用交易得以顺利完成的社会系统，它是一个体系化的系统工程，在构建的过程中，不仅要注意信用体系的实体建设，还要不断提升信用体系建设的软文化。包括三个方面的内容：第一，在制度层面，在构建信用信息系统的同时强化保障机制和奖惩机制。将社会信用体系的构建纳入考核、评估体系，同时构建分明的奖惩机制，增加失信成本，为守信者提供更好的激励。第二，加强诚信文化建设。大力倡导诚信道德规范，弘扬中华民族积极向善、诚实守信的传统文化和现代市场经济的契约精神，形成崇尚诚信、践行诚信的社会风尚。第三，强化信用宣传，开展各类诚信主题活动，充分发挥媒体在诚信宣传中的扩散作用。

总之，在社会信用体系的构建过程中，要强化系统思维、协同思维，通过政府内部行为协作实现信用信息的沟通与利用；通过发挥政府、市场、社会三者的作用，完善信用系统的建设；通过信用文化建设为信用体系提供后台支持。只有具备这种系统思维与协同思维，才能切实解决信用体系构建中的种种问题，切实推进江苏省社会信用体系建设。

# B.21
# 江苏加强城市社区党建工作的现状与对策

孙肖远*

**摘　要：** 当前江苏城市社区党建面临的主要问题是：社区党组织统筹党建资源力度不够，社区治理的合力还没有形成；社区组织体系和结构不完善，区域化社区党建活力不足；社区服务型党组织建设不适应形势发展，依法治理能力亟待提高。为此，构建区域化社区党建新模式，一要构建多元主体合作共治机制，形成协同协调的社区治理新格局；二要构建社区治理资源整合机制，提高社区党组织履行职责能力；三要坚持以"四个治理"改进治理方式，提升社区治理科学化水平；四要加强社区党建制度建设，提高街道社区党组织依法治理能力。

**关键词：** 城市治理　社区党建　江苏省

近年来，江苏地方各级党组织把加强城市社区党建工作、巩固党的执政基础作为贯穿城市基层治理和社区治理的一条主线，以改革创新精神探索社区党建引领社区治理创新的路径，实现了社区基层党组织设置和社区党建工作的两个全覆盖。展望未来，随着城市社区党建与社区治理相互协调、相互促进，社区居民的获得感和幸福感将有一个更大的提升。

---

\* 孙肖远，江苏省社会科学院马克思主义研究所所长、研究员。

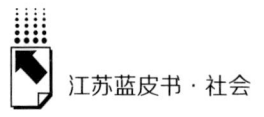

## 一 江苏加强城市社区党建工作的新进展

深入开展民主选举、民主决策、民主管理、民主监督实践，大力发展城市社区协商民主，推进城市社区协商制度化、规范化和程序化发展，发展院落（楼栋）自治、业主自治、社团自治、村民小组自治等"微自治"实践，不断完善社区党组织领导的充满活力的基层群众自治机制。南通市崇川区虹桥社区以服务型党组织建设引领社区邻里自治自理，以社区邻里党组织为核心（由社区党委、邻里党支部、楼栋党小组、党员中心户构成），依托居委会、公共服务中心、综治办，在居民小组层面建立邻里和谐促进会，通过居民选举会、邻里议事会、邻里评议会履行社区自治职能，统筹"共管、专业、志愿"三组服务力量，形成了社区成员广泛参与的共治局面。

"一委一居一站一办"新型社区服务管理体制实现全覆盖，社区党组织在鼓励和引导多元主体协同协作、互动互补中发挥领导核心作用，整合社区治理资源，着力打造"社区+"平台，初步形成了"小社区、大治理"的区域化党建引领社区治理格局。南通市崇川区鲍家桥社区构建以社区党组织为核心的现代社区治理结构，创新构建"一心三体一办三会"社区组织模式，形成了"党委主导、居民自治、实体支撑、中心服务、多元参与、齐建共享"的社区工作新格局；创新构建"十位一体"社区治理模式，该模式涵盖基层治理各个领域，涉及综合治理、社区警务、治安防范、纠纷调处、外来人员管理、预防青少年违法犯罪、刑释解教人员安置帮教、社区矫正、禁毒以及信息收集等方面。

优化社会组织发展环境，改进社会组织党建工作，加强社会组织能力建设，社区服务由社区"大包大揽"转为社区搭台、社会组织唱戏，推进社区政务、社区事务、社区服务社会化取得较大成效。2016年底，"政社互动"覆盖苏南100%、苏中85%、苏北75%的乡镇（街道）。南京市鼓楼区着力增强社区社会组织承接功能，推动政府转移职能与社会组织服务有效对接，通过依法厘清政府和社区在基层治理中的角色定位，社区协助事项由65项缩减至40项，下降了38.5%，并将社区公共事务、社区服务和社区服务中心分类打包，通过公益创投、政府购买公共服务、服务资源定向推介等形式，激活社区各类要素，引导社会化、市场化资源有机嵌入，实现了社区服务与居民多样化需求的有效对接。

加强社区文化建设，完善社区公约、村规民约，构建自律他律互律机制，倡导志愿互助的社区精神，社区和谐和社区文明得到了有效增进。加强社区法治建设，引导社区居民依法反映诉求，保障群众合法权益。把践行社会主义核心价值观作为社区治理的重要内容，强化社区文化认同。2016年底，全省92%的城市社区达到省级和谐社区标准。常熟市北门大街社区创新传播方式，将先进文化融入社区生活，充分运用社区文化氛围浓厚的有利条件，利用现有的围墙、绿化带、小区廊亭，建设一条长1000多米的社区文化街。"千米文化街"融学习教育与赏景休闲于一体，社区居民漫步街区就能在潜移默化中接受教育、获得知识、感受文明，学习型党组织建设与学习型社区建设得到了有机融合。

## 二 当前江苏城市社区党建面临的问题

随着城镇化推进和城市治理重心的下移，社区在城市治理中的基础作用越来越重要，城市社区尤其是大城市社区往往具有人口集中度高、利益结构分化、生活方式多样、组织类型复杂、人际关系松散、居民思想活跃等特征。近年来，江苏城市社区治理出现了一些新变化：治理主体由单一化转变为多元化，治理过程从强调行政控制转向注重居民参与，治理结构由垂直科层结构转为横向网状结构。这就要以法治为引领，建立多元主体协同协调的合作治理关系，实现城市社区治理法治化。随着从城市管理向城市治理转变，城市治理重心向基层社区下移，如何更好发挥社区党组织在社区治理中的领导核心作用，当前江苏城市社区党建还面临着以下问题。

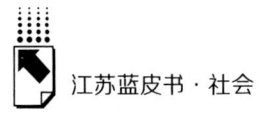

## （一）社区党组织统筹党建资源力度不够，社区治理的合力还没有形成

随着城市社区空间格局的变化以及社区事务的日趋复杂，社区资源受行政权力边界的限制，制约了社区资源的行政性整合，迫切需要街道社区党组织通过统筹社区党建资源的途径来整合社区资源。由于驻区单位习惯于封闭性开展党建，而社区党组织往往把自己的业务工作局限于"狭义社区党建"范围，社区党建与单位党建存在相互游离、平行推进的状况，从而影响了社区资源的整合利用。2010年11月，中办、国办下发的《关于加强和改进城市社区居民委员会建设工作的意见》（以下简称《意见》）指出，"社区党组织是党在社区全部工作和战斗力的基础，是社区各类组织和各项工作的领导核心"，从制度上明确了社区党组织在社区治理中的领导核心地位。但目前仍然存在着对社区党组织的功能定位认识不足、对党对基层社会的领导与基层群众依法自治的关系认识不清的状况，社区党组织履行领导、组织和管理社区工作和社区组织不到位，在社区治理中的领导核心作用发挥不够；也有一些社区党组织负责人没有掌握社区党建工作的新特点，直接包办代替社区居委会工作，导致社区治理没有形成合力。

## （二）社区组织体系和结构不完善，区域化社区党建活力不足

随着社区管理服务功能的拓展，政府职能部门将管理重心逐步下移社区，工作触角"沉底盖边"不留"死角"，社区层面事实上存在众多的隐性组织。由于各类组织的目标任务不尽相同，在实际运作过程中难免会产生冲突，需要社区党组织出面统筹协调各种关系。目前社区社会组织发育不足，专业化程度不高，社区治理和社区服务类的社会组织发展相对滞后，"政社互动"的开展不平衡，社区"减负增效"的成效不明显。随着城市化的快速推进，江苏省城市大都出现了旧城拆迁安置小区、郊区征地农民安置小区和城中村等特殊社区，这些社区建设标准往往比较低，社区组织建设不规范、体系不健全。由于在职党员的组织关系在单位，驻区单位隶属不同条线，社区党组织

动员在职党员和驻区单位参与社区建设的办法不多、效果不明显。社区党组织对"两新组织"党建工作的指导力度不够,"两新组织"党建还没有融入社区党建中。由于社区党组织、社区群众自治组织、非营利社会组织、社区社会组织和驻区单位等治理主体的协同协调不够,尚未形成定位明确、权责明晰、功能互补、运转高效、各尽其能的社区合作治理格局。

(三)社区服务型党组织建设不适应形势发展,依法治理能力亟待提高

社区党组织的设置跟不上城市建设的进程,一些新建社区的党组织覆盖还有空白点;社区党员管理方式陈旧,对社区在职党员的管理缺乏有效办法;社区党组织成员与居委会成员大都交叉任职,社区党建工作淹没在繁琐的社区事务性工作之中;社区党建缺少活动经费,社区党员活动缺乏吸引力;社区党建信息网络的功能开发不适应工作任务的要求,社区党建的工作效率需要提高;社区党建工作制度化规范化建设进展不大,社区党组织的民主生活会、党务公开、党员代表会议和民主监督等制度需要进一步完善。一些社区党组织负责人还不能适应新时期群众工作的新特点和依法治理的新要求,对变化了的新任务、新工作无所适从,仍然沿袭传统的思维习惯和工作方法,无力开展主动性、创造性的工作,社区党组织自身建设的滞后影响了新形势下领导核心作用的有效发挥。提高依法治理能力,需要进一步明确社区重大事项议事规则和程序、社区党组织牵头抓综合协调的职能、驻区单位党组织的责任与义务,为社区党组织引领社区治理提供制度保障。

## 三 江苏城市社区党建存在不适应状况的原因分析

江苏城市社区党建在"合力""活力""能力"等方面所表现出来的问题,反映了其与新形势下做好城市工作存在着一定的不适应性。相对于城市基层治理这一大系统,社区党建可看作子系统,具有"适应功能""目标获取功能""整合功能""模式维持功能",在社区治理中发挥着至关重要的作

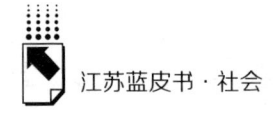

用。以下在中国化的马克思主义党建理论指导下，运用帕森斯结构功能主义AGIL模型对此作出简要的系统分析。

（一）社区党建与城市治理重心下移的形势不相适应

"适应功能"意指子系统为适应大系统的需要而从大系统中获取有效资源，并对所获取的资源进行合理配置。政府承担着为社区居民提供公益物品和公共服务的职能，社区党组织履行着社区利益表达和利益综合的职能，长期以来，社区党组织与政府在社区治理中存在职能错位，社区党组织承担了过多的政府职能，成为政府部门和街道办事处的一条"腿"。随着城市管理向城市治理转变，运用行政权力治理社区的空间越来越小，社区党组织还不适应以非行政权力方式治理社区，还不善于运用政府资源激发社区治理活力。

（二）社区党组织的领导方式和能力与所具有的领导核心地位和职责不相适应

"目标获取功能"意指对子系统的各种目标进行优先排序，以目标引导子系统有序运行。夯实党在基层社会的组织基础，赋予社区党组织服务群众、凝聚人心、优化管理、维护稳定等多种目标，领导群众开展社区民主自治是核心目标。《意见》指出，"社区党组织要不断加强自身建设、改进工作方式，切实领导和指导好社区居民委员会工作"。按照社区党组织作为社区领导核心的定位，社区党组织的领导方式和能力还不能适应其作为社区自治组织培育者、社区事务牵头者、社区治理引导者和社区关系协调者等多重角色的职责要求。

（三）社区党建领导体制与社区党组织协调整合作用的发挥不相适应

"整合功能"意指子系统通过协调整合各种关系，引导大系统中各个主体协同开展治理行动。随着我国城市社会结构由单位制向社区制转化,社区不仅成为城市居民的"生活共同体",同时也是地域性的"社会共同体"。由于受行政体制和行政思维的影响,社区党组织要消除条块分割的体制障碍、打通行政隶属关系的阻隔、突破驻区单位党组织互不相通的壁垒、搭建各类社会组织面向社区的服务平台,以地缘为纽带进行党建资源的协调整合,现行社区党建领导体制还存在着"小马拉大车"的状况。

### (四)社区党建制度建设与社区治理法治化的要求不相适应

"模式维持功能"意指子系统为保持大系统良好治理的运行状态,加强内部的制度规范和文化引领。社区党建制度虽然出台了不少,但由于一些制度大都为原则性规定而缺乏可操作性,往往重于形式而轻于落实,影响了社区治理法治化的进展和社区党组织治理能力的提升。社区也是重要的思想文化阵地,城市居民利益多元化、生活方式多样化要求社区党组织加强文化建设,在物质生活不断提高的同时,积极引导居民的精神生活,以群众喜闻乐见的内容和方式营造社区健康向上的文化氛围,社区党组织的办法不多、成效不明显。

## 四 加强城市社区党建工作的对策思路

### (一)构建多元主体合作共治机制,形成协同协调的社区治理新格局

将加强社会组织党建作为社区党建的着力点。按照中办、国办印发的《关于改革社会组织管理制度促进社会组织健康有序发展的意见》,在大力培育发展社区社会组织的同时,提高党组织在社会组织中的组建率,通过加强社会组织党建来引领群众参与、聚合服务力量强化协同治理,着力消除社区党建和社区治理的薄弱环节。

制定相应规定,明确社区治理主体的权利和义务。明晰不同主体的权利分配、责任分担和治理边界,避免不同主体因权利与义务不对称而造成的治

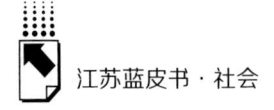

理缺位；改革社区服务提供方式，扩大社区社会组织的治理空间；明确居民代表大会在社区治理中的定位，解决如何通过居民代表直选、居务公开、财务监督、民主决策等形式，有效调动社区群众有序参与的积极性问题。

有效推进区域化社区党建工作。明确社区党建联席会议成员单位的共建责任，把区域化社区党建工作纳入驻区单位目标管理，围绕社区共同利益确定社区党建和社区建设的重点，提升社区居民对驻区单位的认同度；探索符合驻区单位和社区党员特点的共建载体，重点在思想文化建设上搞联合、党员活动上搞联谊、社区公共服务上搞联办、社区改革发展上搞联建，促进区域化社区党建资源整合、工作联动。

### （二）构建社区治理资源整合机制，提高街道社区党组织履行职责能力

充分发挥街道党委在街道行政资源整合中的领导核心作用。随着城市治理重心向基层下移，街道成为城市治理承上启下的重要枢纽。根据权力与责任相一致、财力与事权相匹配的原则，加强街道党委对政府部门派出机构党组织之间的协调，整合来自各"条线"上的行政治理资源，降低行政部门多头执法、重叠服务而增加的运行成本，提高政府部门对基层社区管理服务的效能。

建立社区党建资源横向整合机制。完善城区、街道、社区三级党建联席会议制度，并制定相应的工作规范和活动制度，建立社区党建联动机制，调动驻区单位、"两新组织"等参与社区建设的积极性，实现物质资源、组织资源、场地资源、文化资源等多种资源的社区共享，为社区成员提供更多更好的服务。

建立社区党员资源整合机制。按照地域相邻、便于组织的原则，建立楼道党小组、楼栋联合党小组、网格邻里党支部，通过三级居民区党组织体系，实现学习活动机制进网格、联系沟通机制进楼栋、关心服务机制进楼道，提高社区党员的组织化程度，发挥社区党员在社区治理中的带头示范作用。

### （三）坚持以"四个治理"改进治理方式，提升社区治理法治化水平

构建大治理、大调解、大防控三位一体的系统治理格局。以大治理为平台，创新社区街坊邻里网格化扁平化治理方式；以大调解为主线，形成矛盾纠纷联排、联防、联调的"大调解"工作格局；以大防控为保障，健全人防技防、群防群治、预防打击相结合的公共安全防控体系。

把社区治理全方位纳入依法治理轨道。推动社区矫正、户籍管理、人民调解、社会组织等相关法律法规的落实，依法处理影响较大的信访问题；推动基层政府依法决策、依法行政，依法维护公共利益、人民权益和社会秩序；培育公民的法治意识，在基层社会营造办事依法、遇事找法、解决问题用法、化解矛盾靠法的法治氛围。

发挥软法在社区综合治理中的独特作用。以群众喜闻乐见的方式传播和弘扬社会主义核心价值观，增强居民社区意识；制定社区居民公约、业主公约，强化道德约束，规范居民业主行为；发展新时期乡贤文化，注重团结教育群众意见领袖，引导乡贤治理。

推动社区治理的重心由事后治理向源头治理转变。将人、地、物、事、组织等要素纳入网格，将社区管理服务责任同步落实到网格，将社区治理中出现的问题尽可能解决在网格；注重开展矛盾纠纷排查化解工作，矛盾化解的重心由治标向治本转变；将行政执法力量向基层社区倾斜，构建防范各类社会风险的网络体系。

### （四）加强社区党建制度建设，提高街道社区党组织依法治理能力

建立健全街道社区党组织的主体责任制。社区党建是一项相当复杂的系统工程，涉及辖区单位党组织的协调问题，政府职能部门派出机构双重管理问题，在职党员、"两新组织"党员和流动党员的属地管理问题，群众自治组织、非营利社会组织、经济组织等主体的协同治理问题等，需要强化责任机制，明确街道社区党组织书记为两级社区党建第一责任人，对所辖区域党建工作承担主要责任，建立健全相应的督察、考核、奖惩制度。

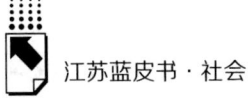

完善社区党建工作协同协调运行机制。社区党组织应当养成对社区公共事务领导而不越权、帮助而不包办的工作习惯，在社区议事、协商时发挥引导作用，为社区组织处理具体问题提供支持和帮助，并对决策的执行情况组织群众进行民主监督。按照条块结合、协调协同、优势互补、共驻共享的原则，完善社区事务协商机制、党建区域共建机制、党员横向管理机制，为社区党组织协调社区治理提供制度保障。

健全社区服务型党组织建设制度体系。"一核多元"社区合作治理模式的有效运行，关键取决于社区党组织的自身建设，这需要加强以下几方面的制度建设：包括议事协商制度、联席会议制度、经费保障制度等在内的社区党建工作制度，包括选配书记制度、"三会一课"制度、民主评议党员制度等在内的社区党组织建设制度，包括党员学习制度、党员活动制度、在职党员和流动党员管理制度等在内的社区党员教育管理制度。

# B.22
# 江苏加强非公经济党建工作的现状与对策

孙肖远*

**摘　要：** 近年来江苏省高度重视"小个专"非公党建工作，"小个专"非公党建工作在创新中有所推进，但全省"小个专"非公经济组织面广量大、分布松散、组织复杂，"小个专"非公党建工作"盲点""空白"还大量存在，"小个专"非公经济党组织覆盖和党建工作还有很大的发展空间和提升空间。为此，要提高工商行政部门推进"小个专"党建的科学化水平，整合有利于形成"小个专"党建合力的党建资源，提高"小个专"党建工作的有效性和吸引力，创新"小个专"党建经费的筹措方式，加强"小个专"党建工作者队伍建设。

**关键词：** 非公经济　党建工作　江苏省

规模以上非公企业和"小个专"非公经济是非公经济领域的两种形态。"小个专"非公经济党建专指50人以下非公企业、个体工商户、专业市场党组织建设，"小个专"非公经济党建是当前加强非公经济党建工作需要拓展的新领域，是新形势下推进非公经济领域党建工作的一个重要方面。2016年12月5日，李克强总理在会见全国先进个体工商户代表时指出，个体私

---

\* 孙肖远，江苏省社会科学院马克思主义研究所所长、研究员。

营等非公有制经济是社会主义市场经济的重要组成部分，是中国特色社会主义事业的重要建设力量，在吸纳就业、促进增长、活跃市场、创造财富、满足需求等方面发挥了重要作用。各级工商行政部门在党委组织部门的指导下，承担着推进"小个专"非公经济党建的重要职责。近年来尤其是2016年以来，江苏工商行政系统以推进"小个专"党建工作为抓手，把加强党建工作与履行监管服务职能有机结合起来，推动"两学一做"学习教育与"小个专"非公党建工作有机结合、同步推进，促进了行业职能与党建工作的互促共赢，为加强非公经济党建工作做出了有益探索。

## 一 江苏"小个专"非公经济党组织覆盖情况

经过30多年的改革开放，小微企业、个体工商户、专业市场已成为江苏经济发展的重要力量和就业的主渠道。截至2016年6月底，全省有私营企业198.3万户，个体工商户404.65万户，消费品和生产资料市场2861家，私营个体经济从业人员2929.07万人。由于小微企业、个体工商户遍布社会各个领域、各个行业、各个角落，且数量庞大、构成多样，情况极其复杂。据有关部门初步统计，江苏规模以下小微企业建立党组织的占1.35%，农贸市场和小商品市场建立党组织的占13.9%。数据表明，江苏"小个专"非公党建工作"盲点""空白"还大量存在，"小个专"非公经济党组织覆盖还有很大发展空间。

为了贯彻落实全面从严治党向基层延伸的战略部署，中央编办批复的"三定"方案中，赋予了国家工商总局"配合党委组织部门开展小微企业、个体工商户、专业市场的党建工作"的职能。参照总局模式，经江苏省编办批复同意，在省工商局个企处加挂"非公有制经济组织党建工作办公室"牌子，明确了配合党委组织部门开展"小个专"党建工作的职责，同时调整充实了省私营个体经济协会领导和工作人员，为发挥好私营个体经济协会党委在推进"小个专"非公党建中的平台作用提供了必要的组织保障。截至2016年4月，13个省辖市、114个县（市）区协会都以各种组织形态建立了党组织，各市县区组织部批准成立的党委31个，市级机关工委和本级党委批准成立的党委17个，其他地方党委或组织部门批准成立的党委689个，协会系统、所属会员企业党员114708名。

各省辖市私营个体经济协会党组织在推进"小个专"非公经济党组织覆盖方面发挥了重要作用，取得了明显成效。南京市私营企业联合党委下辖2个党委、2个党总支、256个党支部，拥有1605名党员，覆盖378家规模以上非公企业、32户个体工商户、3家专业市场；连云港市私营个体经济协会系统成立党委7个、纪委2个、党总支7个，直接管理党支部88个、党员416名，参与管理党支部281个、党员4070名；徐州市依托协会直管的基层党委6个、党总支28个、党支部455个，共有党员2392名，已整建制移交地方183个培养成熟的党组织；苏州市已在全市各级民营企业（个体劳动者）协会、基层分会建立党支部70个、管理党员497名，各级工商和市场监管部门指导和帮助民营企业和个体工商户建立党组织1374个、管理党员5505名；盐城市已组建私营个体经济协会党委7个、党总支3个、党支部118个，其中党员967名，已成立专业市场党组织28个，其中党员334名；淮安市个体私营经济协会党委现拥有党委3个、总支6个、支部107个，党员2081名；宿迁市成立网商协会党委，宿迁当当网、京东商城、易工场等电商主体成立党支部，纳入管理的网商党员205名，各县区也相应建立网商党支部。省私营个体经济协会党委及各省辖市协会党委直接管理的非公经济党组织达到18051个，党员人数为133434人。

## 二 江苏"小个专"非公党建工作的开展情况

（一）把加强组织机构建设作为工作重点，为推进"小个专"非公党建提供组织保障

江苏省工商局党组确定省私营个体经济协会为非公党建职能单位，要求省私营个体经济协会党委指导各地私营个体经济协会党组织，配合地方党委

组织部门做好"小个专"等非公经济党建工作，努力把基层工商市场监管部门和私营个体经济协会党组织打造成失联党员的聚集地、"小个专"非公经济党组织的孵化器、党的方针政策和国家法律法规的宣传阵地。徐州、盐城、连云港成立了经市委组织部门批准的对下有指导权限的私营个体经济组织党委，无锡、苏州、淮安、扬州等地成立了在市级机关工委领导下的市属民营企业联合党委等私营个体经济管理的党的组织，宿迁市工商局率先成立了网商协会党组织，探索网商党建工作新模式。江苏一些区县也同时成立了相应的党组织，如昆山市成立了隶属于市委"两新"工委的私营个体经济协会党委，新沂市成立了直属市委组织部的私营个体经济组织党委。南京市工商局党组对非公党建工作高度重视，成立了市工商系统非公党建领导小组，由局党组书记、局长任组长，所有副局长任副组长，11个分区局局长任成员，办公室设在私营企业联合党委，私营企业联合党委作为工商局的内设处室，专职从事非公党建工作。各分区局均成立非公党建工作领导小组，83个工商所建立非公党建指导站，所有党员所长任非公党建指导员，工商所党员干部为非公党建联络员，形成了"三级联动"的工商部门党建工作格局。同时，在市局机关相关处室设立了12个非公党建指导站，实现党建指导与业务工作的有机联动。

（二）实施"党群工作站+"党建工作模式，发挥"小个专"非公经济发展的党建"助推器"作用

连云港市按照"一室多用"原则，注重突出"服务党员、服务群众、服务企业、服务发展"定位，建立"一站五中心"，集党组织活动、党员教育管理培训、党群共建、企业发展信息交流、人才举荐等功能于一身的"党群工作站"。为让党建工作与生产经营活动有机融合，党群工作站开展"千企万户"融资等服务，2015年全市协会系统解决融资超过11亿元。党群工作站积极组织企业家开展公益活动，2015年捐款80多万元，2016年组织4次较大规模的公益活动，共捐赠米面等各类食品折合人民币11万余元，捐赠总价值60万元"爱心图书室"30个。把私营个体经济协会党建工作和履行工商行政管理职能有机结合起来，依托党建工作站为小微企业提供党组

织组建及发展党员、品牌培育、员工培训、人才举荐、法律援助等多种服务，并为重大项目代理帮办企业登记注册有关事项，引导小微企业办理税务登记、商标申请、动产抵押、协调解决项目资金等，有力助推了小微企业发展。

### （三）探索构建"小个专"党组织孵化平台和党建工作格局

徐州市采取"五建"工作法构筑好孵化平台。一是独立自主建。对符合条件的县（市）区协会、基层分会和规模企业采取统一标准，依托私营个体经济协会和分会独立建立党委4个、二级党委2个、党总支7个、党支部74个；273规模企业组建率达100%。二是就近联合建。按照区域相近、企业类似的原则，采取组织找组织、组织找党员、党员找组织的方法，建立联合党委2个、党支部31个，接收（转入）无主管企业党组织265个。三是区域集中建。徐州经济开发区管委会将非公有制经济组织党工委设到了区市场监督管理局，形成了"党工委＋协会＋基层分会"的非公党建工作新模式。四是市场归口建。针对专业市场个体工商户党员集中的特点，主动协调市场主办方，全市89个专业市场建立党组织83个，组建率达93%。五是党建带团建。全市协会系统党组织共帮助建立共青团192个，党建带团建已成为党建工作的重要模式。在推进"小个专"党建工作中，形成了市局党组分工负责，注册、监管、市场合同、外资等部门组织协调，基层分局（所）具体操作，市、县（市）区私营个体经济协会指导、各基层分会配合的"双轨"并行、三级同步的"小个专"非公党建工作格局。

### （四）开展"小个专"党建基础信息采集和目标考核工作

把摸清底数、动态掌握党组织和党员信息作为推进党建工作的一项基础性工作，各级工商行政部门和私营个体经济协会党委以年报数据核查为抓手，通过调查摸底、核实信息，逐步建立完善的"小个专"党建基础信息库，做到"小个专"底数清、党组织组建情况清、党员人数清，对"小个专"党组织、党员进行建档管理。连云港市推行非公党建统筹抓模式，在工商和市场监管机关内部打破部门壁垒，由局非公党建办牵头，吸收私营个体经济协会党委、机关党委、纪检监察部门以及个企、网络监管、市场、商标等部门参与党群共建，不定期召开党建交流会、会办会，推进资源共享、组织共建、活动共搞、服务共抓，把非公党建工作纳入部门年度目标考核，实现党建工作与业务工作同部署、同检查、同考核。徐州市建立督察推进机制，对分解给各县（市）区的培育目标任务，每个月下去督察一次，每季度调研一次完成情况，对落实不力的在全系统通报批评，并将督察结果纳入综合目标考核。

### （五）在"小个专"和网商非公党员中开展"三亮"活动

南通市民营经济协会党委按照"六要六不"要求，为党员经营户量身制定了5条承诺，为直属48个支部统一制作了党组织红色标识，为支部400多名党员统一购置了党徽，指导企业党员通过佩戴党徽、在工作岗位醒目位置放置党员身份标识，自觉接受社会和人民群众的监督。还组织了"党员先锋岗""党员示范岗""群众满意党员服务站""共产党员明星岗""共产党员示范经营户"等主题的创建活动，营造了文明诚信、公平竞争的市场环境。"三亮"活动开展以来，南通市共有2254户党员经营户、3896名党员参加了"三亮"活动，取得了良好的社会效应。宿迁市网商协会党委制定网商党员亮标标准，对符合标准的在其网站或网店嵌入网商党员标识，鼓励网商党员运用个人网上店铺、个人微信店铺、线上交易平台等媒介发布责任和承诺，通过公开党员信息、党员义务和党员承诺，增强党员发挥先锋模范作用的自觉性。同时，加强群众监督，对违规党员及时抄送其组织关系所隶属的党组织，促进广大网商党员的"本色回归"。

## 三 江苏"小个专"非公党建面临的问题及其原因

### （一）党组织的隶属关系不明确，管理分散，难以形成合力

目前，在非公有制经济组织党组织的管理体制上存在许多模式：有的是市（县）工商联党组织管理，有的是市（县）私营个体经济协会党组织管

理，有的是乡镇党委管理，有的是街道社区或企业工委管理，有的是开发区党工委管理。对于建立党组织由哪里审批、归属由哪里管理，没有明确规定，出现了好事抢着管、难事推不管的问题。同时，党员管理分散的问题也很突出，有一部分党员将组织关系接转到私营个体经济协会党组织，还有相当数量党员的组织关系分散在人才交流中心、职业介绍中心、原住地、原单位。2015年改上门年检为网上申报，支部建设状况不是必填项，党建数据不真实。由于党员疏于管理，造成部分党员不愿参加组织生活，长期脱离党组织，党性观念淡薄。

（二）经营状况具有较大的不稳定性，在一定程度上制约和影响了党建工作的有效开展

"小个专"非公经济具有"小""变""散"的特点，"小"即规模小，许多企业没有党员或党员人数少，不能单独组建党组织；"变"即变化快，注册成立快，关门倒闭也快；"散"即分布散，注册地和经营地相分离，人员工作地分散，而且近年来经营难度越来越大，这些特点都给党建工作带来较大挑战。由于"小个专"非公经济党员流动性大，"朝增暮减"的现象常有发生，党员数量不固定，党组织不稳定，致使部分党组织组建后得不到巩固，"有组织无活动、有组织无作为、有活动无效果"的现象较为普遍，党组织边建边瘫现象比较突出。

（三）"小个专"非公党建工作存在"组织空转"现象，党建对企业主、工商户的吸引力不足

逐利性是非公经济形态的内在属性，在市场竞争中不能获取经济利益，非公经济便无法生存。党建工作如何契合企业的自身需要、获得业主的广泛认同和支持是面临的一大问题，"小个专"非公党建作为新生事物，没有现成的经验可借鉴，为了开展活动而不计较实际效果的现象普遍存在，缺乏针对性和吸引力；还有一些党组织的组织生活不正常或者流于"仪式化"，党组织形同虚设、无所作为，"打工书记"不能理直气壮地开展党建工作，私个企业"重视党建是个别，不重视党建是常态"。

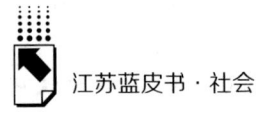

### （四）"小个专"非公党建属于体制外党建，对这一领域党建工作的重要性还没有引起各方面的重视

由于"小个专"非公经济组织缺乏自觉开展党建工作的意识和动力，需要外部给予一定的推动和支持。工商体制调整和商事制度改革以后，原有的非公党建工作体系受到冲击，基础受到削弱，有的地方出现了"人散、线断、网破"的情况，一段时期党建工作基本处于停顿状态。由于工商行政系统条线指导的力度弱化，履行推进党建工作的难度增大。"小个专"对党建工作的接纳性本来就小，需要对其开展党建工作作出制度性安排，但目前党建经费还没有纳入财政预算，工商行政部门"三定"方案只有党建职能要求，停收会员费后，党建工作主要靠工商部门行政费用支持，没有相应经费保障。

### （五）"小个专"党员队伍和党务工作者队伍建设薄弱，还不能适应党建工作的新要求

"小个专"党员政治待遇低，按照现行的党代表选举办法，由于"小个专"党员比较分散，按地区选举很难产生，如宿迁市党代会选举就没有产生一个"小个专"党代表。一些区县私营个体经济协会党委选举大会开不起来，有一半党员失联，存在"组织找党员的多、党员找组织的少"的现象。"小个专"发展党员受名额限制，党员发展难的问题越来越突出。专业从事党建工作的人员相当缺乏，基层协会秘书长大都是兼职，精力有限且不稳定，很难专心开展党建工作。

## 四 江苏推进"小个专"非公党建的对策思路

### （一）提高工商行政部门推进"小个专"党建的科学化水平

工商行政部门具有管理体系健全、队伍力量充足、监管手段有力等特点，工商行政部门推进"小个专"党建，既要充分发挥其职能优势，也要

注意防止简单运用行政手段。要坚持寓管理于服务之中,在商标合同、消费维权、品牌帮扶等具体环节,为"小个专"提供必要帮助,指导"小个专"党组织在解决生产经营难题、破解发展瓶颈等方面发挥作用,提高党建工作促进发展的作用。同时,要依托党组织引导"小个专"守法合规、诚信经营,自觉履行社会责任,维护市场秩序,发挥正能量。

(二)整合有利于形成"小个专"党建合力的党建资源

"小个专"非公经济领域的党员相对比较少,党建工作要与群众工作紧密结合,就需要支持工会、团委围绕中心开展工作,实现党群工作协调配合、党群资源共建共享,以党建带工建、团建扩大党组织影响力。要突出各类专业市场、商业街区以及电商园、"淘宝村"等重点区域,进一步改变过去一家一户去建立组织、推动工作的办法,将这些"小个专"集聚区作为一个整体,配合所在地乡镇(街道)、村(社区)共同做好建立党组织、发展党员、党员教育管理、开展活动等党建工作。

(三)提高"小个专"党建工作的有效性和吸引力

为了解决党建"组织空转"和对业主缺乏吸引力的问题,要在强调政治性前提下,注重党建工作的实效性。活动形式要从集中活动为主向多样化的活动转变,做到集中与分散相结合、党建活动与经济活动相结合、思想政治工作与研发生产经营相结合、提高党员素质与提高业务能力相结合,有效率有质量地开展党建活动。党员教育内容要丰富务实,实行专题教育与日常教育、党性教育与业务教育、党性教育与企业文化建设相结合;党员教育渠道要多样化,实行党组织教育与社会教育、自我教育相结合;党员教育方法要有所创新,实行集中教育与分散教育、网上教育与线下教育相结合。

(四)创新"小个专"党建经费的筹措方式

"小个专"非公经济领域党组织掌握的资源十分有限,开展党建活动和党员队伍建设需要必要的经费保障,为此,党建经费筹措方式要有多元化的

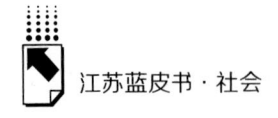

渠道，可以结合实际采取以下方式：一是上级党组织提高党费返还比例；二是将企业党建工作经费列入企业管理成本，设立党建工作专项经费；三是政府财政拨款资助；四是企业党员劳动创收。

### （五）加强"小个专"党建工作者队伍建设

"小个专"面广量大，党建工作基础相对薄弱，需要一定规模和素质的党务工作力量才能真正抓好。对照"双强"标准选配支部书记，设立支部书记津贴，用于补助兼职的支部书记。要建好党建工作指导员这支队伍，注重从工商系统在职或退休党员干部中选派一批政治素质高、熟悉党务工作者担任党建工作指导员，结合工商日常监管，做好指导协调工作。要注重工商部门党建业务培训，把党务知识纳入工商干部培训内容，帮助工商业务干部提高开展党建工作的本领。

# B.23
# 江苏省推进地方政府治理创新的现状与趋势

陈 朋[*]

**摘 要：** 地方政府治理是国家治理的基础性工程。近年来，江苏在这方面做出了积极探索。"政社互动"促进基层社会治理创新、相对集中审批权改革加速简政放权、"强镇扩权"着力增强改革发展动力、"大数据"助推服务型政府建设都是其鲜明体现。这些实践探索蕴含着"注重顶层设计、鼓励多方参与、注重协同治理、创新治理工具"的基本经验。基于自身实际和其他地区的成功经验，未来江苏地方政府治理创新的思路将是进一步增强政府与社会的合作，实现政府管理与群众自治的有机结合。

**关键词：** 地方政府 治理 江苏省

地方政府治理是国家治理的基础性工程。当前江苏正处在全面深化改革的关键时期，传统的地方政府治理模式已不适应时代发展的要求。在这种情况下，江苏做出了全面、持续、有效的治理创新探索，以此对治理体系和治理能力现代化现实要求作出能动性回应，有效提升了地方政府治理创新绩效和水平。

---

[*] 陈朋，江苏省社会科学院马克思主义研究所副研究员。

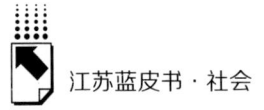

# 一 江苏省地方政府治理创新的实践探索

调研发现，近年来江苏一直把提升地方政府治理水平作为培育江苏竞争优势的重要举措，并取得了阶段性成果。总体上看，其实践探索主要集中在四个方面。

## （一）"政社互动"促进基层社会治理创新

从一般层面看，政社互动是政府与社会组织等治理主体在依法划分权力边界的基础上，通过调整治理结构、理顺治理关系、改进治理方式，实现政府治理和社会调节、居民自治的良性互动的过程。江苏具有政府与社会合力互动的良好基础，因此，一致将推进政社互动作为创新地方治理的有力抓手。

2009年，苏州太仓市出台《关于建立行政管理与基层群众自治互动衔接机制的意见》，并推动城厢、双凤两个镇开展试点。在梳理基层自治组织和政府管理法定事项基础上，通过签订委托协议，开创了社会治理改革创新的先河。比如，针对拆迁过程中出现的诸多问题和矛盾，城厢镇把如何拆迁、签订协议条款等事项交给村民代表大会来讨论并实施。这样一来，政府面对的就不再是个体化的申诉和情绪化的诉求，而是与基层群众自治组织建立有效的对话和充分沟通的平台。

南京在推进"政社互动"的过程中，重视推动社会组织与政府的合作互动。一是发展高质量的社会组织。鼓楼区依靠社会组织建立的"社区睦邻中心"，积极推动社区矛盾和纠纷的化解。二是引入服务项目洽谈机制。政府先梳理出购买服务项目，然后采用"公益创投"的形式公开招标，或以社区服务项目洽谈会的形式，再组织街道、社区和社会组织负责人出席会议，通过洽谈会提出意向性协议，随后进行公开招标并就招标情况等进行第三方评估，中标签约后纳入项目库进行统一管理。

无锡市崇安区的江海街道也积极探索政社互动模式，明确提出社区

"四联治理"的基本构想，构建了合作、多元、协商、有序的社区"四联治理"模式。通过政社互动完成了四项任务：厘清社区事务两份清单，厘清行政与自治之间的职能边界；清理减少考核、台账、评比项目，减轻社区行政负担；整合设置"两个中心"，把行政事务和市场事务的项目进行切割；引入社会组织进驻社区，探索社区公共服务向社会转移承接。

徐州市在政社互动的实践探索过程中，着力推进街道办事处管理体制的改革。按照服务、执法、管理"三位一体"的要求，徐州市要求街道办事处构建"两办三中心一队"的管理体制框架，"两办"即党政办公室、综合管理办公室，"三中心"即街道政务服务中心、社会管理服务中心、建设和管理中心，"一队"即街道综合执法队。通过这些架构的设置，确定与负担责任相适应的工作职责。

### （二）相对集中审批权改革加速简政放权

党的十八届三中全会明确提出，"进一步简政放权，深化行政审批制度改革"。2015年3月，中央编办、国务院法制办联合印发《相对集中行政许可权试点工作方案》，行政审批改革在地方层面的试点工作正式展开。江苏积极响应，并且将南通市、盱眙县作为改革试点，进行相对集中行政审批权改革。

南通市的实践探索，最大创新之处是在组织架构上建构"一个主体"和"六大支撑体系"。"一个主体"是指新组建南通市行政审批局，与原市政务中心（改革后更名为市政务服务中心）合署办公。市行政审批局内设4个处室，分别处理相关审批事项。将市级部门和单位的部分领域行政审批责任划转至市行政审批局。对于其他纳入市政务中心管理的审批职责，仍按照"三集中、三到位"要求进驻市政务中心，实行集中审批。在业务流程方面，行政审批局绘制了企业注册登记审批一般流程图，主要分为"咨询指导、统一收件、分类流转、证照联办、一窗发证"程序。这种公开审批流程的做法，不仅能够让审批人了解其审批进度，更有利于审批机关进行相关的责任监督。

地处苏北的盱眙县在这一领域的探索也毫不逊色。其在改革后设立的行政审批局将企业注册登记流程优化为"受理、审查、发证（三合一照）"，将原来5个审批层次简化为3个，将之前分别在三个窗口重复提交材料简化为一个窗口受理、一个工作日办结，大大精简了审批流程。在人员管理方面，从项目审批所涉及的相关部门中挑选人员，组成市行政审批局首批工作人员。这些工作人员的日常管理和绩效考核由行政审批局负责。

（三）"强镇扩权"着力增强改革发展动力

近年来，江苏苏南涌现出一批实力较强的先进镇。这些乡镇产业聚集能力强，人口密度高，但政府服务能力相对薄弱，社会公共服务需求压力较大。由于缺乏必要的经济、社会管理权限，事权、财力不匹配，行政机制"车大马小""责大权小"等问题突出，制约了这些乡镇经济、社会的长足发展，更难以满足其辖区内日益增长、多元化的社会管理和公共服务需求。2010年，中央编办在全国启动经济发达镇行政管理体制改革试点工作，昆山市张浦镇等4个镇列入试点范围。江苏省委对这项工作高度重视，同年10月省委、省政府又自主选择溧阳市天目湖镇等16个镇开展省级试点。随后这20个试点镇在组织架构、管理权限、行政执行力、人员配备和职责考核方面采取多项改革措施。

苏州市全市5个试点镇共下放权限近2000项，每镇平均400项，涉及产业发展、规划建设、城市管理、环境保护等与企业生产、老百姓生活相关的各个领域。昆山市下放给张浦镇第一批665项行政处罚权、行政强制措施权、监督检察权等。此后张浦镇通过资源整合，打破了传统行政机构与事业单位的界限，将34个行政与事业机构进行重组，按照扁平式管理、运行机制灵活的要求，重新进行了政府架构设计，组建了8个职能机构，机构数量精简约74%。同时，组建镇便民服务中心，统一受理、集中办理行政许可及公共服务事项。

吴江的探索力度同样很大，近年来，分3次向所属的盛泽镇下放了将近450项经济社会管理权限，近200项行政许可、审批和公共服务事项进驻盛泽镇行政服务大厅。结合强镇扩权改革，盛泽构建了全新的基层政府架构。

其实，有些地方探索的镇区合一也可以看作强镇扩权的实践探索。所谓"镇区园合一"，是指不新增人员编制，园区与所在乡镇（街道）合署办公，实行两块牌子、一套班子的运行模式。该模式有效地整合区域资源和行政资源，优化了发展环境，提高了工作效能，降低了行政成本，实现了园区与街道功能互相延伸、相互促进、共同发展。例如扬州市邗江区、南通市启东等地都在积极建立镇园区合一的新型体制，科学配置机构编制资源，从而更好地服务经济和社会发展。邗江区将邗江经济开发区与汊河街道合署办公，实行两块牌子、一套班子。合并之后，较好解决了原来园区与街道之间在建设规划土地征用、招商及利益分配等方面诸多难以协调的矛盾。张家港市杨舍镇在镇区合一之后，实现了机构编制资源共享、人员统筹使用，避免了园区与街道"两张皮"现象，极大地提高了机构的行政效率，提高了社会管理水平和服务质量，增强了其内生发展动力。

### （四）"大数据"助推服务型政府建设

江苏在服务型政府建设方面一直走在全国前列。近年来，为了使决策更加科学精准、与公众的互动更加便捷，江苏省各市重视基于对大数据的分析与应用，涉及老百姓生活的方方面面，从而使政府的服务更加精准、更具个性。

南京形成以政务云计算服务平台为基础的"政务大数据"、以两卡工程为基础的"社会大数据"、以 28 个部门及公共服务企业的数据业务和应用系统为基础的"共享大数据"。政务大数据建立了人口、法人、自然资源与地理空间信息等基础数据，社会大数据成为智慧南京信息采集和智慧应用服务的重要载体。市民卡涵盖了社保、医疗、旅游、交通、小额支付等 30 多个领域，发放了 660 万张，车辆智能卡发放了 110 万张。400 多座双基自由流基站建设顺利推进，形成了电子围栏系统，使城市交通的感知能力大幅提升。"共享大数据"基本建成了统一、规范、标准的空间地理信息系统，开发研制了一套完整的、面向全市各部门的数据交换共享平台，建立了融合多

部门的数据分析挖掘机制。

苏州市建立以无线传感器网络为依托的市政设施管理系统,对于苏州城市供水系统的流量、水压和水质进行有效监测,道路和水管漏水情况可以及时进行处置。该智能城市环境系统可以根据可吸入颗粒物浓度的高低,自动开启道路洒水系统,以有效减少可吸入颗粒物对人体的损害,同时有效降低城市热岛效应。带有传感器的智能交通系统,可以感知路口车辆的多少,并根据车辆数决定红绿灯的时间,从而使通行效率大大提升。

## 二 江苏省地方政府治理创新的基本经验

江苏在地方政府治理创新方面的先行探索,是对中央作出全面深化改革战略部署的有力印证。深刻分析其实践探索,可以发现蕴含其中的基本经验。

### (一)注重顶层设计

实践表明,只有通过"顶层设计"和"底层设计"的有效结合,才能形成一个合情合理的系统。江苏地方政府治理创新之所以走在全国前列,与其注重顶层设计密切相关。

江苏注重依法治理、规范决策行为,出台配套制度,从而对地方政府治理形成有效的制度性约束。江苏省明确提出在全国率先基本实现法治政府建设的目标要求,并把依法行政贯穿于政府决策、执行和监督的全过程。比如在全国第一个以政府令的形式发布《江苏省依法行政考核办法》,组织开展市、县、乡三级政府和省、市、县行政执法部门依法行政考核;出台《江苏省行政执法监督办法》等多部规章,主动解决长期存在的多头执法、重复处罚等突出问题;出台《江苏省社会稳定风险评估办法》,在全国较早地推行重大行政决策稳评机制,强化对重大决策的制约和监督。在打造最优法制环境方面,致力推进制度创新和管理体制、执法体制、审批体制创新。相对集中审批权改革、强镇扩权改革、服务型政府建设都源于这些顶层设计。

注重民主决策、民主治理也是江苏政府治理创新的基本经验。江苏始终把科学民主决策作为政府工作的基本准则，以此完善重大问题集体决策制度、专家咨询制度、社会公示和听证制度，实行重大决策公众参与、专家论证和政府决策相结合。政社互动合作就是如此。它着力探索和完善公众参与、专家讨论和政府决策相结合的民主决策机制。在政府政策出台前广泛听取各方意见，通过媒体公示，召开座谈会、论证会和听证会等多种方式，保证群众对公共决策的有效参与。

## （二）鼓励多方参与、协同治理

多方参与是治理的核心要义。因此，鼓励激发多方参与社会治理过程，是推动管理走向治理的内在要求。江苏地方政府治理创新实践表明，积极引导基层群众、各类社会组织依法有序参与社会治理和公共服务，可以满足基层群众民主意识、参与意识不断增强的新要求，最大限度释放社会活力。

政社互动的基层管理模式表明，政府必须改变"大包大揽"的做法，把不应该管、管不了的事项转移出去，逐步实现政社协同治理、社会自主治理，使政府有更多的精力管好应该管的事情，让社会的动力和活力得到最大限度的释放。比如，太仓市在政社互动的治理实践中，按照"城乡社区的社会事务和公共服务以基层群众组织自治管理为主"和"微观经济活动以各类行业协会、商会实行自律管理为主"的要求，主动放手让群众自治组织管理。同时将政府行政管理中的事务性、辅助性、公益性的工作逐步转移、授权、委托或者外包给基层自治组织、社会组织承担。

与此同时，还积极运用行政指导、行政合同、行政资助等新型管理方式，对基层群众组织和社会组织进行清单梳理、委托管理、购买协议等方面的指导，同时积极运用公开招标、项目发包、行政合同等方式将有关事务性、辅助性、公益性职能转移给社会组织承担。在条件允许的情况下，还积极引导和组织群众参与公共事务，从而大大增强公共决策的透明度和公众参

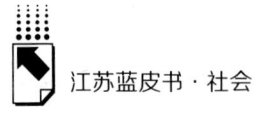

与度，做到倾听民意、集中民智，使决策更加符合经济社会发展的要求，保证决策的顺利实施。

### （三）创新政府治理工具

随着全面改革的不断深化，地方政府治理面临的挑战日益增多。特别是在"互联网＋"时代，大数据、云计算、移动互联网等新技术、新产业、新应用孕育着新的突破，信息网络基础设施深刻改变了政府治理的技术环境及条件，给政府治理模式创新提供了难得的机遇。抓住这一机遇不断创新治理工具，是江苏地方政府治理创新的基本经验之一。

比如，积极推动信息技术与政府治理的深度融合，拓展在线政府服务、建设网上服务大厅，推行行政审批和公共事务事项全流程、"一站式"网上办事、简化行政审批流程、推动业务流程化再造，晒出权力清单和运行流程图，对行政事项运行的权限、条件、方式、程序基本实现电子化服务。互联网提供了公众表达民意、沟通协商、合作共治的网络渠道和平台。基于此，江苏大力实施宽带普及工程，在全国率先建立起省级信息通信基础设施建设联席会议制度，大力推进公共服务云平台、数据中心等重大信息化工程建设，并监控三网融合整体推进，信息基础设施能力大幅提升。

对"互联网＋"技术的充分利用进一步提高了决策的效率，增强了政府决策的科学性和有效性，节约了决策成本。同时借助大数据逐步实现的立体化、多层次、全方位的电子政务服务体系，推进了公共服务个性化和政府决策智能化，推动了政府与社会、老百姓的双向互动。

## 三　江苏省地方政府治理创新的前景展望

虽然江苏地方政府治理创新取得了一定的成效，但是仍存在一些亟待解决的问题。基于自身经验和其他地区的成功经验，未来江苏地方政府治理创新的思路将是进一步增强政府与社会的合作。为此，可以在以下五个方面着力加强。

## (一)坚持问题导向与法治思维

江苏省地方政府治理创新,必须更加注重宏观层面的一体化设计,实现各个要素的同步推进和持续优化。首先必须坚持问题导向,准确定位当前制度运行中存在的问题,特别是聚焦一些长期存在的深层次制约因素,着力从工作流程、制度和机制层面进行更为深入的探索。其次,在具体政策的实施过程中,要进一步突出法治思维,不仅要为地方政府治理创新提供法律依据,还要建立完备的法治化运行轨道。再次,积极探索和建立相应的动态监管办法,不断健全和完善行政审批违法违纪行为的责任追究制度。在推进行政审批权力下放的同时,要切实考虑到下级部门的机构编制、业务能力、财政经费、硬件设施等方面的实际情况,上级政府要积极帮助下级政府搭建平台、设计路径,不能简单地"一放了之",切实防止改革出现虚化现象。

## (二)做实做优政社互动治理创新

应该说,政社互动工作起点高、前瞻性强,涵盖社会建设中最重要的主体。但是,从长远看,政社互动仍需进一步拓展。下一步其工作重点应围绕四个方面:一是协商。应在政府决策、执行、监督全过程引入社会协商机制。对于涉及群众切身利益的重大问题,应在群体中开展广泛协商,从而贯穿于决策之前和决策实施之中。二是协作。推进政府管理和社会自治组织的互助合作,推动政府转变职能,推进政社互动。一般而言,凡属事务性管理服务,都要引入竞争机制,或者通过合同、或者通过委托的方式向社会购买。三是协调。通过改进社会治理方式,从而激发社会组织活力,通过建立化解社会矛盾的有效体制,突破传统综合治理格局。四是协同。政府和社会"两只脚"应实现协同发展。这就要求进一步促进社会组织的健康发展,加快实施政社分开,推进社会组织明确责权。

## (三)将集中行政许可权与集中行政执法权改革相结合

当前行政审批改革还处于试点阶段,接下来还需要在机构调整、流程设计、机制创新、法律法规保障等方面做出更加深入细致的探索。其中一个重要方向就是将集中行政许可权与集中行政执法权结合起来，打通行政许可与行政执法两个职能领域，实现科学许可与规范执法的同步推进。同时，与"一个印章管审批"相比，"一支队伍管执法"也具有同样重要的现实意义。因此，应及早启动集中行政执法权方面的改革，使得两方面紧密衔接、同步推进。在部分县市、部分建设领域选取一批项目，进行系统的试点探索和经验总结，形成具有可操作性的改革方案，充分发挥行政审批改革对政府治理能力提升的传导功能。

### （四）进一步强化大数据等信息技术的多领域多层面运用

在信息化时代，政府在提供公共管理服务时，应该将大数据思维融入实际工作中。首先，重视数据的采集与分析。根据数据的变化，深刻分析数据变化背后的原因，从而为决策提供依据。其次，破除信息壁垒。对于工业、金融、气象、人口、就业等公众需求量较大的社会信息，应加大数据的开放与共享，使公众获得更加便捷的政府信息和公共服务，从而构建更加透明的"数字政府"。再次，以点带面开展民生领域大数据服务。积极推进电子政务大数据的示范应用，以跨部门综合性应用为重点，加快大数据在能源、金融、交通、电信、零售、制药、卫生等重点领域的应用。同时，鼓励各种社会力量积极参与数据资源的挖掘、加工与利用，从而不断扩大大数据的应用范围。

### （五）激发强镇扩权与镇园区合一的活力

首先，要创新放权形式，重点扩大经济发达镇在城市建设和社会管理方面的行政管理权限。对于已经下放的权限，要逐项进行梳理，完善立法，按照受理、审核、决定、发证等程序深入进行流程再造，对于能精简的内部环节，仍需进一步精简，避免交叉执法、重复执法等。在镇园区合一改革中，要按照精简、统一、效能的原则实行人员统筹使用，从而使决策、执行、监督互相协调。其次，要理顺条块关系，创新服务管理体制。对于工商、质检等相关技术性较强的行政权力,实行条块结合、以块为主、双重领导的管理体制,理顺部门垂直领导与分级管理的关系。经济发达镇、园区合一的镇政府,应与县级有关部门按照信息资源共享的原则,建立协调运转的工作机制、信息通报制度以及由县政府牵头负责的重大事项协调制度。在行政事业机构整合设置的基础上,探索建立更加高效的扁平化管理的组织架构。再次,在扩大乡镇和园区管理权限的同时,必须建立与扩大权力相适应的监督机制。将镇和园区行政权力事项和工作流程在网上公开,切实推进行政权力全过程网上运行与实时监督,真正做到依法用权。凡涉及公共利益和人民群众切身利益的重大事项,决策前都应当组织听证,接受公众监督,保证决策充分体现民意。

# B.24
# 江苏提高农村基层政府治理能力的新举措与新挑战

黄 科*

**摘　要：** 农村基层政府是国家联系广大农民群众的重要桥梁和纽带。近年来，江苏从实际情况出发，不断加强农村基层政府治理能力建设，在建设公共服务运行维护标准化体系、基层政府公共服务能力和水平提升、基层服务体系建设的提挡升级、基层民众行政参与的制度化等方面都取得了较好成绩。在农村发展的新时期，面对新挑战，江苏应当把握好新的机遇，发挥好农村基层政府的引导职能，健全政府主导的公共服务供给模式、进一步促进基层行政参与的制度化，必定能够在农村基层治理现代化进程中再取佳绩。

**关键词：** 农村基层政府　公共服务　江苏省

作为国家联系广大农民群众的重要桥梁和纽带，农村基层政府是推进农村社会发展的核心力量，其履行好职能关系到农村的稳定和发展。习近平主席曾指出，基层工作很重要，基础不牢，地动山摇。农村基层政府不仅仅是国家行政科层结构的"神经末梢"，也是贯彻落实党和政府决策部署的战斗堡垒。近年来，江苏充分认识到农村基层政府在治理体系建设中的作用，把

---

\* 黄科，江苏省社会科学院马克思主义研究所助理研究员。

基层服务型政府理念融入治理行动当中，着力加快乡镇服务型政府建设，取得了良好的成绩。"以铜为鉴，可以正衣冠"，分析近年江苏提升农村基层政府治理能力的新举措，将有益于我们充分认识基层政府的工作能力，准确把握改革的主攻方向。

## 一 当前江苏在加强农村基层政府治理能力方面的新举措

据 2015 江苏统计年鉴统计，江苏目前共有乡镇 859 个，村民委员会 14428 个。其中农村基层政府占江苏基层政府总数的 66.7%。近年来，江苏省委和政府高度重视农村基层政府建设，努力把基层政府组织优势转化为发展优势，把基层治理资源转化为发展资源，坚持把实现"农业强、农村美、农民富"作为开创江苏"三农"发展的新目标，着力推动农村基层治理能力的新提升。

### （一）推动标准化试点，加强农村基层政府的公共服务能力

从现代治理理论来看，公共服务是现代政府最基本的职能，政府在公共物品和服务方面的能力水平不仅是社会治理的基础，更是政治稳定和社会发展的基石。基层政府是政府科层序列的基本单元，其公共服务供给的效果直接关系到基层政府职能的履行与群众的满意度。党的十八大指出，当前农村基层治理中存在着农村公共服务资源配置效率低、管理水平不高、城乡区域差距大等问题，因而如何实现农村基本公共服务均等化目标是一项重大的国家课题。早在 2013 年国家标准委和财政部联合发布了《关于开展农村综合改革标准化试点工作的通知》，标准化的公共服务供给体系是一种十分有益的基层治理实践探索，一方面标准化工作的开展可以使农村公共服务有章可循，改善服务质量，便于群众监督；另一方面也可以使农村治理效果有据可考，进一步提高农村治理能力和水平。

江苏的扬中市是在 2014 年国家标准委和财政部联合下发的《关于下达农村综合改革标准化试点项目的通知》中被批准为"江苏农村公共服务运

行维护标准化试点"的三个地点地区之一。自2015年以来，扬中市在农村"八位一体"建设的基础上，围绕公共服务运行标准化的要求，以公用公共资源、共享公共服务为主线，制订了《农村（村庄）基础设施管理与维护通则》等四项地方标准，主导和参与《村级公共服务运行维护规范》等5项国家标准的制修订工作。成为试点以来，扬中市建成江苏省三星级康居乡村11个、生态村21个、绿化示范村38个，乡村生活垃圾无害化处理率超过98%，河道水质超三类水质，树立了农村公共运行维护的"扬中品牌"。在2016年7月国家标准委对扬中市国家村级公共服务运行维护标准化试点的验收中，扬中市以111的高分通过项目验收。

通过几年的发展，江苏在公共服务运行维护标准化方面已逐步建立了321即"三试点两部门一支撑"的工作模式，在管理机制、组织建设、考核机制上都有不同程度的完善，显著改善了农村基层民众的生活质量，有效促进了农村村级民主、优化了村级治理结构，推动了农村基层政府治理方式的转变。

### （二）提挡升级，促进农村基层服务体系建设

加强基层政府治理能力的基础是促进乡镇的公共服务体系建设。"木桶定理"揭示了水桶盛水的能力取决于它的短板。同理，公共服务水平的高度也决定于公共服务体系建设中的短板长度。江苏响应中央在三农问题上的政策，十分注重公共服务体系的全面均衡发展，特别是在农村综合服务工程和农村文化建设上下大功夫，取得了良好的成绩。

首先，江苏省根据《省政府办公厅关于印发新一轮农村实事工程实施方案（2016年度）的通知》（苏政办发〔2016〕8号）精神，将经济薄弱村农村综合服务社提挡升级列入江苏省新一轮实事工程，包括徐州、南通、连云港、淮安、盐城、泰州、宿迁市在内的多个市的乡镇都被列入农村综合服务社的提挡升级任务当中，全年完成160多家经济薄弱村农村综合服务社的提挡升级任务。农村综合服务社的提挡升级任务并不是简单地做加减法，而是视区域均衡为一个总的前提，对提挡升级标准作了明确的要求，特别是

在拓展服务功能上注重"一院"（庄稼医院）、"两超"（日用消费品超市、农资超市）、"三站"（电子商务服务站、物流服务站、农产品购销服务站或金融服务站）的建设。通过综合化、信息化、标识化的提挡升级，江苏在促进农村基层公共服务组织架构的完善上又向前推进了一步，极大地方便了农村人民群众的办事和生活，提高了政务服务效率。其次，加快推进全省基层综合性文化服务中心建设。文化是一个区域的灵魂、是区域发展的精神内核。区域文化的良好发展有益于区域的精神文明建设、有益于区域的社会稳定。江苏一直注重农村基层的文化建设，特别是在党的十八届三中全会后，江苏按照中央的有关文件精神将建设基层综合性文化服务中心作为文化建设工作的重头戏，围绕党员教育、科学普及、宣传文化、体育健身、普法教育等功能，努力打造基层综合文化服务体系。根据有关文件要求，江苏正在有序地推进"小中心"整合"大文化"的基层文化工作格局，逐步打造一批有特色的服务项目，建设高效的综合型公共服务平台。

（三）完善机制，发挥参与式行政在基层治理中的作用

参与式行政是公众有序参与行政决策、执行、监督等行政过程的方式。江苏2004年就率先颁布了《关于进一步推动参与式行政程序建设的意见》，对参与式行政提出了具体而明确的要求。参与式行政的提出不仅从公众参与的角度对行政程序建设做出规范、提出要求，对全国也具有一定的示范意义。而且它突出了重大行政决策的公众参与性，将公众参与贯穿于规范性文件制定的全过程，拓宽公众参与行政执法和监督的渠道，提高公众参与的有效性。值得关注的是参与式行政的主要特点就是放权于基层，特别是农村基层中那些被传统科层制排斥在外的基层团队、政治力量，如果将他们吸纳进基层政府的治理活动中，那么不仅能够提高群众的公共参与度，同时也能改进组织的管理效能。随着改革开放的深入推进和民主法治建设进程的加快，参与式行政程序已成为现代公共行政的一种发展趋势。近年来，江苏省各地各部门对农村基层的公众参与行政决策、行政执行和行政监督进行了有益的探索，参与式行政程序建设取得了一定成效。江苏不断创新和完善农村基层治理机制，探索

不同条件下社会力量参与基层治理的新模式，在探索扩大村民小组为基本单元的村民自治试点，做好以社区为基本单元的村民自治试点的基础上，鼓励农村居民因地制宜开展自治实践。健全相关基层治理的法律制度，促进乡镇政府运行机制的制度化、规范化。提高农村民主决策水平，完善村民会议和村民代表会议审议决定村级重大事项制度，规范涉及村民利益事项的议事协商制度。积极培育社会类组织，有序引导社会力量参与乡村治理，通过参与式行政的社会引导机制，改变了基层政府的传统治理方式，提升了治理水平。

## 二 江苏农村基层政府治理的新挑战和新展望

近年来，江苏省在加强农村基层政府治理能力上的努力取得了丰硕成果。到2015年底，江苏城镇化率达到66.5%，比2014年提高了1.3个百分点。江苏各地的家庭农场和农民合作社分别达到2.8万家和7.2万个，江苏乡镇的经济实力也稳居全国前列。但是随着经济的高速发展，农村基层治理环境也发生了深刻的变化，其中农村基层政府的结构性失调是"基层政府治理能力的提升"所面临的一个全国性的困境。在税费改革后的乡镇机构改革中改革理念与改革的现实之间存在着巨大的缝隙，基层政府组织仍然没能很好地解决乡镇政府的公共服务职能与服务能力之间的不对称问题，导致诸如公共服务总体供给严重不足、结构失衡、服务效率低下等问题。在建设基层服务型政府过程中江苏虽然走在全国的前列，但受历史因素和条块结构的制约，一些前沿性的改革措施和行动仍有改进的空间。

### （一）发挥好引导职能，增强基层治理活力

在笔者的调研中发现当前基层治理中一个普遍的治理现象是基层治理主体的"父爱主义"还普遍存在。江苏的一些地方政府中还存在着为了服务而服务，大事小事、该管的不该管的都大包大揽。比如有大学生村官就曾坦言，村干部的工作范围与工作精力不成正比。实际上一个无限责任的政府往往不仅不能解决问题、不能更好地服务基层民众，反而会弱化基层政府其他

职能，基层政府必须切实履行中央和江苏省政府有关建设服务型政府的决定，实现基层治理方式从全能到有限、从管理到服务、从微观到中观的转变。具体而言，就是要在建设引导型政府上下功夫，保障基层乡镇政府在公共服务、社会治理、环境保护、经济发展上齐头并进，正确处理好农民经济上增收、农村社会治理稳定、农业环境积极向好、村民公共服务满意之间的关系，减少基层政府对微观经济活动的过度干预，积极引导市场、社会、基层群众性自治组织之间的关系，建立正确的考核评价体系，引导基层政府做好公共服务和社会治理工作。

### （二）有的放矢，建立政府主导的公共服务供给模式

首先，当前农村基层政府治理改革往往是从机构的增减着手，宏观层面上规划设计制定清晰的目标，却忽略了对如何达到目标的路径选择。公共服务的供给同样如此，乡镇政府为农民提供公共服务，必须弄清楚农民的需求是什么。事实上公共物品分为三类："纯粹的公共产品"、"私人产品"、"介于公私人之间的混合产品"，公私产品的根本性区别在于竞争性与排他性。基层政府公共服务的供给不是简单地由政府大包大揽全负责，也不是全部丢给社会组织全承包，而是应该区分不同属性的产品形式分别交由政府、社会组织、群众等组织或个人完成，并且政府在公共服务的供给过程中要扮演主导性的角色。政府负责公共管理职能、市场主导经营职能，政府和市场共同承担服务性职能。其次，针对农村公共服务供给中的失灵、失序现象，可以按照政府主导，社会组织、企业和农户等多元供给的模式，在市场机制的协调下，鼓励农村合作组织有序参与到公共服务供给之中。最后，江苏乡镇政府治理应该编制乡镇公共服务目录，对重点项目如教育、社保、医疗等基本公共服务加强建设，特别要关爱空巢老人的生活，充分发挥村委会和其他多元社会力量的活力。

### （三）建章立制，促进行政参与的制度化

尽管江苏在农村基层行政参与建设上成效显著，但在各项工作的具体推

进中也存在着一些困难和问题。主要表现为：公众参与范围还不够广、公众参与机制有待健全。因此，今后江苏促进基层行政参与应从制度着手，健全基层政府的信息发布机制、规范信息公开和便民服务事项，保障村民的知情权；完善乡镇重大决策制度和乡镇领导班子议事规则和决策程序，促进决策制度的规范化和制度化。另外，江苏还可以以省政府文件的形式出台《推进农村基层公众参与式行政程序建设的意见》，通过对基层参与行政程序的参与范围、参与方式、具体流程统一规范，实现对公众有序参与行政过程的规范引导。

（四）渐进调适，逐步改变基层运行的压力机制

在我们的调研中，基层乡镇干部工作压力大的现象显得尤为突出。对于普通基层政府而言，压力无外乎两者：考评压力与财政压力，前者决定了政治晋升，后者决定了行政能力。因此，要改变农村基层治理中的诸多问题，实现农村基层治理的现代化，就必须从此二者入手。首先，应该建立以服务型为导向的绩效考评机制，使乡镇承担起领导农村社会发展的重任。对乡镇领导的绩效考评要以"为农服务"为准则，对乡镇行政人员的考评要以公共服务为主要内容，在此基础上，建立科学的政府绩效评估和行政问责制度，以考促干，在基层政府中形成灵活的工作形式，促进人员各司其职、各尽其责。其次，改革现有财权分配方式，为乡镇政府职能转变提供财力支持。财政是基层政府工作开展的重要支撑，既要加强县对乡镇财政的监管，也要保障基层政府的正常工作支出；要完善财政转移支付制度，把零散的奖励补助政策规范化、制度化，引导基层政府形成"只要好好干、保障看得见"的良好氛围，形成财政稳定增长的预期；要理顺县与乡镇政府之间的事权和财权的关系，使其走向规范化和法治化。

# B.25
# 江苏机关绩效管理的经验总结与完善路径

王　婷*

> **摘　要：** 江苏各级机关在实践探索中形成了具有自身特色的政府绩效管理模式，其经验主要表现在三个方面，即结合宏观层面的发展战略与微观层面的岗位特性，构建科学合理的机关绩效管理指标体系；注重机关绩效过程管理，有效控制机关绩效管理资源的良性配置；加强机关绩效考核结果评价与运用，致力提高机关工作效能。现阶段机关绩效管理仍然存在一定的局限性，需要从四个方面加以完善：树立"以人为本"的机关绩效管理基本原则；完善统筹协调的机关绩效管理战略体系；拓展过程导向的机关绩效管理激励机制；塑造民主开放的机关绩效管理组织文化。
>
> **关键词：** 机关绩效管理　绩效考核结果评价　江苏省

　　绩效管理是我国服务型政府建设的有效工具和重要手段。随着我国行政体制改革的日益深入，政府绩效管理的理论研究与实践探索得到了空前的重视，大量的绩效管理研究蓬勃发展，各级政府在实践运行中也形成了许多具有特色的政府绩效管理模式。当然，由于绩效管理方式在我国政府

---

\* 王婷，江苏省社会科学院《学海》编辑部副研究员。

管理中引入的时间较晚，再加上机关公共部门独特的工作性质与职能等方面的因素影响，在机关绩效管理实践运行中也暴露出一些弱点亟待改善。本文通过对江苏机关绩效管理现实情况的系统考察与经验总结，力求正确把握机关绩效管理的一般规律，在此基础上提出完善江苏机关绩效管理的建设思路。

## 一 机关绩效管理的内涵

政府绩效管理是时代发展和社会变革的产物，国内外学者对这一问题进行了深入的研究并积累了大量的成果，但是对政府绩效管理的内涵则尚未达成共识。行政学专家夏里夫茨、卢塞尔和鲍里克指出，"绩效管理是组织系统整合组织资源达成其目标的行为，绩效管理区别于其他方面纯粹管理之处在于它强调系统的整合，它包括了全方位控制、检测、评估组织所有方面的绩效"[1]。我国学者卓越则认为政府绩效管理是"政府在积极履行公共责任的过程中，在讲求内部管理与外部效应、数量与质量、经济因素与伦理政治因素、刚性规范与柔性机制统一的基础上，获得的公共产出最大化"[2]。在综合前人研究的基础上，我们认为，行政机关是按照国家宪法和组织法的规定设立的，代表国家依法行使行政权力、履行行政管理职能的国家机关，公共性是行政机关的根本属性，因此机关绩效管理就是指以公共性为价值导向、以最大限度地满足社会公共利益为目标，政府各系统成员共同参与的绩效计划制定、绩效辅导沟通、绩效考核评价、绩效结果应用、绩效目标提升的持续循环过程，在此过程中，通过不断提升个人、部门和组织的绩效以实现公共产出的最大化。对于机关绩效管理内涵的正确把握，是我们理性考察与发展完善机关绩效管理的前提所在。

---

[1] J. Shafritz, E. Russell, C. Borick. Introducing Public Administration [M]. Longman an Imprint of Addison Wesley Longman, 1997: 297 – 298.

[2] 卓越：《政府绩效管理导论》，清华大学出版社，2006。

## 二 江苏机关绩效管理的现状考察与经验总结

近年来,江苏省高度重视机关效能建设,各地积极探索稳步推进机关绩效管理工作,建立了比较系统完善的机关绩效管理制度体系,为全面激发干部职工的潜能、提高机关工作效率、提升公共服务水平注入强大的驱动力。

### (一)江苏机关绩效管理的现状考察

**1. 优化完善机关绩效考核指标体系建设**

绩效考核指标体系的科学设计是机关绩效管理的重要前提与基本依据。2016年以来,江苏各地结合本地区具体情况,不断优化机关绩效考核指标体系。淮安市精简优化考核指标,由2015年的4个大类14个小类精简为2016年的3个大类8个小类,从常规履职、专项履职和创新履职等三个方面着手,凸显了对部门深化改革、职责履行、机构编制管理、创新体制机制建设等方面工作的考核,有效地将日常职责工作和年度重点工作结合起来开展考核评估。扬州市围绕市委、市政府确定的"重大产业项目建设优化年、美丽宜居城市建设年、公务管理规范年"的总体要求,根据"党政目标绩效管理、核心职能履行、重大项目推进、全面从严治党、文明城市建设、争优创优、作风建设考评、群众满意度测评"等考核项目,遵循重点突出、合理可行、细化实化、可比可测的原则,对考评指标进一步优化。苏州市机关部门根据工作性质和服务职能分为A、B两组分别进行考核,按照基本考核事项与专项考核事项两个类型考评各级机关的服务效能。连云港海州区结合部门和岗位特点,科学设定考评指标,以职能工作目标、管理工作目标、满意度目标和创新创优目标为一级考核目标,下设若干二、三级指标,在量化考评上依据部门和岗位职责的要求,实行权重比例计算。常州市将党建工作作为绩效管理的重要内容,结合省委巡视组巡视"回头看"反馈意见,利用市、县、乡换届和"两学一做"学习教育等契机,突出"党的建设、干部队伍建设"，持续推进全市党建工作在抓严抓实上下功夫、见成效，为全市经济、社会事业发展提供坚强的政治保证和思想支持。

**2. 建立健全过程导向的机关绩效管理工作推进机制**

徐州市编办充分利用互联网资源出台《工作日志系统使用规范》，强化工作日志管理，形成了对全员工作情况的计划、执行、检查、反馈的"闭环管理"过程，强化项目管理，各部门负责人根据年度重点工作和月度计划，在年初及月初将重点工作在系统中创建为项目，并指定项目具体负责人和完成时间节点。在项目执行过程中，部门负责人定期对重点任务完成情况进行更新，定期点评指导激励工作人员改进方法，提高效率，推进项目完成，既强化过程管理，更注重落实成效，实现重点工作绩效考核透明化目标。宿迁市创新"一局一表"工作机制，建立"工作推进进度计划表"，加强对各部门各单位业务工作的过程推进和考核，明确阶段性工作措施、进度目标和主要成果，作为过程推进和年度考核的依据。扬州市为确保年度重点工作任务的完成，按共性目标和个性目标梳理形成《2016年度重点工作绩效考核目标》清单，形成近1200项重点工作目标，通过建立目标任务更新机制，形成了年初有目标、过程有监督、结果有奖惩的绩效管理工作推进机制。

**3. 深入拓展机关绩效管理考评机制**

对机关各系统及其工作人员进行客观、公正的绩效考评是机关绩效管理工作的核心环节。2016年江苏各地扎实开展绩效考评工作，充分发挥导向激励作用，机关绩效运转成效显著。苏州市机关绩效考评机制设立了内部考核和外部考核两种模式，外部考核由市绩效办委托第三方调查机构对管理对象的目标内容和指标任务完成情况进行评估，并随机选取公众代表、服务对象，通过社会满意度调查采集形成对管理对象的评价意见（例如采用密封信件式问卷调查、网络平台不记名式答卷、便民服务热线电话、行政窗口面访和街道社区问卷访问等形式），从而使考核结果更加公平、公正、公开。徐州市构建形成互联网、电视、手机为一体的全平台机关绩效考评信息系统，建立涵盖21类人群的10万人考评人员数据库，形成月度考核、季度评价、年终考评的动态化序时化考评体系，为考核评估过程中全方位、立体化、不间断收集社情民意创设了条件。宿迁市创新"双随机"考评机制，在市级机关业务工作季度绩效考评中，采用随机抽取考评对象、随机选派绩效考评员的办法，通过制定并及时公开公布随机考评事项清单，明确考评依据、考评对象、考评内容、考评方式、动态考评比例和频次，严格规范考评行为，进一步提高考评的科学性和公正性。

**4. 突出强化结果运用的机关绩效管理激励机制**

对机关绩效考评的结果进行科学的分析评估，并合理地反馈运用于新的工作过程中，以不断提高机关工作效能、优化公共服务质量，这是机关绩效管理工作的根本目标。无锡市将市级机关绩效考核评定分为四个等次：人民满意机关、绩效考核优胜机关、绩效考核良好机关、绩效考核一般机关，工作目标绩效考核结果与绩效考核奖励及公务员年度考核优秀比例挂钩，并作为干部选拔任用、调整交流的重要参考，通过强化结果运用以提高考核实效。苏州市构建了"四结合"机关绩效评估结果运用机制，探索将绩效评估结果与领导干部考核相结合、与机构编制管理工作相结合、与合理配置财政资源相结合、与公务员年度考核相结合的具体措施，促进机关效能持续提升。宿迁市创新"较差等次"跟踪考核机制，对于市级机关分类考核中每个类别中考核得分最后一名的较差等次机关，责令班子集体向市委、市政府书面报告整改方案，并将整改情况列入下一年度减分事项进行跟踪考核，进一步提高绩效管理的针对性和导向性。

## （二）江苏机关绩效管理的经验总结

**1. 结合宏观层面的发展战略与微观层面的岗位特性，构建科学合理的机关绩效管理指标体系**

江苏各地在机关绩效考核指标体系的设计过程中，始终坚持宏观发展战略与微观岗位特性的有机结合。一方面，任何组织机构的发展战略都决定了该机构的发展方向、根本使命与实施机制，因此，发展战略必然是机关绩效考核指标设立的基本依据。2016 年是全面建成小康社会决胜阶段的开局之年，江苏各地在全面实施"七大战略"、着力建设"强富美高"新江苏过程中，按照创新、协调、绿色、开放、共享的发展理念，适时调整机关绩效考核指标，找准政府绩效管理助力江苏经济社会战略发展的切入点。另一方面，战略目标、战略行为与行动举措最终都要落实到具体的部门岗位中，因此，岗位分析是机关绩效考核指标设立的基础。不同的部门、岗位承担的任务各有侧重、推进的节奏各有不同，江苏各地机关对一级绩效考核指标进行科学的分解，根据不同部门岗位的具体情况进行个性化、动态化的二级、三级指标设计。总之，在政府绩效管理指标体系设计中注重顶层设计与特性设计相结合，为机关绩效管理的深入推进提供了积极的机制保障。

**2. 注重机关绩效过程管理，有效控制机关绩效管理资源的良性配置**

绩效管理是一个过程管理，而不是结果管理。尤其是绩效管理的问题多出现在前期的任务分配和中期的任务指导中，绩效考核实质上是一种滞后行为，是对绩效过程管理结果的核查。因此，机关绩效过程管理是绩效管理不可或缺的重要组成部分。江苏各级机关在设定绩效考评指标后，建立绩效考核责任共担机制、目标管理机制、目标任务更新机制等，机关领导与工作人员保持持续的绩效沟通，在沟通过程中明确任务目标、形成正确的工作思路与工作方法、及时发现完成绩效存在的问题并共同解决等，同时根据管理过程中内外环境的变化，及时按照相关程序要求调整绩效指标。正是通过正确的绩效过程管理，有效控制机关绩效管理资源的良性配置，才能形成良好的工作结果。

**3. 加强机关绩效考核结果评价与运用，致力提高机关工作效能**

科学评价和运用落实机关绩效考评的结果是江苏机关绩效管理在行政体制改革中发挥积极作用的支点之一。2016年，江苏各级行政机关出台了一系列文件，进一步强化绩效管理结果运用与干部考核任用、机构编制调整、财政预算以及公务员评优等结合起来，还制定了严格的绩效问责制度，为强化结果运用进行了积极探索。在充分发挥机关绩效考核结果运用的各种激励机制的同时，更侧重对考核结果的客观评价。通过查找问题，分析原因，有针对性地提出下一考评周期的工作改进目标、发展培训计划、能力提高计划等，促使机关工作效能不断提高、公共服务质量日益优化，以满足现代化社会发展对政府转型提出的时代要求。

## 三 完善江苏机关绩效管理的基本思路

尽管江苏省机关绩效管理工作已经取得了初步成果，但由于当前在政府机关引入绩效管理仍处于初步探索阶段，再加上机关公共部门特有的性质与职能，以及转型时期各方面环境因素的影响，现阶段机关绩效管理仍然存在一定的局限性亟待完善。当前需要以党的十八届六中全会和省委十二届十三次全会精神为指导，围绕江苏"十三五"规划和深化行政体制改革加快建立现代政府的总目标，进一步建立健全机关绩效管理机制，为建设"强富美高"新江苏做出贡献。

### （一）树立"以人为本"的机关绩效管理基本原则

"公共性"是行政机关合法性的根本来源。行政机关的基本职能是以人民群众的基本需求为导向，公平公正地提供公共物品与公共服务，最大限度地满足社会公共利益。因此，机关绩效管理的基本原则是"以人为本"，这一原则要求机关绩效管理的根本目标是实现公共利益的最大化，在机关绩效管理过程中的任何一个环节都要与社会公共利益、人民群众的基本诉求紧密结合起来，明确并有效解决"为谁服务、如何服务"的问题。"以人为本"的绩效管理原则同样贯穿于行政机关内部。为了满足当前社会公共服务供给日益多元化复杂化的需求，必须在坚持"以人为本"的价值导向下，加大对专业人才的培养力度，建立人才长期培养机制，分阶段、分层次对行政人员进行培训，不断提高行政人员的工作能力，为机关绩效管理的深入发展奠定基础。

### （二）完善统筹协调的机关绩效管理战略体系

机关公共部门的特殊性质和工作职能决定了机关绩效管理具有先天的技术局限性。卓越认为公共部门"管理目标复杂、产品形态特殊、产品标准多维、价格机制缺乏、生产要素独特"等特质增加了绩效管理的难度，夏尔·德巴什则将公共部门的总体利益性质、垄断权、免费服务和费用混淆不清概括为公共部门绩效评估困难的基本原因[①]。具体而言，在绩效管理过程中，由于机关特性而产生的绩效管理困境主要表现在以下方面。一是考核指标难以量化，由于行政机关很多涉及非执行部门，因此难以设计具有可操作性的定量指标进行考核评估。二是不同部门之间由于工作性质不同不具有可比较性。三是政府提供的公共产品由多个部门合作完成，难以对单个部门进行考核。四是多元性的管理目标往往彼此之间产生潜在的价值冲突，或者不同时期进行不同目标的优先选择。此外，现代社会的高度分化与多层次性也决定了各级政府、各个政府部门必须根据不同社会群体的特性形成不同类型的绩效管理目标。因此，行政机关系统结构的复杂性与差异性决定了必须建立完善统筹协调的机关绩效管理战略体系，把整个机关单位的战略目标与对机关单位干部职工的绩效考核紧密结合起来，把机关总体目标任务细化为每个部门、每个岗位和每个成员的绩效目标，把长远的战略思考、中长期工作业绩目标与短期目标考评紧密结合起来，从机关绩效管理战略发展的高度着手，实现绩效管理各个环节、各个目标、各个部门之间的有机衔接和深度融合。

（三）拓展过程导向的机关绩效管理激励机制

作为政府管理工具，机关绩效管理的目的是通过合理的指标设计、绩效沟通、绩效考核、反馈评价等途径实现机关工作效能的不断提升。国际公共管理的实践经验表明，当前建设性的激励引导策略已经逐渐取代了简单的奖惩方式，成为绩效管理尤其是绩效过程管理最重要的发展趋势。对于政府机关这种公共组织的绩效管理，更应该体现灵活性，通过创新拓展过程导向的机关绩效管理激励机制，激发组织活力，推动机关绩效的提高。例如，可以

---

[①] 刘志刚、胡税根、曹贵斌：《省级机关绩效评估的动因、局限性及其改进》，《社会科学战线》2010年第4期。

借鉴标杆管理的理论与方法，树立绩效突出的标杆模范，总结推广绩效管理的相关经验；可以借鉴平衡记分卡的理论与方法，根据机关绩效管理的特征，将财务、客户、内部运营、学习与成长四个方面的绩效考核目标进行转化，具体分解为一些操作性较强的考评指标；可以借鉴关键绩效指标（KPI）的理论与方法，参与绩效考核的相关主体根据自身实际情况对工作目标、工作表现和发展愿景等进行充分的绩效沟通，达成共识，共同确定绩效考核制度体系；可以借鉴360度绩效考核的理论与方法，将机关内外与绩效考核对象有关的多个利益相关者反馈的绩效考核信息汇总进行综合考察评估。面对不同类型的绩效管理考核激励机制，最关键的问题是必须根据政府机关、部门以及工作人员自身特性，选择、转化具有可行性、可操作性的机关绩效管理激励机制。

### （四）塑造民主开放的机关绩效管理组织文化

机关绩效管理的深入推进同样面临着文化梗阻。在机关内部仍然不同程度地存在着等级制、形式主义、官本位等封建官场文化阴影，在机关外部，社会大众的参与型文化尚未成熟。因此，迫切需要创新拓展利益相关各方参与机关绩效管理的渠道，塑造民主开放的机关绩效管理组织文化。在完善机关内部绩效考评机制（包括上级考评、部门考评、员工互评等）的基础上，着重加强外部绩效考评机制的建设。建立健全专家参与的机关绩效管理机制，保障相关专家参与机关绩效管理的全过程；建立健全绩效管理专业评估机构，加强专业人才的培训选拔，加强政府与社会评估机构的广泛合作，提高第三方评价的科学性与客观性；最重要的是积极激励引导公众参与机关绩效管理过程，拓展多元化的制度参与渠道，真实全面地把握公众对于政府机关公共服务的满意度，增强政府的回应性。在此过程中，要充分开发网络化、信息化的政府绩效管理系统，为上级领导评估、政府部门自评、政府部门互评、社会评估、公民评估等提供信息沟通平台和基本依据，营造现代政府共同管理、民主开放的机关绩效管理组织文化。

# 专题三　法治建设

Topic 3　Legal Construction

# B.26
# 对《法治江苏建设指标体系》的
# 实施评价及完善建议

方　明*

**摘　要：**《法治江苏建设指标体系》（以下简称《指标体系》）颁布实施一年多来，在地方科学民主立法、法治政府建设、公正廉洁司法、社会治理法治化、法治宣传教育、法治工作队伍建设和法治建设组织领导等方面得到有效落实和实施，在法治江苏建设过程中发挥了重要的引领、规范和激励作用。但也存在着一些亟须解决的问题，如对《指标体系》的社会知晓度、认同度、参与度有待提高；部分指标设置不够科学合理；部分指标难以把握；部分指标难以完全落实到位等。为进一步优化体系结构，完善《指标体系》的内容并推进实施，特

---

\* 方明，江苏省社会科学院法学研究所副所长、研究员。

提出以下建议：第一，协调平衡《指标体系》与地方及部门专项指标体系的关系；第二，明确细化《指标体系》中的定性指标内容；第三，科学调整《指标体系》中的定量指标内容；第四，进一步健全完善《指标体系》的实施机制。

**关键词：**　《法治江苏建设指标体系》　法治江苏　指标设置　江苏省

2015年3月颁布实施的《法治江苏建设指标体系（试行）》（以下简称《指标体系》）是江苏贯彻落实党的十八大和十八届三中、四中全会精神，全面推进依法治省，努力建设法治江苏的重大创新举措，也是江苏法治建设的重要创新成果。《指标体系》由7项一级指标、29项二级指标、89项三级指标和1项综合性指标组成。

## 一　对《指标体系》及实施的总体评价

《指标体系》自2015年3月颁布实施以来，通过编写《法治建设指标体系解读》读本，建立法治信息数字化系统，制定与之配套的各类考核标准，以及全省各地各部门全面及时部署工作，分解任务，落实责任部门、责任人等一系列举措，《指标体系》得到较好的实施。在"地方科学民主立法"方面，党委领导、人大主导地方立法工作的体制机制运行良好；科学立法、民主立法扎实推进；重点领域立法紧扣地方经济社会发展的重点、难点和特点。在"法治政府建设"方面，政府职能转变步伐加快；政府依法决策程序不断规范；行政执法体制机制建立健全；行政权力制约机制发挥作用；政务公开和服务水平得到提升；行政争议解决能力不断增强。在"公正廉洁司法"方面，依法独立公正行使司法权力得到保障；司法职权配置更趋优化；司法客观公正更加严格；人民群众参与司法得到保障；人权司法保障制度有效落实；司法活动监督到位。在"社会治理法治化"方面，"政社互动"有力推行，社会组织良性发展；多元矛盾纠纷解决机制有效发挥作用；公共法律服务体系建构完善；社会治安综合治理绩效显著提高。在"法治宣传教育"方面，深刻认识领导干部尊法、学法、守法、用法的重要性；重点落实"谁执法谁普法"的普法责任制；优化模式推进法治文化建设。在"法治工作队伍建设"方面，法治专门队伍建设有序推进；法律服务队伍规范敬业不断优化；人才培养机制创新力度加大。在"法治建设组织领导"方面，依法执政水平不断提高；各级人大监督有所加强；政协职能有效发挥；各项法治建设目标任务积极落实。总体上专家学者、公职人员、社会公众对本地区的法治建设满意率较高。

通过对《指标体系》及其实施一年来的调查评估，《指标体系》是科学评价法治江苏建设的量化标准，是激励引领法治江苏建设的愿景目标，也是落实全面推进依法治省工作任务阶段性成果的直接体现。《指标体系》以党的十八大及十八届三中、四中、五中全会精神和习近平总书记关于"四个全面"的重要思想、国家法律法规为依据，与宪法、法律、法规的精神、原则和规定相一致，具有合法性；《指标体系》制定过程经历了广泛征求各方意见、专家学者论证、合法合规性审查、集体讨论决定等重大决策程序，符合科学决策、民主决策、依法决策的要求；《指标体系》设定的一、二、三级指标和具体考核得分点总体科学合理，基本能够作为评估省域法治建设整体水平的重要依据，基本能够整体测量全省法治建设工作的推进情况，已成为衡量法治江苏建设工作实绩的重要依据和推进法治江苏建设工作的总抓手，有力地推动了各地区各部门的法治建设工作，在法治江苏建设各个方面发挥了重要作用。但《指标体系》在一些具体指标设定方面还存在合理性问题，在实施过程中也暴露出了自身存在的不足，有必要及时进行调整，进一步优化体系结构，更好地发挥《指标体系》在推进法治江苏建设工作中的引领、规范和激励作用。

## 二 《指标体系》以及实施过程中存在的主要问题

尽管《指标体系》在全省各地各部门法治建设过程中发挥了重要作用，

但通过调研和评估发现,《指标体系》及各地各部门在理解和操作过程中仍存在以下几个方面的问题。

(一)对《指标体系》的知晓度、认同度、参与度有待提高

《指标体系》是衡量法治建设工作实绩的重要依据,是全面推进依法治省工作的主要抓手,是考核评价各级党委、政府推进法治建设及其成效的规范性文件。然而,从调查问卷统计结果来看,对《指标体系》的知晓度、认同度和参与度并不高。接受调查的专家学者中"知道"《指标体系》的占65.14%,"不知道"者占34.86%;社会公众"知道"《指标体系》的占72.92%,"不知道"者占26.93%。公职人员对"您认为制定实施《法治江苏建设指标体系(试行)》能否较好地提升和衡量法治江苏建设工作"选择"能"者占95.45%;选择"不能"者占5.15%。尽管调查问卷样本量不大,大多数专家学者和社会公众对《指标体系》还是具有一定的认知度。由于《指标体系》出台实施仅仅一年,宣传没有完全到位,一部分社会公众不知道《指标体系》尚可理解,但近1/3的法学专家学者也不知晓《指标体系》应引起关注。同时专家学者、社会公众和公职人员对《指标体系》认知水平的差异在某种程度上虽然可以理解,但三类群体认同程度与其本身的法治素养、对地方法治建设的关心程度存在一定差距。结果还显示江苏的专家学者在地方法治政府建设中的参与度有待提高。

(二)《指标体系》中部分指标设置不够科学合理

《指标体系》已经颁布实施并为实践所遵循,从基层调研情况来看,部分指标设置得不科学已经影响到指标体系的实施效果。

1. 在二级指标"科学立法民主立法深入推进"项下的三级指标"人大常委会委员中具有法治实践经验的专职常委比例合理"中的"比例合理"如何理解,各地在实践中无法掌握。

2. 在二级指标"领导干部尊法学法守法用法"项下的三级指标"严肃查处领导干部违法犯罪案件"与该项的一级指标"法制宣传教育"两者在

内涵上存在很大差异。

3. 在二级指标"法律服务队伍规范敬业"项下的三级指标"律师队伍政治思想建设不断加强"在表述上过于片面，因为不仅仅是律师，所有法治队伍均需要加强政治思想教育工作。

4. 在二级指标"司法职权优化配置"项下的三级指标"刑事诉讼中认罪认罚从宽制度"实际上属于司法改革项下的重要内容，在"司法改革重点任务按期完成"指标中就足以涵盖这一内容。将这一指标单列，虽然能凸显该制度的重要性，但也带来重复性问题。更重要的是，这项制度需要国家层面从实体到程序全方位系统的立法设计作为司法机关实施的法律依据。在国家层面尚缺乏系统立法支撑的情况下，将其单列作为省级司法机关的考核指标，实践中难以操作。

5. 对法治政府建设指标体系的科学性程度存在质疑。问卷调查中，专家学者对"您认为法治政府建设指标的设置是否科学"，认为"科学"的占23.85%；认为"部分科学"的占66.06%；认为"不科学"的占4.59%；未作答的占6.42%。公职人员对"您认为法治政府建设指标的设置是否科学"，认为"科学"的占65.45%；认为"部分科学"的占33.48%；认为"不科学"的占0.91%。虽然公职人员对法治政府建设指标体系认同者占大多数，但与法治政府建设高度关联的群体认为"部分科学"的比例依然较高。

6. 在法治建设满意率测评方面存在出入。由于法治建设本身含义比较抽象，法治建设满意率作为综合评价区域法治建设程度的一项主观指标，受调查者不一定清楚其准确含义，评价结果不能完全代表被调查者的真实想法，该指标测评数值代表意义和实际情况存在一定出入。同时，法治建设满意率指标主要采取电话测评方式，内容涉及许多经济社会发展过程中不可避免的敏感问题和基层职能范围以外的工作，而且电话测评存在一定偶然性，反映情况也存在一定片面性。

（三）《指标体系》中的部分指标难以把握

《指标体系》的内容总体而言，定性指标多，定量指标少。如此安排虽然能够为法治建设实践留下一定的空间，但在操作过程中往往不容易把握。如调查问卷中，公职人员对"您认为法治指标体系中指标落实情况是否容易把握"，认为"容易把握"的占60%；认为"不容易把握"的占28.64%；认为"不清楚"的占13.33%。合计有40%多的公职人员认为法治建设指标体系不容易把握或不清楚。

在法治政府建设指标中，定量指标分别为"法治政府建设满意率达90%""行政机关负责人重大行政复议案件出席率达95%以上""行政机关负责人行政诉讼出庭率达90%以上"这三个指标。根据调研，各地普遍对行政机关负责人行政诉讼出庭率存在疑虑，无所适从。因为《指标体系》规定行政机关负责人出庭率是90%，2016年《法治江苏建设考核标准》的规定是85%，而2016年省政府办出台的《关于加强行政应诉工作的意见》中对此却未作硬性要求。

在公正廉洁司法指标中，有相当一部分涉及对现有司法体制机制进行改革，如"司法改革重点任务按期完成、司法权力运行机制健全""主审法官和合议庭、主任检察官、主办侦查员办案责任制有效落实""诉讼制度改革、量刑规范化改革稳步推进""办案质量终身负责制和错案责任倒查问责制建立"等指标内容，需要明确的顶层设计架构，否则基层司法机关无法推进相关制度改革，对该类指标也难以贯彻落实。

在法治工作队伍建设指标中，部分基层工作者对"法治工作队伍"作了扩大解释，将各地法制办、依法治理小组工作人员等视为法治工作队伍的一部分。由于这些机构和人员专职从事法治建设工作，应当纳入法治专门队伍管理体系之中。特别是各地依法治理办（小组）在体制上尚未纳入正式机构编制序列，法治机构人员编制不足问题非常突出。

（四）《指标体系》中部分指标难以完全落实到位

《指标体系》探索设置了建制性、完善性和落实性三类指标。通过调研发现，《指标体系》中存在部分落实性指标难以真正落实。

1. 二级指标"诚信守法形成氛围"项下的三级指标"法治教育纳入国

民教育体系"在实践中有赖于国家的顶层设计,地方和基层主要任务是落实和执行。同一项下的三级指标"社会主体信用信息基础数据库全面建立",全省大部分地区尚处于准备和调研阶段,难以局限于某一地区开展此项工作。

2. 二级指标"法治工作队伍建设"项下的三级指标"执业准入制度、职业保障体系、法治专门队伍管理制度完善"难以落实到位。一方面,职业准入制度是指国家统一的法律职业资格考试制度,应该在国家层面进行统一设计规划。另一方面,职业保障制度等内容过于宽泛,体制上必须是全国层面的统一要求,在省级层面通过出台相关政策制度,才能上下对应落实完善。

3. 二级指标"法治建设目标任务有效落实"项下的三级指标"基层法治机构、法治队伍和装备设施建设不断加强",实践中基层普遍反映落实存在困难,其主要原因在于县(市)依法治理办大多没有纳入"三定"方案,甚至连挂牌机构都不是,没有上级文件的明确规定,县(市、区)很难解决编制问题,更不用说建立专门机构和配备人员了,目前依法治理干部职数和人员编制大都挂在综治办。

4. 一级指标"公正廉洁司法"项下确立了一系列指标,其中一些指标的表述过于笼统,缺乏可操作性和可判断性。如"确保依法独立公正行使审判权、检察权的制度完善",这一表述意在要求保障审判权、检察权独立行使,但实践中如何衡量和判断"完善"?这样的表述既不利于操作,也不利于考核。同时,在公正廉洁司法指标中大量出现"健全",如"司法人员履行法定职责保护机制建立健全""司法权力运行机制健全""查办职务犯罪案件协作配合机制建立健全""保障群众参与的制度建立健全""阳光司法机制健全",诸如此类。是否"健全",是一个主观性很强的判断,不利于司法机关的理解和操作。

5. 一级指标"法治政府建设"下部分指标设定弹性较大,难以衡量。通过调查问卷,对于"您认为本地区政府行政权力清单制度是否落实",接受调查的公职人员认为"已落实"的占76.97%;认为"尚未完全落实"

的占23.03%。对于"您认为本地区行政审批制度改革是否到位",接受调查的公职人员认为"已到位"的占76.97%;认为"尚未到位"的占22.88%。对于"您所在单位是否发生过不执行民事、行政案件生效裁判的情况",接受调查的公职人员认为"发生过"的占18.33%;认为"未发生"的占73.94%;未作答的占7.73%。

6. 二级指标"诚信守法形成氛围"项下的三级指标"国家机关'谁执法谁普法'的普法责任制落实"在实际操作中面临着不同行政机关承受能力的问题,一些执法责任和任务较重的机关单位在执法过程中对开展普法工作所产生的工作量增加和义务责任承担等问题均存在一定的疑虑。

7. 二级指标"法治文化繁荣发展"中,虽然法治文化建设的评价指标比较全面,但目前全省法治文化建设还停留在实体性设施建设阶段,注重硬件阵地平台建设,对法治文化精神层面的内容尚难以通过指标体系表现出来。

## 三 对进一步完善《指标体系》的对策建议

《指标体系》在一些具体指标设定方面还存在合理性问题,在实施过程中也暴露出了一些不足,有必要及时进行调整,以进一步优化体系结构,更好地发挥《指标体系》在推进法治江苏建设工作中的引领、规范和激励作用。

### (一)协调平衡《指标体系》与地方及部门专项指标体系的关系

《指标体系》共分为一级指标、二级指标和三级指标,依次明确了法治江苏建设各项目标任务,在体系上较为完整,成为相对独立的一套考核评价体系。从实践来看,与法治江苏建设有关的考核评价体系尚有《江苏省法治城市考核创建标准》《江苏省法治县(市、区)考核创建标准》等;省政府还制定了依法行政评价考核指标,并正在制定《法治政府建设指标体系》;同时,还有各部门制定的《基层民主法治创建考核体系》《法治社会建设指标体系》等。为避免重复和交叉，需要妥善处理《指标体系》与各地各部门的法治建设考核体系之间的关系。既要协调好法治江苏建设指标体系的宏观性、整体性与各地各部门指标体系的微观、特殊性的对接呼应问题，也要衔接好《指标体系》的稳定性、抽象性与考核标准的能动性、具体性的配合适应问题。随着法治政府、法治经济和法治社会的建设发展，《指标体系》有必要从以下几个方面加以调整平衡：一是完善法治政府指标体系内容。2015年底《法治政府建设实施纲要（2015~2020）》的公布意味着基本建成法治政府目标任务的确定。这就需要对《指标体系》中有关法治政府建设的内容进行修订。二是调整法治经济和法治社会指标体系内容。十八届五中全会提出要加强法治经济和法治社会建设，经济社会领域法治化已经成为"十三五"时期法治建设工作的重要内容。伴随着《江苏法治社会建设指标体系》的出台，需要对《指标体系》中法治经济和法治社会建设的内容进行调整和修订，使两者在内容和形式上能够相互衔接和配套。三是整合《指标体系》考核与各项专项考核之间的关系，使指标体系考核与各专项考核之间保持一致。建议发挥《指标体系》的统帅作用，设定其他区域性专项指标或考核标准时应以《指标体系》为纲，法治江苏建设考核工作也可以直接使用专项考核的结果和数据，避免各项考核之间的交叉和重复。

### （二）明确细化《指标体系》中的定性指标内容

定性指标在《指标体系》中占据较大部分，尽管定性指标在落实过程中具有抽象性和模糊性的特点，不易把握，但这种灵活性也给各地区各部门开展地方法治建设提供了较大的自由发挥空间。从现有指标体系分类来看，二级指标和三级指标不对应的现象比较突出，需要对各部分定性指标进行完善。

1. 在立法指标方面，一是明确地方人大常委会专职常委的具体比例，增强该指标的约束力与可操作性；同时细化人大代表列席人大常委会立法工作会议的方式、次数和人数等内容。二是明确第三方立法评估是参与立法全过程的评估，而不仅仅是对立法事项或者立法草案的评估，同时增加立法后评估的规定，提高立法质量。三是明确"禁止制发带有立法性质的文件"的具体内容，确定其所负责的主体以及监督方式；同时通过鼓励的方式规定而不是硬性规定创制性立法数量。

2. 在法治政府指标方面，一是二级指标"政府职能依法全面履行"可以调整为"行政审批制度完善"。由于依法决策、行政执法、政务公开、行政争议解决均涉及政府职能调整问题，因此，将政府职能单独列举难以突出政府职能转变的需要。而政府职能转变在很大程度上集中体现在行政审批制度改革。二是二级指标"政务公开全面推进"可以调整为"政务建设全面推进"。由于政务公开二级指标包括了政务服务三级指标的内容，在字面含义上难以统一，采用政务建设可以包括政务公开和政务服务两个方面。

3. 在公正司法方面，一是三级指标"诉讼制度改革"和"建立办案质量终身负责制和错案责任倒查问责制"，中级以下人民法院、市级以下人民检察院仅仅是贯彻落实单位，无法主导建立该项制度。二是现有"公正廉洁司法指标"中，使用了诸如"完善""健全""稳步推进""重大影响""扎实有效""不断提升"等较多模糊性表述，这些表述很大程度上存在实施上的不易操作性，也给考核带来一定的主观性。因此，建议《指标体系》尽可能删除此类模糊性条款，用客观性表述代替主观性表述。三是"公正廉洁司法指标"项下的二级指标和三级指标之间，在设置上存在一定的交叉重复，建议进行科学归类。四是"查办职务犯罪案件协作配合机制建立健全""刑讯逼供、非法取证源头预防机制健全""失信被执行人信用监督、威慑和惩戒制度有效落实"等一些需要多家单位协作完成的指标，在具体实施过程中，对涉及此类多单位协作完成的项目指标，对责任主体、牵头主体应当予以明确。五是在调研过程中，基层司法机关希望能够将"司法建议的落实情况"纳入指标体系。司法建议的落实有利于司法权威的树立，同时也可加快推进法治政府建设和社会治理法治化。

4. 在法治宣传教育方面，一是加强对某些指标设定的逻辑性完善，如"严肃查处领导干部违法犯罪案件"与"法治宣传教育"的一级指标关系不大，颇为牵强，不属于法治宣传教育方面的内容。二是对某些指标可以考虑设定一定的阶段性目标,如"社会主体信用信息基础数据库全面建立"应整体性考虑顶层制度设计。三是在法治文化建设方面应在法治文化硬件设施和平台建设日益完善的基础上设定一些法治意识培养和提高的指标。

5. 在社会治理法治化方面,一是对"企业依法经营管理,社会责任积极履行"的社会责任和内容需要准确界定;二是对"社会组织发展达到省定标准"的省定标准和内容在指标中应予以明确。

6. 在法治工作队伍建设方面,一是增加基层法律服务工作者建设指标权重,实现律师队伍与基层法律服务工作者之间的错位发展;二是促进法律服务队伍专门化发展,特别是"两公"律师(即公职律师和公司律师)和公证员的发展;三是适当增加法学会建设的考核要求,推动全省法学会建设工作。

7. 在法治建设领导体制方面,一是加大基层法治系列创建工作的考核权重,实现法治建设工作向基层延伸;二是结合每年法治县(市、区)考评细则,分阶段设定一些关键指标,规划短期、中期和长期法治建设目标,提高法治建设工作水平。

### (三)科学调整《指标体系》中的定量指标内容

《指标体系》中定量指标所占比重不大,主要有"法治政府建设满意率达90%以上""行政机关负责人重大行政复议案件出席率达95%以上""行政机关负责人行政诉讼出庭率达90%以上""村(居)民委员会依法自治达标率分别达97%、92%""公众安全感90%以上""代表议案、建议办理满意率达90%以上""委员提案办理满意率达90%以上""80%的市、县创成法治先进""人民群众对法治建设满意率达90%以上"等。这些定量指标构成了对法治江苏建设的硬性要求,但随着法治建设的推进,有些指标已经不能适应形势发展的需要。一是法治政府建设满意率指标可以考虑取消。其与法治江苏建设满意率之间的关系并不清晰,对于前者的测评在实践中虽然存在,但是相关数据始终未予公布。二是行政机关负责人重大行政复议案件出席率在行政复议案件不断增加,特别是省政府作为被申请人的案件不断增加的情况下,行政机关负责人直接出席行政复议工作量过大。三是行政机关负责人行政诉讼出庭率在实践中争议较大,需要根据形势发展对其进行调整,建议根据国务院关于行政机关负责人出庭的最新意见,设定鼓励行政机关负责人出庭应诉的指标,同时明确行政机关负责人必须出庭的情形,取消行政机关负责人出庭率指标。四是"村(居)民委员会依法自治达标率分别为97%、92%"的要求过于僵硬,建议根据苏中、苏南、苏北区域划分不同的数值区间,引导基层民主自治建设良性运转。五是"民转刑案件比例逐步下降"和"八类严重刑事案件发案比例逐步下降"科学性不足,流于形式,不能客观反映社会发展的规律,建议确定合理区间。

## (四)进一步健全完善《指标体系》的实施机制

实践中,要使《指标体系》真正成为科学评价和激励引领法治江苏建设的量化标准,体现并落实全面推进依法治省工作任务的阶段性成果,还需要进一步健全完善《指标体系》的工作实施机制。

1. 加大对《指标体系》的宣传力度。《指标体系》公布实施已经一年有余,接受问卷调查的专家学者中不知晓《指标体系》的有1/3多;社会公众中不知道的也有1/4多。因此,应在全省范围内,不仅通过电台、电视台、纸质媒体、公益广告等传统宣传形式,还可以打造网站、微博、微信、户外频媒等新媒体的宣传载体,以大家喜闻乐见的形式开展《指标体系》的法治宣传活动,提高专家学者、工作人员和社会公众对《指标体系》的参与度、知晓度和认同度。

2. 建立法治建设目标任务分解中的阶段性指标。法治建设是一项长期渐进的庞大系统工程。在现行的《指标体系》框架下,结合每年的法治城市和法治县(市、区)考评细则,分阶段设定一些关键指标,不仅体现横向对比,更要注重未来一段时期的规划,包括短期必成指标、中期渐进指标和长远规划指标,有效引导基层法治实践工作分阶段实现目标,积极推动地方法治建设。

3. 加强《指标体系》基层实施的组织保障工作。十八届四中全会之后,

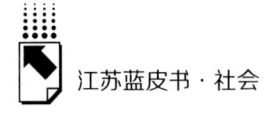

特别是《指标体系》贯彻实施以来，全省各地基层法治建设工作任务日益繁重，法治机构设置、人员编制已难以适应新形势、新任务的要求。建议从省级层面强化法治建设人员机构设置顶层设计，出台《加强法治基层基础工作规范化建设的实施意见》，从省级层面统一规定基层法治队伍、法治机构的人员编制和组织构架，充分发挥基层法治机构和工作人员在推进法治江苏建设中的积极作用。

# B.27
# 江苏深化行政审批制度改革的实践路径和对策措施

钱宁峰*

**摘 要：** 当前，江苏各地区各部门按照省委、省政府要求积极落实各项行政审批制度改革任务，规范政府权力，优化公共服务，加强综合监管，呈现出点面结合的简政放权新态势。但整体性不足，远远不能适应江苏经济社会发展的需要。当前最为急迫的任务就是总结经验，稳妥试点，全面铺开，深化江苏行政审批制度改革。首先，加强行政审批制度改革省级层面的顶层设计，形成系统完整高效的行政审批制度改革实施方案。其次，完善行政审批制度改革制度层面的流程设计，形成扁平化、协同化、一体化的行政审批平台。再次，提高行政审批制度改革服务层面的水平设计，形成政府服务、市场主导的行政审批制度市场环境。最后，提升行政审批制度改革监管层面的能力设计，形成有力有效的行政审批监管体制。

**关键词：** 行政审批 改革 江苏省

十八大以来，江苏各地区各部门以行政审批制度改革为抓手，积极推进简政放权工作，取得了令人瞩目的成效。2016年11月11日，省委、省政

---

\* 钱宁峰，江苏省社会科学院法学研究所所长、研究员。

府召开全省深化行政审批制度改革加快简政放权激发市场活力推进会，省委书记李强出席会议并讲话，省长石泰峰作具体部署。① 这标志着江苏正式启动新一轮行政审批制度改革。要推进简政放权，深化"放管服"改革，就必须结合省内外行政审批制度改革情况作出合理布局，进行有力部署，为深化江苏供给侧改革，推动江苏经济转型升级提供有力支撑。

## 一 江苏行政审批制度改革的基本情况

当前，江苏各地区各部门按照省委、省政府要求积极落实各项行政审批制度改革任务，规范政府权力，优化公共服务，加强综合监管，呈现出点面结合的简政放权新态势。

第一，初步建立了简政放权"517"改革架构，实现了行政审批制度改革的"规定动作"。江苏各地区及时做好行政审批事项清理、削减、下放和承接等工作，在网上公布了行政审批事项目录清单、政府行政权力清单、行政权力事项责任清单、政府部门专项资金管理清单和行政事业性收费目录清单，探索建立负面清单制度，确保行政权力运行规范有序。在此基础上，推动涉及行政审批中介服务的事业单位脱钩改制，认真梳理行政审批中涉及的中介服务事项，制定行政审批中介服务事项和收费目录，确保中介服务事项于法有据，有效规范行政审批中介服务。同时，搭建覆盖全省、上下联动、运行高效的省、市、县、乡（镇）、村五级政务服务体系，合理确定各级政务服务平台职责，明确办理事项和审批权限，全面推广政务服务标准化、综合咨询、单一窗口、集中审批等服务新模式，形成了网上办事大厅和实体大厅"线上线下、虚实一体"的政务服务平台，基本解决了"进一个门，办各种事"的"最后一公里"问题。此外，积极推进"1主7辅"的事中事后监管体系，努力构建以信用监管为基础的行政监管、行业自律、社会监

---

① 《以自我革命的勇气打好行政审批制度改革攻坚战》，《新华日报》2016年11月12日。

督、公众参与的"五位一体"综合监管体系。①

第二,鼓励创新行政审批制度改革方式,推出了行政审批制度改革的"自选动作"。江苏各地区结合自身情况创新行政审批模式,为企业和群众办事提供方便快捷的服务。常州市在涉及建设项目方面推行建设项目并联审批工作机制,开发运行建设项目信息共享、网上审批系统,建立施工图联合审查分中心,试点推行"一次受理、联合测量、数据共享"工作机制,取得了良好的效果。宿迁市率先在全国试点"一证一号"改革,颁发了全国第一张载有18位商事登记证号的营业执照、第一张载有18位非商事登记证号的民办非企业单位和社会团体证书,实现了商事登记的便利化。徐州市将建设项目行政审批流程优化作为突破口,整合划分为"立项、用地、规划、施工、竣工验收"五大环节,加快建立"主办部门牵头、相关部门配合,以及要件抄告、同步审批、限时办结、信息共享"的工作机制和建设项目联审系统,推进审批前置要件由232项缩减至120项,办理时限总体缩短50%以上。这些涉及企业投资领域的行政审批新模式大大提高了企业的积极性,促进了市场良好运行。

第三,积极推动相对集中行政许可权改革试点,形成了行政审批制度改革的"示范动作"。根据中央要求,江苏确定了南通市(含所辖县市区)、苏州工业园区、盱眙县、大丰区为相对集中行政许可权试点地区。各试点地区专门成立了行政审批局,根据本地实际情况,将涉及"市场准入"、"企业建设投资施工许可"和"民生服务"等政府相关部门的行政许可事项划转至行政审批局,并根据职能调整情况对人员编制进行合理配备,实行"一枚印章管审批";通过制定标准化运行机制,优化和再造审批流程,积极开展并联审批,大力治理"一长四多"(时间长、盖章多、收费多、中介多、材料多);实行审管分离,通过全面系统的网上审批和电子监察系统,对审批行为实时监控、全程留痕;大力推行"四联合"(联合评审、联合踏勘、联合图审、联合验收)、网上审图和区域性评估

---

① 俞军:《江苏简政放权"517"改革的实践与思考》,《行政科学论坛》2015年第5期。

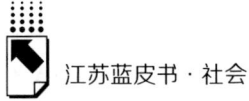

等，压缩关键环节的中介评估时间。这些试点经验为江苏乃至全国行政审批制度改革提供了样本。

## 二 江苏行政审批制度改革亟须解决的突出问题

尽管江苏行政审批制度改革已经取得了初步成效，并开始进入行政审批领域的深水区，但总体来看，江苏行政审批制度改革始终是围绕中央要求而逐渐铺开的，被动改革多，主动改革少，分散改革多，系统改革少，改革亮点多，效果好，但整体性不足，远远不能适应江苏经济社会发展的需要。根据清华大学学者2015年所作的《中国城市政府投资审批改革测评报告》，在288个城市政府投资审批改革绩效测评结果中，江苏连云港排名第7，扬州排名第19，镇江排名第27，无锡排名第51，苏州排名第62，南通排名第102，徐州排名第116，常州排名第127，宿迁排名第135，南京排名第151，泰州排名第204，淮安排名第207，盐城排名第243。该测评报告主要考察事项公开情况和事项承诺办理时限的长短，按照优秀、良、中、差四级对各省地级以上城市进行分类，福建、安徽、浙江、四川、河北属于成绩优秀组，宁夏、吉林、江苏、河南等省份属于成绩良好组，广东、湖南等省份属于成绩"中"组，贵州、青海、西藏等省份属于绩效较差的组别。① 尽管该测评报告在统计时可能存在偏差，但是也反映出，与一些优秀省份相比较，江苏行政审批制度改革尚存在一定的差距。其突出表现在以下方面。

其一，政府职能转变不能适应简政放权需要。简政放权要求政府权力规范、有序、有效，既要有法律法规依据，又要求行政权力真正发挥作用。尽管江苏各地区各种清单制度已经建立，但是与行政审批相关的行政权力事项依然数量众多，彼此差异很大，动辄上千项，令人无所适从。根据2014年清理后公布的行政权力清单，省政府各部门共有行政权力事项5647项（不

---

① 李晓方、孟庆国：《中国城市政府投资审批改革测评报告》，《海峡两岸"行政改革与公共治理能力现代化"学术研讨会论文集》，2015。

含地震局 21 项、气象局 78 项及保密事项），其中省属权力 1375 项，属地管理权力 4272 项，省属权力中，常用权力 947 项，3 年以上未行使的权力 428 项。[①] 即使公布了政府各部门行政审批事项汇总清单，但是对于行政审批申请人来说，其实际上不需要也不可能去了解清单内容，而只需要政府及其部门提供及时低廉的行政审批服务。需要注意的是，与投资有关的负面清单管理虽然已经进行了探索，但是负面清单管理缺乏统一实施，在一定程度上反映了与行政审批相关的政府职能转变仍不到位，不能为企业提供合理的投资方向。

其二，简政放权效果不能有效释放市场活力。江苏各地所进行的行政审批创新实践从一个侧面也反映出简政放权仍有很大的空间，市场活力仍有待于释放。虽然江苏已经通过政务服务平台为社会提供了良好的行政审批服务，但是各地政务服务中心所从事的事务量大面广，难以突出行政审批改革的重要性。从实践来看，行政审批局往往也是挂靠在政务服务中心之上的，难以适应众多园区、开发区、高新技术园区企业对行政审批服务的需求，迫切需要形成相对独立的行政审批组织体系。因此，江苏简政放权的步伐应该迈得更大一些，对企业要提供便捷式、精准化的服务，要使企业感到政府容易打交道，办事更方便，甚至在必要时可以代企业去办事。这就需要以申请人为中心开展行政审批制度改革，真正实现政府的"简"推动市场的"活"。

其三，行政审批制度改革经验尚未形成普遍效应。目前，江苏在行政管理体制改革特别是行政审批制度改革方面既有国家层面的试点，也有省级层面的试点，如经济发达镇行政管理体制改革、相对集中行政许可权试点，形成了大量的行政审批制度改革经验。但这些经验始终停留在本地区本部门，各地方行政审批制度改革各自为政，无法形成"棋盘"效应。值得注意的是，虽然围绕简政放权、行政审批制度改革已经出台了许多意见，但是从实践来看，这些意见更多地依赖于各地区各部门的自觉行动，在具体实施过程

---

① 参见《江苏省政府各部门行政权力事项汇总清单》说明，江苏机构编制网，http://www.jssbb.gov.cn/xzql/index.action，访问日期：2016 年 11 月 29 日。

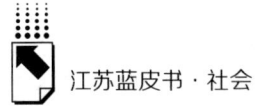

中缺乏刚性，难以形成既集中统一又具有地方特色的行政审批制度。特别是相对集中行政许可权试点地区，一批可复制、可推广的经验成果有待于在全省范围推开，难以实现省域内行政审批的普遍提速。

## 三 开展江苏新一轮行政审批制度改革的对策建议

行政审批制度改革的目标是简政放权。然而，简政放权并不是行政审批制度改革终点，而是起点，其最终要达到释放江苏经济发展的市场活力的目标。为此，江苏必须改变将简政放权视为政绩工程的观念，向市场看齐，立足于市场需求加快推进行政审批制度改革。尤其是江苏省相对集中行政许可权改革第二批试点已经正式启动，其涉及7个设区市、1个国家级新区，其中，苏州、无锡、泰州、淮安在全市范围改革，常州、镇江、徐州各选取1个县（市、区）先行先试，江北新区在南京率先探索。① 这意味着江苏正在以相对集中行政许可权试点为契机推动行政审批制度改革。从总体来看，当前最为急迫的任务就是总结经验，稳妥试点，全面铺开，深化江苏行政审批制度改革。其基本目标是努力把江苏省打造成为审批事项最少、办事效率最高、服务质量最优、投资环境最好的省份，为建设"强富美高"的新江苏提供制度保障。这就需要从以下几个方面入手开展江苏新一轮行政审批制度改革。

首先，加强行政审批制度改革省级层面的顶层设计，形成系统完整高效的行政审批制度改革实施方案。要在既有行政审批制度改革指导性意见、目录和方案基础上，制定全省深化行政审批制度改革实施方案，主要围绕企业投资项目审批、政府投资项目审批和便民服务事项办理三个方面制定细化操作细则。其基本任务主要有四个方面：一是减少审批事项、审批环节、审批前置条件和审批层级；二是规范审批事项名称、审批方式和审批流程；三是创新并联审批、集中审批、联动审批、统一审批、代理审批等审批方式；四是建立行政审批长效机制，包括建立行政许可事项备案

---

① 《江苏相对集中行政许可权改革扩围》，《新华日报》2016年11月14日。

公告制度、推进中介服务机构改革、完善行政审批全程监督制度。在此基础上，江苏各级政府要以政务服务中心为基础构建相对独立的行政审批平台，形成横向到边、纵向贯通的行政审批体系，真正发挥行政审批制度改革的省域效应。目前，江苏已经制定了《关于全省深化行政审批制度改革加快推进简政放权激发市场活力的实施意见》，这实际上形成了江苏行政审批制度改革的顶层设计，各地区各部门要制定具体实施方案，确保行政审批制度改革有序展开。

其次，完善行政审批制度改革制度层面的流程设计，形成扁平化、协同化、一体化的行政审批平台。要以政务服务平台为基础建立专门化的行政审批机构，整合行政审批环节，实现行政审批规范化、专业化。一是要削减行政审批层级，形成扁平化的行政审批结构。要进一步厘清省、市、县各级行政审批职责，在行政审批事项下放的同时，对于不能下放的行政审批事项，通过在县（市、区）设立专门受理点或者受理窗口，办理上级行政审批事项，对于难以做到延伸服务的，可以通过网上审批系统下放初审权。二是改造审批部门内外机构，形成协同化的行政审批结构。各级政府都要建立"一门受理、抄告相关、同时办理、限时办结"的联合审批制度，实现行政机关内部审批职能向审批处（科）室集中、审批处（科）室向政务服务中心集中。省、市、县三级网络联动，互联互通，网上审批，同时形成县级、乡级和村级三级直接联动的服务体系。对于产业集聚区、经济技术开发区和高新技术园区，要以园区为单位统一办理。三是完善审批平台建设，形成一体化的行政审批结构。要全面推进"互联网+政务服务"，构建条块审批资源共享的行政审批信息系统，统一行政审批标准，真正实现跨系统、跨渠道、跨部门互联互通。2016年8月，江苏省委、省政府做出建设江苏政务服务"一张网"的重大决策。省政府办公厅与阿里巴巴集团签订"互联网+"政务服务和大数据应用合作协议，启动建设云服务技术平台；筹建省级"12345"政务服务热线，强化"一张网"咨询服务和效能监督支撑。按照计划，到2016年年底，贯通省、市、县三级的政务服务网将正式上线运行。2017年年底，覆盖全省的整体联动、部门协同、一网办理的"互联网+"政务服务体系

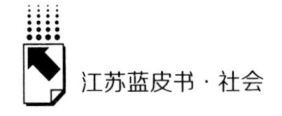

将全面建成,企业和群众办事更加便捷、更有效率。①江苏要以政务服务网为抓手,实现省域内的互联互通,进而推动政府部门管理的整合完善。

再次,提高行政审批制度改革服务层面的水平设计,形成政府服务、市场主导的行政审批制度市场环境。要在权力清单基础上进一步精简行政审批事项,加大政府向市场放权的力度。要按照行政许可法原则,没有法定依据的审批事项一律取消;有法定依据,但与现实管理要求不相适应,难以达到管理目的的审批事项,按照法定程序予以取消或者调整;对所有市场能够有效调节,公民、法人及其他组织能够自主决定,行业组织能够自律管理的,政府都要退出。同时,要按照《关于开展清理规范行政审批中介服务专项治理的实施方案》,该改制的改制,该脱钩的脱钩,该开放的开放,该规范的规范,要通过"中介服务超市""中介服务中心"等形式建立竞争有序的中介服务市场。在此基础上,江苏要打破行业垄断和区域垄断,积极培育行政审批制度改革所需要的服务优良的市场环境。

最后,提升行政审批制度改革监管层面的能力设计,形成有力有效的行政审批监管体制。要在电子政务监察系统基础上进一步建立行政审批实时监督制度。要通过信息系统对行政审批各环节进行全程监督,落实行政审批问责制度,提高行政审批监督能力。进一步完善事中、事后监管办法,出台具体实施细则,采用综合措施,切实提高事中、事后监管能力。充分发挥社会公众在参与行政审批监管过程中的作用,积极回应社会提出的行政审批问题,梳理普遍性行政审批问题,及时查补行政审批监管漏洞,加强行政审批过程中政府与社会之间的互动能力。为此,江苏必须要实现从重"审批"向重"监管"的转变,做到"放得开、收得住"。一是整合综合行政执法队伍,加快推进综合行政执法体制改革。二是明确政府部门事中、事后监管责任,切实推进政府职能转变。三是全面开展信用监管、分类监管、审慎监管,推广"双随机一公开"监管工作机制,提高政府监管水平。四是建设社会诚信体系,激励守信,惩戒失信,建立"黑名单"制度,形成社会诚信氛围。

---

① 《一张网,"网"住民心提效能》,《新华日报》2016年11月30日。

# B.28
# 江苏实现基本建成法治政府目标的突出问题和对策思路

刘旺洪 钱宁峰 邹成勇[*]

> **摘　要：** 2015年江苏省政府提出2020年江苏实现基本建成法治政府的目标。法治政府建设是法治建设的重要内容，近年来，江苏法治政府建设取得了很大的成效，总体建设水平处于全国前列，但是与基本建成法治政府的目标要求相比，仍然存在多个问题。为了实现目标，江苏有必要采取以下措施：一是要进一步强化依法行政意识，全面提高政府工作人员法治思维和依法行政能力；二是要进一步健全依法决策机制，着力提高决策规范化制度化水平；三是要进一步加强基层执法队伍建设，着力提高一线行政执法能力；四是要进一步坚守法律底线，着力推进政府社会治理法治化；五是要进一步完善保障机制，着力提高法治政府建设保障能力。
>
> **关键词：** 法治政府　依法行政　行政执法　江苏省

党的十八大、十八届四中全会明确提出，到2020年基本建成法治政府的目标。中共中央、国务院印发的《法治政府建设实施纲要（2015~2020）》进一步明确提出"到2020年基本建成职能科学、权责法定、执法严明、公开公

---

[*] 刘旺洪，江苏省社会科学院副院长、教授；钱宁峰，江苏省社会科学院法学研究所所长、研究员；邹成勇，江苏省社会科学院法学研究所助理研究员。

正、廉洁高效、守法诚信的法治政府"的总体目标；确定了以"政府职能依法全面履行，依法行政制度体系完备，行政决策科学民主合法，宪法法律严格公正实施，行政权力规范透明运行，人民权益切实有效保障，依法行政能力普遍提高"为主要内容的法治政府衡量标准；并提出了7个方面40项主要任务和具体措施及5个方面组织保障和落实机制，对"十三五"时期实现基本建成法治政府目标提出了明确要求和全面部署，为全面推进法治政府建设提供了基本遵循原则和评价指标。2015年江苏省政府的1号文件——《关于深入推进依法行政　加快建设法治政府的意见》也提出，到2020年，江苏要基本建成职能科学、权责法定、执法严明、公开公正、廉洁高效、守法诚信的法治政府，人民群众对法治政府建设的满意度要达到90%以上。

长期以来，江苏省委、省政府高度重视法治政府建设，明确提出要"使法治成为江苏核心竞争力的重要标志"，法治政府建设水平居于全国前列，已经成为法治江苏建设的重要品牌之一。当前有必要进一步按照中央对法治政府建设的目标要求和衡量标准，在实证调研基础上，准确把握"十三五"时期江苏法治政府建设的重点和难点，针对法治政府建设中的突出问题，补齐江苏法治政府建设的短板，扎实推进法治政府建设各项任务落实，推动江苏基本建成法治政府目标的如期实现。

## 一 强化依法行政意识，全面提高政府工作人员法治思维和依法行政能力

领导干部和政府工作人员的法治思维和依法行政能力是建成法治政府的基本要求和主体条件。江苏各级政府及其部门已经建立了较为完善的学法和法律培训制度，健全了公务人员特别是领导干部法律知识考试制度，已经将领导干部和政府工作人员学法情况纳入领导班子、领导干部和政府工作人员的政绩考核体系，领导干部和政府工作人员法治思维能力、依法行政意识和能力不断提高，但全省各地在推进此项工作上仍存在严重不平衡，部分领导干部和政府工作人员法治意识和依法行政意识不强、运用法治思维和法治方

式分析和解决问题能力不强的问题尚未从根本上得到解决，一些领导干部特别是基层领导干部和政府工作人员法治素养、法治思维和依法行政的意识和能力难以适应法治政府建设的基本需要。针对上述问题，建议"十三五"期间重点推进三个方面的工作。

1. 抓住"两个关键"，持续开展领导干部和政府工作人员现代法治意识和权力观的教育培训。全面提高政府工作人员法治思维和依法行政能力有两个关键：一是领导干部这个"关键少数"，特别是各级主要领导干部这个"关键中的关键"；二是现代法治观和权力观的确立和坚守，这是法治思维和依法行政能力的观念基础。为此，"十三五"期间要持续加大对各级领导干部和全体政府工作人员现代法治观和权力观的教育和培训力度，推动各级领导干部和政府工作人员法治观和权力观的根本转变。

2. "授人以渔"，加强对领导干部和政府工作人员法学基本理论和法律方法的系统教育培训。改革现有各类领导干部和公务员法治教育培训的课程和内容，切实解决好"学什么"的问题。一要对领导干部和公务员开设法学基本理论课程，用中国特色社会主义法治理论武装其头脑，形成法治思维和法治方式所需要的概念体系和话语体系；二要开展现代行政法基本知识、基本原理、基本制度的教育培训；三要开展法律逻辑学和法律方法学的教育培训，着力提高法律逻辑思维能力和以法治方式分析和解决问题的能力。

3. 加强制度落实，发挥考核制度的权力监督和制约功能。一要加大考核制度的落实力度，真正发挥学法考核对领导班子、领导干部和政府工作人员的约束作用；二要加大依法行政考核在政绩考核中的比例，真正发挥依法行政督察考核对各级政府和部门依法行政工作的"指挥棒"作用；三要加大责任追究力度，真正发挥法律责任和党纪政纪责任追究对推进依法行政的促进、警戒、保证作用。

## 二 健全依法决策机制，着力提高决策规范化制度化水平

江苏省政府《关于深入推进依法行政 加快建设法治政府的意见》要

求：政府作出关乎经济社会发展、关系群众切身利益的重大行政决策，都要经过公众参与、专家论证、风险评估、合法性审查和集体讨论决定五个法定程序，并要向本级人大常委会报告、听取政协意见并向上一级政府报备。对于这些决策程序的执行情况，还要建立全过程记录和立卷归档制度，确保决策发生问题时能够终身追究和责任倒查。为了保证政府决策行为科学民主、合法规范，江苏省政府《关于深入推进依法行政　加快建设法治政府的意见》还要求全面推行政府法律顾问制度，通过建立以政府法制机构人员为主体，吸收专家和律师参加的法律顾问委员会等形式，为政府的决策、立法、执法等各类行为提供法律服务，确保政府严格依法行政。

江苏省委、省政府一直对推进依法决策工作高度重视，2015年1月江苏省政府制定了《江苏省行政程序规定》，对地方政府重大行政决策程序和规则进行规范。各级政府积极开展规范重大行政决策试点工作，着力推进依法决策，取得了显著成效。但是，各地依法决策工作推进尚不平衡，一些地区和部门行使决策权不科学、不民主、不规范的问题依然存在，重大决策公众参与、专家论证、风险评估、合法性审查、集体讨论决定等法定程序在实际运行中不完善，不依法或者违法决策引发群体性事件等产生重大消极社会影响的事件时有发生。尤其是目前重大行政决策范围难以确定，有必要加以完善。建议从以下方面完善《江苏省行政程序规定》相关规定。

1. 建立重大决策年度目录清单制度。推广苏州等地的经验，各级政府及其部门应当在每年年初制定重大行政决策事项目录清单并向社会公布。对年初确定的重大项目在执行过程中非因法定事由不得删减，通过清单管理明确重大行政决策范围。

2. 健全重大决策监督制约机制。按照《江苏行政程序规定》和《关于进一步推动参与式行政程序建设的意见》，规范各级政府及其部门行政决策权力，形成决策权、执行权和监督权的有效配合和制约。建立"重大决策事项异议制度"，对政府的决策应当列入"重大决策"事项范围而未列入的，相关执行机关、监督机关、社会公众有权按照一定的方式和程序提出异议。

3. 细化衡量标准。在衡量某一决定是否属于重大行政决策时,要抓住重大建设项目、民生项目、环境影响项目等涉及国计民生项目,根据各地、不同项目特点综合考虑项目建设经费、与公众利益直接相关度、环境影响等因素予以判断,不能仅考虑经济利益大小。

4. 强化法定程序对行政决策的实质性约束作用。一要强化重大决策的程序完整性约束,列入目录清单的重大决策不得删减法定程序;二要建立健全不同意见说明制度,对公众参与、专家论证、风险评估中提出的意见不采纳的,应当反馈意见并说明不采纳的理由;三是强化法制办合法性审查职责,重大决策必须通过法制办主任合法性审查并在认为不存在不合法情形结论上签字后方能通过;四要强化集体讨论决定的约束,完善相关程序,对参会人员比例、会议记录、主要领导最后发言等做出具体规定。

5. 完善决策责任追究机制。重大决策违反法律法规、法定程序及造成重大损失和消极社会影响的,对主要负责人、决策参与人,依据会议发言记录,综合考虑多种因素,分别不同情形,依法追究决策失误或者违法决策责任。

## 三 加强基层执法队伍建设,着力提高一线行政执法能力

江苏省政府《关于深入推进依法行政 加快建设法治政府的意见》要求:要理顺执法体制,推进综合执法和相对集中行政处罚权,整合执法主体、减少执法队伍,从源头上解决多头执法、重复执法、执法扰民等问题。《江苏省行政程序规定》也规定了要推进行政执法体制改革,适当下移行政执法重心,减少执法层次。与人民群众日常生产、生活直接相关的行政执法活动,一般由市、县人民政府具有行政执法权的行政机关实施。江苏历来重视行政执法规范化建设,不断加大推进严格规范公正文明执法力度,积极探索综合行政执法体制机制创新,行政执法规范化水平和能力不断提高。但是,也存在基层普遍反映执法力量不足,执法违法现象时有发生,执法结果权威性不高等突出问题。究其原因,主要体现在三个方面:一是执法力量难

以下沉，一线执法力量严重不足。二是多层执法仍然未能解决。与基层执法力量薄弱相比，县级特别是县级以上行政执法力量相对比较充裕，但是省级、市级和县级三者之间的执法职责分配始终是不清晰的。三是多头执法依然存在。在对同一执法对象开展执法工作过程中，不同执法部门难以协调一致展开检查监督工作，使执法对象常常疲于应付，影响执法对象正常的生产生活秩序。针对上述问题，建议以深化重点领域综合执法体制改革为突破口，大力加强基层一线执法队伍建设。

1. 深化机构编制改革，不断充实一线执法人员队伍。减少县级以上行政执法部门机构编制，将更多的编制向基层一线执法队伍倾斜，充实基层一线执法人员队伍；要建立与地方经济社会发展相适应的执法机构人员编制机制，在昆山等苏南经济发达县（市、区），根据经济社会发展实际增加基层一线执法人员编制数量规模；要建立与行政执法的重要性、复杂性相适应的行政执法队伍规模编制，优化执法队伍编制结构。

2. 深化综合执法体制机制改革，在县以下经济发达镇全面开展综合执法工作，因地制宜开展综合行政执法体制改革，实现一个执法主体、一个执法平台和一套执法规范。

3. 加强基层执法队伍教育培训，着力提高基层一线执法队伍人员素质。要加强行政执法人员执法知识教育培训，健全行政执法人员学习培训制度，完善执法业务培训机制，建立与执法能力和专业能力要求相适应的行政执法人员教育培训体系。

4. 完善各项执法制度，加强执法责任追究。要完善执法公开机制，充分利用信息化手段完善执法信息公开机制，实现执法活动透明化；健全执法监督机制，强化对执法的全过程监督；健全执法责任终身追究制度，强化执法人员的执法责任。

## 四 坚守法律底线，着力推进政府社会治理法治化

社会治理是政府的重要职能，推进政府社会治理法治化是法治政府建设

的落脚点，法治政府建设的成效很大程度上体现于社会治理法治化能力之中。长期以来，各级党委、政府高度重视社会治理创新，实施社会管理创新工程，社会治理能力不断提高，但实现社会治理法治化任重道远。其突出表现在以下方面：一是社会治理"最后一公里"制度建设尚未完成，政府社会管理、服务和监督难以实现全覆盖。二是政府依法规范社会主体行为难以实现，有些社会组织行为不能得到有效约束，公民行为难以依法规范，法律权威尚未在全社会确立起来。三是社会利益协调机制和多元化纠纷解决机制难以发挥实际作用。四是社会治理及时应对机制不完善，对社会中出现的新问题不能及时有效应对，安全生产、环境保护和食品药品安全领域的事件时有发生。针对上述问题，建议进一步深化社会治理体制机制改革，加强重点领域社会治理制度建设，不断完善社会治理制度体系，坚守法律底线，推进社会治理法治化。

1. 坚持源头治理，依法推动均等化公共服务全覆盖。要优化公共服务，着力促进教育、卫生、文化等社会事业健康发展，强化政府促进就业、调节收入分配和完善社会保障职能，加快形成政府主导、覆盖城乡、可持续的基本公共服务体系，实现基本公共服务标准化、均等化、法定化，逐步实现政府对所有公民提供均等的基本公共服务，更高水平的公共服务在政府指导下引入市场机制由企业或者社会组织提供收费服务。

2. 坚持系统治理，完善社会治理制度体系。当前，重点是完善基层社会治理体制机制，彻底解决"最后一公里"制度支撑不足，体制机制不完善问题。

3. 坚持依法治理，依法规范社会主体行为。将依法行政与依法规范社会主体行为结合起来，在全社会确立法治意识和规则意识，一方面，依法规范政府社会治理行为，政府依法提供社会服务、进行社会管理；另一方面，依法规范社会组织和公民行为，既依法保障各类社会主体的合法权益和合法合理诉求，又对各种非法、非理性表达的诉求坚决予以驳回，不予满足。

4. 强化重点治理，加强重点领域的执法和监管。一要加强食品药品安全、安全生产、生态环境保护、网络安全、社会安全、流动人口管理等重点领域的依法治理，与基层综合执法体制机制建设相结合，推进政府安全监管全覆盖和常态化，完善政府依法应对和处置突发事件的体制机制，着力提升政府依法处置突发事件的能力；二要培育扶持重点领域安全监督公益性社会组织发展，充分发挥公益性社会组织在社会治理和安全监督领域的重要功能；三要建立鼓励和支持公民对重点领域存在安全隐患的举报，提高全体公民安全意识和在突发安全事故中的自我保护能力；四要支持司法机关创新关涉公共安全的公益诉讼制度，开展公益诉讼。

5. 严格规范基层社会治理权力，严厉惩处群众身边的腐败现象。基层社会治理中的矛盾和问题许多与基层社会治理权力行使不规范、不能平等对待基层群众、群众身边的腐败现象特别是涉及民生保障和基本公共服务的腐败现象有关。一要结合全面从严治党、"三严三实"专题教育活动和"两学一做"专题教育活动，加强基层党组织建设和基层党员作风建设，严格规范基层社会治理权力的依法行使；二要全面实施基层自治组织法律制度，完善基层自治组织的民主管理、民主监督体制机制，依法保障基层社会组织的民主自治权利，依法规制基层自治组织的社会服务和治理权力，推进"政社互动"，保证基层群众民主管理、民主监督权利的实现；三要大力加强基层党风廉政制度建设，惩处群众身边直接关系群众切身利益的腐败行为。

## 五 完善保障机制，着力提高法治政府建设保障能力

法治政府建设保障机制是基本建成法治政府目标实现的重要条件和制度保证。多年来，各级党委、政府高度重视法治政府建设的保障机制建设，全省已经建立了依法行政领导组织体系，依托法制机构开展依法行政工作。但是在实际运作过程中一些地方尤其是基层在机构设置、人员配备、经费保障等方面存在发展不平衡、机构设置不到位、人员编制不够、经费保障不足等问题。针对上述问题，建议各级党委、政府要提高对法治政府建设重要性的认识，健全法治政府建设保障体制机制，切实为法治政府建设提供有力保障。

1. 加强组织保障。政府法制机构在推进依法行政工作中承担着组织协调、指导推动、监督检查等重要职能。要进一步加强各级政府法制机构建设，保证县（市、区）级政府设置独立的法制工作机构，配备必要的人员编制，乡镇设立专职政府法制员，有条件的乡镇，可以设立专门法制机构，负责法治政府建设和依法行政工作。

2. 加强法制机构的财政经费保障。各级政府及其财政部门要保障政府法制机构必要的法治政府建设和推进依法行政财政经费，加大部门执法经费投入，单列专用。

3. 健全推进法治政府建设工作制度。各级政府及其部门一要建立健全推进法治政府建设和依法行政工作的制度，将法治政府建设放在政府工作的重要位置，将法治政府与服务型政府、廉洁政府建设共同谋划、共同推进，着力提高政府自身建设水平；二要建立法治政府建设向人大报告制度，在每年政府工作报告中政府自身建设情况部分专列法治政府建设的情况，对一年来的法治政府建设进展向人大报告；三要落实法治政府监督评估制度，贯彻实施《江苏省依法行政考核办法》，提高依法行政考核在政府及部门综合目标考核、绩效考核中的分值比重，把考核情况作为衡量政府及部门领导班子、领导干部工作实绩的重要内容。

4. 重视行政复议和支持行政诉讼对法治政府建设的促进作用。一要将行政复议和行政诉讼的发生率、撤销变更率作为衡量政府及其部门依法行政水平的重要指标；二要深化行政复议体制改革，健全行政复议案件审理机制，完善行政复议受理和审理程序制度，充分发挥行政复议对法治政府建设和依法行政的监督和促进作用；三要支持法院依法公正审理行政诉讼案件，完善行政首长出庭应诉制度和执行法院行政裁判制度，依法追究拒不执行法院行政裁判的机关主要负责人和相关人员的党纪政纪责任。

# B.29
# 江苏司法推进刑事诉讼认罪认罚从宽制度试点工作的重点难点问题

刘伟[*]

**摘 要：** 党的十八届四中全会审议通过的《中共中央关于全面推进依法治国若干重大问题的决定》提出了"完善刑事诉讼中认罪认罚从宽制度"。该制度是及时有效惩罚犯罪、维护社会稳定的必然要求，是强化人权司法保障、促进社会和谐的必然选择，是优化资源配置，推进以审判为中心的诉讼制度改革的重要内容。当前的刑事诉讼程序中，具备了认罪认罚从宽制度的制度设计基础，试点此项制度需要准确把握"认罪"、"认罚"、"从宽"、切实保障当事人权利、与国外制度的差别等关键问题。解决认罪认罚案件的刑事证明标准、认罪认罚案件和以罚代刑、同案不同判等难点问题。为此，需要在证据把握、法律适用、政策权衡、工作衔接等方面形成符合本地司法状况的试点方案，在原有速裁试点基础上，尽快制定试点实施方案或实施细则，推动试点工作良性有序开展。

**关键词：** 认罪 认罚 从宽 诉讼制度改革 试点方案

## 一 认罪认罚从宽制度提出的政策基础

2014年6月，全国人大常委会颁布了《关于授权最高人民法院、最高

---

[*] 刘伟，江苏省社会科学院法学研究所副研究员，法学博士。

人民检察院在部分地区开展刑事案件速裁程序试点工作的决定》,授权最高人民法院、最高人民检察院在北京、天津、上海等18个城市开展刑事案件速裁程序试点工作。同年8月,最高人民法院、最高人民检察院、公安部、司法部发布了《关于在部分地区开展刑事案件速裁程序试点工作的办法》,刑事速裁程序试点工作正式启动。

在刑事速裁程序试点的基础之上,党的十八届四中全会审议通过《中共中央关于全面推进依法治国若干重大问题的决定》,正式提出了"完善刑事诉讼中认罪认罚从宽制度"。2016年1月,中共中央政法工作会议再次提出完善认罪认罚从宽制度的具体要求。2016年9月4日,十二届全国人大常委会第二十二次会议表决通过了《全国人大常委会关于授权最高人民法院、最高人民检察院在部分地区开展刑事案件认罪认罚从宽制度试点工作的决定》(以下简称《决定》),明确了最高人民法院、最高人民检察院可以在京、津、沪、渝等18个城市开展刑事案件认罪认罚从宽制度试点工作。结合改革初衷、制度功能等内容,最高人民法院出台了《关于全面深化人民法院改革的意见》,该意见明确指出:"明确被告人自愿认罪、自愿接受处罚、积极退赃退赔案件的诉讼程序、处罚标准和处理方式,构建被告人认罪案件和不认罪案件的分流机制,优化配置司法资源。"2016年中央政法工作会议提出:"完善认罪认罚从宽制度,既包括实体上从宽处理,也包括程序上从简处理。要兼顾保障犯罪嫌疑人、被告人和被害人合法权利,发挥好律师作用,加强对办案全过程的司法监督和社会监督,防止发生无辜者被迫认罪和权权交易、权钱交易等问题。"2016年《决定》也明确了"对犯罪嫌疑人、刑事被告人自愿如实供述自己的罪行,对指控的犯罪事实没有异议,同意人民检察院量刑建议并签署具结书的案件,可以依法从宽处理"。同时,最高人民法院院长周强进一步介绍称,试点地区符合上述4项条件的犯罪嫌疑人和刑事被告人,将获得依法从简、从快、从宽处理;速裁程序适用范围扩大到三年有期徒刑以下刑罚的案件;犯罪嫌疑人自愿如实供述涉嫌犯罪的事实,有重大立功或者案件涉及国家重大利益的,经公安部或最高人民检察院批准,侦查机关可以撤销案件,检察院可作出不起诉决定。

应当说，刑事案件认罪认罚从宽制度试点，是落实党的十八届四中全会改革部署的重大举措，是在中央政法委统一领导下，由最高人民法院、最高人民检察院会同有关部门具体落实的一项重要司法改革任务。2016年11月11日，《关于在部分地区开展刑事案件认罪认罚从宽制度试点工作的办法》（以下简称《试点办法》）正式下发，自发布之日起试点二年，这就意味着认罪认罚从宽制度试点工作已经在全国范围内正式启动。

## 二 推进认罪认罚从宽制度试点工作的必要性

虽然在理论基础、制度设计上还需要进一步完善，但认罪认罚从宽制度试点工作的必要性，目前司法实务部门已经普遍达成共识。

第一，推进认罪认罚从宽制度，是及时、有效惩罚犯罪、维护社会稳定的必然要求。办理刑事案件不能迷信口供，但同时也必须看到，供述是刑诉法规定的法定证据种类之一，有的案件，犯罪嫌疑人的供述对于案件侦破、证据的收集和固定发挥重要作用，比如根据被告人主动交代非亲力亲为不得知的案件隐蔽细节，或者找到赃物、作案工具等关键物证，定案就比较放心，所以鼓励、保障真正有罪的被告人自愿认罪认罚，有利于及时查明犯罪事实，准确惩罚犯罪，有效防范非法取证、罪及无辜，切实维护社会稳定。

第二，推进认罪认罚从宽制度，是推动宽严相济刑事政策具体化、制度化的重要探索。宽严相济包括坦白从宽，是我国的基本刑事政策，刑法已将坦白作为法定量刑情节予以正式立法，刑事诉讼法相应规定了简易程序和刑事和解程序，但从江苏省实践情况看，各地法院对刑事和解特殊程序的价值和意义认识还不到位，适用率较低。此外，全国人大常委会授权试点的速裁程序，也是针对认罪认罚轻微刑事案件设计的诉讼程序。但上述规定相对零散，缺乏系统性。此次改革试点，就是要将认罪认罚从宽的法律规定、政策要求加以系统化、制度化，从实体处罚和程序适用两方面，强化认罪认罚的法律途径和法律效果，更好地落实坦白从宽，全面贯彻宽严相济。

第三，推进认罪认罚从宽制度，是强化人权司法保障、促进社会和谐的必然选择。随着社会治理体系不断创新,刑法越来越多地介入社会生活,在强调刑罚警示惩罚功能的同时,也要重视发挥其教育矫治功能,扩大"缓、管、免"、单处罚金和非刑罚方法的适用。全国法院判处三年有期徒刑以下刑罚的案件比例近几年都在80%以上,危险驾驶罪案件已占一审案件总量的1/8,不加区分的一律监禁羁押明显不当。对其中认罪认罚的犯罪分子从宽处罚,可以最大限度减少社会对立面,促进社会和谐。

第四,推进认罪认罚从宽制度,是优化资源配置,完善刑事法律制度的有效途径。近年来,刑事案件总量不断上升,司法机关"案多人少"的矛盾日益突出,随着法官员额制的推进,法官人数的严格控制,上述矛盾更加突出,解决矛盾的根本出路是改革诉讼制度和优化资源配置。通过推行认罪认罚从宽制度,可以实现刑事案件繁简分流,有利于优化司法资源的配置,推进以审判为中心的诉讼制度改革,实现在更高层次上的公正和效率的统一。

## 三 推进试点认罪认罚从宽制度试点工作的制度基础

随着立法的不断推进、完善,我国刑法和刑事诉讼法关于认罪认罚从宽制度的规定也在不断地充实、完善,刑事司法实践也进行了不少卓有成效的探索,表现如下。

### (一)认罪认罚从宽制度在刑法中的立法基础

#### 1. 定罪上的体现

《刑法》第13条设定了"情节显著轻微,危害不大的,不认为是犯罪"的但书条款,这里的"危害不大"主要体现在行为人的社会危害性和人身危险性上,社会危害性包含了行为人的主观恶性和客观危害性。如果行为人深刻认识并对自身的行为悔悟,则体现了更小的主观恶性和人身危险性,应当获得相应从宽的刑法评价。比如,中小学里,高年级学生对低年级同学使用轻微暴力或威胁,抢得少量钱财供自己消费的情形。形式上而言,以暴力或以暴力相威胁，夺取别人财物，这完全符合抢劫罪的要件，但如果行为人事后深刻认识并对自身的行为表示悔悟，则反映出其主观恶性和人身危险性较小，可认定为情节显著轻微、危害不大的情形，不作为抢劫罪来处理。

**2. 量刑上的体现**

刑法总则第67条关于自首、坦白的规定可以说是犯罪嫌疑人、被告人认罪认罚从宽处理最直接的规定。该条文明确指出只要犯罪嫌疑人或被告人自首或坦白也即认罪认罚都会获得刑法相对缓和的评价，从而获得从宽处理。这样的案例在刑事司法实践中比比皆是。此外，刑法分则中对具体罪名也有类似的从宽处罚规定，如贿赂类犯罪中"行为人在被追诉前，主动交代行贿行为或介绍贿赂行为的，可以减轻或者免除处罚"；《刑法修正案（九）》对贪污贿赂犯罪规定"在提起公诉前如实供述自己罪行、真诚悔罪、积极退赃，避免、减少损害结果的发生的，可以从轻、减轻或者免除处罚"。如受贿被告人陈某受贿130余万元，归案后即如实供述了自己的受贿罪行，真诚悔罪，退清了全部赃款，从而获得了量刑上的从宽处理，被从轻判处有期徒刑五年。诸如此类的规定，刑法分则中还有很多。这些规定都是考虑到行为人已经认识到自己的罪行，认罪悔过，符合认罪认罚从宽的理念。

## （二）认罪认罚从宽制度在刑事诉讼法中的立法基础

**1. 简易程序、刑事速裁程序**

简易程序是基层法院一审刑事案件的专门审理程序，只要满足基本要件并排除例外情况，基层法院刑事案件均能纳入简易程序审理的范围。而2014年开始试点的"刑事案件速裁程序"在情节轻微、量刑可能较轻的特定范围刑事案件中可对刑事诉讼程序"进一步简化"。应当说，简易程序是我国刑事司法实践贯彻"从宽"刑事政策和实践"刑事宽和"理论的典范之一。

**2. 刑事和解程序**

2012年修订的刑事诉讼法特别增加了当事人和解的程序，规定对于特定类型的公诉案件，犯罪嫌疑人、被告人真诚悔罪，通过向被害人赔偿损失、赔礼道歉等方式获得谅解，被害人自愿和解的，双方可以和解。对于达成和解的案件，可以对犯罪嫌疑人、被告人从宽处罚直至不起诉。司法实践中例如交通肇事案件、故意伤害案件等双方达成和解协议，从而公安机关、检察机关提出从宽建议，往往最终获得法院判决的从宽处罚甚至检察机关决定不起诉。

**3. 附条件认罪**

被告人附条件认罪从宽一般在司法实践中出现，一般是指在特定案件办理过程中，"司法机关允许被告人以承认所犯罪行来换取从宽处理的制度"。这种从宽既包括起诉裁量方面的从宽，也包括量刑上的从宽。在"四川綦江彩虹桥案"中，多名行贿人均作为控方证人而未被起诉。应当说，附条件认罪处罚制度与美国辩诉交易制度有一定的相似性，表现为犯罪嫌疑人进行有罪答辩后换取较轻的指控、宽大的量刑、放弃或终止其他指控等形式，也就是说，在审查起诉环节就可将本需要在审判阶段进行的事实认定与刑罚裁量等问题进行处理。

## 四 推进认罪认罚从宽制度试点工作中的重点关键问题

《试点办法》对认罪认罚从宽制度的适用条件、从宽幅度、办理程序、证据标准、律师参与等都做出了具体规定，开展认罪认罚从宽制度试点工作要把握以下几个关键问题。

一是准确把握"认罪"。根据《试点办法》规定，"认罪"是指犯罪嫌疑人、被告人自愿如实供述自己的罪行，对指控的犯罪事实没有异议。对此可以按照刑法关于自首、坦白中"如实供述自己的罪行"来把握。承认指控的主要犯罪事实，仅对个别细节提出异议的（比如在故意伤害案件中，在案发起因上避重就轻，强调被害人的责任），或者对犯罪事实没有异议，仅对罪名认定提出异议的，都不影响"如实供述"的认定。对于认罪的概念应该作比较宽泛的理解，被告人认罪但不构成自首、坦白情节的，比如在

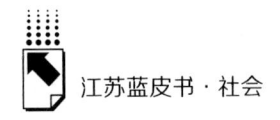

审查起诉阶段后期认罪（当然对于审查起诉后期阶段才认罪的情形是否属于坦白，实践中是有争议的），或者起诉后当庭认罪，也可以综合全案事实、情节，结合认罪的阶段、程度、价值以及悔罪表现等情况，决定是否从宽以及如何从宽。

二是准确把握"认罚"。根据《试点办法》规定，"认罚"是指被告人同意检察机关量刑建议。具体而言，主要应当是指被告人对检察机关建议判处的刑罚种类、幅度及刑罚执行方式没有异议。这里的"刑罚"，原则上包括主刑和附加刑。刑罚执行方式也是量刑建议的主要内容，提前协商一致，方便后续处理。财产刑的量刑建议，一般应当提出确定的数额，以便法院审查及后续执行。退赃退赔是否到位、财产刑执行有无保障，也是判断被告人认罚态度的重要考虑。需要明确的是，被告人对审判程序有选择权，不同意适用速裁程序、简易程序的，不影响构成认罚。

三是准确把握"从宽"。首先，也是最核心的问题，是落实具体的从宽待遇和标准。认罪认罚从宽制度，首先要解决的是如何从宽、从宽尺度问题，这就需要在实体上能够明确具体的从宽幅度，将从宽落到实处。其次，是依法从宽，而不是法外从宽。没有法定减轻处罚情节，又确需在法定刑以下量刑的，仍然应当层报最高人民法院核准。第三，是"可以"从宽，而非一律从宽。没有特殊理由的，都应当体现法律规定和政策精神，从宽处罚。对那些犯罪性质恶劣、手段残忍、社会危害严重、群众反映强烈的犯罪分子，认罪坦白不足以从轻处罚的，可以例外，必须依法严惩。第四，要区分情形，适度从宽。值得注意的是，过去我们关注认罪较多，对认罚关注较少。如今试点工作已经取得立法机关授权，"认罚"应不仅仅是一个酌定情节，而是一个制度性情节，或者说准法定情节，在决定如何从宽时应当予以适当考虑。此外被告人同意案件适用速裁程序审判的，有利于节约司法资源，提高诉讼效率，在量刑时也可适当考虑，酌情予以从轻。

四是切实保障当事人权利。为此《试点办法》确立了值班律师制度，确保被告人获得及时充分有效的法律帮助。其次是要确保被告人知悉法律后果，自愿认罪认罚、自愿选择程序。庭审时要重点审查被告人认罪认罚的自愿性、真实性和合法性。再次是要保护被害人的合法权益,将是否达成谅解、和解协议作为量刑的重要考量因素。

五是要克服认识上的误区。认罪认罚从宽制度适当借鉴了国外辩诉交易、认罪协商等诉讼制度的合理因素,但并非辩诉交易的翻版。从制度定位上讲,认罪认罚从宽的根本目的是确保公、检、法依法及时公正履行追诉、惩罚犯罪的职权,犯罪嫌疑人、被告人只是通过认罪认罚来争取从宽,而没有就定罪量刑讨价还价的权利;国外的辩诉交易,嫌疑人、被告人与检察官可以就诉讼结果进行协商处分、交易还价,避免诉讼风险。从适用标准看,认罪认罚从宽制度,坚持以事实为根据、以法律为准绳,贯彻证据裁判要求,是否从宽及从宽的具体幅度,也要依照法律规定和政策要求来把握;而国外的辩诉交易,只要被告人作出认罪答辩,即可定罪判刑,从宽幅度也有极大的随意性。从职权配置上讲,认罪认罚案件的定罪量刑,由检察院机关提出建议,法院依法裁判;国外的辩诉交易,法官对交易结果只进行形式审查,只要程序合法即予确认并判决。所以不能将两者等量齐观。

## 五 推进认罪认罚从宽制度试点工作中的难点问题

第一,准确把握认罪认罚案件的刑事证明标准问题。根据《试点办法》,办理认罪认罚案件,仍然应当坚持证据裁判原则,依照法律规定收集、固定、审查和认定证据。《试点办法》同时规定,基层人民法院管辖的可能判处三年有期徒刑以下刑罚的案件,被告人认罪认罚并同意适用速裁程序的,可以适用并进行独任审判,无需法庭调查和辩论,且一般应当在十日内审结。程序上的从简从快带来的是效率上的提高,也可以避免迟来的正义,但会不会以削弱乃至牺牲程序的独立价值和实体公正为代价,如何看待被告人当庭自愿供述的证明力,如何衡量和把握供述补强规则的证明标准,如何合理评估司法责任制对认罪认罚案件处理效果的影响,都是目前审判实务工作者关注的话题。比如南京地区法院在速裁程序试点过程中反映,在审查办理速裁案件时,因为担心后期的转程序、上诉、抗诉等因素,司法机关

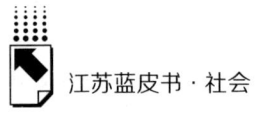

对该类案件的证明标准反而要求更高,建议对轻、重罪案件应当建立不同的证明标准。

第二,正确看待认罪认罚案件和以罚代刑问题。多数意见认为,被告人退赃退赔是否到位,财产刑执行有无保障,是判断被告人认罚态度的重要考虑,要切实避免对被告人从宽后财产刑无法执行到位的被动局面,因此被告人宣判前预交罚金的行为应当作为判断是否"认罚"的重要依据并在量刑时予以体现。也有不少意见认为,上述做法有花钱买刑、以罚代刑之嫌,会造成法律适用上的不平等。

第三,避免出现同案不同判问题。在试点地区和非试点地区会不会出现同案不同判现象,有不少人提出担心。也有观点不赞同上述看法,认为认罪认罚从宽制度在实体法上的"从宽"并非无边,而是仍然限定在刑法规定的量刑范围内,何况在非试点地区也可以通过现有的简易程序、和解程序等诉讼从宽机制减少所谓"同案不同判"的差距。我个人同意后一种看法,此次出台的《试点办法》,其程序意义大于实体意义,因为对于此类案件的实体处理上,仍然是限定在原有的法定量刑幅度范围内的。总之,如何避免这种现象,是开展试点工作需要统筹考虑的问题。

鉴于《试点办法》已经正式下发,建议省委政法委协调法院、检察、公安、司法、国安等部门建立并召开省级联席会议,就试点工作统一思想认识和适用标准,明确具体工作要点,并在试点过程中定期或不定期开展联席会议,总结试点经验,协调解决试点工作中出现的困难与问题,在证据把握、法律适用、政策权衡、工作衔接等方面形成符合本地司法状况的试点方案,在原有速裁试点基础上,尽快制定试点实施方案或实施细则,推动试点工作良性有序地开展。

# B.30
# 江苏地方立法的实践经验与推进对策

王 峰[*]

**摘 要：** 2016年江苏13个地级市全部获得地方立法权，这标志着江苏地方立法格局迈入了新的历史阶段。如何进一步制定实施性立法，确保法律、行政法规在江苏的贯彻执行，怎样拓展先行性立法，为江苏率先发展、科学发展提供坚实的法律依据，成为摆在我们面前的一个重大而深远的历史课题。从实践经验来看，江苏地方立法始终在坚持党的领导与确立和完善人大主导型立法、维护法制统一与突出江苏地方特色的前提之下，注重保障和促进国家法律的有效实施、注重先行性法规的可操作效果、注重立法体制和立法机制的有效运行等，不断提高地方立法的科学化和民主化水平，努力推动江苏经济社会的全面发展和民主法治的全面进步。从推进对策来看，江苏地方立法应有效解决立法部门利益化问题，须改革现行的立法提案制度和法律草案的起草制度，增强省人大及其常委会在法律案审议中的主导性和独立性，扩大立法中的公众参与，平衡公众观点和部门意见；须注重明确地方立法的规范性目标，精细化法规内容，避免重复立法，同时根据各地方实际需要，突出特色，增强法规的可操作性。

**关键词：** 地方立法 立法机制 江苏省

---

[*] 王峰，江苏省社会科学院法学研究所副研究员。

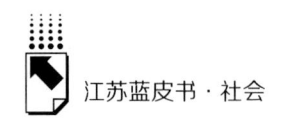

根据2015年新修订的《立法法》，地方立法权扩至所有设区的市，截至2016年1月江苏13个地级市全部获得地方立法权。这标志着江苏地方立法格局迈入了新的历史阶段，江苏地方立法工作肩负起新的历史使命。因此，如何进一步制定实施性立法，确保法律、行政法规在江苏的贯彻执行，怎样拓展先行性立法，为江苏率先发展、科学发展提供坚实的法律依据，成为摆在我们面前的重大而深远的历史课题。

"十三五"时期是推动"迈上新台阶、建设新江苏"取得重大进展的关键时期，是率先全面建成小康社会决胜阶段和积极探索开启基本实现现代化建设新征程的重要阶段。在"十三五"的开局之年，江苏地方立法工作的重心，需根据新形势、新要求适时、适度地作出调整。在坚持党的领导与确立和完善人大主导型立法、维护法制统一与突出江苏地方特色的前提下，应当更加注重保障和促进国家法律的有效实施、更加注重先行性法规的可操作效果、更加注重立法体制和立法机制的有效运行等，不断提高地方立法的科学化和民主化水平，为推动江苏经济社会全面发展和民主法治事业全面进步做出新的努力。

## 一　江苏地方立法的实践经验

2016年，江苏新近获得地方立法权的地级市皆已实施了制定地方性法规的立法活动。经过这些立法实践，加之江苏省人大及其常委会和早前获得地方立法权的市等机构和部门本就积累了丰富的地方立法经验，它们共同为进一步完善江苏地方立法工作奠定了良好的基础。具体来说，江苏地方立法的实践经验表现在以下几个方面。

一是既坚持国家法制统一性原则，又注重保障和促进法律法规的有效实施。我国宪法明确规定，一切法律、行政法规和地方性法规都不得同宪法相抵触。《立法法》也详细规定，各种立法主体应依照其法定权限和程序，从国家、社会和集体的整体利益出发进行制定、修改和废止的立法活动，以维护社会主义法制的统一和权威。因此，维护国家法制统一，是江苏立法工作的根本遵循。江苏省人大及其常委会、江苏省政府、江苏各地级市人大及其常委会等机构和部门始终将贯彻实施宪法、法律和行政法规等上位法，维护国家法制统一作为地方立法工作的重要内容。

首先，以制定国家法律法规的实施办法为基础，切实保障国家法律法规在江苏的有效实施。江苏地方立法工作，既注重精细化上位法的规定，也注重实施性立法的法律实效。例如，为了推动全社会节约水资源，提高用水效率，保护和改善生态环境，建设节水型社会，促进经济社会可持续发展，根据《中华人民共和国水法》等法律、行政法规，结合江苏省实际，2016年1月15日江苏省第十二届人民代表大会常务委员会第二十次会议审议通过了《江苏省节约用水条例》；3月30日第二十二次会议根据《中华人民共和国价格法》等法律、行政法规，结合江苏省实际，制定《江苏省价格条例》，等等。作为中国特色社会主义法律体系不可或缺的组成部分，这些地方性法规为国家法律法规的有效实施提供了坚实保障。

其次，以国家法律法规的变动情况为依据，及时修订和废止江苏地方性法规的相关内容。2016年，针对国家法律法规的变动情况，江苏省人大及其常委会及时开展了制定、修改和废止地方性法规的多项立法活动。在江苏省人大常委会制订的2016年立法计划里，13个正式项目中有5项地方性法规是修改的，有1项是废旧立新。例如，3月30日江苏省第十二届人大常委会第二十二次会议审议通过了修改后的《江苏省实施〈中华人民共和国全国人民代表大会和地方各级人民代表大会代表法〉办法》《江苏省各级人民代表大会选举实施细则》；9月30日第二十五次会议审议通过了修改后的《江苏省实施〈中华人民共和国村民委员会组织法〉办法》，等等。

再次，以组织广泛的立法参与为举措，积极推进江苏地方立法科学化和民主化的深广度。党的十八届四中全会决定指出，在立法工作方面的问题主要表现为"有的法律法规未能全面反映客观规律和人民意愿，针对性、可操作性不强，立法工作中部门化倾向、争权诿责现象较为突出"。为了贯彻落实全会决定精神，同时基于科学立法与民主立法的要求，基于完善中央和地方立法体制，更好地实现党领导下的中国法治建设的需要，按照全国人大常委会的要求，江苏省人大常委会积极组织本省内相关部门和各界人士，通过多种渠道和方式对正在制定、修改中的国家法律草案进行座谈讨论，收集整理相关意见和建议。通过整合地方立法的成果、专家学者的观点和社会民众的意见，江苏地方立法工作在立法科学化、民主化的深广度上得到进一步发展。

二是既坚持应对江苏经济社会全面发展的实际需要，又不断探索突出江苏地方特色。党的十八届四中全会决定指出，"实现立法和改革决策相衔接，做到重大改革于法有据、立法主动适应改革和经济社会发展需要。实践证明行之有效的，要及时上升为法律。实践条件还不成熟、需要先行先试的，要按照法定程序作出授权。对不适应改革要求的法律法规，要及时修改和废止"。这就是说，地方立法主体需在法定立法权限范围内进行立法活动，如地方发展确实需要由地方立法的，也必须按照法律、行政法规的规定依法展开，并且应当突出地方特色。实际上，体现地方特色是衡量地方立法质量和价值的一个基本标准。地方立法在制定实施性法规过程中，不是在搞大而全的重复立法，而是根据地方实际需要，细化、补充、完善国家法律的规定，增强可操作性；在制定先行性法规过程中，在与国家法律、行政法规不抵触的前提下，可以创造性地解决本地区内急需解决的重大问题、热点问题和难点问题。概括来说，江苏省人大及其常委会的地方立法特色主要体现在以下两个方面。

第一，立足于江苏"两个率先"发展的定位。江苏的经济社会发展一直位于全国前列，江苏也是地方立法需求较多、地方立法经验丰富的区域。当前在江苏地方立法过程中，首先是始终遵循正确的地方立法指导思想：坚持以邓小平理论、"三个代表"重要思想和科学发展观为指导，以习近平总书记视察江苏重要讲话精神为引领，深入贯彻落实党的十八大、十八届三中、四中、五中全会和省委十二届十次、十一次全会精神，根据"四个全面"的战略布局，坚持以"法治第一保障"来服务"发展第一要务"，坚持打造法治核心竞争力，紧紧围绕实现"两个率先"的目标和省委、省政府的中心工作，在协调推进各方面立法的同时，加强重点领域立法，着力解决全省经济社会发展过程中特别是参与"一带一路"建设中亟待解决的重大问题,坚持以人为本、立法为民,努力提高立法质量,充分发挥立法的引领和推动作用,为"迈上新台阶、建设新江苏"提供法制保障。其次是始终科学合理编制立法计划。省人大法工委与省政府法制办等机构和部门保持密切联系,不断做好立法活动衔接工作:从收集立法计划建议到组织立法项目研究再到筛选立法项目,即根据这些项目的必要性、可行性、成熟程度、与上位法的关系等,筛选出其中确需通过立法来规范和保障的项目,并进行分档等。再次是始终统筹兼顾、突出重点地确定立法内容。从列入2016年立法工作计划的法规和规章等项目来看,江苏的地方立法,在立法主体综合适应形势、判断条件是否成熟及需求程度等因素的前提下,坚持问题导向、坚持开门立法,确定合理的具体立法事项;通过建立健全党委领导、人大主导、政府依托、公众参与的立法工作格局,通过对立法过程的精密组织和对立法质量的精细打磨,创制出了行之有效、重点突出的立法内容。

第二,服务于江苏发展过程中的阶段性重点任务。江苏紧紧围绕转变经济发展方式、促进结构调整和节能减排、保障和改善民生等进行决策部署,既注意充分发挥人大主导的立法工作机制的重要作用,也十分注重发挥政府基于行政工作需要而制定规章的实际效益,在全国率先制定出台了《江苏省发展规划条例》《江苏省绿色建筑发展条例》《江苏省社区矫正工作条例》《江苏省大气污染防治条例》《江苏省养老服务条例》《江苏省行政程序规定》等一批体现特色、务实管用的法规规章。同时,江苏还不断探索如何加强跨行政区域的立法协作工作,并取得了一些成绩,为江苏发展过程中的阶段性任务提供了必要的法制保障。

三是既以提高地方立法的科学化和民主化水平为原则指导,又以理顺党委、政府与人大的关系,完善地方立法体制为实际目标。《立法法》第五条"立法应当体现人民的意志,发扬社会主义民主,坚持立法公开,保障人民通过多种途径参与立法活动",体现了立法的民主性要求;第六条"立法应当从实际出发,适应经济社会发展和全面深化改革的要求,科学合理地规定公民、法人和其他组织的权利与义务、国家机关的权力与责任……",体现了立法的科学性要求，为地方如何规范立法活动，提高立法质量，完善社会主义法律体系提出了基本要求。党的十八届四中全会决定指出"深入推进科学立法、民主立法"，分别从人大立法工作制度改革、立法机关与社会公众沟通机制和完善法律草案表决机制等三个方面提出了具体要求。这些方方面面的要求既标志着国家对立法工作的高度重视与制度设计，又体现了党委领导、人大主导立法工作的坚强决心与规律运用。在这些方面，江苏省人大及其常委会等机构和部门的工作经验主要体现如下。

首先，准确把握地方立法的宗旨和原则。其一是深入贯彻落实党的十八大，十八届三中、四中、五中全会精神和习近平总书记的系列重要讲话精神，坚持科学立法，坚持民主立法，"必须坚持立法体制以人民利益为根本目标，保证人民享有立法的主体地位。民主立法就是汇集整合民意的过程，人大主导型立法体制能够更好地体现立法的民主性，是实现良法善治的基础"，把保证国家法律法规实施、促进江苏全面发展、规范约束权力运行、保障公民合法权益、整合协调利益关系、维护社会公平正义作为立法的基本宗旨。其二，确立了"问题引导立法"的工作原则。由问题引导立法，由立法解决问题，切实增强地方立法的针对性和可操作性，发挥立法对江苏经济社会全面发展和民主法治事业的引领、保障和促进作用。

其次，完善地方立法的工作格局、创新地方立法工作机制。以"法治江苏"建设为统领，以依法行政改革为依托，以提高立法质量为目标，针对立法工作中存在的部门化倾向、争权诿责现象和立法项目整体统筹弱、法规起草与审议脱节等问题，江苏开始逐步健全完善党委对地方立法工作重大问题的决策程序，党委领导地方立法工作，确定地方立法方针，提出重大立法建议，召开立法工作会议；涉及综合性、全局性、基础性等主要地方法规草案由人大相关专门委员会、工作委员会牵头组织起草并形成制度。在这个意义上，"坚持党委对立法工作的领导，增强人大在立法工作中的主导作用，发挥政府在法规制定中的基础作用，加强人大常委会和政府内部的整体统筹，加强人大常委会与政府各层次的统筹协调"的地方立法工作格局与地方立法工作机制创新可以说已经初步形成。

再次，优化地方立法程序。地方立法既需要符合科学要求，即立法活动在立法观、立法制度及立法技术等方面的科学性，也需要符合民主要求，即立法主体的广泛性、立法内容的平等性和立法过程的公开性等。这些要求集中体现在优化地方立法程序方面，即规范约束立法权力行使、提高立法质量。为此，2016年1月28日江苏省第十二届人民代表大会第四次会议审议通过了《关于修改〈江苏省制定和批准地方性法规条例〉的决定》，从根本上来规范制定和批准地方性法规活动，提高立法质量，发挥立法的引领和推动作用，实现全面推进依法治省的目标。3月30日江苏省第十二届人民代表大会常务委员会第二十二次会议批准了新近获得地方法权的常州、南通等6市的制定地方性法规条例，明确了设区市的地方立法权的行使等事项。江苏省政府为依法规范政府规章的创制活动，相继出台了《江苏省规范性文件和重大决策合法性审查程序规定》《完善政府立法工作中法规规章审查程序的规定》《关于进一步推动参与式行政程序建设的意见》等。

实事求是地讲，立法工作是一项专业性、技术性和程序性极强的工作。十八届四中全会决定就加强法治工作队伍建设提出了明确要求，把立法队伍建设纳入法治专门队伍建设的总体范畴之中加以谋划，提出要推进法治专门队伍正规化、专业化、专业化，提高专业素养和专业水平。为此，2016年1月23日，江苏省政府出台了《关于建立政府法律顾问制度的意见》（苏政发〔2016〕8号），以加快法治政府的建设，并就江苏省推行政府法律顾问制度作出了具体安排：在2016年底前，县级以上地方政府及其工作部门要全面建立起政府法律顾问制度。

## 二 江苏地方立法的推进对策

江苏地方立法工作取得斐然成绩的同时，也存在着一些薄弱环节和不足之处。它们主要表现在：一是遴选立法项目的形式比较单一，在一定程度上还取决于某一部门的地位和话语权，并没有完全反映经济社会全面发展的需求；二是法规起草模式比较单一，主要是部门立法、专家立法，各方利益主体沟通机制有待进一步加强，尤其是普通社会公众立法建议被采纳的情况不多见；三是法规审议机制比较单一，绝大多数法规案由常委会会议审议通过，人大代表的作用和人代会立法功能发挥不足，同时法规起草与审议脱节现象时有发生；四是地方性法规与政府规章的权限划分不清，尤其是先行制定政府规章的部门与人大之间的沟通协商机制和事后报告制度有待健全；五是立法评估活动开展得不够充分，特别是第三方评估机制需要加强建设，等等。

面对这些问题，江苏在地方立法工作中已经采取了一些新的做法和举措，初步探索形成了"党委领导、人大主导、政府依托、社会参与立法"的地方立法工作格局，有效地提高了立法质量。从坚持科学立法、坚持民主立法等角度，我们提出如下推进江苏地方立法更上一个台阶的对策。

第一，应进一步贯彻落实党的十八大以来的全会精神、习近平总书记的重要讲话精神，"深入推进科学立法、民主立法"。党的十八届四中全会决定，分别从人大立法工作制度改革、立法机关与社会公众沟通机制和完善法律草案表决机制三个方面提出了具体要求："加强人大对立法工作的组织协调，健全立法起草、论证、协调、审议机制，健全向下级人大征询立法意见机制，建立基层立法联系点制度，推进立法精细化。健全法律法规规章起草征求人大代表意见制度，增加人大代表列席人大常委会会议人数，更多发挥人大代表参与起草和修改法律作用。完善立法项目征集和论证制度。健全立法机关主导、社会各方有序参与立法的途径和方式。探索委托第三方起草法律法规草案"；"健全立法机关和社会公众沟通机制，开展立法协商，充分发挥政协委员、民主党派、工商联、无党派人士、人民团体、社会组织在立法协商中的作用，探索建立有关国家机关、社会团体、专家学者等对立法中涉及的重大利益调整论证咨询机制。拓宽公民有序参与立法途径，健全法律法规规章草案公开征求意见和公众意见采纳情况反馈机制，广泛凝聚社会共识"；"完善法律草案表决程序，对重要条款可以单独表决"。这些具体要求必须予以制度化、规范化，以推动立法活动和民主法治事业的全面进步。

第二，应有效克服立法部门利益化问题，改革现行的立法提案制度和法律草案的起草制度，增强省人大及其常委会在法律草案审议中的主导地位和独立性，扩大立法参与的深广度，促进公众意见与部门意见的有效沟通与相互制约。当然，这一举措需要与法治政府建设相结合，在推进行政管理体制改革的进程中，力求从源头上消除立法中部门保护的土壤。这一举措也需要真正发挥人大及其常委会的职能，需要它们在法律草案起草中切实起到引导、协调等作用。比如，以立法权限和程序、立法原则等来规范与约束法律草案的起草机关，强调法律中的政府服务性条款、权责一致条款，特别是强调规定政府法律责任的一些原则，逐步推动政府转变立法理念，转变职能。这一举措还需要建立健全良好的各方利益表达与沟通机制，等等。

第三，应注重明确地方立法的规范性目标，特别是地方重点领域的立法目标。党的十八届四中全会提出，"发挥立法的引领和推动作用，抓住提高立法质量这个关键"。这就要求立法应该进一步提高质量，更加注重科学化、民主化，应该从片面地追求数量转向追求质量，要从粗放型转向精细化，要从解决单项的问题转向法治的系统化。进一步来说，在当前法治中国建设的新起点上，不仅中央立法而且地方各层次的立法都不再也不应满足于有法可依的局面，而是要开始探索和完善我国社会需要的到底是什么样的法这一根本问题了。因此，这一举措需要坚持以人为本、立法为民，从明确立法的规范性目标做起，努力提高立法质量。

总之，江苏地方立法应在创新工作格局和立法机制上下功夫，力求实现立法上各方面的协同运作，切实实现三个必须：必须明确和加强党委对立法工作的领导，必须健全人大对立法工作的主导，必须建立社会各方的有效参与机制，从立法项目征集和论证到立法草案的拟定与审议，再到立法成果的评估与完善，真正建立起行之有效的参与机制。

# B.31 江苏推进政府法律顾问制度的现状、问题及对策

李小红[*]

**摘　要：** 2016年初,江苏省出台《关于建立政府法律顾问制度的意见》(以下简称《意见》),有力地推动了全省政府法律顾问工作的开展。近年来,江苏在推进政府法律顾问制度的过程中存在对政府法律顾问的定位不清晰、对法律顾问主体的差别管理未体现、规范化管理尚欠缺、顾问人选确定较盲目等问题。为优化江苏政府法律顾问制度,一是要明确"政府法律顾问"不同于"政府参事""政府智库"等,政府法律顾问的工作是专业、具体、明确、参与性的,要对决策者产生实质性影响,要承担相应的法律服务责任。二是省级人大要积极立法,实现政府法律顾问"统一""分类"管理,形成江苏的特色和优势,实现不同顾问主体的优势互补。三是要合理选择并有序更换政府法律顾问成员,要考量法律顾问的"传帮带"问题,确保政府法律顾问工作可持续常态开展。

**关键词：** 政府法律顾问　执业律师　法学专家　江苏省

政府法律顾问的提法由来已久,但早期关注更多的是律师这一顾问类

---

[*] 李小红,江苏省社会科学院法学研究所副研究员,法学博士。

群,近年来政府法律顾问被高频率提起,各地纷纷建章立制,积极推动。2013年三中全会《决定》指出要"普遍建立法律顾问制度",四中全会《决定》则作出了更明确的部署,指出要"积极推行政府法律顾问制度,建立政府法制机构人员为主体、吸收专家和律师参加的法律顾问队伍,保证法律顾问在制定重大行政决策、推进依法行政中发挥积极作用"。依此,不少法学专家也成为各级政府聘任的法律顾问成员。

2016年3月习近平主持召开中央全面深化改革领导小组第二十二次会议,会议审议通过了《关于推行法律顾问制度和公职律师公司律师制度的意见》。① 依该文件部署,2017年底前,中央和国家机关各部委、县级以上地方各级党政机关全部设立法律顾问,乡镇可根据需要设立法律顾问,对国有企业和事业单位也提出了推进法律顾问的要求。可以预见,未来更多的政府法律顾问制度和实践将不断展开。本文梳理了近年来江苏各地的政府法律顾问制度推进情况,分析制度推进过程中发现的问题和不足,为江苏形成更优良的政府法律顾问制度提出意见和建议。

## 一 江苏推进政府法律顾问制度的现状

江苏的政府法律顾问制度推进有着良好的实践经验和前期基础,苏州、徐州、扬州、泰州、南京等城市的起步较早。2009年,苏州市产生第一届政府法律顾问,到2013年该市各级政府(工业园区管委会除外)的法律顾问建立率已经达到100%。② 常州市在省内也较早建立了市政府层面的法律顾问制度,2012年该市市政府即专门下发通知成立了市政府法律顾问团,截至2015年年底,常州市市、区两级政府全部建立了政府法律顾问团,市级41个行政部门有25家聘请了法律顾问,全市112家律师事务所受聘为

---

① 《习近平主持召开中央全面深化改革领导小组第二十二次会议》,《人民日报》2016年3月23日。
② 《苏州市司法局开展政府法律顾问工作摸底调研》,http://www.pfcx.cn/Item-81-42363.aspx,2016年11月12日。

5600多家企事业单位提供法律服务，全市村、社区聘任法律顾问比例高达95%。南京市人民政府在2014年也发布《关于普遍建立法律顾问制度的意见》，对普遍建立政府法律顾问制度的重要意义、指导思想、目标任务、组织领导、工作保障，以及法律顾问的基本条件、聘任程序、主要职责和履职要求等进行了全面的阐明和规定。①

在这些前期实践探索基础上，2016年初江苏省人民政府出台《关于建立政府法律顾问制度的意见》，要求"在2016年底前，县级以上地方人民政府及其工作部门要全部建立起政府法律顾问制度。乡镇人民政府、街道办事处应当根据需要形成多种形式的政府法律顾问服务方式"②。该意见出台后，在全省范围内对政府法律顾问工作的规范化、具体化起到了很好的推进作用，各市纷纷建章立制，将政府法律顾问制度不断精细化，如2016年8月《常州市人民政府法律顾问委员会工作规则》对市政府法律顾问委员会的组成和机构、主要职责、法律顾问委员的权利和义务、聘任和解聘、工作档案、考核机制等作出了详细的规定。

总体来看，经过几年的制度推动、实践探索，各地的政府法律顾问在规范性文件合法性审查、重大项目咨询论证、疑难复杂案件处理、矛盾纠纷化解等领域发挥了积极的作用。2009年，苏州市第一届10名法律顾问在3年任期内先后参与《苏州市专利促进条例》等十多个地方性法规、规范性文件的论证与审查，提出了600多条法律意见和建议；先后对市政府重大决策、合同行为提出了500多条审查意见；参与《苏州市法治政府建设指标体系的建设》等重大课题的论证；对市法律服务业发展课题开展了调研并形成报告；参与处理"市长信箱"涉法涉诉信访案件，共来信回复和回访评估200多件；参与市政府依法行政检查和考核工作，开展法律宣传和培训，为市政府有关部门举办专题法制讲座。③南通市2015年全市律师担任

---

① 载《南京市人民政府公报》2014年第7期。
② 《江苏省人民政府出台关于建立政府法律顾问制度的意见》，http://www.jsfzb.gov.cn/art/2016/1/29/art_34_64031.html，2016年11月9日。
③ http://www.pfcx.cn/Item-81-42363.aspx，2016年11月12日。

政府及其部门法律顾问612家，参与政府重大项目研究473次，协助处理突发事件109起，接待涉法信访238次，通过提供咨询和调解服务化解矛盾纠纷1628起，代理行政诉讼案件423件。

## 二 江苏推进政府法律顾问制度中存在的问题

### （一）对政府法律顾问的定位不够清晰

在对各级政府及其职能部门的政府法律顾问制度性文件进行分析时，发现不少地方对政府法律顾问的定位不准，导致对政府法律顾问制度的目标、意义、价值等把握不精准，同时对政府法律顾问的工作内容、薪酬待遇、考核标准等规范也不尽完善。有的地方则混淆了"政府法律顾问""政府参事""政府智库"等的价值和作用。在中央和省级对政府法律顾问工作未进行全面部署前，对政府法律顾问存在定位混淆有历史的客观原因，但今后对政府法律顾问的定位应与上级政府理解一致，唯此，才能做到政令统一。

各类主体参与法治社会建设，既可能以政府参事的身份开展，也可能以政府法律顾问的名义进行，还可能只是政府智库研究人员。不同身份者的工作内容可能有所重合，但任职条件和工作要求等存在差别，只有把握好这种差异性，才能找准方向。

政府法律顾问和政府参事对比来看，二者的区别主要有：

第一，政治要求不一。政府法律顾问要求坚持正确的政治方向，"一般应当是中国共产党党员"。参事工作则是"党的统一战线的重要方面，是政府工作的组成部分，是我国民主政治建设的具体体现"。[1] 参事"主要从民主党派成员和无党派人士中聘任，也可以从中国共产党党员专家学者中聘任"[2]，职责中有"参加爱国统一战线工作"一项。

---

[1] 邱江辉、刘光胜主编《中国政府参事工作制度》，安徽大学出版社，2014。
[2] 《政府参事工作条例》第4条。

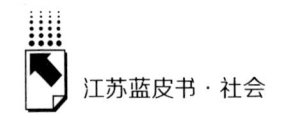

第二，任职条件不一。二者除在拥护党的领导、拥护宪法，品德和责任感等方面的要求一致外，特征性要求各不相同。政府法律顾问还应当符合的条件主要有"在所从事的法学教学、法学研究、法律实践等领域具有一定的影响和经验"，任职年龄"不超过55周岁"等①。而根据《政府参事工作条例》第5条的规定，参事还应当符合的条件主要有"具有一定的代表性、较大的社会影响和较高的知名度"，"参事的首聘年龄不得低于55周岁，不得高于65周岁。参事任职的最高年龄不得超过70周岁"。可见前者要求以法学专业为主，后者注意专业多元，前者强调"年富力强"，后者强调"德高望重"。

第三，职责和履职方式有差异。二者都可对政府工作提出意见、建议，但总的来说，政府参事的职责较为抽象，而政府法律顾问的工作职责更加具体，政府法律顾问要参与处理具体法律事务、参与论证具体项目等。政府参事履行职责的方式主要有参观考察、调研走访、开会审议，以及参加礼仪、外事、统战联谊等活动。政府法律顾问的工作方式则采取"会议制和委托服务制"，有的地方直接实行合同制，双方有明确的权利义务契约约束，而对政府参事是不宜采用合同制管理的。

第四，管理和考核要求不一。通过对二者的管理规范进行分析可知，政府对参事的管理和考核要求更抽象和宽松，而对政府法律顾问则应具体、明确和严格。分析《政府参事工作条例》以及各地针对参事的规范性文件可知，很少有对参事履职进行量化管理的要求，或者即使有也是象征性的少量要求；而对政府法律顾问的工作情况，尽管有的地方没有明确的量化要求，但从总的趋势来看，则或者是合同管理、或者是清单式管理，对政府法律顾问的工作有的地方会组织第三方机构评估，有的会按照合同约定考核，并且考核结果会作为是否续聘的依据。从管理机构来看，政府参事多由独立的参事室组织管理，但这些机构"服务"参事更多一些；政府法律顾问的管理主要是"党内法规工作机构、政府法制机构和国有企业法律事务部门"，这

---

① 《关于推行法律顾问制度和公职律师公司律师制度的意见》第"二（八）3"。

些部门"管理"的色彩更重。

另外,政府法律顾问与政府智库也不同,政府智库与政府的关系或者是依附关系更强的内设机构,或者是没有任何法律关系的相互独立的单位。从薪酬待遇角度来看,政府法律顾问的顾问费严格来说应实行合同管理;一般智库专家的待遇或者只是一般的工资待遇,或者以委托项目方式支付相应项目经费,或者政府通过提供劳务费的方式购买智库专家的服务等。从权利和义务角度来看,政府法律顾问的权利义务应清晰明确,其应对所提供的法律服务负实质性责任,而政府智库是咨询性质,其多数并不对所提出的咨询意见承担实质责任。

(二)法律顾问主体的差别管理未充分体现

当前我国各地推进的法律顾问制度从顾问构成来看,已经形成了以政府法制机构人员为主体,法学专家和执业律师为两翼的人选格局。不同人选的顾问价值不尽相同,其选聘标准与管理模式亦应有所区别,惟此才能最大化地发挥各类法律顾问的作用。从各地有关政府法律顾问的规范性文件来分析,法学专家与社会律师均是被"吸收"的兼职顾问主体,但不是主要主体,主要的法律顾问主体是"党内法规工作机构、政府法制机构人员"。

兼职类法律顾问的选聘程序各地大致相似,均由政府主导决定,如江苏省即规定:县级以上地方人民政府及其工作部门法制机构要严格按照聘任条件和程序,做好政府法律顾问的遴选工作。从全国各地的做法来看,一些地方注意到了对律师类和法学专家类政府法律顾问应采用略为不同的聘任、管理模式,如宁夏一方面规定:各级人民政府聘请专家和律师担任政府法律顾问的,由政府法律顾问机构按照公开、公正、竞争择优的原则,在符合条件的人员中选聘,报同级人民政府批准。[①] 另一方面又对律师类政府法律顾问进行了特别规定,要求各级人民政府及其工作部门聘请律师担任政府法律顾问的,应当遵守政府向社会力量购买服务的有关规定。聘请律师担任政府法

---

① 《宁夏回族自治区政府法律顾问工作规则》第 14 条。

律顾问的,聘用单位应当与聘请律师所在的律师事务所签订服务合同。服务合同应当包括律师的工作范围、工作方式、聘用期限、合同解除、费用支付、权利义务、违约责任、争议解决等内容。① 对法学专家类政府法律顾问则无此规定。可以想见,因为法学专家与社会律师任职单位性质不同,工作模式差别亦较大,二者作为政府法律顾问的选聘标准、管理方式、职责内容等也应有所区别,否则将影响政府法制类工作人员或公职律师与社会律师、法学专家的优势互补,不同类型的政府法律顾问人选的制度价值将无法得到体现。

### (三)对政府法律顾问的规范化管理有待完善

目前来看,中央并无全国统一的有关政府法律顾问的规范性文件,各地的政府法律顾问制度建立时间不一,定位有差异,导致关于政府法律顾问的管理机关有的是政府法制机构,有的是司法行政机构,法律顾问的选聘标准、权利义务、考核机制等并不统一。江苏省各市的做法也不尽相同,随着江苏省人民政府出台《关于建立政府法律顾问制度的意见》,可以想见各地会不断调整原有的政府法律顾问制度规范性文件,2016年以来各市已经在纷纷制定并出台《政府法律顾问工作规则》等文件。

因为缺乏顶层设计和整体规范,所以各地只能不断调整和创设制度,但这一过程的制度成本是巨大的,并且对全省政府法律顾问制度的推动促进力度并不大。在我们的调研中发现,各市的市、区两级政府关于政府法律顾问的规范性文件地区性、层级性差异并不大。如宿迁市制定并出台了《关于推动建立新型政府法律顾问制度的意见》、市政府法律顾问委员会工作规则和考核办法,成立了以政府法律工作人员为主体,吸收知名专家和精英律师参加的新型政府法律顾问委员会,通过行政机关内部推荐、面向社会公开遴选等方式,聘请组成新一届的法律顾问团队。在市政府的制度和实践辐射下,宿豫区2015年同时建立了新型法律顾问队伍,该区除对全区各乡镇政

---

① 《宁夏回族自治区政府法律顾问工作规则》第15条。

府、街道办事处、园区管委会及区政府各部门普遍建立政府法律顾问制度外，又制定了《宿豫区关于推动建立新型政府法律顾问制度的意见》，指出要示范带动全区企业、农村、社区建立新型政府法律顾问制度，形成与经济社会发展和公众法律服务需求相适应的法律服务体系，满足社会各层次和领域的法律服务需求，实现全区政府法律顾问制度全覆盖。这一市、区两级政府的规定看似有差别，但考虑到我国是单一制国家，这种市、区两级的重复规定意义不大，从横向来看，各市各区的规定则应是大致相同的，所以在我国推进政府法律顾问制度，最好的制度状态是国家"制定类似于《政府法律顾问管理规定》的统一立法，统一政府法律顾问的管理模式、构建政府法律顾问的选聘机制、明确政府法律顾问的职责范围、完善政府法律顾问的保障体系"①。

（四）对政府法律顾问的人选确定略显盲目

从各地公布的政府法律顾问人选来看，同质化现象较为严重，此皆因为各地在选聘政府法律顾问的过程中，均过分强调行政层级、知名学者、知名执业律师。这种对身份的过度关注和追求，反映出各地对政府法律顾问人选的盲目性，这一定程度上导致政府法律顾问的制度价值会被架空。以学者类政府法律顾问为例，江苏省高校数量居全国第三，是法学教育和研究大省，在全国法学学科排名前20的有3所学校，仅次于北京、上海，全省重要的研究成果数量排名稳居全国第四。② 应该说顾问人才资源是较为充足的，但在我们针对省内副高以上法学学者的调查问卷中，96名受访者，只有10%的人表示自己现在正在担任政府法律顾问，15%的人表示自己曾经担任过，现在已不担任，75%的受访副高以上法学学者表示从来没有担任过政府法律顾问。

---

① 宋智敏：《从"法律咨询者"到"法治守护者"——改革语境下政府法律顾问角色的转换》，《政治与法律》2016年第1期。
② 以上数据来自江苏高校区域法治发展协同创新中心、南京师范大学中国法治现代研究院所作的"江苏省人民政府《省政府建立政府法律顾问制度的意见》评估报告"第9~10页。

政府法律顾问人选同质化所带来的衍生问题主要有：第一，无法做好本职与兼职的兼顾。上级领导、知名专家、精英律师多为年富力强者，他们是单位的骨干，往往身兼数职，事务繁杂，能否有足够精力投入相应的政府法律顾问工作是各地在选聘人员时要考虑的因素。第二，责任者与行为者可能分离。作为政府法律顾问的上级领导、知名专家、精英律师在从事政府法律顾问工作时，如自身精力不足，则只能对任务进行切分，交由下属或学生完成，下属或学生因参与度受限所掌握的信息不足，思考和研究的深度和针对性往往不足。再次，应急性介入影响顾问价值发挥。实践中法律顾问的很多事务是事发后的应急性介入，没有长期的工作机制作保证，法律顾问的意见往往是未及深入思考的应急性观点，缺乏完整性和全局性。

## 三 优化江苏政府法律顾问制度的对策

### （一）廓清政府法律顾问的本质

我国各级政府对政府法律顾问的认识是有一个过程的，一度不少地方把政府法律顾问作为政府工作的咨询对象，政府法律顾问与政府相互之间的关系是松散的、柔性的。但从《关于推行法律顾问制度和公职律师公司律师制度的意见》出台以后，中央已经对政府法律顾问的角色定位作出了明确指示，即政府法律顾问的工作是专业的、具体的、明确的、参与性的。正如有论者指出的"我国政府法律顾问制度要向专业性、独立性方向发展，法律顾问需要发表结论性意见并为其发表的法律意见承担法律责任，否则所谓的法律顾问就是一种没有实质约束力的咨询功能，不能发挥法律顾问的应有作用"[1]。如果"把政府法律顾问当成没有实质约束力的咨询角色，既缩小了政府法律顾问行政参与的广度，也削弱了政府法律顾问促进政府依法行政

---

[1] 吕立秋：《政府法律顾问制度分析和展望》，《中国法律评论》2015年第2期。

的力度"①。换言之，当下的政府法律顾问要对聘请单位的各项具体涉法事务提供实质性的法律咨询意见，要真实、深入地参与到各类事务中，要对决策者产生实质性影响，要承担相应的法律服务责任。只有把握这一角色定位，政府法律顾问才能真正发挥提高依法执政、行政、经营、管理的能力，促进依法办事，为协调推进"四个全面"战略布局提供法治保障。

### （二）实现政府法律顾问"统一""分类"管理

"统一"是指在全国统一的政府法律顾问制度未建立之前，至少江苏省可以率先制定省级层面的统一立法。应该说从省一级推动建立政府法律顾问制度江苏表现得并不突出，但江苏各地的政府法律顾问工作实践却较为突出，基于这一良好的实践前提，针对政府法律顾问事务江苏完全可以在全省统一的规范化、制度化方面形成自己的特色和优势。

"分类"是指各地在建立政府法律顾问制度时，应将工作精细化，对不同机关的法律顾问有不同要求，对同一机关的不同顾问人选也要有不同的要求。这种分类总体上有两个视角，一是根据中央部署，政府法律顾问广义上有中央和国家机关各部委，县级以上地方各级党政机关普遍设立的法律顾问；乡镇党委和政府根据需要设立的法律顾问；国有企业深入推进的法律顾问；事业单位探索建立的法律顾问等。不同机关体系职责权能不一，法律顾问所要开展的工作内容也不尽相同，应有不同的规范。二是在同一机关内法律顾问的主体类型既有机关内部的专门从事法律事务的工作人员，也有机关外聘的法学专家、律师等。

一般说来，机关内部的法律工作人员作为法律顾问的特点在于专职专业时间有保障、业务熟悉、方便内部协调等；法学专家的职业优势一般说来必然是专业理论功底强，阐述论证能力强等。除个案外，参与政府合同的文本起草；参与行政复议、行政诉讼等案件的具体办理；参与具体非诉法律事

---

① 宋智敏：《从"法律咨询者"到"法治守护者"——改革语境下政府法律顾问角色的转换》，《政治与法律》2016年第1期。

务、信访矛盾化解、突发事件应对处置等法学专家并无职业优势，但却是执业律师的所长。所以如果不对不同类型的法律顾问作区别管理，就无法实现其优势互补价值。

从立法角度来看，可以考虑通过省级人大制定地方性法规的方式，对江苏省的政府法律顾问工作进行统一规范，在规范的具体内容中，应融合多年来的省内制度规范及实践经验，借鉴外省市的先进做法，对各机关、各层级、各类型的法律顾问的工作内容、选聘条件、考核标准、薪酬待遇、退出机制等作出明确要求。

### （三）合理选择并有序更换政府法律顾问成员

前已述及，盲目地追求知名、精英、层级等标签导致各地的政府法律顾问人选同质化现象较为严重，这在一定意义上也是理念问题，建构政府法律顾问制度是为实质追求法治而为的举措，那么选择确定人选时，能否有效提供这种法律服务就应是合理的选才标准。比如从法学专家类政府法律顾问的选聘标准来看，多数地方规定模糊，制度用词多为"在学术上造诣较深的""在所从事的法学教学、法学研究等领域成就显著，具有一定的专业影响力和经验的""精通行政法、经济法、社会法、民商法等理论的法学专业知名学者"等。有的地方则对职称、专业甚至年龄等有明确的要求，如上海市规定：法学专家担任政府法律顾问，应当具备三个条件，即具有法学专业副高以上职称，在本专业领域具有一定的社会影响力；具有良好的职业操守，未曾受过刑事处罚和纪律处分；未在两个以上（含两个）单位担任兼职政府法律顾问。[①] 广西的规定最为详细，除一般性要求外，更增加"熟悉区情、社情、民情，有较强的分析和处理问题的能力；热心社会公共事业，有时间和精力履行职责；年龄一般在55周岁以下"等要求。[②] 江苏省政府的5名受聘法学专家均为"教授、

---

① 《上海市人民政府关于推行政府法律顾问制度的指导意见》第7条第2款。
② 《广西壮族自治区人民政府法律顾问工作规则》第3条、第6条。

博导"。① 律师类法律顾问也不应唯知名、精英而论,而应看其所从事的业务是否对口,是否有适宜团队等因素。

在合理选择的同时也要注意顾问人选的有序更换,从目前的实践来看没有发现各地在更换政府法律顾问时的传帮带考量,事实上政府法律顾问制度实施后,为政府提供法律服务工作将是一项常态的工作,该项工作不应因人员的换届等而受影响,这就必须做到更换有序,即应根据任职年限和人数按比例更换,而不是"一刀切"式更换,或无章法无规划地随意更换,否则各项工作的接续将不能保证,也不利于顾问工作经验的传承。

---

① 《江苏省政府法律顾问委员会名单》,http://www.acla.org.cn/html/industry/20160414/25061.html,最后访问日期:2016年6月26日。

# B.32
# 江苏推进社会治理法治化的地方实践与思考

徐 静[*]

**摘　要：** 江苏省重视"法治江苏"建设，于2015年3月18日颁布了《法治江苏建设指标体系（试行）》，其中社会治理法治化在该指标中占据举足轻重的地位。江苏省各县市积极推进社会治理法治化，推行"政社互动"，建立多元矛盾纠纷解决机制，创建公共法律服务体系等，社会治安综合治理绩效显著提高，人民对社会治安的满意度显著提升。在推进社会治理法治化进程中也存在一些问题。针对当前基层民主建设有待加强，相关人员社会治理理念亟待转变的现状，应转变社会治理理念，夯实基层民主建设，实现社会治理主体多元化，增强基层社区（村）自治，进一步完善社会治理法治化。

**关键词：** 社会治理法治化　矛盾纠纷解决机制　公共法律服务体系　江苏省

党的十八届三中全会《决定》从完善和发展中国特色社会主义制度、推进国家治理体系和治理能力现代化的高度，做出了创新社会治理体制的战略部署。党的十八届四中全会进一步提出推进法治社会建设的重大战略

---

[*] 徐静，江苏省社会科学院法学研究所助理研究员，法学博士。

任务，强调要推进多层次多领域依法治理，提高社会治理法治化水平。法治是国家治理最基本的形式，社会治理是国家治理的重要内容，依法治理就是运用法治方式进行社会治理。习近平总书记指出，国家治理体系和治理能力是一个国家的制度和制度执行能力的集中体现；法律是治国之重器，法治是国家治理体系和治理能力的重要依托。[1] 社会治理的核心是调节社会利益关系，化解社会利益冲突和利益矛盾，社会治理的基本方式是法治，治理主体是社会各方协同参与。运用法律调节社会关系、维护社会秩序、规范社会行为，是依法治理的基本内容，也是古今中外反复证明了的有效方法。推进社会治理法治化要求社会治理各类主体在遵守法律规定、尊重法治精神、遵循法制逻辑的前提下，坚持以法治精神来引领社会治理，以法治思维来谋划社会治理，以法律规范来实施社会治理，以法治标准来评价社会治理，以法治秩序的实现作为社会治理的目标，最终在法制轨道上实现社会善治。从这个意义上讲，法治化程度越高，社会治理越接近善治。

江苏省积极响应国家政策，社会治理法治化是法治江苏建设中的重要一环。2015年3月18日江苏颁布了《法治江苏建设指标体系（试行）》（以下简称《省指标》）。在《省指标》中，"社会治理法治化"作为第五项一级指标，包括4项二级指标，分别是"依法治理大力推进""依法维权和化解纠纷机制健全""法律服务便捷有效""社会治安综合治理绩效提高"。江苏省各县市为贯彻部署指标体系的落实，均在不同时间召开了法治大会，并邀请省办相关人员对指标体系进行解读，对相关人员进行培训，将指标任务进行分解，落实到相关部门和相关责任人。诸多县市根据自身情况进一步制定了更细化的执行标准，对指标体系中的任务进行细化和精准量化。比如：南京市制定了《法治南京建设监测指标（试行）》及其《监测管理办法》，苏州制定了《全面推进法治苏州建设的实施意见》，泰州市制定了《法治泰州建设指标体系》等，各县市在开展"依法治市"

---

[1] 《〈中共中央关于全面推进依法治国若干重大问题的决定〉辅导读本》，人民出版社，2014。

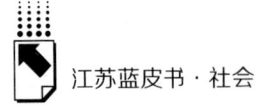

的活动中提高了全省的法治水平,在执行指标体系的过程中同时发现了一些问题。

## 一 江苏省推进社会治理法治化取得的成就

### (一)有力推行"政社互动",社会组织良性发展

全省各地大力推广政府行政管理与基层群众自治管理的"政社互动"模式,厘清基层政府和群众自治组织的权责边界,努力实现政府治理与社会自我调节、居民自治良性互动。目前江苏省各县市已经全面推开,推进力度较大,在所辖乡镇(街道)全面推行"政社互动",截止到2015年底,全省已有906个乡镇(街道)推行了"政社互动"工作,占总数的70.9%,其中苏南95.1%,苏中70.8%,苏北55.6%,各地均按照《省指标》完成省定目标。积极探索优化基层协商民主的主体、内容、形式和程序的有效路径,进一步完善和规范了社区议事会、民情恳谈会以及社区评议等协商形式和载体,有效促进了基层协商民主的广泛性、多层性、制度化,充分激发城乡社区的自治活力。省民政厅制定了《关于加强社会组织自身建设的意见》,引导社会组织按照现代社会组织体制的要求,健全以章程为核心的法人治理结构和内部民主机制,确保社会组织严格依据法律法规和章程开展活动。根据省民政厅制定并出台的《江苏省四类社会组织直接登记管理暂行办法》,在全省范围内全面实行行业协会商会类、科技类、公益慈善类、城乡社区服务类等四类社会组织直接登记制度。并且从基础条件、内部治理、工作绩效、社会评价等方面有针对性地引导不同类型的社会组织加强规范化建设,提升依法自治的能力。省民政厅社会组织管理局、江苏省社会组织促进会依托2015年中央财政支持社会组织服务社会项目资金,认真实施"江苏省社会组织促进会人员培训示范项目",提升依法自治、服务社会和可持续发展能力。加强民族宗教事务的宣传和管理,在宗教场所正常开展"反邪教、抵渗透"的主体宣传教育活动,人民群众的基本宗教权利得到有效保障。

## （二）多元的矛盾纠纷解决机制能有效发挥作用

大力推行"阳光上访"，逐步规范群众的上访行为。强化领导分工负责制，强化跟踪督办制。非正常上访比例逐步下降，重大群体性事件发生率很低。江苏省司法厅健全了矛盾纠纷分级预警报告制度，建立重大疑难纠纷会办机制，引进心理（法律）咨询、听证评价、民主恳谈等方式方法，引导人民调解善用法律解决纠纷化解矛盾。省、市、县三级司法机关对辖区内矛盾纠纷发生演变情况每月进行一次综合性研判，对已经发生或可能发生的重大矛盾纠纷一事一分析，一日一研判，主动预防，动态研判和事前预警各种重大复杂矛盾事件，提升研判的针对性和有效性，有效预防群体性事件和民转刑案件的发生。目前，江苏省共有各类人民调解委员会 33058 个，人民调解工作室 2836 个。县级以上医患纠纷人民调解委员会 100 家（市级医调委 10 家，县级医调委 90 家），交通事故损害赔偿人民调解工作室 320 个，劳动人事争议人民调解工作室 291 个，全省 111 个基层法院 257 个基层法庭全部设立人民调解工作室。2015 年，全省各类人民调解委员会共调解纠纷 460707 次，成功调解矛盾纠纷 458464 件，调解成功率为 99.5%，化解拖欠农民工工资纠纷 8715 件，劝阻群体性上访 7226 批次，防止民间纠纷引起自杀 236 件，防止民间纠纷转化为刑事案件 1164 起，防止群体性械斗 274 件，有效发挥了人民调解矛盾纠纷"第一道防线"作用。

## （三）完善的公共法律服务体系，法律服务便捷有效

江苏省加快打造"一个大门进来，集中受理，分头办理、一揽子解决问题"的综合型公共法律服务中心，在全省 99 个县（市、区）共有 96 个公共法律服务中心完成实体平台建设，镇江扬中市、盐城市亭湖区和连云港东海县 3 个县（市、区）正在积极筹集中。法律援助门槛进一步降低，推动法律援助的援助对象从低保人员向低收入人群延伸。大力推进"一村（社区）一法律顾问"制度建设，目前全省 93.3% 的村（社区）配备了法律顾问。推动公证机构以整体进驻、设立联系点等形式对接司法行政公共法

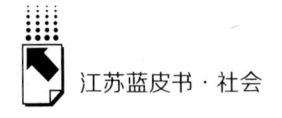

律服务，县乡村设点，向偏远农村延伸公证服务，运用"互联网＋"服务模式缩短服务半径，扩大服务范围。推行公证服务标准化工作，实行服务公开承诺、面向特殊困难群体的9类事项减免征收措施，简化小额遗产法定继承公证办理程序，公证服务满意度由2014年的75.76%提升到85.6%。鼓励和推动律师参与"一带一路"和"长江经济带"建设，提高优质高效的法律服务和法律保障。

### （四）社会治安综合治理绩效显著提高，人民对社会治安的满意度显著提升

江苏省相关部门深入推进"打黑除恶"等专项斗争，依法严厉打击危害国家安全和黑拐抢、盗抢骗、黄赌毒等违法犯罪活动，突出打击严重暴力犯罪、电信网络诈骗犯罪，切实增强了人民群众的安全感，积极对重点地区和重点部位进行专项整治。对精神障碍者、不良行为青少年、刑满释放人员等特殊群体进行帮教，以实体型实战化运作为要求，实行两项职能办事机构合署办公并独立运转。以刑满释放人员安置帮教工作为例，构建具有江苏特色的安置帮教工作规范化建设得到加强。从2015年起，在苏州、南通、盐城三个地区和省江宁、金陵监狱，实施以"前置化、社会化、协议制"为核心的深化安置帮教工作改革试点，取得了积极进展和良好成效。在全省推行人户分离刑释人员"双列管，两头包"安置帮教模式，圆满完成了特赦人员安置率、帮教率保持在90%以上。2015年，全省刑释人员当年重新犯罪率为0.22%，低于控制指标1.5%。社区服刑人员重新犯罪率为0.45‰，低于控制指标1‰。努力消除社会稳定安全隐患，依法及时介入重大安全生产事故调查，保障人民群众生命财产安全。

根据江苏省社科院法学所2016年8月所做的问卷调查，基本可以得出结论：大部分群众认为社会治安良好，安全感较高。江苏全省十三个县市群众对社会治安满意度达到80%以上，足以显示各相关部门在社会综合治理方面做出的突出成绩。

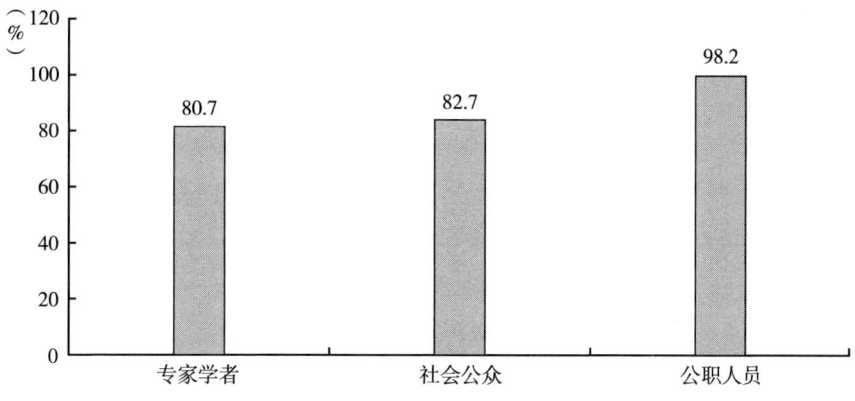

图1 "社会治安满意度"问卷统计

## 二 江苏省推进社会治理法治化进程中存在的问题

**（一）基层民主建设有待加强和持续深化，"政社互动"推行有待完善**

一些县市的司法行政服务站仅仅是挂牌，实体运作还不到位，软硬件有待加强，工作人员存在缺乏积极性和主动性的现象。社区（村）还存在一定的"行政化"。社区（村）民的法律意识比较淡薄，自治活动群众参与度不高，"居（村）民建设社区（村）"的意识和氛围还未深入人心。基层民主决策、民主监督有的地方流于形式，少数地区存在家族势力控制的情况。协商民主的内容、形式、程序还未真正得到群众的认同，有待进一步规范和创新。

从表1数据可以分析出，专家学者对基层民主运行的规范认可度较低，只有大约三成的专家认可，大约七成的专家不予认可，且诸多专家认为基层民主形式大于实质；与之相反的是公职人员的认可度较高，大约六成的公职人员认为基层民主组织建设强有力；群众的参与度也不高，大约只有五成的社会大众表示了解并参与过基层民主自治，有接近五成的人了解未参与或者不了解也不参与基层民主自治。不同身份的人立场可能不一样，并不一定能完全反映出客观情况，但基于数据至少能够说明，基层民主自治还不足以让全部大众认可和积极参与，可能是宣传力度问题，亦有能是运作中出现了违法问题，值得深入研判。

表1 不同群体对社区（村）基层民主的认同度

| 专家学者认同度 | 公职人员认同度 | 普通群众的参与度 | | |
|---|---|---|---|---|
| | | 了解并参与 | 了解不参与 | 不了解也不参与 |
| 32% | 63.2% | 51.6% | 36.8% | 11.3% |

### （二）在矛盾纠纷解决过程中，应运用法治的思维和逻辑，加强保障维护当事人的各项权利

应提高多种纠纷解决手段之间的衔接与协调。对待信访当事人，处理应该及时、合法、公正、透明。调研数据显示，双方协商和第三方调解广受大多数矛盾纠纷群众青睐。仲裁和诉讼以及信访是群众次一级的选择解决纠纷的方式，采用群体性事件和其他方式的最少。在调研过程中，诸多学者专家和实务部门工作人员建议，应增加诉调对接功能，亦即多种解决矛盾的手段之间应该互相协调对接。实际生活中，选择信访方式解决矛盾纠纷的社会大众仍然存在，信访案件的处理，公正、公开和透明度有待加强，维护社会稳定不应以牺牲当事人的正当权益保障为代价，应按照法律规范信访、接访行为。根据对专家学者的调研数据，对多元化解决矛盾纠纷的改善建议如表2所示。

表2 学者专家对多元化纠纷解决手段的改善建议

| 人民调解机制有待提高 | 应保障当事人的各项权利 | 多元化手段之间的协调和衔接有待提高 | 信访处理应该合法、公正、透明 | 无改善建议 |
|---|---|---|---|---|
| 35.8% | 62.3% | 71.6% | 56% | 3.7% |

少数专家学者认为人民调解机制存在问题有待提高，主要是各种调解机制之间的协调；多数专家学者认为多元解决纠纷机制应保障当事人的各项正

当权利,以及信访处理要及时公开、透明、合法。认为不用改善的仅占极少数。对于信访制度和多元化纠纷解决机制,公职人员的调研数据可能完全相反,数据显示,接近80%的公职人员认为多元纠纷解决机制有效,17.7%的公职人员认为仅发挥部分作用,极少数人认为完全无效。公职人员对信访制度存在问题的调研数据如下。

表3　公职人员对信访制度存在问题的态度

| 信访渠道不通畅 | 行政行为不规范 | 信访处理不及时 | 不存在任何问题 |
| --- | --- | --- | --- |
| 20.8% | 28.3% | 25.1% | 48.5% |

针对信访制度存在的问题,对比专家学者和公职人员的调研数据可以看出,信访制度存在需要完善和提高的地方,主要是针对接访行为而言,在处理信访案件时需要根据法律规范接访者的行为,保障上访者的权利,以及处理信访应及时、公开、合法。

### (三)公共法律服务体系需要进一步优化和提升服务质量

公共法律服务目前在江苏省基本实现全覆盖,但是服务的质量和体系内部的结构还需要进一步优化提升。比如多元化的法律服务人员队伍建设,公证机构的事业化改革以及公证处内部分配和激励机制的改革,公证员、基层法律服务工作者和人民调解员的培训工作等有待加强。另外,从调研数据分析,公共法律服务体系的宣传力度尚有提高的空间,公职人员和专家学者对公共法律服务体系的知晓度相对较高,普通大众的知晓度相对较低。

表4　公共法律服务体系的知晓度和参与度

| 专家学者(知晓度) | 公职人员(知晓度) | 社会大众 |||
| --- | --- | --- | --- | --- |
| | | 完全不了解 | 了解,但未获得帮助 | 了解,获得过帮助,但无效果 |
| 85.3% | 92.6% | 15.8% | 35.4% | 0.1% |

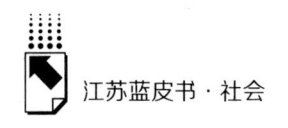

## 三 江苏完善社会治理法治化的建议

**（一）要变革观念，形成政府、社会、市场、公民个人之间合作与良性互动的新型伙伴关系**

要从社会管理向社会多元治理转变，基层治理是国家治理体系的重要组成部分，社会治理的重心必须落到城乡社区。政府必须放弃管控观念，学会尊重，懂得平等对待合作伙伴、管理对象；善于放权，政府必须增强自信，信任社会，理解社会，为社会组织创造良好的制度环境，鼓励社会组织的发展，努力为其能力提升创造条件。只有政府放权，社会才能壮大，社会自身的自我调节能力才能提升。推进社会治理法治化，需要广泛的公民参与以及主动的、自觉的参与精神。有序、有效的公民参与，需要相应的制度保障，需要有足够的合法渠道。尽快建立和完善公共参与制度框架，让更多的公民通过合法的方式、制度化的渠道有序地参与公共生活的管理。

**（二）加强基层组织和单位的依法治理**

深化基层组织和部门、行业依法治理，严格落实现有基层组织的法律规定，支持各类社会主体自我约束、自我管理，充分发挥其自我管理、监督、服务的功能，真正让老百姓当家做主。指导、引导基层组织和单位在法律的精神指引下制定合法依规、切合实际、群众认可的市民公约、乡规民约、行业规章、团体章程等社会规范，更要保障这些社会规范能切实得到执行，充分发挥这些"软法"规范在社会治理中的积极作用。

夯实社区基础平台，全面深化"三社联动"，深化特色项目，形成机制健全、运行有效、群众满意的"三社联动"运行模式。有效动员社会力量为居民提供专业化社会服务，推广通过公益创投引导社会组织以项目托管形式承接社区特色便民服务项目。打造一批服务多样、专业特色突出的社工机构，在为老服务、儿童青少年服务、社区综合服务等重点领域推进社工服务，提升社区服务专业化、精细化水平。

（三）加强对村（社区）的引导，提高村（社区）（居）民的自治能力

引导居（村）委会用自治方法协调处理社区各类矛盾和事务，畅通民主渠道，开展形式多样的基层协商，推进城乡社区协商制度化、规范化和程序化。指导城市物业住宅社区依法依程序成立业主委员会，促进小区业主委员会规范化运行，推进业主自治、物业服务、社区指导"三合一"试点，探索社区居委会指导监督物业服务的新路径，为居民参与解决社区事务、评议社区工作提供渠道，要组织居民有序参与涉及切身利益的公共政策听证活动，组织居民群众对社区服务、社区建设等进行民主评议。

# B.33
# 推进社会主义核心价值观融入法治江苏建设的对策建议

林 海[*]

> **摘　要：** 中央全面深化改革领导小组召开第二十八次会议强调,把社会主义核心价值观融入法治建设,是坚持依法治国和以德治国相结合的必然要求。社会主义核心价值观对于法治中国建设的作用,不仅仅是通过以德治国的方略为法治国家、法治政府和法治社会一体建设的任务提供精神引领,更是为从国家、社会和公民个人三个层面树立法律权威、增强法治观念、形成法治信仰提供了坚实的价值基础和支撑。江苏在法治建设的过程中,一贯注重通过相关地方立法和法律实施的实践,积极推进法治和德治的结合,为法治江苏的快速健康发展提供了坚实的社会基础。在全面深化改革和全面建成小康社会决胜阶段的新的历史条件下,江苏应当更加积极推进社会主义核心价值观融入法治江苏建设,为高水平全面建成小康社会、建设"强富美高"新江苏提供制度保障和精神支柱。
>
> **关键词：** 社会主义核心价值观　法治江苏　以德治国

2016年10月11日,中央全面深化改革领导小组召开第二十八次会议,

---

[*] 林海,江苏省社会科学院法学研究所助理研究员,吉林大学司法文明协同创新中心博士研究生。

## 推进社会主义核心价值观融入法治江苏建设的对策建议

会议审议通过了《关于进一步把社会主义核心价值观融入法治建设的指导意见》。会议强调，把社会主义核心价值观融入法治建设，是坚持依法治国和以德治国相结合的必然要求。要将社会主义核心价值观融入法治国家、法治政府、法治社会建设全过程，融入科学立法、严格执法、公正司法、全民守法各环节，把社会主义核心价值观的要求体现到宪法法律、行政法规、部门规章和公共政策中，以法治体现道德理念、强化法律对道德建设的促进作用，推动社会主义核心价值观更加深入人心。

2014年5月4日，习近平总书记在北京大学师生座谈会上讲道，"人类社会发展的历史表明，对一个民族、一个国家来说，最持久、最深层的力量是全社会共同认可的核心价值观"，核心价值观"承载着一个民族、一个国家的精神追求，体现着一个社会评判是非曲直的价值标准"。[①] 党的十八大报告指出，社会主义核心价值体系是兴国之魂，决定着中国特色社会主义的发展方向，而加强社会主义核心价值体系建设的关键则是倡导富强、民主、文明、和谐，倡导自由、平等、公正、法治，倡导爱国、敬业、诚信、友善，积极培育和践行社会主义核心价值观。对此，习近平总书记进一步分析指出："富强、民主、文明、和谐是国家层面的价值要求，自由、平等、公正、法治是社会层面的价值要求，爱国、敬业、诚信、友善是公民层面的价值要求。这个概括，实际上回答了我们要建设什么样的国家、建设什么样的社会、培育什么样的公民的重大问题。"[②] 中国特色社会主义法治体系的建设，以建成社会主义法治国家作为依法治国总目标，是中国特色社会主义制度的重要组成部分，其价值追求就不可能不与社会主义核心价值观保持一致。社会主义核心价值观对于法治中国建设的作用，不仅仅是通过以德治国的方略为法治国家、法治政府和法治社会一体建设的任务提供精神引领，更是为从国家、社会和公民个人三个层面树立法律权威、增强法治观念、形成法治信仰提供了坚实的价值基础和支撑。

---

① 《习近平谈治国理政》，外文出版社，2014。
② 《习近平谈治国理政》，外文出版社，2014。

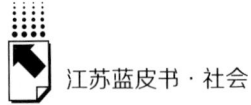

江苏在法治建设的过程中，一贯注重通过相关地方立法和法律实施的实践，积极推进法治和德治的结合，为法治江苏的快速健康发展提供了坚实的社会基础。在全面深化改革和全面建成小康社会决胜阶段的新的历史条件下，江苏应当更加积极推进社会主义核心价值观融入法治江苏建设，为高水平全面建成小康社会、建设"强富美高"新江苏提供制度保障和精神支柱。

## 一 以社会主义核心价值观促进法治江苏建设的既有成就

在法治江苏实施多年的具体实践中，通过重视社会主义道德体系对法治建设的支撑和补充作用，江苏各地各级党委、政府和职能部门，积极探究法治建设的价值共识基础，积极探索核心价值观与法治基本原则融合的路径，取得了不小的成就。

首先，重视在地方立法与法律实施中的道德伦理因素作用。在地方立法层面上，江苏省注意通过立法手段来对一些重要的道德问题加以规范和调整，相继出台了《江苏省奖励和保护见义勇为人员条例》《江苏省慈善事业条例》《江苏省老年人权益保障条例》《江苏省人民代表大会常务委员会关于促进全民阅读的决定》《江苏省养老服务条例》《江苏省节约用水条例》等一系列涉及社会伦理问题和道德体系建设的地方性法规或文件，而在有立法权的市层面上，则制定及修改了《苏州市市民体育健身条例》《徐州市城市市容和环境卫生管理条例》《南京市志愿服务条例》《苏州市昆曲保护条例》等与社会主义核心价值观有关的道德、文化事业发展的法规文件。其中，南京市第十五届人民代表大会常务委员会第二十七次会议于2016年8月18日制定了《南京市奖励和保护见义勇为人员条例》，江苏省第十二届人民代表大会常务委员会第二十五次会议于2016年9月30日批准了该条例。该条例将《江苏省奖励和保护见义勇为人员条例》予以细化规定，对于促进和保障见义勇为行为，弘扬社会正气，具有十分重要的现实意义。"十三五"期间，江苏省有关部门还将推动对老人跌倒扶不扶、不文明交通、不文明旅游、诚信缺失等问题进行立法，形成法律法规的刚性约束。另外，在具体法律实施过程中，江苏省有关行政机关和司法机关也注意对实践中重视道德风俗因素的作用加以利用。这方面的典型例子是发源于2007年泰州姜堰市人民法院，并于2009年最终由江苏省高级人民法院出台实施的《关于在审判工作中运用善良风俗习惯有效化解社会矛盾纠纷的指导意见》，对于在基层司法实践中运用民俗习惯辅助司法裁判进行了有益的探索和尝试，形成了良好的传统。同时，江苏各级司法机关重视基层实际工作经验，重视地方特色和实际情况，追求法律效果与社会效果相统一，化解纠纷、案结事了，切实帮助涉案当事人走出困境，从而促使人民群众真心拥护法治建设和社会制度，这种理念突出体现在以"陈燕萍工作法"为代表的基层司法实践中。这些实践经验的推广和普及，都大大推动了法治建设与社会和谐进步的有机发展。

其次，注意相关社会基本公共服务体系建设的探索和试验。江苏省历来重视对人民群众基本权利保护的工作，通过法治手段，加强相关领域的制度建设和法律实施，切实将法治建设与提高人民生活水平、幸福感结合起来，推进全面小康社会建设。仅在"十二五"时期，江苏就在全国率先出台居民最低生活保障、新型农村合作医疗、农民工住房保障、重点河道水污染防治等方面地方性法规规章，组织实施法治为民办实事项目9625项。《江苏省国民经济和社会发展第十三个五年规划纲要》要求，江苏在"十三五"期间要继续深入实施民生幸福工程，共建共享美好生活，尤其是要着力提高社会保障和住房保障水平，扎实推进教育现代化和现代医疗卫生体系建设，全面提升公共服务产品供给能力、覆盖水平和使用效率，加快建立城乡一体、区域衔接的基本公共服务体系等。这些具体措施和详细规划，都对江苏冲刺全面小康社会建设的制度建设和社会建设，提供了充分的制度支持和民意基础。而在此过程中，必然又要求突出法治原则，突出社会主义核心价值观的精神引领作用。比如，在作为基本公共服务体系建设基础的社会信用体系建设上，江苏就从2004年出台《省政府关于加快推进社会信用体系建设的意见》开始，用十几年的时间在全省建立了包括政府、企业和个人在内的全面的社会征信体系，用法律法规惩戒失信行为，用规章制度鼓励和保障诚实信用行为，弘扬了公正、诚信的精神风气。在公共法律服务提供方面，江苏积极培育发展公共法律服务组织，完善法律援助制度，健全"一社区（村）一法律顾问"制度，推动建成覆盖城乡的公共法律服务体系，根据《江苏省国民经济和社会发展第十三个五年规划纲要》，到2020年，江苏各县（市、区）、镇（乡）公共法律服务中心建成率将达到90%。

第三，通过探索基层社会治理体系的完善保障基层治理的民主化、法治化。江苏深入实施社会治理创新工程，完善党委领导、政府主导、社会协同、公众参与、法治保障的社会治理体制，全面推动社会治理主体多元化、治理机制科学化和治理手段精细化，形成全面共建共享社会治理格局。江苏各地注意推动社会治理重心下移，加强县（市、区）、乡镇（街道）、社区（村）三级社会服务管理平台规范化建设，完善"一委一居一站一办"社区服务管理体制，强化社区、社会组织和社会工作专业人才"三社联动"效应，建设社区治理和服务创新实验区。优化城乡社区布局，实行"组团式"服务管理，提升社会化、专业化、精细化程度，推进网格化管理全覆盖。积极探索社会和公众参与机制健全手段，加强行业规范、社会组织章程、村规民约、社区公约等社会规范引导，依法保障居民知情权、参与权、决策权和监督权，完善公众参与社会治理的制度化渠道，进一步厘清行政事务和社区自治事务、政府委托事务和社区自治事务边界，构建"政社互动"新模式，推动社区"减负增效"。发挥村（居）委会的群众自治性组织作用，引导社区群众依法参与社区事务、财务和集体资产等管理。比如，常州市金坛区沈渎村，针对本村发展建设中遇到的现实问题，坚持问题导向、民意导向，开展以"和美家庭、和睦邻里、和谐沈渎"为主题的"三和"创建，有效推进幸福、和谐村建设，改变了沈渎村发展滞后、矛盾突出、积重难返的旧有面貌，使村社建设逐步走上正轨，这就为在基层治理法治化中如何融合核心价值观建设提供了具体的实践经验。而在创新社会矛盾预防和化解机制方面，江苏以推广"南通大调解"模式为突破，要求各地结合自身特点，探索建立综合运用调解、仲裁、行政裁决、行政复议、诉讼等途径，完善社会矛盾纠纷多元化解决机制，"十二五"期间全省社会矛盾纠纷调解成功率达

98%以上，信访总量持续下降。

第四，重视在法治宣传教育中强调核心价值观的指导意义和促进作用。根据党的十八大、十八届三中全会、十八届四中全会相关精神，江苏积极推进法治教育纳入国民教育体系的探索，南通市海安区和崇川区等率先尝试教材、课时、计划、师资"四统一"的法治教育制度，全省则建立了"法治课教师""法治副校长""法领治辅导员"等制度，推进青少年法治教育。同时，深入开展全民法治宣传教育，大力实施"七五"普法规划，落实"谁执法谁普法"的普法责任制。全省推动领导干部带头尊法、学法、守法、用法，引导全民自觉守法、遇事找法、解决问题靠法。普法宣传中，注意提升公民规则意识，遵照司法裁判，依法保障诉讼过程中当事人、律师等其他诉讼参与人的知情权、陈述权、辩护辩论权、申请权、申诉权，并充分发挥工、青、妇等人民团体和社会组织在法治社会建设中的积极作用，广泛开展群众性法治文化、法治创建、法治惠民活动，在实践中注重法治文化宣传效果，注意将法治文化宣传与传统节日、风俗和文艺手段相结合，加强人民群众的可接受度，寻求更多更大的价值共识，取得了很好的法治文化宣传效果，社会主义核心价值观建设也在此过程中得到良好促进。"十二五"时期，江苏省道德典型持续涌现，全省有30人当选全国道德模范或获得提名奖，167人次当选江苏省道德模范或获得提名奖，589人（组）入选"中国好人榜"，1010人（组）入选"江苏好人榜"。"十三五"期间，江苏省还将加快推动文化产业转型发展，力争"十三五"期末全省文化产业增加值占GDP总量7%以上，凸显文化产业在国民经济中的支柱性作用，更好发挥其在法治社会建设和社会主义核心价值观推广方面的重要功能。

## 二 进一步融合社会主义核心价值观与法治江苏建设的难点

要在全面建成小康社会冲刺阶段，在全面深化改革的新的历史条件下，强调把社会主义核心价值观融入法治建设实践中，形成良性互动，既要看到

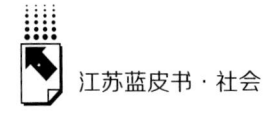

既有工作所取得的成就,也要认识到进一步工作所需要面对的难点问题。把核心价值观融入法治建设的关键,在于正确地认识依法治国与以德治国之间的关系,充分理解核心价值观建设对于法治的意义和作用,从而能够直面树立核心价值观和法治国家、法治政府、法治社会一体建设中所遇到的挑战,为加强法治文化和核心价值观宣传教育找到适当的方式和路径。

## (一)厘清法治与德治的理论边界

推进社会主义核心价值观融入法治建设,首先要面临一个重要的理论问题,即应当如何看待法律体系建设和法治观念培养过程中的道德、伦理等社会意识与价值观念的作用问题。在这里,我们有必要区分两个层面的"法治"概念。一个是作为核心价值观内容的、具体的"法治"原则,我们主要应当从对于国家法律、社会规范和公民行为准则等方面的规则意识角度加以理解,其与社会主义核心价值观的其他内容一起构成了社会主义核心价值体系的理论内核;另一个则是作为"法治国家、法治政府、法治社会一体建设"的"中国特色社会主义法治"体系意义上的"法治",这是从整体的国家、社会发展建构角度上的整体制度意义上的一种理解,而其价值目标是社会主义核心价值观整体。在后一个意义上,体现了中国在走向现代化过程中,对于中国特色社会主义制度本质特征的一种认识和理解,而其与社会主义核心价值观的具体展开,体现为要以法治理念和法治思维来整合社会价值观体系,求得社会意识的最大公约数,发扬有益的道德伦理因素,祛除消极思想和价值取向的不良影响,建立健康积极的公共意识氛围和舆论场域。而在前一个意义上,则可以在实证的意义上理解法律与诸如道德、伦理的实质价值内容之间的关系:一方面,传统的道德、伦理、宗教等方面的积极因素,即追求正义、追求良善的精神,应为法律所继承和发扬;另一方面,现代社会条件下的价值多元化和社会意识多样性,在特定背景下更容易形成个体的主观"道德审判"肆意流行,对于社会发展的秩序和稳定,对于社会共识的取得和核心价值观的形成,都会带来冲击和挑战。

因此,只有厘清法治与德治的界限,明确法律与道德、伦理等因素各自的作用范围,才能够以道德建设推动核心价值观体系的建立,促进全社会法治意识和法治思维的提高,从而确保核心价值观成为中国特色社会主义法治体系的精神内核,确保社会主义法治和社会主义社会的发展方向不会动摇。

## (二)社会主义核心价值观对法治建设的意义和作用

十八届四中全会的决定指出:"国家和社会治理需要法律和道德共同发挥作用。必须坚持一手抓法治、一手抓德治,大力弘扬社会主义核心价值观,弘扬中华传统美德,培育社会公德、职业道德、家庭美德、个人品德,既重视发挥法律的规范作用,又重视发挥道德的教化作用,以法治体现道德理念、强化法律对道德建设的促进作用,以道德滋养法治精神、强化道德对法治文化的支撑作用,实现法律和道德相辅相成、法治和德治相得益彰。"

决定的这段论述应当从三个层面加以理解。其一,要以社会主义核心价值观为依归,重视法律和道德之间的必然关联,将法治和德治作为推进国家治理体系和治理能力现代化的两方面手段,促进二者之间的良性循环。其二,对以社会主义核心价值观为主的社会主义道德体系内涵进行了初步概括,指出其内容既包括中华传统观念中的精华,对有益的传统文化美德要予以继承发扬,也包括了现代社会条件下产生的各种良好道德因素,而这些因素则涵盖了社会视角、行业视角、家庭视角、个体视角,体现了在现代社会条件下,对个人和社群两个维度所产生的道德诉求的兼顾,是对中国传统家族观念之于族群观念的强调和西方自由主义传统之于个人利益的坚持这两种相对单一的取舍标准的一种现代性平衡,也是社会主义价值取向的一种体现。其三,肯定了在现代法治社会条件下,法律领域与道德领域相对分离的客观现实,强调从法律和道德、法治和德治各自所关注的角度,分别实现二者的作用和功能。法律的作用在于规范、在于维护秩序,针对中国现实下的价值标准多样化,运用法律的规范思维,整合和吸纳对社会主义道德体系有益的社会意识成分,强调法治的底线思维;道德的作用则在于教化、在于促进社会共识的形成,反对以道德替代法律、以天理人情去裁剪法律,而是突出道德因素对法治的精神支持、对法治的文化支撑,强调道德的精神作用。

如果说依法治国是坚持和发展中国特色社会主义的本质要求和重要保障，那么以德治国无疑是建设社会主义法治社会的精神支柱。社会主义核心价值观对于法治建设而言，主要是为法治建设的具体实践指明了正确的价值目标方向，因此，也就成为法治建设实践的精神引领。法治国家、法治政府和法治社会一体建设是具体的法治建设路径，核心价值观则为其提供了具体的价值基础。

### （三）进一步加强应对核心价值观与法治文化宣传教育所面临的现实挑战

将核心价值观融入法治建设，关键点在于如何通过核心价值观的宣传教育，促进社会法治意识形成、人民法治信仰培育。

中国社会在法治意识上的欠缺，既有传统因素造成的影响，也有现实社会多样化的价值标准冲击的原因，同时也与中国法制建设中存在的不足有一定的关系。在社会转型期的剧烈变化中，一方面，某些法律规范或制度体系的移植存在急于求成的情况，一些领域的规范和制度在中国传统制度或观念中没有基础，在改革和创新中也存在疏于解释说明的现象；另一方面，一些社会发展过程中的负面因素，诸如官员腐败、行政低效、司法不公、渎职枉法、利益寻租等，都影响了人民群众对于社会制度建设的观感和认识，此外，由于社会转型造成的社会利益分配失衡，纠纷解决渠道不畅，基层社会组织失灵，公共法律服务、司法援助的不发达等，也直接影响了人民对于法律制度的信任程度。在全球化背景之下，当代中国社会面对的价值观挑战，又深深镶嵌在人类社会整体性思想变革的历史进程之中[①]；互联网技术和移动通信技术的发展，更使得中国拥有了一个为数巨大的网民群体，并由此发展出了影响日隆的虚拟社会空间，这就打破了社会意识产生固有的时间和空间界限，使得社会意识分化界限日益模糊，社会舆论因而就具有了更大的不

---

① 参见〔美〕曼纽尔·卡斯特著《千年终结》，夏铸九、黄慧琦等译，社会科学文献出版社，2003。

可预测性和不确定性。在这样的现实挑战面前，无论是社会主义核心价值观的宣传教育还是法治建设、法治文化的宣传教育，都应当在思想意识、应对思路和工作方式上，做到与时俱进，严肃认真对待意识形态工作所面临的挑战。

## 三 推进社会主义核心价值观融入法治江苏建设的几点建议

把社会主义核心价值观进一步融入法治江苏建设，必须要从精神上理解和把握中央相关文件精神，从根本上理解社会主义核心价值观对于法治建设的意义和作用，同时认识到社会主义核心价值观构建本身对于坚持中国特色社会主义的道路自信、制度自信、理论自信和文化自信的重要意义，从国家、社会、个人各个层面的价值角度，来推进法治建设的事业不断发展。

### （一）进一步加强科学立法、严格执法、公正司法，坚持制度建设和实施的价值导向

推进社会主义核心价值观融入法治建设，要求对于以法治思维、法治方式来整合社会道德体系，有正确的认识和合理的布局应对。江苏省在既有的以法治方式整合社会道德伦理风俗规范等问题上取得了一些成绩，但同时也必须注意到，在实践中存在着"泛法律化"或"泛道德化"的简单思维现象。社会主义核心价值观确立了社会主义核心价值体系的精神内核，但其具体应用和逻辑展开，则必然涵盖全面建设小康社会和全面深化改革的各个具体领域和方面，其表现形式有待于在实践中得到细化和具体展开，绝非仅仅在这二十四个字本身上，更不是简单的"道德立法"或"道德审判"可以覆盖。恰恰相反，中国特色社会主义的根本性质，要求我们的权力机关、政府部门、各级干部，更加注重培养自身以法治思维和法治方式解决问题的能力，坚持依法治国、依法执政、依法行政共同推进，真正实现国家治理体系和治理能力现代化。对于社会道德问题固然要予以关注，但不是通过简单的规范化形式加以裁剪，而是要真正深入群众、深入社会，发现社会发展客观

规律，了解人民真正的意愿，通过科学合理的立法立规和制度设计，把党、国家和人民的意志上升为法律意志，从而促进社会主义核心价值观得到真正的普遍尊重和认同。同时，要更加注意工作方式和作风建设，纠正有法不依、执法不严、违法不究现象，大力惩治知法犯法、以言代法、以权压法、徇私枉法等现象，为制度建设和法律实施确立正确的舆论导向。

### （二）加强基层社会治理民主化法治化程度，重视党的基层组织的战斗堡垒作用

基层社会的治理和组织，是我们党群众路线传统所要解决的关键，也是社会主义核心价值观和法治建设最为基础的问题。基层社会治理法治化、民主化程度的提高，是法治社会建设的重要组成部分，也是促进社会治理现代化的重要内容，并且其制度建设的探索实践，也为后续的维护群众利益、预防化解社会矛盾纠纷、推进社会治安综合治理等机制的建设提供了重要的制度环境和基础。在法治江苏的建设过程中，各地各级政府、社区、乡村，历来重视对基层社会治理模式的探索和工作方式创新，对于基层社会、社区、组织和行业的自治、自律多有实践探索，取得了很大成绩。结合党的十八届四中全会、五中全会和六中全会精神，在进一步从严治党的总的要求下，我们也要注意到，对于基层社会治理的正确方向的把握，更加需要加强基层党组织的作用，充分发挥基层党组织的战斗堡垒作用，只有这样，才能保证党对社会治理法治化方向的基本控制。基层党组织的作用，能够保证在基层社会治理中，社会主义核心价值观及其引领的意识、思维和工作方法得到切实坚持和应用，并逐步重新确立社会主义核心价值观在基层社会及其组织中的主导地位，从而保证社会层面的价值目标能够在具体的法治社会过程中得到遵循和实现。

### （三）加强公共服务体系建设，保障人民群众基本权益，培育人民法治信仰与观念

法律的权威源自人民的内心拥护和真诚信仰，一个法治的国家和社会，

必然有尊重其基本价值观念、遵守其法律规范要求的人民作为其行为主体。社会主义法治精神的弘扬，社会主义法治文化的建设，都是为了增进人民对于社会主义法治的信仰，进而促进社会主义事业的进步与发展。而人民相信法治，一方面要求国家和政府自身严格遵照法治原则办事，从提升自身的法治意识和观念出发，为人民作出表率，并且严格执行法律的规范，培养人民对于守法的观念；另一方面，则要求这个法治的体制和规范体系是为最广大人民群众的利益而服务的。这就是人类社会古老的"良法论"对于良好法治秩序乃至良好社会的理解和认识：已经制定的法律得到人民普遍的服从，而人民所服从的法律又是"良好的法律"。在当前的社会条件下，法治社会建设的重要方面，就是要通过公共服务体系的建设和完善，通过基本公共服务的均等化，通过法律服务等公共服务的全覆盖，促进城乡统筹，缩小社会阶层差距，保障最广大人民群众的基本利益诉求。对于促进这一社会治理目标实现的一些制度、机制，要优先加以大力建设，比如，要加快全省社会主体信用体系的建设，特别是区域间的、全省范围的信息库联网，进一步加强诚信江苏建设的制度保障，对于社会矛盾纠纷预防化解机制继续进行探索，完善多元纠纷解决机制，为人民群众通过合法合理制度路径维护自身权益创造制度条件。这些措施都将有助于个人层面的价值目标的发扬和实现，从而为法治建设提供思想和意识的保证。

### （四）牢牢掌握意识形态工作领导权、话语权

培育和践行社会主义核心价值观，将其融入法治建设，是坚持"四个自信"在社会主义道德体系建设和法治体系建设中的具体体现，更要求对意识形态工作有深刻的、正确的认识。2013年8月19日，习近平总书记在全国宣传思想工作会议上指出："能否做好意识形态工作，事关党的前途命运，事关国家长治久安，事关民族凝聚力和向心力。"[①] 在将核心价值观融入法治建设的工作中，尤其要注意对意识形态领导权和话语权的把握，要正

---

① 参见《习近平总书记系列重要讲话读本（2016）》，学习出版社、人民出版社，2016。

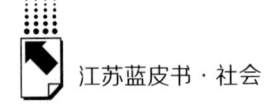

确地理解、阐释中国特色社会主义法治理论，帮助人民认识中国特色社会主义法治原则的历史意义，同时维护中国特色社会主义法律制度的权威。法治文化传播和法治宣传教育，是法治建设的重要组成部分，而在这个方面的意识形态争夺也尤为激烈。必须要调动思想和工作的积极性，通过教育引导、舆论宣传、文化熏陶、行为实践、制度保障等，使社会主义核心价值观在法治宣传教育过程中，对广大政府机关、社会组织和个人都形成内化于心、外化于行的局面，要坚持正确认识和处理好党性与人民性、人民性和专业性的关系，坚持全党动手，弘扬主旋律、传播正能量，真正做到习总书记要求的"用社会主义核心价值观凝魂聚力，更好构筑中国精神、中国价值、中国力量，为中国特色社会主义事业提供源源不断的精神动力和道德滋养"。

# 分市报告

Sub-Reports

## B.34 2016~2017年泰州市社会发展分析、预测与展望

朱启戎*

**摘　要：** 2016年是泰州建市20周年，是实施"十三五"规划的开局之年，也是展示三大主题工作阶段性成果的关键之年。本年度泰州围绕"服从服务大局，增进民生福祉"和"民生为本，人才优先"主题，紧扣主线，牢固树立"创新、协调、绿色、开放、共享"发展理念，促改革、补短板、兜底线、防风险，推动全市社会发展水平新提升，实现了"十三五"经济社会发展的良好开局。

**关键词：** 社会发展　社会治理　泰州市

---

\* 朱启戎，江苏省社会科学院泰州分院社会所助理研究员。

2016年是泰州建市20周年,是实施"十三五"规划的开局之年,也是展示三大主题工作阶段性成果的关键之年。本年度泰州围绕"服从服务大局,增进民生福祉"和"民生为本,人才优先"主题,紧扣主线,牢固树立"创新、协调、绿色、开放、共享"发展理念,促改革、补短板、兜底线、防风险,推动全市社会发展水平新提升,实现了"十三五"经济社会发展的良好开局。

## 一 2016年社会发展分析

2016年,泰州市围绕增进民生福祉,加快构建七大公共服务体系。牢固树立"发展经济、造福百姓"理念,大力实施民生幸福工程,让发展成果更多惠及全体人民。

### (一)切实保障和改善民生,实施七大公共服务体系提升工程,不断增强人民群众的获得感

**1. 提高综合保障水平**

大力推进富民工程,加强就业创业工作,持续增加城乡居民收入。聚焦黄桥老区、里下河经济薄弱地区和低收入农户,深入实施精准扶贫、精准脱贫,启动实施脱贫致富奔小康工程。健全社会保障体系,强化以五项社会保险为重点的基本保障,统筹衔接社会救助制度,发展社会福利与慈善事业。加强住房保障和供应体系建设,规范保障性住房管理机制。加快发展多层次社会化养老服务,探索居家养老服务新模式,建设标准化社区居家养老服务中心100家。

**2. 积极发展社会事业**

促进义务教育优质均衡发展,大力发展普惠性学前教育,进一步提升职业教育、高中教育、高等教育发展水平,推动靖江、姜堰创成教育现代化建设示范区,着力构建"卓越教育体系"。启动"健康泰州"建设,深化公立医院改革,筑牢基层医疗卫生服务网底,切实增强基本医疗、基本公共卫生

服务能力。落实"二孩"生育和计生困难家庭关爱政策,协调发展竞技体育和群众体育。探索设立"文化惠民券",推进四级公共文化设施建设,抓好文艺精品创作生产,打造吉祥文化产业集群。落实文明城市创建长效机制,不断提升社会文明程度。

### 3. 加强和创新社会治理

发挥社会治安综合治理功能,加强综治信息系统标准化建设,打造立体化防控体系。坚持重大决策社会稳定风险评估制度,健全多元化纠纷解决机制,依法规范信访秩序。深化民生领域法律服务,实现法律援助由低保人群向低收入人群延伸覆盖。推动民办非企业单位健康有序发展,推进"政社互动"和社区减负,增强基层自治活力。强化国防动员和后备力量建设,扎实做好优抚安置工作。加强安全生产风险隐患防控和系统治理,完善食品药品安全技术支撑体系,提高突发事件应急处置能力,全力维护社会和谐稳定。

## (二)加快提升中心城市功能品质,提高城市规划建设管理水平,建设人民满意的幸福城市

### 1. 提升城市集聚能力

进一步完善城建体制,推动市区融合发展,启动东部片区改造工程,实施新328国道、姜高路、红旗大道东延和355省道西延,完成永定路城区段、东风路快速化改造和春兰路建设。推进老城改造,加快鼓楼北路和斜桥片区改造更新,完成西客站片区改造,提高稻河古街区、老街和三水湾运营水平。推进新城建设,扎实抓好现代服务业聚集区、市人民医院新区医院、医药城会展交易中心二期、泰职院新校区、体育公园等重大项目建设,配套完善基础设施和生活服务设施,按期建成省泰中新校区。推进以满足新市民需求为出发点的住房制度改革,发展住房租赁市场,改进拆迁安置方式,实现市区货币化安置全覆盖。

### 2. 提升城市内涵魅力

深化历史文化名城保护,修缮税务街明清住宅、蒋科进士宅第等文保建

筑，有序推进涵东、城中、渔行历史文化街区的原真性保护利用，加快建设盐税博物馆、评书评话博物馆等文化场馆。推进国家水生态文明城市建设试点，实施十大重点示范工程，形成人水和谐、水城交融的生态特色。全力打造周山河风光带，加快郊野公园规划设计和建设，完成重点片区"空转绿"工程。

### 3. 提升城市管理水平

统筹地上与地下空间规划，推进地下综合管廊建设试点和海绵城市建设，启动实施稻河广场地下人防工程。开工建设餐厨废弃物处置中心，开展生活垃圾分类收集试点，更新提升环卫设施设备。加强城市管理数字化平台建设和功能整合，发展民生服务智慧应用，建设市区智能停车诱导系统。推进新一轮城市环境综合整治，进一步理顺城管行政执法体制。

## （三）持续加强生态环境建设，深入实施生态文明建设工程，推动形成绿色生产方式和生活方式

### 1. 强化生态规划引领

编制完成主体功能区实施规划，调整扩大生态红线保护范围，合理控制开发边界和强度，落实生态补偿机制。加强资源环境承载能力监测预警，推进节约集约用地，抓好重点领域节能减排。严格执行项目能评和环评制度，推行企业清洁生产和园区生态化改造，启动建设泰州循环经济产业园。

### 2. 加大污染防治力度

加强大气雾霾综合治理，严控建筑扬尘污染，深化秸秆综合利用和禁烧禁抛工作，有序推进充电站（桩）基础设施建设。继续实施城乡河道整治，加快污水处理厂和配套管网建设，完善安全供水保障体系。构建土壤环境监测和生物多样性保护网络，强化农业面源污染防治和工业污染场地治理。

### 3. 完善生态保护机制

开展生态文明建设示范区创建，建立健全生态文明考核评价与责任追究机制，严格落实党政同责、一岗双责、损害生态环境终身追责等刚性要求。加大环保基础设施国有资本投入，推动社会资本建立环境保护基金，推行环

境污染第三方治理。落实网格化监管措施，加强环保执法司法联动，严厉查处偷排、直排等违法行为。

## 二 2017年社会发展形势预测与展望

2017年，继续牢固树立"真心爱民、善待百姓""真心为民、造福百姓"理念，深入实施民生幸福工程，促进基本公共服务均等化，推动实现共同富裕和人的全面发展，努力建成"学有优教、劳有多得、老有乐养、病有良医、住有宜居"幸福新泰州。

### （一）扎实推进收入倍增计划，落实就业优先战略，拓宽富民增收渠道，推动居民收入与经济发展同步增长

**1. 促进更高质量充分就业**

突出创业带动就业，深化国家级创业型城市创建成果，实施大学生创业引领计划、农村创业富民计划、城镇失业人员创业促进计划和引进人才创新创业计划，统筹推进创业载体和创业服务平台建设。丰富多层次就业岗位，培育壮大战略性新兴产业和先进制造业，创新服务业发展模式和业态，大力扶持劳动密集型企业、中小企业特别是小微企业发展。

**2. 帮扶重点人群平等就业**

实施结构调整中失岗失业人员专项就业帮扶计划，推进援企稳岗政策长效化、普惠化。调整农村劳动力转移就业方向，实施本地常住劳动力就业失业登记办法，加大力度扶持农村劳动力返乡创业和就地转移。

**3. 拓宽富民增收渠道**

鼓励居民财产向资本转化，丰富拓展租金、股息、红利等有效投资渠道，大力提升居民财产性收入。调整优化收入分配结构，发挥市场主体作用完善初次分配机制，强化政府主导作用健全再分配调节机制，缩小城乡、区域、行业收入分配差距，加快形成橄榄型收入分配格局。

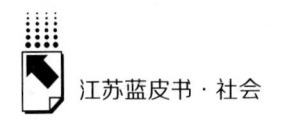

## （二）加大社会保障投入，构建覆盖城乡、相互衔接、内容完整的社会保障体系，努力实现人人享有基本社会保障

### 1. 完善社会保障制度

深化基本养老保险制度改革，完善职工养老保险个人账户制度，健全多缴多得、长缴多得激励机制。建立统筹兼顾各类人员的基本养老金正常调整机制，实现基本养老保险待遇持续、有序、合理增长。推进城乡基本医疗保险制度并轨运行，完善城乡居民基本医疗保险筹资机制，稳步提高补贴标准和政策范围内住院医疗费用报销比例。

### 2. 推进社会保障全民覆盖

实施全民参保计划，持续推进社会保险扩面，基本实现法定参保对象全覆盖。推进建筑业、造船业等高风险行业从业人员优先参加工伤保险，帮扶优抚对象、城乡残疾人和各类困难群体参加社会保险。

### 3. 加强社会救助和社会福利

统筹社会保险与社会救助制度，加快完善以最低生活保障、特困人员供养、受灾人员救助为基本，医疗、教育、住房、就业救助和临时救助等专项救助为补充的救助体系。加强医疗救助与基本医疗保险、大病保险的衔接，发挥医疗保障制度合力。

### 4. 完善住房保障体系

以解决中低收入者和外来务工人员、新就业人员等的住房困难为重点，统筹公共租赁住房、廉租住房等保障性住房供给，实现城镇常住人口住房保障应保尽保。加大房地产去库存力度，推动以满足新市民需求为出发点的住房制度改革。

## （三）深入实施素质教育，合理均衡配置公共教育资源，加快构建泰州"卓越教育体系"，全面实现教育现代化

### 1. 推动基础教育优质均衡发展

加快学前教育优质普惠发展，建立普惠性幼儿园"服务区制度"，加强

优质幼儿园创建。促进义务教育全域优质均衡发展，实施义务教育标准化建设工程，合理调整优化义务教育学校布局，推进县域内教师、校长合理流动，提高师资队伍建设水平，改善薄弱学校办学条件。推进普通高中教育优质特色发展，实施普通高中教育质量提升工程，实现优质高中全覆盖，全面提升学校办学水平和学生综合素质。

**2. 推进现代职业教育体系建设**

统筹推进校企联动、产教深度融合和理论实践一体化，探索多元合作办学模式，建设泰州现代职业教育联盟。优化职业教育规模结构，加快职业教育基础设施建设，强化职业教育专业建设和师资水平，增强服务地方能力。

**3. 促进高等教育内涵提升**

深化高等教育内涵建设，提高师资队伍水平和教学科研水平。支持泰州学院在硕士学位授予点和专业学科建设上取得突破，支持独立学院加强应用型本科建设。统筹推进泰州大学筹建工作。

**4. 健全终身教育体系**

优化整合教育资源，构建终身教育平台，完善社区教育网络体系。广泛开展社区教育，积极发展老年教育、农村成人教育，加快建设全民学习、终身学习的学习型社会。

（四）深入实施人才优先发展战略，推进人才发展机制改革和政策创新，全面提升区域人才竞争力

**1. 加快引进高端创新创业人才**

突出"高精尖缺"导向，实施高层次创新创业人才引进计划，大力招引具有先进研究成果的科技领军人才和创新团队，广泛吸引掌握国际前沿技术、拥有丰富管理经验、具有广阔发展前景的高端创业人才和团队。推进"一城多园"人才管理改革试验区建设，完善柔性引才机制，开展高端智力合作，加速高层次人才集聚，引导国际国内智力资源向企业、高校和科研院所集聚。

### 2. 统筹各类人才队伍建设

统筹党政人才、企业经营管理人才、专业技术人才、高技能人才、农村新型实用人才和社会工作人才等六支人才队伍建设。突出高技能人才培育，加大各类职业技术教育和培训力度，重点加强大健康、新能源、电子信息、研发设计、文化创意等新兴产业和服务经济紧缺急需技术人才培养。

### 3. 构筑吸引人才、留住人才的体制环境

实施更加开放的创新人才引进政策，优化人才创新创业与生活配套环境，支持和鼓励高层次人才领办和创办科技型企业。促进人才管理服务市场化、社会化，加快建设一批机制灵活、功能齐全、配套完善的人才创新创业载体。完善人才评价激励机制，营造有利于人才脱颖而出的社会环境。

## （五）强化社会服务功能，完善市政公用配套设施，努力构建功能完备、服务便捷、群众满意的城市公共设施体系

### 1. 优化城市公共交通

大力发展公共交通，推进公交专用道设置，因地制宜发展商务快线、旅游专线、大站快线公交、社区公交、支线小公交等特色公交服务。优化慢行空间布局，规划建设慢行交通系统。加大社会停车场、居民小区停车设施建设力度。

### 2. 强化社会服务功能

加快推进一批社会事业项目，重点建成体育公园、泰职院新校区、医药高新区教育教学配套工程、市人民医院新区医院、市中医院新院、市中心血站、120急救中心、市妇幼保健院、精神病院等项目。

### 3. 完善公共设施体系

科学布局城市给水、排水、电力、通信、燃气、供热、环卫、消防、人防等设施，推进三水厂三期改扩建及配套工程、市区污水管网全覆盖工程和城北污水处理厂、永安洲污水处理厂扩建工程。加快建设海绵城市，统筹规划地下空间建设，加快地下老旧管网管线改造升级，有序推进地下综合管廊建设。

**（六）推进依法治市，提升社会治理效能，维护社会公平正义和安全稳定，打造全省法治建设先导区、社会治理样板区**

**1. 提高地方立法水平**

建立健全党委领导、人大主导、政府协同、社会参与的立法机制。坚持问题导向、改革取向，建立健全专门委员会、工作委员会以及立法咨询专家委员会，加快完善与中国特色社会主义法律体系相配套、体现时代特征、富有泰州特点的地方性法规和规章。

**2. 加快法治政府建设**

完善行政组织和行政程序规章制度，推进行政机构、职能、权限、程序、责任法定化，努力打造职能科学、权责法定、执法严明、公正公开、廉洁高效、守法诚信的法治政府。

**3. 完善社会共治格局**

转变社区治理方式，推动社会治理重心下移，完善"一委一居一站一办"社区组织架构，提高社会管理服务县、乡、村三级平台服务水平，构建"政社互动"新模式。激发社会组织活力，大力发展社会组织，推动部分行业管理、社会事务管理、技术服务职能有序向社会组织转移。

**4. 保障社会公共安全**

全面推进技防建设，提高规范化运行水平，打造立体化、现代化社会治安防控体系升级版。完善治安防控网络，加强社会面巡防专业力量建设。加强网络空间治理，建立健全网络安全管理法规规章和基础性制度，落实信息网络网址等实名登记制度和网络运营、服务主体法律责任，提升依法管理网络社会能力。

**（七）加快更新城市形象，塑造城市个性，彰显城市底蕴，努力形成"水亲、绿透、文昌、城秀"的城市风貌**

**1. 推进城市有机更新**

加大"城中村"、城郊接合部改造力度，统筹安排征地拆迁、功能提

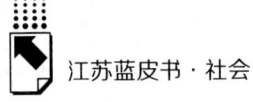

升、土地收储,坚持"拆一片、建一片、成一片",不断提高建成率、配套率、达标率。完成客运西站、商机厂安置区、斜桥安置区、高港永安花苑、姜堰东方明珠二期等棚户区改造。

**2. 强化城市文脉延续**

突出人文景观、历史景点开发保护,推进五巷—涵西历史文化街区改造复兴,落实涵东、城中、渔行历史文化街区整治方案,建设南山寺景区、天目山遗址公园、高港雕花楼景区二期等重点工程。

**3. 彰显"三水润泰"特色**

加快优化城市水系,重点实施城市水环境整治工程。积极打造滨水风光带,完善凤城河水环、绿环、文化环,推进滨水自然生态游赏区、历史文化风情区、旅游休闲体验区、滨水休闲商业区建设。高港区重点挖掘和放大滨江特色,打造沿江风光带。姜堰区重点依托溱湖湿地资源,争创国家级旅游度假区。

**4. 加强城市整体设计**

围绕历史文化街区、传统记忆地区、核心功能地区等重要区域,主要街道、滨水廊道、景观廊道等主要轴线,公园、游园、广场、重要建筑等关键节点开展城市设计。优化城市轮廓线。加强城市建筑色彩和建筑风格规划控制,强化"泰式民居"等具有地域特色的建筑符号应用。

# B.35
# 2016~2017年连云港市社会发展分析、预测与展望

刘增涛*

**摘　要：** 2016年是实施"十三五"规划的开局之年，连云港在改善民生和创新管理中加强社会建设，协调发展各项社会事业，不断提高保障和改善民生的质量和效益，全市社会总体发展水平稳步提高。加快工作创新转型步伐，倾力保障和改善民生，较好地完成了主要目标任务和重点工作。展望2017年，连云港市将继续创新工作方法，狠抓工作落实，扎实推进各项社会事业稳步发展，让老百姓的幸福更有质感。

**关键词：** 社会发展　社会治理　连云港市

2016年是实施"十三五"规划的开局之年，是全面深化改革的攻坚之年，连云港市在改善民生和创新管理中加强社会建设，协调发展各项社会事业，不断提高保障和改善民生的质量和效益，全市社会总体发展水平稳步提高。

## 一　2016年连云港市社会各项事业发展情况分析

2016年，连云港市社会事业各部门围绕年初人代会确定的"为实现

---

* 刘增涛，江苏省社会科学院连云港分院助理研究员。

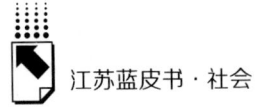

'全面达小康、迈上新台阶'的总目标开好局、起好步"这一总要求,加快工作创新转型步伐,倾力保障和改善民生,主要目标任务和重点工作得到较好完成。

### (一)社会保障服务体系建设逐步加强

#### 1. 就业创业形势良好

突出抓好重点群体就业,出台《关于在化解过剩产能实现脱困发展过程中做好职工安置工作的实施办法》,开展返乡农民工监测调查,开发公益性岗位2000个,企业稳岗补贴涉及企业633家、职工14.7万人、补贴金额6131.6万元,完成各类培训23.86万人次,新增城镇就业人员5.4万人,新增转移农村劳动力2.65万人,城镇登记失业率1.98%。加大创业带动就业扶持力度,制定扶持创业配套政策,开通"就业创业微信""连云港创业网",与市电视台合作推出"创客之路"栏目,举办一系列创业活动,成功扶持自主创业1万人,创业带动就业4.9万人。

#### 2. 社保体系不断完善

基本完成全民参保登记工作,大力推进扩面征缴,市区职工"五险"社保费总收入47.56亿元,同比增长3.06亿元,增长率为6.87%。完善社保政策,以市政府名义出台了《市实施〈工伤保险条例〉细则》和机关事业单位养老保险制度改革实施办法,推进城乡居民基本医疗保险制度整合。稳步提高保障水平,完成企业退休人员养老金12连调(机关事业单位退休人员养老金实现同步调整),城乡居保基础养老金实现五连调。加强医保基金监管,医院医保统筹基金费用发生额同比下降0.93个百分点,首次实现负增长。推进供给侧改革,落实养老、失业、工伤保险费率下调政策,全市企业全年减负1.46亿元。

#### 3. 人才引培得到加强

抓好人才精准服务,邀请12所重点高校来连云港签订校地校企合作协议,主动对接盛虹石化和新海石化,加强与中国石油大学等化工院校联系,帮助引进急需人才,全市共接收各类人才1万人,引进长期外国专家55人。

抓好人才培育，推荐入选国贴专家1人、省突出贡献专家5人，选拔产生市特殊津贴专家15名，新增专业技术人才2万人、高技能人才1.08万人；继续举办"百名专家服务沿海开发进百企"对接活动，为企业解决难题、培养人才。

**4. 人事管理不断规范**

加强公务员管理，招录公务员355名，开展公务员培训1.95万人次，起草并以市两办名义印发《连云港市公务员记二等功奖励管理办法》，推进公务员绩效考核和新批参公单位人员登记工作。加强事业单位人事管理，规范岗位聘用审核备案与工资审核联动机制，完成市属事业单位统一公开招聘工作，整合部分卫生、教育专业技术岗位，首次实行分行业统考。

## （二）社会教育发展改革稳步推进

**1. 教育改革发展水平进一步提升**

推进"省教育现代化市级示范区"建设，完成年度教育现代化建设信息数据采集、上报工作。推进教育信息化建设，全市农村学校教室多媒体覆盖率达79%，学校光纤接入率达100%，"人人通"空间使用率达82%。改造中小学校舍31.4万平方米，海州高级中学东校区、苍梧小学西校区建成并投入使用。

**2. 各级各类教育均衡协调发展水平进一步提高**

实施第二期学前教育发展五年行动计划，31所幼儿园接受省优质幼儿园评估验收。创建省级课程基地15个、省级前瞻性教学改革实验项目2个。东海县和灌南县顺利完成国家义务教育质量监测工作。创建江苏省高水平现代化职业学校3所、江苏省职业学校现代化专业群4个，9所职业学校29个专业获批开展省现代职业教育体系建设试点项目。推动高校教育教学发展水平提升，2名教师获省教育研究成果奖，18人列入江苏高校"青蓝工程"优秀青年骨干教师和中青年学术带头人培养对象。"江苏教育参与'一带一路'建设研讨会"在连云港召开，淮海工学院成为"留学江苏培育学校"。

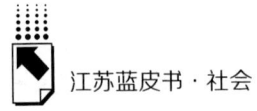

### 3. 推进素质教育得到进一步强化

不断深化课堂教学改革，教学质量稳中有升，2016年连云港市高考本科达线人数继续保持超万人规模。在全国职业院校技能大赛中获金牌5枚，参加省级各项大赛获得一、二、三等奖71个。在全国第五届中小学生艺术展演活动中，13件作品分别获得一、二、三等奖。组队参加第三届世界中学生教育运动会，创建国家级足球特色学校8所、省级艺术特色学校5所。成立了市政府教育督导委员会。

### 4. 师资队伍建设得到进一步推进

师德建设不断加强，灌云县范松林老师被评为"感动江苏十大人物"。优化中小学高层次人才"333工程"建设，24名教师获评第十四批省特级教师。推进乡村教师素质提升。建设乡村骨干教师培育站26个，实现全市乡村义务教育阶段学校所有学科全覆盖。完成教师资格认定工作，3239人取得各级各类教师资格证书。

## （三）医疗卫生服务体系加快健全

### 1. 积极推进健康连云港建设

印发《建设健康连云港行动计划（2016~2020）》《建设健康连云港2016年度目标任务》，明确健康连云港建设目标，细化分解年度工作任务。通过广场活动、高峰论坛、媒体专栏、健康大讲堂、市民健康学校、健康教育讲师团巡讲等方式，大力普及健康知识；举办各类健身活动，学校体育设施免费向社会开放，积极倡导健康运动；开展健康培育行动，主动干预健康，培育健康人群；完善医疗卫生服务体系，改善医疗卫生服务，提升健康保障水平。

### 2. 全力以赴创建国家卫生城市

启动国家卫生城市创建工作，6月初通过创建国家卫生城市省级评审，并完成向国家申报工作。6月20日启动"百日大会战全力迎国检"活动，10月中旬通过国家暗访。

### 3. 深化城市公立医院改革

成立市公立医院管理委员会，召开第一次全体成员会议，明确市医管委工作职责和年度改革重点工作任务。核定市级公立医院人员总额，启动实施备案制管理。推进市属医院法人治理结构建设。开展城市公立医院综合改革效果监测评价。自2015年10月底城市公立医院改革以来，全市城市公立医院运行总体情况平稳有序。赣榆区人民医院建成国家三级综合性医院。

### 4. 提高新农合保障水平

全市新农合参合率为99.71%，筹资标准提高到545元，其中各级财政补助425元。扩大中药报销范围，新增中药饮片18种、中药颗粒462种纳入新农合补偿范围。全市新农合政策补偿比为80%，实际补偿比为55.59%。新农合大病保险人均筹资标准提高到25元，共结报新农合大病保险参合人员9639人，补偿大病保险4911.5万元。实现参合患者省内联网医院住院费用即时结报。

### 5. 提升公共卫生服务水平

全市基本公共卫生服务项目人均经费标准提高至50元，12类45项基本公共卫生服务项目规范落实，全市居民健康档案规范化电子建档率达84%。启动实施H型高血压和脑卒中防控惠民工程。推行婚前医学检查与孕前优生健康检查"一站式"服务，全市免费医学婚检率为81.63%、免费孕前优生健康检查覆盖率达91.2%。新增农村无害化卫生厕所3.6万座。举办第八届连云港市健康（节）惠民系统行动，推出惠民措施12项。认真开展健康扶贫项目，举行送医、送药行动百余场。

## （四）旅游业总体发展态势平稳

### 1. 国家级旅游业改革创新先行区建设稳步推进

《连云港市国家级旅游业改革创新先行区实施方案》顺利通过市政府常务会和市委全面深化改革领导小组研究并印发实施，确定了旅游管理体制、投融资机制、景区经营机制、市场监管机制等重点方面的改革，明确了各项改革任务的时间表和责任主体。在旅游市场监管机制方面率先改革，成立全

市旅游市场综合整治指挥部,从市公安、城管、交通、药监、物价、旅游、工商、云台山景区、连岛度假区管委会等部门和单位抽调人员,组建办公室进行集中办公,开展了旅游市场综合整治和联合执法。

**2. 旅游公共服务设施更加便捷化和智慧化**

组织开展了2016年旅游公共服务"四大专项提升行动",全年预计新建和改扩建旅游厕所43座,其中2A级以上厕所32座,停车场23座,建筑面积达21.8万平方米,"增、整、换、护"标志牌60余块,新设立旅游咨询中心点9个,27家3A级以上景区和33家三星级以上乡村旅游区实现免费WiFi全覆盖。全面开展"智慧旅游项目"建设,建成"智慧旅游客源分析系统"、"智慧旅游指挥中心"和"全媒体信息发布系统",及时全面掌握各旅游景区的客流情况并发布预警信息,有效应对客流和车流高峰。利用旅游政务微信实现旅游年票的续费及有效期查询功能,进一步增强了旅游惠民工程的便利性。

**3. 旅游品牌建设实现重大突破**

大力推进重点旅游项目建设,全市2016年在建旅游重点项目43个,总投资202亿元,计划完成年度投资92亿元,中国东海水晶城项目、海洋文化体验园项目入选2016年全省重点旅游项目。加快产业融合,培育高品质旅游品牌,花果山创成国家5A级景区,东海水晶博物馆等5家单位创成省级研学旅游示范基地,康缘现代健康产业园创建国家级中医药健康养生旅游示范基地,西双湖景区创建国家4A级旅游景区,青松岭森林温泉公园创建省五星级乡村旅游区通过省级初检。此外,连云港市还积极开展了省工业旅游区、省自驾游基地、省特色景观旅游乡镇(村)、省级旅游商品研发基地、省级诚信旅游示范企业等品牌创建工作。在"乐购江苏"旅游特色商品大赛中,连云港市荣获金、银、铜奖各1个。

**4. 推动旅游知名度不断提升**

发挥媒体传播力,通过《中国旅游报》《新华日报》等平面媒体,央视《走遍中国》等电视媒体,新浪网、腾讯网、乐途旅游网、市旅游政务网及微博、微信、旅游App等网络媒体,开展多角度的旅游宣传。在重点客源城市高铁、地铁、高炮投放形象宣传广告。利用活动吸引力，组织开展了连云港之夏、西游记文化节、5·19中国旅游日暨古玩街开街仪式等活动，联合江苏旅游新干线城市赴安徽铜陵、池州、安庆、合肥等地进行旅游推广，组织参加北京旅展、香港旅展、台北旅展等数十个活动进行交流和宣传。放大事件影响力，充分挖掘猴文化，做足猴文章，举办"画说美猴王"工艺美术作品设计大赛，利用微信开展"大圣闹春"话题营销活动。组织开展"连云港花果山万人体验游 让世界爱上孙悟空"活动，吸引了来自河南、安徽、青岛、北京等地超过1000人的旅游大团近10个，引起社会强烈反响。

### （五）体育工作扎实推进

**1. 全力推进"健康连云港"建设**

成立"健康连云港"建设领导小组，制定《连云港市体育局建设"健康连云港"行动计划（2016~2020）》和年度计划，每月分解目标，做到"三个落实"，即积极落实主体责任、积极落实目标要求、积极落实工作措施。按照"前移健康关口、预防疾病发生，提高生活品质、促进全民健康"原则，实施全民健身"五大工程"建设，即国民体质监测工程、科学健身指导工程、健身设施惠民工程、健身活动普及工程、健身活动保障工程。集中全系统人力、物力、财力，全力投入"健康连云港"建设。

**2. 积极完善全民健身服务体系**

一是积极推进城乡公共体育设施一体化。完成市全民健身中心（南广场）总体方案设计、场馆拆迁。完成20片乡镇（街道）多功能运动场、300片行政村篮球场等基层全民健身提挡升级工程。二是积极推动全民健身活动开展。开展"港城健身大联动活动"，举办全民健身周、万人健步月牙岛等大型全民健身活动18项。市级体育协会组织比赛活动45项。开展国民体质监测"走社区、进农村"，监测人数1200人。开展科学健身大讲堂2期，实现全民健身活动常态化、生活化。三是积极推动全民健身组织网络化。基层体育俱乐部建成率达100%，组织各类活动50多项。举办社会体育指导员培训班 20 期，培训社会体育指导员 320 人次。新成立市级协会 6 家，总数达 52 家。四是积极推动全民健身活动社会化。开展体育健身券试点，投入 20 万元，免费发放民办健身场所健身券，推动了健身人群的普及。

### 3. 实现奥运会金牌零的突破

积极做好第 31 届奥运会连云港市重点运动员跟踪和后方保障。龚翔宇、杨丽、卞卡入选中国体育代表团，分别参加排球、足球、铅球比赛。参赛运动员占江苏运动员参赛人数近 1/10，实现连云港市奥运会参赛人数历史性突破。龚翔宇在奥运赛场上顽强拼搏，奋勇争先，勇夺金牌，为建设"健康连云港"做出杰出贡献。

### 4. 积极培育体育产业市场

积极培育体育市场，拉动体育消费。为 5 家大型体育场馆争取省免费、低收费对社会开放补助经费 250 万元，全市 13 家场馆全部实现免费、低收费对社会开放。争取省级体育产业引导资金，上报体育产业企业 16 家。市级体育产业引导资金申报、审核工作正在开展中，全市有一定规模的体育产业企业年营运收入约 40 亿元。积极拓展体育彩票市场，截至 2016 年 10 月份，销量突破 4.8 亿元。承办全国田径投掷项群赛、全国高水平人才基地篮球赛等省级以上高水平体育赛事 4 项，市级比赛 10 项，促进了竞赛市场繁荣。

## （六）推动民政事业稳步发展

### 1. 强化民生优先，社会救助体系进一步健全

夯实"阳光救助"和"精准救助"两个基础，开展低保对象专项清理整治，累计清退 2785 人，低保信息管理实现零差错。全市城乡低保平均标准提高到 472 元/月、395 元/月，城乡标准之比缩小到 1.2 以内。医疗救助封顶线提高至 5 万元，符合条件的救助对象住院"一站式"结算救助率 100%。筹集冬、春季受灾困难群众生活救助款 1031 万元，救助受灾困难群众 8.6 万人次。盐城阜宁风灾发生后，全市第一时间募集款物 870 万元，支援灾区重建家园。

**2. 体现人文关怀,养老服务体系进一步完善**

坚持规划引领,编制完成《连云港市"十三五"养老服务业发展专项规划》。全市养老床位总数增至29761张,每千名老人拥有养老床位35.6张,提前超额完成全年目标任务。政府主办的养老机构公办民营率达到70%,全市50%的乡镇养老服务中心面向社会老人开放,社会力量举办或经营养老床位数占养老床位总数的55%,护理型床位占比达到35%。全市已建成护理型养老机构10个,床位1000余张,建成市级智慧养老服务平台,通过线上线下打包服务,为老年人提供便捷周到的居家养老服务。

**3. 坚持扩面提质,社会福利水平进一步提升**

提高残疾人福利水平,《关于完善困难残疾人生活补贴和重度残疾人护理补贴制度的实施意见》已经市政府常务会议讨论通过。分散供养的农村"五保"和城市"三无"对象结对关爱照料制度落实到位,关爱照料网络实现全覆盖。学习贯彻《慈善法》,连云港市在全省慈善法知识竞赛中荣获一等奖。弘扬慈善文化,举办公益慈善书画义卖竞拍展览以及庆祝《慈善法》颁布实施主题文艺演出,慈善氛围日趋浓厚。慈善组织网络日趋完善,乡镇(街道)慈善分会建成率达100%;村(居)慈善工作站建成率达50%以上。

**4. 推进"三社联动",社会协同治理进一步强化**

以市政府名义召开全市创新社区治理工作会议,并出台"1+4"系列文件。积极开展智慧社区试点,打造互联社区O2O生活服务平台,实现社区治理数据化、公共服务智能化、居民生活快捷化。"政社互动"覆盖90%的乡镇(街道),"一委三会"社区治理模式在海州区全面铺开,并积极向民政部申报创新社区治理成果。市区新增社区服务阵地2.6万平方米,农村社区建设试点在全市18个村开展。筹资210万元开展第二届公益创投和首届社区微公益创投活动。全市第十一届村民委员会和第六届居民委员会换届选举工作全面启动。加强社会组织培育发展,新建市社会组织孵化基地,首批20家社会组织陆续入驻。培训村居干部、社工近1万人次,全市567人取得社工职业资格。

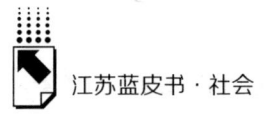

## 二 2017年连云港市社会事业发展的预测与展望

社会事业事关每个人的切身利益和社会和谐稳定大局，必须不折不扣抓好落实。展望2017年，连云港市将继续创新工作方法，狠抓工作落实，扎实推进各项社会事业稳步发展，让老百姓的幸福更有质感。

### （一）不断推进人力资源社会保障事业科学发展

**1. 坚持提升质量，统筹推进城乡创业就业**

一是以创业带动就业。推进政策集成，出台更加积极的创业配套政策。推动"创业咖啡"资源整合，发挥集聚效应。开展"互联网＋"创业服务，引导返乡农民工结合自身优势和当地产业资源优势"触网"创业。落实创业扶持引导资金，探索股权融资等扶持大学生创业新模式。二是突出重点群体就业。继续实施高校毕业生就业促进等五项计划，拓宽农村劳动力转移渠道，加大城乡就业困难人员援助，确保城乡零就业、零转移家庭动态为零。三是强化职业技能培训。推进企业、实训基地、技工学校产学合作，围绕企业需求，开展企业职工技能提升培训，做好企业急需人才培养工作。

**2. 坚持民生为本，逐步完善社会保障体系**

一是完善制度，建立统一的城乡居民基本医疗保险制度。二是扩大社会保险覆盖范围。将全民参保登记工作常态化，规范企业参保缴费行为，加强与财政、地税、工商等部门信息联动，继续推进"同舟计划"，扩大社保覆盖面。三是提升保障水平。探索建立灵活就业人员职业伤害保障办法，稳步提高医疗保险、养老保险待遇水平。四是加强监管服务。完善社保基金监管措施，建设医保监管体系。打造全省领先、全国创新的养老金领取资格认证系统。

**3. 坚持引培并举，大力加强人才队伍建设**

一是加强引进和培育。举办大型聚才活动，引进连云港市产业急需的各类人才，引进高层次人才1100人、长期外国专家60名。推进港口口岸人才发展工程，培训港口产业人才150名。做好市贴专家的推荐选拔，表彰市首批杰出人才奖获得者。二是加强载体建设。新建省级博士后创新实践基地1家。三是优化发展环境。制定出台"港城英才计划"实施意见和加快引进高层次人才实施办法。完成人才公寓服务中心建设，加强人才公寓日常管理维护。

**4. 坚持改革创新，深入实施人事制度改革**

一是加强公务员管理。完善招录机制，提升培训和绩效考核水平，加强职业道德建设，推行公务员分类管理，适时启动市直机关公务员职务与职级并行工作。二是规范事业单位人事管理。进一步完善三项基本制度，稳慎推进事业单位人事制度改革，配合完成公车改革工作。四是做好职称和工资制度改革。完善职称评审政策，做好涉企职称服务。适时实施机关事业单位地区附加津贴制度、市直公务员工资和级别等待遇挂钩制度，深化事业单位绩效工资改革。四是推进军转和人事考试工作。完成军转安置任务，加强自主择业军转干部服务工作，确保人事考试安全有序。

## （二）齐心协力推动教育事业迈上新台阶

**1. 深入实施素质教育**

大力培育和践行社会主义核心价值观，深入开展"三爱"教育和"三节"教育、中华优秀传统文化教育等系列德育活动。健全学生体质健康监测体系，确保全市中小学生体质健康测试合格率达95%。举办中小学阳光体育联赛，推进"一校一球一特色"工程。推进健康促进学校创建工作，加强学校食品安全检查，做好学校控烟和常见病防控工作。

**2. 推进各级教育协调发展**

大力扶持普惠性民办幼儿园发展，加大对农村幼儿园的支持力度。优质均衡发展义务教育，完善义务教育学校教师、校长交流工作保障和运行机制，深入推进交流轮岗工作。创新发展现代职业教育，创建一批省现代化示范性职业学校和特色职业学校。优化在连云港高校专业布局，完善专业设置，形成重点突出、布局合理的专业框架体系，创建一批江苏省高校品牌专业。

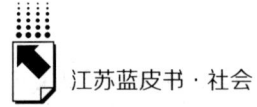

### 3. 深化教育领域综合改革

深化教学研究与课堂教学改革，健全基础教育质量监测体系。加强教育科研工作，推进"区域科研县区行"活动，重点加大对农村初中教科研工作帮扶力度。切实加强教师队伍建设，完成各级各类教师培训5万人次，继续推进连云港市乡村教师素质提升工程。

### 4. 加快推进教育现代化建设

继续开展教育现代化建设情况监测评估，赣榆区接受并通过教育现代化省级示范县（区）建设评估。加强教育信息化建设，全市国家教育信息化达标率达82%，全市中小学智慧校园建设达标率达35%。继续推进校安工程，改造中小学、幼儿园校舍40万平方米。

## （三）卫生计生事业发展仍需完善机制

### 1. 扎实推进健康连云港建设

在《建设健康连云港行动计划（2016~2020）》的基础上，依据国家和省规划，编制《健康连云港2030》规划，细化分解年度工作任务，切实加强健康教育、优化健康服务、打造健康环境。

### 2. 深化医药卫生体制改革

深化城市公立医院改革。推进现代医院管理制度建设，加快建立符合医疗行业特点的人事薪酬制度。推进市公立医院管理委员会实质性运作，开展公立医院绩效考核；推进分级诊疗制度建设。推进医联体建设，年内城区100%、县域内至少70%以上基层公立医疗机构进入联合体；提升新农合保障水平。新农合参合率达99%以上，人均筹资标准提高到620元，其中各级财政补助不低于470元/人。提高新农合报销比例，对建档立卡的贫困参合人口，经补偿后自付医疗费用仍较高的患者，按照分段再给予一定比例的补偿。推进费用联网即时结报，在新农合省级联网医院基本医疗即时结报的基础上，实现大病保险等即时结报。完善区域健康信息平台，拓展平台功能应用，完善预约挂号、远程医疗服务，普及居民健康卡发放使用；推进基层医疗卫生机构提挡升级。加快推进家庭医生签约服务，家庭医生签约服务覆盖率达30%以上，重点人群签约服务覆盖率达60%以上。

**3. 加强计划生育管理**

完善计生目标管理责任制，强化工作考核，落实"一票否决"制度，开展新"国优"、人口协调发展先进县区、先进乡镇、先进村居创建活动；依法稳妥推进"全面两孩"政策，强化出生人口监测预警，严格控制政策外多孩生育，确保生育水平不出现大幅波动，人口自然增长率控制在7.5‰以内，出生政策符合率达95%以上；完善基层计生工作网络，提升计生基层服务管理水平。

**4. 实施健康扶贫工程**

一方面，提升基层机构服务能力和分级诊疗制度的引导力，降低患者隐性就医成本；另一方面，发挥大病保险、疾病应急救助、医疗救助等作用，降低贫困患者的直接就医负担。

### （四）推动旅游业加快实现转型升级

**1. 全面推进改革工程，理顺旅游管理和发展机制**

全面落实《连云港市国家级旅游业改革创新先行区工作实施方案》，按照大旅游发展要求，突破部门思维，稳妥推进旅游管理和经营体制改革，探索建立高效统一、权责明确、整体联动的旅游管理机制，提高对旅游工作的统筹协调、资源整合、综合管理的能力。深入开展旅游景区体制改革，推动国有景区所有权、管理权和经营权分离，探索建立有效的旅游投融资机制和景区经营机制，组建市级旅游控股集团，统筹旅游产业发展。努力建立市场化运作的旅游年票发行公司，积极探索发行旅游电子年票。

**2. 深入实施旅游+战略，丰富知名旅游产品和品牌**

充分发挥旅游业的叠加作用和联动效应，加强与相关产业、相关环节的融合和渗透，构建以观光旅游为基础、休闲度假旅游为主体、新型业态为特色的旅游产品体系。坚持以游客需求为导向，以知名品牌为目标，加快连岛旅游度假区5A级景区创建进程，力争通过国家资源评审，秦山岛、月牙岛创成3A级景区，大力开展江苏省特色旅游小镇、江苏省特色景观旅游名镇

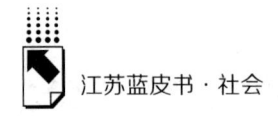

（乡）及名村创建，积极发展中药养生、康体疗养、房车和露营地等旅游新业态。

**3. 积极开展全域旅游，健全旅游基础设施和服务**

树立"城市即旅游，旅游即生活"的理念，协调相关部门、相关行业深度融入旅游工作，积极推进旅游资源要素景观化、旅游公共服务无障碍，促进以城市游憩设施、旅游公厕和环卫设施等为主要内容的公共旅游产品，以智慧旅游为方向的旅游信息系统和游客咨询中心，以旅游道路、公共交通、车辆租赁、自驾车服务、自行车服务等为核心的旅游交通体系建设，继续深入推进"旅游公共服务专项提升行动"，推动"厕所革命"向城市拓展，提升城市品位。优化旅游服务咨询中心（点）布局，加快向各县区和高等级景区延伸，搭建起旅游咨询服务网络体系。

**4. 大力拓展合作空间，提升城市知名度和影响力**

拓展区域联合推广的合作内容，利用江苏旅游新干线、江苏旅游新三角、淮海经济区旅游联盟、新丝绸之路经济带旅游合作组织等，合力打造"神山仙鹤长寿慢生活之旅""神山汉风楚韵名人之旅"等精品线路，策划举办以西游文化为主题的专题宣传推广活动，继续开展"畅游江苏·连云港号"列车冠名宣传。拓展市县区联合推广的合作范围，利用省旅游局宣传推广方面的优惠政策，加强在南京、上海等核心客源城市的共同推广力度，组团参加上海旅游节花车巡游、香港旅展等重大旅游宣传活动。拓展与旅游企业的合作深度，创新旅游网络营销模式，利用"旅游微信联盟"平台，开展旅游营销信息发布、旅游产品在线预订和交易支付，鼓励旅游企业通过微博、微信等网络新媒体方式，培育黏性客户，实现精准营销。在南京、合肥、济南、郑州、临沂等重点客源城市分别选择1家重点组团社进行合作，合力拓展旅游市场。

## （五）努力开创体育事业的全新局面

**1. 积极推进体育改革**

进一步深化体育行政体制改革，充分发挥政府作用和市场对资源配置的决定性作用，形成政府主导、市场运作、社会参与的新机制。一是推进基本公共体育服务均等化改革。研究制订《连云港市公共体育设施建设规划(2015~2030)》，科学规划公共体育设施布局，制定城乡体育设施配备标准，推进城乡体育设施一体化。大力推进政府向社会组织购买公共体育服务工作，健全基层公共体育设施免费开放保障机制、学校体育设施向社会开放长效机制，深化医保健身一卡通经验，推进基本公共体育服务向基层、农村延伸。二是推进业余训练管理体制改革。组建市体育局训练中心，创新体制机制，统筹管理全市业余训练项目，努力实现训练管理、场馆设施、人员配备、资源配置效益最大化。三是深化行政管理体制改革。深化体育社团实体化改革，建立起政事分开、权责明确、统筹协调、规范有序的体育管理制度。深化审批制度改革，进一步清理精简审批事项、减少审批环节、简化审批手续、缩短审批时限，提高行政效能。

**2. 大力发展公共体育服务体系**

加快体育惠民建设，推进公共体育服务覆盖城乡。一是广泛开展全民健身活动。整合全民健身活动，继续开展"港城全民健身大联动"活动，扩大全民健身影响，举办青少年、老年人、妇女、职工、农民等群体健身活动200项以上，实现人群体育的均衡发展。二是积极推动全民健身活动的社会化。积极发展城乡基层体育健身组织，开展3A级体育社团创建工作，加强规范化建设，推进基层体育组织乡镇、街道全覆盖。注重社会体育指导员队伍管理，着力提高上岗到岗率，为广大群众提供科学健身指导。加快整合社会资源，鼓励和推动各级体育社团、企事业单位等社会组织建设体育健身设施，开展体育竞赛和活动。提高现有体育场地设施的开放利用率，努力建立学校体育场地设施开放的长效机制。三是继续加强体育宣传。在办好电视、报纸体育健身专栏的同时，举办体育好新闻、体育摄影比赛，积极运用电视、网站、自媒体等宣传手段，加大与媒体深度合作，提高体育影响力。

**3. 加快推进体育设施提挡升级**

一是推进市全民健身活动中心建设。加快推进以全民健身、业余训练、体育营销为主要功能的全民健身活动中心建设，完成海州区全民健身中心部分设施建设，推进灌南县体育中心部分场馆竣工。二是实施市体校新一轮场馆设施规划建设。配合市体育局训练中心成立，业余训练项目管理体制改革，加快推进市体校训练场馆设施的完善配套，规划建设综合球类馆、室内田径训练馆、女生宿舍等业余训练配套场地设施，夯实业余训练基础。三是推进全民健身示范点建设。建设社区、行政村健身设施示范点，开展职工体育示范单位创建，推动全民健身工作整体推进。沿山、沿河、沿湖，风景名胜区、公园、绿地，建设登山步道、健身步道，建设体育生态休闲场地，加快乡镇、街道、村、社区全民健身设施提挡升级。

**4. 大力培育体育产业市场**

认真贯彻落实国务院《关于加快发展体育产业促进体育消费的若干意见》，培育体育市场体系，扩大体育消费需求。一是明确体育产业重点。统筹规划、合理布局全市体育产业发展。积极争取省体育产业引导资金，做好市体育产业发展引导资金评审，加大对民营企业的扶持，推进体育产业向规模化发展。二是拓展体育彩票市场。进一步完善体育彩票发行管理体制，加大站点基础建设力度，不断提高管理和服务水平，努力提高传统彩票销售份额，推动体彩工作再上新台阶。三是积极培育体育产业市场。推进体育与相关行业的合作与融合，积极开发体育休闲、旅游、表演等多元化市场。

## （六）坚持共享发展，改善民生

**1. 提升养老服务水平**

坚持"居家为基础、社区为依托、信息为支撑、机构为补充"的发展方向，养老床位总数达到每千名老年人37张；民办养老机构床位数占比达到60%；加强为老信息化建设，继续拓展市级为老服务信息中心线下平台；加快医疗卫生与养老服务融合，新建护理型养老床位600张；养老护理员岗前培训率达到100%，持证上岗率达到85%。

**2. 提高民生保障水平**

向上争取并发放救助资金4亿元以上，救助不少于40万人次；落实低保标准增长机制，缩小城乡差距，符合救助条件的救助对象住院"一站式"

结算救助率达100%。完善防灾减灾救灾体制机制，坚持灾前预防与应急处置并重，推进常态减灾与非常态救灾相结合；建立困境儿童救助保护制度，保障其生存发展权益。

**3. 创新基层社会治理**

积极推进"政社互动"在全市实现全覆盖，全面推广"一委三会"社区治理模式；继续推进"三社联动"，举办第三届公益创投和第二届社区微公益创投活动；深入推进"互联网+"智慧社区建设，推行"全科社工"工作模式，逐步形成"前台一口受理、后台分工协同"的服务模式；加快农村社区建设，促进城乡一体化发展；广泛开展社区"微自治"，推动居（村）自治向居（村）民小组和楼院延伸，举办社区"邻里节"；圆满完成村（居）民委员换届选举工作。

**4. 激发社会组织活力**

深入推进社会组织管理体制改革，全年培育发展社会组织100家，获得等级评估的社会组织占比达50%以上；继续推进行业协会商会与行政机关脱钩，激发社会组织活力；投入资金100万元，深入开展社会组织公益创投活动。对村居干部、社工开展大规模培训，不断培育壮大专业社工队伍。

# B.36
# 2016~2017年镇江市社会发展分析、预测与展望

徐 强*

**摘　要：** 2016年，镇江市社会事业发展取得良好的成绩，就业创业更加充分，社会保障逐步完善，教育事业均衡发展，医疗卫生服务水平不断提高，养老服务体系建设加速推进，基层社会治理创新步伐加快。采取的主要举措是加大财政投入，深化改革创新，促进均等服务，加强日常监控。面临的突出问题主要是：用工需求总体不旺、就业压力依然较大，社会保障基金可持续运行压力巨大，教育建设改革任务艰巨，"三医"联动改革仍需深化，快速发展的人口老龄化与滞后的养老社会服务矛盾突出，社会治理基础有待加强。2017年要认真贯彻十八届六中全会和江苏省第十三次党代会、镇江市第七次党代会精神，重在创新与富民上发力，统筹兼顾，科学施策，继续做好就业创业、社会保障、教育、医疗卫生、养老服务、社会治理与服务六个方面的工作，不断提高社会事业发展水平。

**关键词：** 社会发展　社会治理　镇江市

## 一　2016年社会事业发展概况

2016年是"十三五"规划的开局之年。镇江市以新发展理念引领经济

---

\* 徐强，江苏省镇江市委研究室副主任。

发展和民生改善，坚持将保障和改善民生作为经济社会发展的出发点和落脚点，让改善民生成为经济发展的恒久动力源，突出供给侧结构性改革主线，特别注重兜底线、补短板，积极推动各项社会事业健康发展，增强人民群众的获得感。

### （一）就业创业更加充分

1~9月，全市城镇新增就业6.68万人，城镇登记失业率为1.88%，继续保持在较低水平；新增农村劳动力转移就业0.9万人，转移率达到77.98%；就业困难人员再就业3514人，连续129个月实现"零就业家庭"动态为零。制定《2016年"创业镇江"行动计划》，分类推进大学生创业引领、农村创业富民、城镇创业人员促进和留学回国人员创新创业"四大计划"，开展"金秋创业行""创富镇江·互联网+"创业大赛等活动，打造一批创业"新四军"。在全省率先成立众创空间发展促进会，新增省级创业示范载体3家，镇江创业园被推荐上报为国家级创业示范基地。扶持创业8329人，其中帮扶大学生创业1288人，分别完成全年目标的119%、128.8%。

### （二）社会保障逐步完善

实施社保"全覆盖"三年行动计划，全民参保登记入库300万人。建立被征地农民"即征即保"机制，全市被征地农民参加城镇职工基本养老保险10万人，享受被征地农民基本生活保障11.5万人。"老工伤"人员8000人全部纳入工伤保险统筹管理。参加新农合人口160.78万人，参合率为100%。实施临时救助3415户次，市区重点优抚对象全部纳入医疗救助体系。

### （三）教育事业均衡发展

全市所有辖市区均通过国家义务教育发展基本均衡县市区评估，3个辖市区跻身省首批义务教育优质均衡发展示范区行列。新创教育现代化先进乡镇15个、先进学校84所，"双创"成功单位达512个（所），总占比达90%。全市省以上优质教育资源学生覆盖率达到70%，四星级高中占比超过76%，在四星级高中就读学生超过80%。新改扩建幼儿园15个，新创省优质园6所，省市优质园占比继续位居全省前列。承办2016年全国职业院校技能大赛、省职业学校技能大赛部分赛项，镇江高职校连续7年获全省技能大赛学校总分第一，并获批成为全省职业学校智慧校园建设6所试点学校之一，建成8个省职业教育高水平示范性实训基地。创全国社区教育示范区1个（京口区）、实验区1个（扬中市）、省社区教育示范区1个（句容市）。扬中创成省平安校园建设示范区。创成国家级体育传统项目学校2所、省级体育传统项目学校14所。创成省健康促进学校172所，占比达73.5%。

### （四）医疗卫生服务水平不断提高

分级诊疗制度进一步完善，拥有特色科室的基层医疗机构占比达到35%以上；43家基层医疗机构开设全科—专科联合门诊70个，接诊21650人次；10个基层医疗机构中医诊疗区建设加快推进，全市100%的社区卫生服务中心、乡镇卫生院和96%的社区卫生服务站、村卫生室能够提供中医药服务。公共卫生水平不断提高，全市共报告乙类传染病（无甲类传染病报告）2625例，与上年同期相比下降3.71%；69家预防接种门诊建设达标率为100%，以乡镇为单位6岁以下儿童11种一类疫苗接种率保持在95%以上；托幼机构卫生保健合格率保持100%，孕产妇死亡率、婴儿死亡率和出生缺陷发生率分别为9.57/10万、2.2‰和3.36‰。

### （五）养老服务体系建设加速推进

全市城、乡社区居家养老服务中心覆盖率分别达100%和96%。机构养老床位结构优化，护理型床位、社会力量举办或经营床位分别占养老机构床位总数的49.5%、76%。新建老年人日间照料中心7个、老年人助餐点114个，建成率达100%。市区首个综合服务型日间照料中心正式运营，为60岁以上半失能老人和80岁以上高龄老人提供个性化、多样化日托服务。

## （六）基层社会治理创新步伐加快

在全省首次召开全市创新社区治理工作会议。4家中心社区基本建成，多元主体参与的社区服务模式基本建立。成立市社会组织促进会，开通"镇江社会组织网"，建成市级综合性社会组织孵化基地，首批招募20家组织入驻孵化。截至三季度全市社会组织登记总数为3498个，换发统一社会信用代码新证1913个。

## 二 采取的主要举措

聚焦省、市部署的社会事业发展重点任务，以改革精神、实干作风、创新举措为指导，一项一项抓落实，确保圆满完成年度目标任务。

### （一）加大财政投入

2016年1~10月，全市民生支出227.7亿元，同比增长9.7%，占公共财政支出的比重达73.8%。其中：就业和社会保障支出增长38.49%，教育支出增长10.23%，医疗卫生和计划生育支出增长22.47%，城乡社区事务支出增长14.34%。在市直，就业和社会保障支出增幅达81.85%。

围绕供给侧改革，实施援企稳岗补贴等降成本政策，截至9月，全市共为符合条件的1581家企业发放稳岗补贴4755.16万元。梳理整合初始创业补贴、创业带动就业补贴、创业孵化补贴、创业担保贷款等政策，形成完整的政策激励体系，发放各类创业补贴1200多万元、创业担保贷款1.96亿元。出台《镇江市创业示范载体认定管理办法》，将原一次性给予不超过30万元的补贴方式，调整为补贴与入驻率、孵化成功率等关键要素挂钩，形成动态考核长效激励机制，专门安排350万元，重点打造5家以上集工作、社交、网络和资源等空间为一体的"互联网+"创业载体。

出台新一轮失业保险支持企业稳定岗位和降低失业、工伤、生育保险费率政策，预计全年为2.4万家企业减少社保缴费3.54亿元。健全灵活就业人员参保缴费激励政策，对市区户籍、曾经参加失业保险的"4050"人员，享受城市低保、特困职工等七类困难群体，在续缴金额补贴50%的基础上再享受两年25%的社保补贴。统筹提高社会保障待遇水平，全市企业退休人员养老金实现"十二连增"，由2004年每月人均721元提高到2297元，年均增长12%以上，增长3.19倍。城乡居民基础养老金最低标准提高至115元，比"十一五"末增长50%。居民医保建立筹资增长机制，财政补助标准从2010年的240元提高到425元，年筹资标准达585元。职工和居民基本医疗保险报销水平持续提高，政策范围内住院费用基金支付比例分别达86%和71%以上。工伤保险定期待遇保持10%的增幅。统一规范生育保险待遇项目，提高职工生育津贴和生育医疗费用报销标准。再次提高城乡低保标准，全市提高到每人每月625元。做好困难群众普惠制节日慰问工作，"两节"期间共发放节日补助金2483.93万元。及时启动物价上涨动态补贴机制，先后两次发放物价补贴493.18万元。制定《镇江市临时救助办法》，发放临时救助金287.66万元。优抚对象保障水平不断提高，全市共发放"八一"慰问金72.4万元。

全市校舍建设共投入69496万元，竣工72.91万平方米，项目开工率为97.16%，竣工率为84.57%，均居全省第一。投入300万元，建设未成年人文明礼仪体验馆。完善校车公交化改革，在连续三年共投入200万元、全省率先为乘车学生和随车照管教师办理人生意外伤害保险的基础上，将保险对象扩大至所有在校学生。加大资助力度，发放各类学生资助5800万元，惠及35381人次。正式启动国家学前教育改革发展实验区建设，健全农村公办幼儿园县级财政投入为主的保障机制，新增事业编制幼儿教师119人、人事代理幼儿教师超过200人。

安排4000万元用于市直医院债务化解。全面实施疾病应急救助制度，核销2015年下半年和2016年上半年市区疾病应急救助基金52.5万元。继续做好重大疾病保障和大病保险工作，大病保险保费达到人均30元以上。全市参加新农合人均筹资626元，各级财政补助450元，县、乡两级政策范围内住院费用报销比例为78.57%。完善基本药物配备使用政策，实现二级以上医疗机构与基层医疗卫生机构用药衔接,减轻群众医药费用负担约1.32亿元。发放计划生育各项奖励扶助资金5684.8万元,惠及群众93026人。

### (二)深化改革创新

全面启动机关事业单位养老保险制度改革,养老保险形成职工和居民两大制度平台。实施城乡居民大病保险制度,加强与医疗救助、慈善助医等制度的衔接,医疗保险形成"两基本一救助"制度体系。实施特殊困难人员医疗托底保障,将城乡低保家庭、特困供养人员、困境儿童、特困职工家庭、城乡低保边缘中的特殊困难家庭等纳入医疗救助范围。

2016年初,镇江成为全省唯一的教育领域综合改革试点市和全国学前教育改革发展实验区。出台《关于深化教育领域综合改革的意见》,由市教育局直接牵头校地结合改革试点,正加紧推进江苏航院与航空产业融合及其他相关项目的实质性运作;与丹阳、润州协同,承担督导评估和职业教育混合所有制改革试点,已建立教育督导评估信息管理平台,建成市教育督导评估监测中心(市督学工作中心),丹阳中专已成功引入3家企业联合办学,跻身第三批国家中等职业教育改革发展示范项目,润州中专已与同济大学及德国职教机构企业三方合作举办中德职教培训中心;与句容协同,承担教师县管校聘改革试点,出台《辖市区教师队伍建设发展性评价办法》,在市属学校率先试行先面试、再笔试的教师招聘新办法;与扬中、新区协同,承担校长职级制改革试点,在加快学校章程、教师议事会、学生自管会等现代学校内部治理体系建设的基础上,即将出台相关实施意见;与各辖市区协同,承担学前教育体制改革试点,并成为教育部优秀项目。突出课堂改革与学校课程建设,2所高中获省基础教育前瞻性教学改革实验项目,新增义务教育省级课程基地5个,扬中剪纸作为全省唯一代表江苏的项目参加全国学生艺术实践展示。

出台公立医院管理体制改革实施意见,推动公立医院管委会体制落实,完善公立医院绩效考核办法,加快两大医疗集团资源整合进程。以市一院、四院为试点，启动实施诊间结算。对接全省医药价格改革政策，加强公立医院医疗费用控制，全市二级以上公立医院药占比33%，门诊人均费用186元，出院者平均费用9001元，劳务性收入比重达30.5%。推进医院编制备案制改革，出台《镇江市公立医院备案制人员人事管理实施办法（试行）》，制定市直单位编外合同制人员管理规定。推进药品供应链改革试点，市三院与国药集团就药品智慧供应链平台建设合作。以高血压、糖尿病等慢性病防治管理为重点，全市开展家庭医生服务模式创新的社区卫生服务中心达9家，采取签约服务与按病种收付费、上下联动相结合的办法，推动建立基层首诊、双向转诊诊疗模式。推进预约诊疗服务，门诊预约诊疗率三级医院≥30%、二级医院≥20%，住院患者分时段预约检查比例达到80%。扩大日间手术试点覆盖面，公立二、三级综合医院平均住院日分别控制在7.5天、8.4天左右，专科医院平均住院日比上年度继续有所下降。全面实施全民自救互救素养提升工程，提升城乡居民卫生应急素养和自救互救能力。

公办养老机构经营管理体制改革有效突破，丹阳市社会福利中心、扬中市老年公寓"公建民营"项目已实质运行。全市农村五保供养服务机构成功转型为区域性养老服务中心，并对社会开放。继续引导社会力量参与为老服务，"眼健康助老公益行动"获得广泛好评。

出台《关于加强城乡社区协商实施办法的通知》，为社区协商规范化建设强化制度保障。出台《关于深入推进农村社区建设试点工作的实施意见》，积极试点"一规五制"（以村规民约为规范，事务议事协商、财务管理监督、居民办事代理、社会组织参与、服务成效评议）建设模式。制定《承接政府职能转移和购买服务的社会组织资质认定办法》，启动第一批《承接政府非行政职能转移和购买服务的社会组织目录》编制工作，依托城市社区党组织为民服务专项资金，确定社区购买社会组织服务项目166个，"三社联动"工作机制在全市得到全面推行。

（三）促进均等服务

推进基层人力资源社会保障服务标准化试点，市级地方标准《街道

（镇）人力资源和社会保障服务中心设施设备要求》作为全市第一批服务业地方标准发布实施；《基层人力资源和社会保障平台服务规范》通过专家评审，全市共认定标准化示范平台29家。延伸面向企业、社区、银行、高校的社会化服务，在全市12家规模以上企业设立社保服务站，在部分银行网点设立社保服务窗口。建成市县联动的12333热线服务系统和"网上公共服务办事大厅"，推行掌上人社、网上社保、微信平台等新型服务。

加快城乡社会保险制度的整合和政策衔接，全面实施养老保险省级统筹，推进基本医保、失业、工伤、生育保险市级统筹。统一城乡居民养老保险制度。统一全市职工医保政策框架，整合城乡居民基本医保制度。统一全市职工生育保险制度，将参保范围扩大到机关事业单位等所有用人单位，统一生育津贴和生育医疗待遇标准。落实基本养老、医保关系转移接续政策，保障参保人员流动就业时社保关系顺畅转续，方便参保人员异地养老和就医结算。实现全市范围城乡低保标准一体化，分散供养五保人员关爱照料协议及困难老人意外伤害保险政府统保实现全覆盖。农村农房自然灾害保险实现全覆盖，部分辖市主动扩面至城镇居民，截至目前理赔金额达17.29万元，高于全市全年投保总额。

推进县级教师发展中心建设，出台《乡村教师支持计划实施方案（2016～2020）》，建设市、县级乡村骨干教师培育站11个。加大乡村教师职称政策倾斜力度，对在乡村连续任教25年以上、受聘一级教师5年以上、具有大专学历者，可破格申报高级教师，任教满30年、距离退休不满5年的二级教师，可直接认定为一级教师。

加强医疗卫生基层能力建设。市妇幼保健院分别与句容妇幼保健院、润州妇幼保健所组建妇幼健康服务联合体，通过科室托管、业务合作、技术扶持等多种方式进行深入合作。三个辖市共获得110个农村订单定向医学生免费培养名额，共有28人次基层管理人员、2723人次基层医务人员参加各类培训。加强基层中医药能力建设，举办中医药文化科普巡讲63场次。深入开展爱国卫生工作，农村改厕工程累计完成3899户，进度为97.5%。

## （四）加强日常监控

推进就业质量监测国家试点，建立用工供求监测、失业预警监测、工资收入监测、企业用工实时监测和市场供求分析五大平台，已正式上线试运行。搭建就业质量监测评估指标体系，涵盖就业创业、社会保险、劳动关系、职业培训、工资待遇等关键指标10项、参考指标15项，初步形成就业失业和收入分配动态监测工作机制。制定去产能职工分流安置意见，对全市钢铁、水泥、船舶等去产能企业和职工情况进行摸底调查。制定精准就业援助工作实施意见，重点帮助就业困难人员实现就业。

人社、财政、地税等部门加强协作，建立社保基金征管"三方联网"机制，实现"五险合一、并票征收"，积极应对化解社保基金赤字风险，全力推进扩面征缴和基金清欠。完善基金运行监测预警机制，建立五项保险运行分析指标体系，围绕稽核、内控、反欺诈和清欠四项重点，强化大数据分析。对全市社保经办机构的内部控制情况实施检查评估，实现业务、财务、退管、稽核、信息五部门环环相扣、互相制约。医保智能监控系统上线运行，并逐步延伸到医院端和医生工作站，实现全覆盖。

建成全市社会救助信息管理服务平台，目前已整合11家救助部门基础信息，首次实现全市"急难"救助和各项社会救助信息的统一管理与信息共享。建成农村留守儿童信息库，首次采集比对流浪乞讨人员DNA血样，有效推进未成年人社会保护和流浪救助管理工作。全市优抚对象身份证识读比例达99.32%，优抚数据核查达省定比例162.5%。

全市教育现代化建设监测继续位居全省第五，学生体质健康监测连续4年获省一等奖，大一新生身体素质综合排名连续5年位居全省前6名。成立镇江市创客教育联盟，市属学校实现千兆接入教育域网，校园无线全覆盖，智能监控接入教育云。

智慧健康建设加快推进，市区基层医疗卫生机构与两大医疗集团建立远程协助关系，建立血防智能监控系统。做好居民电子健康档案动态更新，继续完善二、三级医院电子病历，推进市民卡·居民健康卡发放。积极探索

"互联网+健康医疗"服务，开展移动终端、自动终端等信息惠民服务。实施市区医保定点机构疾病代码统一工作，全面加强慢性病及重性精神病防控，全市核实上报"慢五病"124443份，报告及时率为97.02%；严重精神障碍在管患者10703人，管理率为92.25%。强化食品污染、食品中有害因素、食源性疾病、地产高风险食品等20个类别监测。加强短缺药品需求动态监测，完善市级短缺药品储备目录。

稳步推进社会组织2015年度年检和2016年等级评估工作，修订评估细则，加强综合监管，全市社会组织评估率稳定在50%以上。

## 三 面临的突出问题

在经济下行压力和深化改革带来利益格局深度调整的大背景下，社会事业发展面临新的矛盾和困难。

### （一）用工需求总体不旺，就业压力依然较大

2016年1~9月，对镇江市工业经济影响巨大，同时也是吸纳就业大户的传统支柱产业（船舶及配套制造行业、电子元器件制造业、小型工程机械制造业等）受国际国内大气候影响，吸纳就业出现较大幅度下滑。而随着供给侧结构性改革力度加大，一批职工转岗就业，其中不少人年龄偏大，技能和经验趋同，转业转岗能力差，结构性失业或将增多。从需求侧来看，苏南人力资源市场十大核心数据显示，上半年现场招聘及网站在线招聘进场单位数、提供岗位数同比均有不同程度下降。四季度用工需求调查显示，被调查的350家企业中仅有46.57%的企业有招聘计划，计划招聘总人数为3223人，同比下降30.69%。从供给侧来看，当前及今后一段时期，正是离校未就业的高校毕业生求职旺季，目前全市已接收离校未就业高校毕业生4100多人，尚有未就业的本市各类技职毕业生与未升学两后生1000多人，共有5000多人加入求职大军，促进新成长劳动力就业任务十分艰巨。

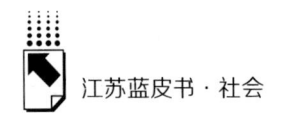

## （二）社会保障基金可持续运行压力巨大

近三年，全市退休人员每年增加8000人以上，是以往正常年份的2倍，目前老龄化率已达22%左右，远高于全省19.65%的平均水平，赡养比降低到2.34∶1（市区已达2.1∶1），远低于全国3.09∶1的平均水平。市区养老保险金缺口呈逐年扩大趋势，养老保险基金支出从2011年的220687万元上升到2015年的441868万元，支出翻了一番。2015年预算赤字12.6亿元（实际赤字10.9亿元），2016年预算赤字20.1亿元。2015年市区参保人员医疗总费用20.36亿元，是2008年的21.13倍，年均增长19.26%；与医保基金相比，医疗费用平均增幅高于基金收入平均增幅9.07个百分点，高于统筹基金支出平均增幅5.43个百分点。受人口老龄化加剧、社保待遇刚性支出和享受待遇群体加大等多重因素影响，社保扩面征缴从过去的"高增长"逐步转向"缓增长"，基金支出增幅持续高于收入增幅，人民群众对提高社保待遇的诉求和公平性期待也越来越强烈，基金长期平衡和安全运行压力逐年加大，风险日益积累。

## （三）教育建设改革任务艰巨

教育现代化建设进入攻坚期，对照2020年建成苏南教育现代化建设示范区的目标要求，全市还有35%左右的镇（街道）学校幼儿园必须保质保量完成"双创"任务。虽然绝对数不过10多个镇（街道）、百多所学校幼儿园，但剩下的都是难啃的骨头，即使已经通过评估的镇（街道）、学校，还需要在信息化装备与使用方面进一步提升。面对教育信息化、国际化的新浪潮和以课程建设为中心、师生核心素养为追求的素质教育新要求，教师全员基本素养的整体提升更成为当务之急。教育领域综合改革进入深水区，一些改革举措难以执行到位，教育治理能力与制度建构能力亟待提高。

## （四）"三医"联动改革仍需深化

公立医院公益性回归不够，医疗收费改革尚未促使医疗费用合理变化，取消药品加成,虽然药占比小幅下降,但检查、诊疗等费用大幅增长。医保费用呈现"两头大":一方面,一些大中型医疗机构持续扩张,为获取最大利润,在医疗服务成本与利润边际效应的影响下,每年用足、用完、用超医保预算,"超总控"医疗费用居高不下;另一方面,社区医疗卫生服务机构投入加大,但总体人才和能力缺乏,服务存在短板,群众信任度不高,分级诊疗制度尚未形成合理分流。

### (五)快速发展的人口老龄化与滞后的养老社会服务矛盾突出

据公安、民政部门提供的数据计算得出,到2020年,全市60岁及以上的户籍老年人口将达到683512人,占总人口比例将高达28%以上;其中60~69岁的老年人口增长最迅速,占60岁及以上老年人口比例56%左右。随着老龄人口家庭养老作用的逐渐弱化,特别是伴随着计划生育政策的实施、经济社会的转型、家庭规模缩小和结构的变化,为老龄人口提供社会化养老服务成为大势所趋。但受市场发展和经济水平制约,目前高档养老机构数量不多,小规模养老机构不愿花费成本内设医疗机构,在已经形成的社区卫生服务中心与养老机构的对接中,出现了巡诊频次不足、双向转诊难以实现等问题,老年人急需的多样化的社区居家养老服务和医养结合型养老服务欠缺。

### (六)社会治理基础有待加强

有的社区基础设施简陋,以润州区为例,相当一部分社区办公用房面积在1000平方米甚至500平方米以下,难以有效提供相应服务。社区建设队伍中高质量人才偏少,持证社工人数比重偏低,以京口区为例,该区共计66个社区,持证社工仅89人,平均每个社区1.35人,其中有46个社区无持证社工,占社区总数的69.7%,无法有效应对"三社联动"等社区治理工作的新要求。社区负担仍然较重,虽然市委、市政府出台了社区事务准入制度,但目前社区的行政性事务负担仍然较重,严重影响服务功能的发挥,也使居民办事效率难以提高。社会组织培育滞后,由于经济增长放缓、财税

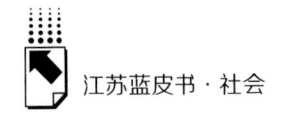

增长乏力,政府购买服务投入不足,难以适应政府职能转变的需要,也间接影响了社会组织的培育和发展。

## 四 2017年工作展望

2017年,镇江市将认真贯彻十八届六中全会和江苏省第十三次党代会、镇江市第七次党代会精神,重在创新与富民上发力,统筹兼顾,科学施策,提高社会事业发展水平。

### (一)就业创业方面

一是深入推动"创业镇江"行动。突出创业环境优化、创业载体拓展、创业主体培育,重点抓好创业政策落实、创业综合服务大厅建设、创业大赛组织、创业明星评选等工作。二是着力优化公共就业服务。重点抓好创业型街道(镇)和创业型社区(村)建设、"互联网+"就业服务、基层人社服务平台标准化、就业质量与经济联动监测等创新项目推进落实。三是致力做好稳就业工作。重点抓好企业降成本政策落实、去产能企业职工分流安置、补就业能力提升短板等工作。四是全力推进重点群体就业。扎实做好离校未就业毕业生实名登记和就业服务工作,确保"两个100%"。落实"一人一策"重点帮扶措施,确保精准就业援助取得实效。

### (二)社会保障方面

一是推进扩面征缴,落实发放任务。强化诚信管理和目标考核,协调有关部门和辖市区形成合力,努力实现法定人员全覆盖,确保基金"颗粒归仓"。二是深化社保改革,完善公平性制度。深化机关事业单位养老保险制度改革,深化医疗保险制度改革。整合城乡居民医保制度,实现全市范围内异地就医联网结算。推进综合医改工作,推动实现医保、医疗、医药"三医联动"。服务支持供给侧改革,确保安置职工相关待遇发放和社保关系及时转接,认真落实降低失业保险和工伤保险费率政策。三是加强基金监管,构建可持续机制。加快构建人大、行政、社会、内控等"四位一体"的社保基金监督体系，全面实行医保智能监控，开展医保反欺诈"亮剑"行动，完善基金运行监测预警机制，加强社保基金预算管理。四是提升经办水平，创优高效率服务。推进"互联网+"智慧社保服务平台建设，初步建成集"网上登记、网上申报、网上转移、网上认证、网上支付"于一体的社保"网上经办服务办事大厅"。加快推进经办服务下沉，丰富拓展企业社保委托经办服务站和银行网点社保委托经办服务窗口功能。推进全国社会保险标准化"先行城市"建设，实现信息网络、设施设备、服务项目、服务流程、监督评价的"五统一"。五是深化精准扶贫，补好民生保障短板。以实施全民参保、养老保障补助、医疗救助托底等"三大计划"为重点，全面实施社保托底扶贫行动。全面落实统一的城乡居民基本养老保险制度，全面实施城乡居民大病保险制度。完善社会医疗救助办法，重点加大对救助对象在参保缴费、就医结算、补偿标准、个人自付等方面的托底保障。逐步提高居民医保筹资和财政补助水平，对救助对象参保的个人缴费部分全部由医疗救助基金承担。六是完善城乡社会救助体系。加快推进最低生活保障、特困人员供养、受灾人员救助以及医疗、教育、住房、就业和临时救助衔接配套的社会救助体系建设。完善救助申请家庭经济状况核对机制，构建救助对象基础信息系统并实现部门间信息共享。建立健全救助对象退出机制和失信惩戒机制，实现低保对象动态管理。完善低保标准科学增长机制，确保低保标准与经济社会发展水平相适应。探索建立低保标准与人均消费支出挂钩的调整机制，逐步解决"支出型"贫困难题。完善镇（街道）社会救助平台，全面推行"一门受理、一表登记、协同办理"基层社会救助管理服务模式。发挥村居组织自治作用，建立"救急难"群众互助机制。鼓励社会力量通过慈善捐赠、设立帮扶项目、创办服务机构、提供志愿服务等方式参与社会救助。

### （三）教育方面

2017年和"十三五"期间，一是综合类创建。完成31个乡镇学校的教育现代化"双创"工作，建设30所智慧校园，新建、改扩建幼儿园15所以上，保持义务教育优质均衡发展及学校"改薄"工作省内领先。二是项目类创建。建设6~7个省课程基地，创1个省平安校园建设示范区，创1个省首批现代化示范性职业学校、2个省职业教育现代化专业群，创1个省级社区教育示范区、1个省高水平农科教结合富民示范基地，建成市社会教育服务指导中心。三是事业类发展。确保幼儿园入园率、义务教育入学率与巩固率、初中毕业升学率均超99.8%以上，高中阶段毛入学率达100%，事业发展核心指标位居全省前列，确保大学生体质监测、中小学校质量监测、职校师生技能竞赛等重要指标继续位居全省前六。四是工程类建设。加快市特教中心、市实验高中、市六中等重点工程建设，加强义务教育学校标准化建设，加大学校安全建设力度。以教育云建设为抓手，加快从硬件建设走向实际运行管理，不断提高全体师生信息素养。五是抓实省教育领域综合改革试点。学前教育改革发展实验区建设方面，继续以深化"办园体制机制、人事管理与队伍建设、幼儿园内涵发展"三大领域改革为重点，努力打造镇江学前教育改革发展的升级版；校长职级制改革方面，完成首轮校长高级二档及以下职级的评定工作；积极倡导百校改革、万师创新，推进招生考试改革，深化教体融合。按照"市区联动、普职融通、一二线共进、多元体制共赢"思路，加紧推动一揽子谋划、实施新一轮布局调整。引入国际资本及民间资本，办好官塘板块等民办教育，不断满足群众多层次教育需求。

### （四）医疗卫生方面

贯彻全国卫生与健康大会精神，加快建设人人受益的健康镇江。一是深化公立医院综合改革。完善公立医院管理体制、治理机制，推进医疗集团实体化运作。推进公立医院人事薪酬制度、人员备案制改革，进一步健全绩效考核体系。加大控制医疗费用不合理增长力度，统一医院疾病代码，实现医院诊间结算。二是推进分级诊疗。完善医院、社区分工协作机制，推进全专科联合门诊建设。巩固县乡联动、镇村一体的健康服务联合体。加大基层特色科室培育力度，进一步落实定向培养、基层骨干医生培训等工作，继续实施城乡对口支援，不断提高基层服务能力。加强高血压、糖尿病及重性精神病等疾控的规范化管理，深化基层医疗卫生机构健康责任团队签约服务，推进医养融合，不断完善连续健康服务体系。三是大力推进健康镇江建设。强化健康教育与健康促进，加强重大传染病防治、卫生应急、农村改厕、食品安全风险监测、卫生综合监督等公共卫生工作，不断提升城乡居民健康素养、公共卫生服务均等化水平。四是加快智慧健康建设。完善信息平台及各大系统应用功能，扩大基层远程会诊覆盖面，扩展影像、心电、检验及病理等远程医疗服务。完善医疗集团与辖市人民医院影像协助诊断、检验及病理的集中诊断系统。加快发展"互联网+健康"服务，不断提高智慧健康便民惠民水平。五是进一步改革药品供应保障机制。完善药品耗材集团化招标采购供应模式和基本药物配备使用办法，加快推进医疗机构药品内外供应链改革，降低医疗机构药品采购、管理和储存成本。六是深化计划生育改革。落实"全面两孩"政策，完善基层计划生育管理服务制度，完善妇幼保健与计划生育服务资源整合工作，做好计划生育奖励扶助、流动人口服务等工作。

### （五）养老服务方面

一是健全社区居家养老服务网络。推进社区居家养老服务中心提挡升级，市区新建3个老年人日间照料中心，城乡社区居家养老服务覆盖率达95%以上，老年人应急呼叫服务实现全市城乡覆盖。二是发挥公办养老机构托底保障功能。重点为特困老人、经济困难的失能半失能老人提供无偿或低收费的供养、护理服务。农村五保供养服务机构拓展社会寄养、日托照料等功能，逐步向区域性养老服务中心转型。每千名老人拥有养老床位数达42张。三是大力扶持社会力量参与养老服务业。加快推进政府购买养老服务，完善养老机构综合责任险、老年人意外伤害保险制度，探索建立长期护理保险制度。稳妥推进公办养老机构改革，积极推进"公建民营"等方式管理运营。四是全面推进医养融合发展。构建养老、医护、康复、临终关怀服务相互衔接的服务模式，实现老年人在养老机构和医疗卫生机构之间卫生健康服务便捷对接。鼓励和引导基层医疗机构转型为老年护理院、老年人康复医院。

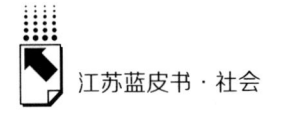

## （六）社会治理与服务方面

一是推进社区治理和服务创新。继续推进"社区服务中心＋基本社区"建设模式，完善现有社区服务中心功能，新建4家社区服务中心。进一步巩固社区减负成效，推进"政社互动"全市覆盖率达到100%。以"政社互动""三社联动"为抓手，大力推行"一门受理、一站服务、全科社工"，推进社区服务社会化，提高社区服务水平。二是促进社会组织健康发展。指导各级各类培育（孵化）基地完善功能，加快社会组织培育。推进政府购买社会组织服务，开展公益创投活动，全面提升社会组织公共服务能力。引导社会组织加强相互交流，强化社会组织监管，完善社会组织等级评估、年检等制度，规范社会组织信息披露。三是加强社工人才队伍建设。组织社工职业水平考试，不断壮大专业社工队伍。实施社工增能计划，培育社工小微项目。适时成立社会工作者协会，加强引导，加快民办社工机构发展步伐。

# Abstract

The blue book of *Analysis and Prospect of Economic and Social Situation in Jiangsu*, as the annual development report, has been written by the Jiangsu Academy of Social Sciences since 1997. In order to deepen the study of economic, social and cultural issues of the new normal in Jiangsu, the blue book is expanded into three volumes in 2015. In 2016, the 3 volumes of the blue book of *Analysis and Prospect of Economic and Social Situation in Jiangsu* were published.

As the blue book of Jiangsu social development analysis and outlook, aiming at analyzing the social development situation of Jiangsu Province in the whole year, looking forward to the next year's social situation and problems in Jiangsu, and put forward the corresponding countermeasures, ideas and suggestions. This book is an analysis of the development of Jiangsu society in the beginning of the 13th five-year plan, and the prospect and policy Suggestions for the social development of Jiangsu in 2017. In 2017, Jiangsu will try to achieve the goal "co-innovation, focus on enriching the people, a high level of building a well-off society" putted forward in the 13th party congress of the communist party of Jiangsu province. In fact, many articles highlight this theme. There are 36 research reports in this book, roughly divided into five parts. The first part is the general report and the overall study of Jiangsu social development, highlighting the sharing of people's livelihood, social governance, social development and ecological environment remediation. The second, third and fourth sections report on people's livelihood, social governance and the rule of law. The fifth part is the city reports.

# Contents

## I  General Report

B. 1  Analysis and Prospect of Social Development in Jiangsu
Province from 2016 to 2017
     *Zhang Wei, Zhang Chunlong, Bao Lei and Hou Mengting* / 001
 1. Initiatives and Achievements of Social Development in
  Jiangsu in 2016  / 002
 2. Challenges and Difficulties Faced by Jiangsu's
  Social Operation  / 006
 3. Countermeasures and Suggestions for Promoting the
  Overall Development of Jiangsu Society in 2017  / 010

**Abstract:** In 2016, Jiangsu province economy to maintain overall smooth, steady progress, structure better posture, social development has made significant progress. The level of basic public services has been greatly improved, and the social security system covering both urban and rural areas has basically been completed. More than one million people have been added to the city, and the living standards of the people have been steadily improved. Democracy and the rule of law in an orderly manner, social governance to refinement. With the overall progress of social undertakings, compulsory education in county areas is basically balanced and full coverage is achieved, and the main health indicators of residents are obviously improved, and the pace of healthy Jiangsu construction is accelerated. The ecological environment has been further improved, and the air quality has been greatly improved.

In 2017, the countermeasures and suggestions for promoting the overall development of Jiangsu society were as follows: (1) increasing efforts to promote the income growth of urban and rural residents. (2) further enhance the overall development level of social undertakings. (3) accelerating the pace of building the basic public service system. (4) relying on information technology to further improve the level of social governance, refinement and rule of law. (5) establish and perfect a modern emergency management system. (6) to promote the greening of Jiangsu's production and lifestyle.

**Keywords**: Social Development; Social Governance; People's Livelihood Construction; Jiangsu Province

# Ⅱ　Topic 1　Livelihood Sharing

B.2　The Course, Evaluation and Countermeasure of Jiangsu Healthy City Construction　　*Xu Qin, Miao Guo* / 015

**Abstract**: Based on the latest data from the Bureau of Statistics and the index system released by the relevant departments of the state, this paper attempts to make an objective evaluation and analysis on the construction of healthy cities in Jiangsu Province. On this basis, to sum up the outstanding problems and contradictions in the construction of healthy cities in Jiangsu, then put forward several countermeasures and suggestions to related issues.

**Keywords**: Healthy City; Healthy Services; Jiangsu Province

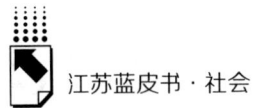
江苏蓝皮书·社会

B.3　Issues and Cuntermaesures of Jiangsu's Improving the Levels of Urbanizations of Hukou　　　　　　　　　He Yu / 025

**Abstract**: In order to realize "equal rights of the same city", it is necessary and difficult of hukou reform to reduce urban household registration barriers, and make agricultural population transfering conveniently into townspeople. As one experimental unit of new urbanization comprehensive reforms provinces, difficulties and challenges of Jiangsu include: Firstly, it is passive of aspiration to settle in the city; Secondly, it is unreasonable of the mechanism for the cost-sharing of household registration. Thirdly, there are some defects in the designs of the new hukou policies in some cities. There are some countermeasures following: promote equally basic public service, establish a financial input mechanism matching the hukou reforms, and allow local governments to make modest innovations in investment, financing and land use, and use the superior strategy of the state on designing policies about permanent residency.

**Keywords**: Urbanization; Household Registration; Household Registration Policy; Jiangsu Province

B.4　The Construction of Urban-rural Integration in Jiangsu
　　　　　　　　　　　　　　　　　　　　　　Meng Jing / 036

**Abstract**: The paper has pointed out Jiangsu has entered on a new stage that urban-rural integration development. Then summarizes the progress and achievements of Jiangsu urban-rural integration development in recent years, and pointed out that Jiangsu should realize and resolve some problems in urban-rural integration development. To resolve these problems, we need to develop the leading role of the government, promote the interaction between urban and rural economic development, integrate the urban-rural spatial relations, and establish an equal social system of urban and rural areas.

**Keywords**: Urban-rural Integration; Integration and Development; Jiangsu Province

B.5 Research on the Current Situation and Countermeasure of Basic Public Service Standardization in Jiangsu Province

*Zhang Chunlong, Bao Lei / 045*

**Abstract**: With the significant improvement of Jiangsu's economic strength and the gradual improvement of the basic public service system, it is increasingly urgent to speed up the standardization of basic public services. At present, the basic establishment of the basic public service system in Jiangsu, the establishment of the standardization of the national level and the practice of some industry standardization have laid a good foundation for the promotion of the standardization of basic public services in Jiangsu. But overall, Jiangsu basic public service standardization construction there are standard fragmentation, lack of scientific and other issues. From the current situation, to further promote the standardization of basic public services, the focus should be to develop a complete system of basic public service standards system, to determine the "three five" basic public service planning and standards, create a unified urban and rural public service system, Diversified participation in the main body and the supply of services to protect the basic public service standardization of capital investment. The promotion measures should include professional top-level design and development planning, on the basis of unified norms on the basis of multi-level advancement, through the pilot method to gradually promote, pay attention to joint participation and joint creation, focusing on publicity and implementation of the combination of standardization and The combination of e-government construction.

**Keywords**: Public Service; Standardization Construction; Jiangsu Province

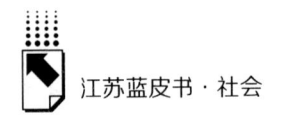

B.6 The Industry for Elder Support in Jiangsu: Present Situation,
　　　Problems and Countermeasure Research　　*Han Hailang* / 054

**Abstract:** Jiangsu is the province that first pays attention to the development of industry for elder support, and is keeping in national forefront. Though various capital flows into the industry based on continuous innovation now, it's still at the starting stage because of the low demand, unprofitable, poor development environment, and urgently-needed personnel. The suggested countermeasures include: treatment in time based on improving policy, scientific response by focusing on key areas, comprehensive response based on works combination.

**Keywords:** Industry for Elder Support; Innovation on Aged-care Model; Jiangsu Province

B.7 New Progress and Countermeasure Research of the Combination
　　　of Medical Care and Elderly Care Service in Jiangsu Province
　　　　　　　　　　　　　　　　　　　　　　　　　*Ma Lan* / 064

**Abstract:** Jiangsu province has vigorously implemented the combination of medical care and elderly care service and has achieved remarkable accomplishments in recent years. On one hand, the multidimensional institutional system. diversified capital input mechanism and bio-directional integration mechanism have been established. On the other hand, there are some constraints such as confusion of the management, lack of long-term financing mechanism, poor talent engagement and so on. We should improve the management mechanism, explore and establish the long-term care insurance system in order to promote better and faster development of the combination of medical care and elderly care service.

**Keywords:** Combination of Medical Care and Elderly Care Service; Long-term Care Insurance; Bi-directional Integration; Jiangsu Province

B. 8 New Progress and Countermeasures for Educational

　　　Equity in Jiangsu　　　　　　　　　　　　　Han Hailang / 075

**Abstract**: In order to realize the educational fairness in Jiangsu, great progresses have been made in promoting the balanced development of education. But there are still some difficulties and weak links in it. People don't satisfied the official monitoring indicators, lack of investment, unbalanced between different areas and schools, urban and rural. And Invisible education unfair is also getting worse. In the Thirteen five period, it is necessary to improve the statistical indicators in order to make people satisfied, necessary to Increase investment in education, esp. make up the statutory input, and tilt capital toward rural school in poverty and remote areas, necessary to vigorously develop private education, and promote the fair education in high-quality by the balanced development between private and public education. It is also necessary to pay much more attention simultaneously on the invisible education unfair and make a timely solution.

**Keywords**: the Educational Fairness; the Balanced Development; Jiangsu Province


B. 9 The Conditions of Inbound Tourism of Jiangsu and Its

　　　Promote Suggestions　　　　　　　Xu Qin, Chen Guangyu / 083

**Abstract**: The outbound tourism of Jiangsu extremely blooms recently along with social economic development and income raising. On the contrary, inbound tourism depresses continuously: the number of tourists, the growth rate of tourists, the foreign exchange earnings, as well as the outbound tourism ranking, all of them kept decreasing for years. There might be three reasons for it. First, many tourism companies almost abandon their outbound tourism business. Second, neither enough attentions nor counterpart reactions have been taken by our government. Third, lacking of update of tourism products, as well as the improvements of infrastructures. So, we should resurvey the inbound tourism in a higher level and with wider globalized visual angle. Meanwhile, we should revise our support policies to cultivate professional tourism companies who focus on inbound tourism market. Also, we should develop new tourism products under the idea of global tourism. With the efforts taken above, the inbound tourism could re-bloom and become the pillar of our economic strategy.

**Keywords**: Outbound Tourism; Inbound Tourism; Tourism; Jiangsu Province

B. 10　Improving the Social Civilization of Jiangsu

*Meng Jing ／ 097*

**Abstract**: The high level of social civilization is one of the target of building a affluent society. The system of the civilization includes the material civilization, the political civilization, the ecological civilization and the spiritual civilization. This paper analyzes the achievements and the problems that the construction of social civilization of Jiangsu faced. And give some suggestions on how to improve the social civilization of Jiangsu.

**Keywords**: Social Civilization; Spiritual Civilization Construction; Standard System of Social Life; Jiangsu Province

B. 11　Equalization Level of Basic Endowment Insurance for
　　　　Urban and Rural Residents in Jiangsu
　　　　Province and Its Policy Implications　　*Hu Pingfeng ／ 107*

**Abstract**: The unbalanced development of cities economic is showing in the Basic Endowment Insurance for Urban and Rural Residents policy in Jiangsu

Province, such as in the basic pension, personal payment grades, the government subsidy grades, more awards for long pay. The openness of this policy is an effective to solve the unbalancing in different districts and urban and rural in China, but also leads to the problem of non-equalization of the level of inter-regional pension. This paper constructs a comparative model to estimate equalization level based on Esping-Andesen's de-commodification index of pension that contains four indicators: basic pension substitution rate, standard pension substitution rate, individual contribution rate in different grades and government subsidy vs individual contribution ratio. Proposed to increase financial transfer payments and set the payment grades, basic pension and government subsidies Scientifically to promote the equalization of the Basic Endowment Insurance for Urban and Rural Residents.

**Keywords**: Basic Endowment Insurance for Urban and Rural Residents; Equalization Level; Jiangsu Province

B. 12 Study on the Status, Problems and Innovative Countermeasures of Modern Philanthropy in Jiangsu        *Bi Suhua* / 116

**Abstract**: The quantity of charity organization of Jiangsu ranked in the forefront in our country. The charity resources increased year by year. The diversified social donation system, three-dimensional propagandistic system, government purchase service system are constantly advancing. But there are also some problems such as the brand construction delayed and financing channels narrowed. So it needs to take measures on changing the charitable concept, strengthening the system construction, improving financing ability and brand building.

**Keywords**: Philanthropy; Charitable Resources; Jiangsu Province

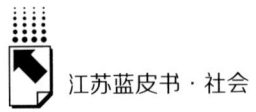

## Ⅲ Topic 2 Social Governance

**B. 13** The Present Situation, Problems and Countermeasures of
Social Organizations in Jiangsu　　*Zhang Wei, Wang Ye* / 129

**Abstract**: The development of social organizations in Jiangsu has been at the forefront of the country. Civil administration departments at all levels attach great importance to the healthy development of social organizations. The management system, the development environment and the comprehensive supervision system are always constantly improved. Civil administration departments give sufficient space in the development of the social organization, at the same time, the management of social organizations is strict in law. But at the current situation, there are still some problems, including the poor standardization environment of social organization, the limited work of undertaking the function of government, the insufficient insufficient for social organization, the weak supervision of law enforcement management, etc. The government and the community should pay more attention to support social organization.

**Keywords**: Social Organization; Public Service; Jiangsu Province

**B. 14** The Development of the Social Governance Capacity of
the County in Jiangsu Province and the Suggestions for
Improvement　　*Ding Hong* / 139

**Abstract**: In our state power structure and the organizational structure of the party, the county is in the key link and the central leadership and grass-roots governance of the connection point, a solid foundation of developing the economy, protecting people's livelihood, maintaining stability, promoting national long-term stability. Meanwhile, the country is the key and difficult point of social governance innovation. It is an important starting point to build a new type of government, to stimulate the vitality of social development and to promote the deepening of reform. It is also an important starting point for the construction of a new type of government and society, which is to promote the rule of law in Jiangsu Province and to build a new socialist society.

**Keywords**: Social Governance; County Development; Governance Innovation; Jiangsu Province

B. 15 Research on the Current Situation and Countermeasures of Employment of the People with Disabilities in Jiangsu Province　　　　　　　　　　　　　　　　Bao Yu / 147

**Abstract**: The employment of the people with disabilities is not only a direct way to improve the living conditions of them, but also has important practical significance to build a well-off society in Jiangsu province. In recent years, the government of Jiangsu province has firmly implemented a series of arrangements for the employment of persons with disabilities, taking and effective measures, increasing supportive efforts, broadening the channels of employment, effectively safeguarding the labor rights to improve the employment proportion of the people with disabilities. However, compared with the demands of economic and social development and the expectations of the disabled, there are still many problems that need to be solved in this area. Therefore, the government need to further strengthen the guidance and supervision, innovative work model, improve the level of employment services, develop anti-poverty programme in rural area, develop supporting employment for the people with disabilities, protect the employment rights of them according to law, at the same time, provide appropriate social security for the people who have limited labor capacity.

**Keywords**: People with Disabilities; Employment; Anti-Poverty; Jiangsu Province

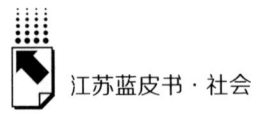
江苏蓝皮书·社会

B.16 The Progress, Problems and Countermeasures of the Reform of Sub-district and Community System in Jiangsu

*Fan Peipei / 155*

**Abstract:** Cities of prefecture level in Jiangsu province explored a lot for better metropolitan governance, such as calling off economic indicators, providing one-stop administrative services, publishing power-responsibility list, and so on. Meanwhile, there are still barriers against deepening reforms, especially lack of top-level design, conflicts within sectors and local governments, and weakened local autonomy. This thesis brings up following suggestions, 1) balancing power and responsibilities at sub-district level with a clear responsibility list; 2) setting up a leading group focusing on deepening law enforcement reform; 3) Improving sub-district performance evaluation; 4) improving social service procurement and developing social groups; 5) integrating community information platform; 6) practicing effective mechanism between residents committee, owners committee, and property management company; 7) making residents service fund more efficient.

**Keywords:** Sub-district; Community; Mechanism Reform; Sector Conflicts; Power-Responsibility Unbalance

B.17 The Statusquo and Countermeasures of the Ideological Status of Young People in the New Social Strata in Jiangsu

*Yue Shaohua / 167*

**Abstract:** Young people in the new social strata are in the period of formation and establishment of values and outlook on life. They have higher educational level, accept new things quickly, and are also easily influenced by western cultural values and social trends of thought. Based on the questionnaire, the paper pointed out that young people in the new social strata in Jiangsu have some ideological characteristics: higher homogeneity in the country's political system identification, lower self-identity in social prestige, pay more attention to the occupation of high income and stability rather than power. According to it, the relevant departments should take effective measures to unite the young people more widely around the CPC and the government for building a higher level of well-off society.

**Keywords**: New Social Strata; Young People; Ideological Status; Jiangsu Province

### B.18  A Research on The Progress of Green Lifestyle in Jiangsu

*Li Ningning / 177*

**Abstract**: Green lifestyle has been promoted in Jiangsu for more than ten years. Great progress has been made: the education system of green lifestyle has been established, the infrastructures and operation networks of green lifestyle are being constructed, and some efforts have been made on the system as well. But green lifestyle is also facing some problems to be solved: insufficient public participation, shortage of green product supply, lack of recycle utilization industry and technology. Therefore, we put forward several proposals on promoting green lifestyle: designing on top-level, strengthening propaganda and education, constructing the action system in which all the people are involved, improving laws and regulations, enacting incentive policies and measures, regulating the green consumption market, and enhancing the green technology research.

**Keywords**: Green Lifestyle; Green Action System; Green Consumption Market

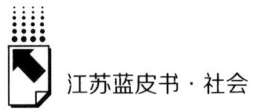

B.19 Strategy for the Development of Green Architecture in Jiangsu

*Guo Yuyan* / 186

**Abstract**: "Green architecture" is a derivative of Theory of Sustainable Development in the construction industry. It is a kind of "sustainable architecture". The pressure of limited resources and environment inevitably demand for developing Green architecture, meanwhile, the "Green architecture" is also the development trend of construction industry worldwide. After entering the late stage of industrialization, Jiangsu is faced with the dilemma that "more people and less land, lacking recourse and limited environmental capacity", which has become a hinder to fully realize the "Two lead" of Jiangsu. As a countermeasure, "Green architecture" is not only an indispensable part of the sustainable development of Jiangsu economy but also an effective means to cope with the pressure of resources and environment. Furthermore, it is an important way to foster new economic growth points and promote industrial transformation and upgrading, it has significant meaning for improving the energy efficiency and emission reduction at a higher level and overcoming the "hard constraints" of resources and environment.

**Keywords**: Green Architecture; Resources and Environment Pressure; Industry Transformation and Upgrading; Jiangsu Province

B.20 Practice and Thinking on Construction of Social Credit System in Jiangsu Province  *Cheng Jing* / 199

**Abstract**: The social credit system in Jiangsu Province started earlier in the country. Its organization and institution is perfected gradually. The information platform is also built. The application range of credit information is expanding. Some distinctive new methods are developed. At the same time, because of the sole management, there are still some problems, such as low information sharing rate and low efficiency. In the future, the systematic and collaborative thought should be forming. We must strengthen the interconnection within the government and straighten out the relationship between government, market and social organization under the credibility culture.

**Keywords**: Social Credit System; Information Sharing; Systematic Thought; Jiangsu Province

B.21 Present Situation and Countermeasures of Strengthening Party Construction in Urban Communities in Jiangsu

*Sun Xiaoyuan / 207*

**Abstract**: At present, the main problem of Party Construction in Jiangsu urban community is: Community party organizations do not have enough resources to co-ordinate the Party Construction. The resultant forces of community governance have not yet formed. The system and structure of community organizations are not perfect. Lack of vitality in Party construction in regional communities. The construction of community service oriented Party organizations is not suitable for the development of the situation. The ability to govern according to law needs to be improved. Therefore, Constructing a new model of regional community party construction: First, we should build a cooperative mechanism of multi subject cooperation. Forming a new pattern of coordinated community governance. Second, we should construct the integration mechanism of Community Governance Resources. Improving the capacity of Party organizations in the community to perform their duties. Third, we must adhere to the "four governance" to improve way of governance. Promoting the scientific level of community governance. Fourth, we should strengthen the construction of community party construction system. Improving the governance ability of Party organizations in streets and communities according to law.

**Keywords**: Urban Governance; Community Party Construction; Jiangsu Province

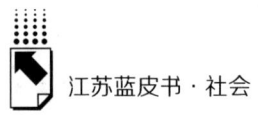

B.22 Present Situation and Countermeasures of Strengthening Party Construction in Non-public Economy in Jiangsu

*Sun Xiaoyuan / 217*

**Abstract**: In recent years. Attaching great importance to the party construction of non-public economy in "small individual professional" in Jiangsu. The party construction of non-public economy in "small individual professional" has been promoted in innovation also. Because of its wide and large in size, loose distribution and complex organization. "Blind spots" and "gaps" abound. Party organization coverage and party building work still have great room for development and promotion. Therefore, the administrative departments for industry and commerce should promote the scientific level of party building in "small individual Professional". Integrating the party building resources of "small individual professional". Enhancing the effectiveness and attraction of Party Construction in "small individual professional". Innovative ways to raise funds for party construction in "small individual professional". Strengthen the construction of Party construction staff in "small individual professional".

**Keywords**: Non-public Economy; Party Construction Work; Jiangsu Province

B.23 Current Situation and Trend of Promoting Local Governance Innovation in Jiangsu Province *Chen Peng / 227*

**Abstract**: local government governance is a basic project of national governance. In recent years, Jiangsu has made active exploration in this respect. "Social interaction" to promote grassroots social governance innovation, the relatively centralized right of approval to accelerate the reform of decentralization, strong town to expand their power to strengthen the reform and development of power, "big data" promote the construction of service-oriented government are the distinctive expression. These practical exploration contains the basic experience of focusing on top-level design, encouraging multi-party participation, focusing on collaborative governance and innovative governance tools. Based on the actual situation and the successful experience of other regions, the idea of governance innovation of Jiangsu local government in the future will further enhance the cooperation between the government and the society and realize the organic combination of government management and mass autonomy.

**Keywords:** Local Government; Governance; Jiangsu Province

B. 24　New Actions and New Challenges to Improve the Management Ability of Local Government in Jiangsu Province　　　　　　　　　　*Huang Ke* / 238

**Abstract:** The rural government is an important link between the country and the peasant. In recent years, Jiangsu Province strengthens the rural grass-roots government administration ability construction, in constructs the public service standardization, enhances the basic level Government's public service ability and the level, enhances the basic level service system construction, the grassroots populace's administrative participation has obtained the good result. In the new era, facing the challenge, Jiangsu should grasp the new opportunity, exert the guiding function of the rural government, perfect the government-led public service, further promote the institutionalization of the grass-roots administrative participation. then, it will be able to make good progress in the process of the rural governance modernization.

**Keywords:** Rural Government; Public Service; Jiangsu Province

B. 25　The Experiences and Better Measures of Performance Management in Jiangsu Office　　　　　　　　　　*Wang Ting* / 245

**Abstract:** The government agencies in Jiangsu province have developed government performance management modes with their own characteristics by practical explorations. The experiences mainly includes three aspects. Firstly, combining macro development strategies with micro post characteristics and developing a reasonable indicator system of government performance management. Secondly, focusing on performance process management and effectively allocating performance management resources. Thirdly, making full use of the results of performance evaluation and improving the efficiency of the government agencies. At the present stage, the performance management of government agencies should be improved in four aspects. Setting up the basic principle of human-oriented performance management. Improving the overall coordination of the performance management system. Developing process-oriented incentive mechanism of performance management. Constructing democratic and open organization culture of performance management.

**Keywords:** Performance Management of Government Agencies; Results of Performance Evaluation; Jiangsu Province

# Ⅳ  Topic 3  Legal Construction

B. 26  Implementation Evaluation and Improvement Suggestion on the "*Index System of Rule of Law Construction in Jiangsu*"

*Fang Ming / 254*

**Abstract:** The "*Index System of Rule of Law Construction in Jiangsu*" (hereinafter referred to as "*Index System*") promulgated and implemented for more than one year, has been effectively carried out and implemented in local scientific and democratic legislation, construction of the government under the rule of law, impartial and incorruptible judicature, legalization of social governance, publicity and education of rule of law, construction of legal work team and organization and leadership on rule of law construction, and also played an important leading, standardizing and motivating role in the process of the rule of law construction in Jiangsu.

But there are some problems that need to be solved urgently, such as the social awareness, recognition and participation of the "*index system*" need to be improved; some indexes are not scientific and reasonable; some indexes are difficult to grasp; some indexes are difficult to implement completely. In order to further optimize the system structure and improve the content and implementation of the "*index system*", the following suggestions are put forward: First, coordinating and balancing the relationship between the "*index system*" and the local and departmental special index system; Secondly, defining and refining the content of qualitative indexes in the "*index system*"; Third, scientific adjusting the content of quantitative indexes in the "*index system*"; Fourth, further improving and perfecting implementation mechanism of the "*index system*".

**Keywords**: "*Index System of Rule of Law Construction in Jiangsu*"; Rule of Law in Jiangsu; Index Setting; Jiangsu Province

B.27  Practical Path and Countermeasure of Deepening the Reform of Administrative Examination and Approval System in Jiangsu Province           *Qian Ningfeng* / 267

**Abstract**: At present, in accordance with the provincial government requirements, the areas and departments of Jiangsu Province actively implement the tasks of reforming the administrative examination and approval system, standardize the government power, improve the public services, strengthen the comprehensive supervision, showing a new trend of the decentralization. Overall, the reform of the administrative examination and approval system in Jiangsu Province is gradually spreading around the central requirements, which is more passive reform and less active reform, more decentralized reform and less systematic reform, the effect of reform is concerned and good, but lack of integrity, can not adapt to the needs of the economic and social development of Jiangsu Province. The most urgent task is to sum up the experience, make sure the pilot project, carry out in a comprehensive way, and deepen the reform of the administrative examination and approval system in Jiangsu Province. First of all, to strengthen the reform of the administrative examination and approval system, perfect the top level of the provincial level design, in order to form the reform program of a complete and efficient system of administrative examination and approval system. Secondly, improve the administrative examination and approval system, reform the system of level process design, in order to form a flat, collaborative, integrated platform about the administrative examination and approval. Third, improve the level of service design about the administrative examination and approval system, in order to form the market environment of the market-oriented government service system. Finally, enhance the regulatory level of capacity design of the administrative examination and approval system reform, in order to form a powerful and effective administrative examination and approval supervision system.

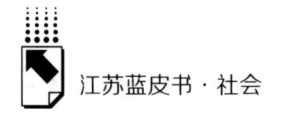

**Keywords**: Administrative Examination and Approval; Reform; Jiangsu Province

B.28 Prominent Problems and Countermeasures of the Goal of Realizing the Government of Law in Jiangsu

*Liu Wanghong, Qian Ningfeng and Zou Chengyong / 275*

**Abstract**: In 2015, the Jiangsu provincial government put forward the goal of establishing the government of law in Jiangsu in 2020. The construction of the government of law is an important content of the construction of rule of law in recent years, the Jiangsu government has made great achievements. But with the basic requirements of the goal of law government, there are still exist many problems. In order to achieve the goal, Jiangsu needs to take the following measures: First, strengthen the awareness of the law and improve the government staff thinking of rule of law and administrative capacity. Second, improve the legal decision-making mechanism and improve the decision-making standardized level.

Thirdly, strengthen the law enforcement team construction and strive to improve law enforcement ability. Fourly, adhere to the legal bottom line of government and promote social governance by law. Fifthly, improve the security mechanism and improve the support capability of the government of law construction.

**Keywords**: Government of Law; Law-based Administration; Administrative Law Enforcement; Jiangsu Province

B.29  The Judicial Key Points and Difficulties in Pilot Work of Advancing the System of Leniency on Admission of Guilty and Acceptance of Punishment in Jiangsu    *Liu Wei* / 284

**Abstract**: The "decision of the CPC Central Committee on promoting a number of major issues of ruling the country by law" put forward to improve the system of leniency on admission of guilty and acceptance of punishment. This system is the inevitable requirement of timely and effective punishment of crimes and maintaining social stability. It is an inevitable choice to strengthen the judicial guarantee of human rights and to promote social harmony. It is also an important part of optimizing the allocation of resources and promoting the reform of the trial system centered on trial. There exists design basis in the current procedure. To pilot this system, key issues such as "confession", "punishment", "Leniency", the protection of the rights of the parties and the differences with the foreign system, should be grasped, and the problems of criminal proof standard on leniency on admission of guilty and acceptance of punishment should be overcome. Therefore, it is necessary to establish a pilot scheme in accordance with the local judicial situation in the aspects of grasping evidence, applying laws, balancing policies and linking up work, and develop pilot programs or implementation details as soon as possible on the existing basis.

**Keywords**: Admission of Guilty; Acceptance of Punishment; Leniency; Lawsuit Systen Reform; Pilot Program

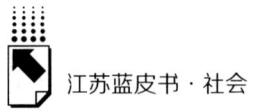
江苏蓝皮书·社会

B.30 Practical Experience and Countermeasures of Local

Legislation in Jiangsu　　　　　　　　　　*Wang Feng* / 293

**Abstract**: All 13 prefecture-level cities of Jiangsu have obtained local legislative power in 2016, which marks the pattern of local legislation in Jiangsu has entered a new historical stage. It is a major and far-reaching historical issue, that how to further develop the implementing legislation to ensure the implementation of laws and administrative regulations in Jiangsu, and how to expand the pioneering legislation to provide a solid legal basis for Jiangsu's leading development and scientific development. Taking from the practical experience, Jiangsu's local legislation has always under the premise of adhering to the party's leadership, establishing and improving the people led legislation, maintaining the unification of legal system and highlighting the local characteristics of Jiangsu, has focused on the protection and promotion of the effective implementation of national laws, the operable effect of antecedent regulations, and the effective operation of the legislative system and the legislative mechanism, has constantly improved the scientific and democratic level of the local legislation, so that efforts will be made to ensure the integrated development of Jiangsu's economic and social development and the overall progress of democratic rule of law. From the point of view of countermeasures, Jiangsu local legislation should seek to solve the problem of the legislative departmental interests effectively, and it is necessary to reform the current legislative proposal system and the drafting system of the draft bill, to enhance the dominance and independence of the NPC and its Standing Committee in the deliberation of legislative bill, to expand public participation in legislation and to balance public views and departmental opinions; should lay emphasis on defining the normative objectives of local legislation, refine the contents of laws and regulations, avoid duplication of legislation, at the same time highlight the characteristics and enhance the regulatory feasibility according to actual needs of various localities.

**Keywords**: Local Legislation; Legislative Mechanism; Jiangsu Province

B. 31 The Current Situation of Promoting Government Legal

Counseling System in Jiangsu: Its Problems and Solutions

*Li Xiaohong* / 302

**Abstract:** At the beginning of 2016, *the Opinions on Establishing the Government Legal Counsel System* was promulgated in Jiangsu Province (hereinafter referred to as the "Opinions"), which has effectively facilitated the development of legal counseling service in Jiangsu provincial government. Over the past few years, the following issues have existed in its service, such as the unclear orientation of the government legal counseling, the failure to differentiate management of legal counselors, the lack of standardized management, as well as the relatively blind identification of counseling candidates in the process of promoting the government legal counseling system. In order to optimize this system of Jiangsu provincial government, firstly and necessarily, "government legal counsel" should be clarified to be different from the "government counselor" and "government think tank". Being Professional, concrete, clear and participatory, their profession is supposed to exert a substantive impact on decision makers and to bear the corresponding legal service liability. In addition, the Provincial People's Congress should make legislation in a proactive way so as to achieve a "unified" and "classified" management of the government legal counsels, with distinctive characteristics and advantages of Jiangsu, so as to make different systems complement with each other. Finally, the government legal counsels are supposed to be chosen and replaced in a reasonable and apprenticing manner with a mentoring system, ensuring that the legal counseling work can be conducted in a normal and sustainable way.

**Keywords:** Government Legal Counsel; Practice Lawyer; Law Expert; Jiangsu Province

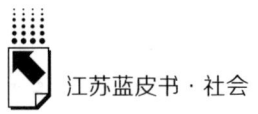
江苏蓝皮书·社会

B.32 Local Practice and Reflection on Promoting Legalization of
 Social Governance in Jiangsu Province　　*Xu Jing* / 314

**Abstract**: Social governance is an integral part of the state governance system. The Fourth Plenary Session of the 18th CPC Central Committee puts forward the major strategic task of promoting the construction of the rule of law in our society, emphasizing the need to promote multi-level and multi-field government by law and improve the level of social governance. Jiangsu Province actively responds to the call of the State and attaches importance to rule of law construction in Jiangsu. On March 18, 2015, Jiangsu Province promulgated the "rule of law in Jiangsu construction index system (Trial)", in which the rule of law in social governance occupies a pivotal position. Counties and cities in the Jiangsu Province actively implement the plan of "interaction between the government and the masses" and establish multiple mechanism of resolving contradictions and disputes. Also create a public legal service system. The people's satisfaction with social security has been significantly improved. But democracy at the grassroots level needs to be strengthened, and the relevant social governance concept needs to be changed. This article puts forward some suggestions as to how to enhance grassroots community (village) autonomy and further improve social governance by the law.

**Keywords**: Legalization of Social Governance; Mechanism of Resolving Contradictions and Disputes; Public Legal Service System; Jiangsu Province

B.33 On the Promotion of Integrating the Socialist Core Values
 with the Practice of Rule of Law in Jiangsu province
　　*Lin Hai* / 324

**Abstract**: During the 28th meeting of the Central Leading Group for Comprehensively Deepening Reform, it has been emphasized that there is a great necessity to integrate Socialist Core Values with the construction of the rule of law for maintaining the state governance both by law and virtue. The socialist core values play an important role in the rule of law, not only as the spiritual conduction to the state, the government and the society of law, but also as the solid ground for establishing the legal authority, strengthening the conception of law, and forming the belief in the rule of law, from all three perspectives-the state, the society and individuals. In Jiangsu province, however, it has always been an important issue of integrating the governance by virtue with rule of law through the practice of local legislation and legal implementation during the construction of rule of law. Such practice has provided a strong condition for the rapid and vivid development of legal system in Jiangsu. According to the background of the comprehensively deepening reform and the decisive phase of building a moderately prosperous society in an all-round way, it should be a time to promote the integration of socialist core values with legal development more actively in Jiangsu, in order to provide institutional security and spiritual support for building a moderately prosperous society in an all-round way with a high level and constructing "a Stronger, Richer, Fairer and Higher-ranked New Jiangsu".

**Keywords**: Socialist Core Values; Rule of Law in Jiangsu; Governing the Country by Virtue.

# V  Sub-Reports

B. 34　Analysis, Prediction and Prospect of Social Development
　　　　in Taizhou from 2016 to 2017　　　　*Zhu Qirong* / 337

**Abstract**: 2016 is Taizhou's 20 years old, is the first year of the 13th Five-Year Plan, and is also the key year to show the achievements of the three main themes. In this year, Taizhou surround the topic about comply with the overall situation of the service and improve people's well-being, and people's livelihood is a priority and talent is preferred. Taizhou establish a development concept of innovative, coordinated, green, open and shared. Taizhou should promote reform, make up the short board, take the bottom line and guard against risks. Taizhou will promote new development in social development to make a good start of economic and social development in the 13th Five-Year.

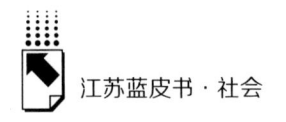

**Keywords**: Social Development; Social Governance; Taizhou City

B. 35　Analysis, Prediction and Prospect of Social Development in Lianyungang from 2016 to 2017　　　*Liu Zengtao* / 347

**Abstract**: 2016 is beginning year of the implementation of the 13th Five-Year Plan, Lianyungang have been enhanced the social construction, coordinated the development of various kinds social management under the environment of improvement people's welfare and innovation management, continuously improve the quality and efficiency of ensuring and improving people's livelihood, the city development have been increased steadily. Lianyungang has accelerated the work innovation and transformation, and has worked hard to ensure and improve people's livelihood, the main objectives and tasks have been accomplished very well. Looking forward to 2017, our city, Lianyungang, will continue to innovate working way, pay more and more attention to the implementation of our city work, steadily promote the development of social undertakings, so that our city people will feel more and more happiness.

**Keywords**: Social Development; Social Governance; Lianyungang City

B. 36　Analysis, Prediction and Prospect of Social Development in Zhenjiang from 2016 to 2017　　　*Xu Qiang* / 364

**Abstract**: In 2016, Zhenjiang achieved a great development in social undertakings, namely high rate in employment and entrepreneurship, gradual complete in social security, balanced development of education undertakings, continuous improvement in health service level, accelerating constructions in endowment service system and quick pace in grass-roots social management innovation. The main measures taken by our government are increasing financial investment, deepening the reform and innovation, promoting the equal service, strengthening the daily monitoring. The prominent problems we faced include: the overall employment demand is not prosperous; employment pressure and social security fund sustainable operation pressure are still heavy, the construction of education reform is still a difficult task; "3d" linkagere form still needs to be deepened; the conflict between rapid aging and foot-dragging endowment in social service is sharp; social governance needs to be strengthened. Finally, we should seriously implement the spirit of the sixth plenary session of the eighteenth, the thirteenth party congress of Jiangsu province, and the seventh party congress of Zhenjiang, focus on the innovation and enrich people with overall consideration and scientific strategies. We also should try our best to do something in following six aspects: employment, social security, education, health care, pension services, social management and service work, and constantly raise the level of development of social undertakings.

**Keywords:** Social Development; Social Governance; Zhenjiang City

社会科学文献出版社　　皮书系列

### ❖ 皮书起源 ❖

"皮书"起源于十七、十八世纪的英国,主要指官方或社会组织正式发表的重要文件或报告,多以"白皮书"命名。在中国,"皮书"这一概念被社会广泛接受,并被成功运作、发展成为一种全新的出版形态,则源于中国社会科学院社会科学文献出版社。

### ❖ 皮书定义 ❖

皮书是对中国与世界发展状况和热点问题进行年度监测,以专业的角度、专家的视野和实证研究方法,针对某一领域或区域现状与发展态势展开分析和预测,具备原创性、实证性、专业性、连续性、前沿性、时效性等特点的公开出版物,由一系列权威研究报告组成。

### ❖ 皮书作者 ❖

皮书系列的作者以中国社会科学院、著名高校、地方社会科学院的研究人员为主,多为国内一流研究机构的权威专家学者,他们的看法和观点代表了学界对中国与世界的现实和未来最高水平的解读与分析。

### ❖ 皮书荣誉 ❖

皮书系列已成为社会科学文献出版社的著名图书品牌和中国社会科学院的知名学术品牌。2016年,皮书系列正式列入"十三五"国家重点出版规划项目;2012~2016年,重点皮书列入中国社会科学院承担的国家哲学社会科学创新工程项目;2017年,55种院外皮书使用"中国社会科学院创新工程学术出版项目"标识。

# 中国皮书网

发布皮书研创资讯，传播皮书精彩内容
引领皮书出版潮流，打造皮书服务平台

## 栏目设置

关于皮书：何谓皮书、皮书分类、皮书大事记、皮书荣誉、
皮书出版第一人、皮书编辑部

最新资讯：通知公告、新闻动态、媒体聚焦、网站专题、视频直播、下载专区

皮书研创：皮书规范、皮书选题、皮书出版、皮书研究、研创团队

皮书评奖评价：指标体系、皮书评价、皮书评奖

互动专区：皮书说、皮书智库、皮书微博、数据库微博

## 所获荣誉

2008年、2011年，中国皮书网均在全国新闻出版业网站荣誉评选中获得"最具商业价值网站"称号；

2012年，获得"出版业网站百强"称号。

## 网库合一

2014年，中国皮书网与皮书数据库端口合一，实现资源共享。更多详情请登录www.pishu.cn。

**权威报告·热点资讯·特色资源**

# 皮书数据库
## ANNUAL REPORT(YEARBOOK) DATABASE

## 当代中国与世界发展高端智库平台

### 所获荣誉

- 2016年，入选"国家'十三五'电子出版物出版规划骨干工程"
- 2015年，荣获"搜索中国正能量 点赞2015""创新中国科技创新奖"
- 2013年，荣获"中国出版政府奖·网络出版物奖"提名奖
- 连续多年荣获中国数字出版博览会"数字出版·优秀品牌"奖

### 成为会员

通过网址www.pishu.com.cn或使用手机扫描二维码进入皮书数据库网站，进行手机号码验证或邮箱验证即可成为皮书数据库会员（建议通过手机号码快速验证注册）。

### 会员福利

- 使用手机号码首次注册会员可直接获得100元体验金，不需充值即可购买和查看数据库内容（仅限使用手机号码快速注册）。
- 已注册用户购书后可免费获赠100元皮书数据库充值卡。刮开充值卡涂层获取充值密码，登录并进入"会员中心"—"在线充值"—"充值卡充值"，充值成功后即可购买和查看数据库内容。

卡号：172413144252
密码：

数据库服务热线：400-008-6695
数据库服务QQ：2475522410
数据库服务邮箱：database@ssap.cn
图书销售热线：010-59367070/7028
图书服务QQ：1265056568
图书服务邮箱：duzhe@ssap.cn

# 子库介绍
# Sub-Database Introduction

## 中国经济发展数据库

涵盖宏观经济、农业经济、工业经济、产业经济、财政金融、交通旅游、商业贸易、劳动经济、企业经济、房地产经济、城市经济、区域经济等领域，为用户实时了解经济运行态势、把握经济发展规律、洞察经济形势、做出经济决策提供参考和依据。

## 中国社会发展数据库

全面整合国内外有关中国社会发展的统计数据、深度分析报告、专家解读和热点资讯构建而成的专业学术数据库。涉及宗教、社会、人口、政治、外交、法律、文化、教育、体育、文学艺术、医药卫生、资源环境等多个领域。

## 中国行业发展数据库

以中国国民经济行业分类为依据，跟踪分析国民经济各行业市场运行状况和政策导向，提供行业发展最前沿的资讯，为用户投资、从业及各种经济决策提供理论基础和实践指导。内容涵盖农业，能源与矿产业，交通运输业，制造业，金融业，房地产业，租赁和商务服务业，科学研究，环境和公共设施管理，居民服务业，教育，卫生和社会保障，文化、体育和娱乐业等100余个行业。

## 中国区域发展数据库

对特定区域内的经济、社会、文化、法治、资源环境等领域的现状与发展情况进行分析和预测。涵盖中部、西部、东北、西北等地区，长三角、珠三角、黄三角、京津冀、环渤海、合肥经济圈、长株潭城市群、关中一天水经济区、海峡经济区等区域经济体和城市圈，北京、上海、浙江、河南、陕西等34个省份及中国台湾地区。

## 中国文化传媒数据库

包括文化事业、文化产业、宗教、群众文化、图书馆事业、博物馆事业、档案事业、语言文字、文学、历史地理、新闻传播、广播电视、出版事业、艺术、电影、娱乐等多个子库。

## 世界经济与国际关系数据库

以皮书系列中涉及世界经济与国际关系的研究成果为基础，全面整合国内外有关世界经济与国际关系的统计数据、深度分析报告、专家解读和热点资讯构建而成的专业学术数据库。包括世界经济、国际政治、世界文化与科技、全球性问题、国际组织与国际法、区域研究等多个子库。

# 法律声明

"皮书系列"(含蓝皮书、绿皮书、黄皮书)之品牌由社会科学文献出版社最早使用并持续至今,现已被中国图书市场所熟知。"皮书系列"的LOGO( )与"经济蓝皮书""社会蓝皮书"均已在中华人民共和国国家工商行政管理总局商标局登记注册。"皮书系列"图书的注册商标专用权及封面设计、版式设计的著作权均为社会科学文献出版社所有。未经社会科学文献出版社书面授权许可,任何使用与"皮书系列"图书注册商标、封面设计、版式设计相同或者近似的文字、图形或其组合的行为均系侵权行为。

经作者授权,本书的专有出版权及信息网络传播权为社会科学文献出版社享有。未经社会科学文献出版社书面授权许可,任何就本书内容的复制、发行或以数字形式进行网络传播的行为均系侵权行为。

社会科学文献出版社将通过法律途径追究上述侵权行为的法律责任,维护自身合法权益。

欢迎社会各界人士对侵犯社会科学文献出版社上述权利的侵权行为进行举报。电话:010-59367121,电子邮箱:fawubu@ssap.cn。

社会科学文献出版社